本书撰写核心成员

赵国祥	博士，教授，博士生导师，河南大学党委副书记，教育部心理学教学指导委员会委员，教育部中小学心理健康教育专家指导委员会委员

王振存	博士，河南大学副教授，硕士生导师
李桂荣	博士，河南大学校特聘教授，博士生导师
魏宏聚	博士，河南大学校特聘教授，博士生导师
王星霞	博士，河南大学教授，博士生导师
郝兆杰	博士，河南大学副教授，硕士生导师
姚　松	博士，河南大学副教授，硕士生导师
杨会萍	副研究员，开封市教育科学研究所
连　红	助理研究员，郑州市二七区教研室

赵申苒	河南大学教育人力资源管理专业博士研究生

义务教育均衡发展视域下教育资源的科学配置和有效运用

Scientific Allocation and Effective Utilization of Educational Resources from the Perspective of Balanced Development of Compulsory Education

赵国祥 王振存 赵申苒 等 著

科学出版社
北京

内 容 简 介

教育部在 2002 年下发的《关于加强基础教育办学管理若干问题的通知》中，首次提出"积极推进义务教育阶段学校均衡发展"。经过十多年的发展，在不断推进深化改革和吸收发达国家先进教育理念、管理方式等的基础上，我国的义务教育均衡发展已经取得了举世瞩目的成就，人民群众对义务教育的满意度也在不断提高。但是，由于地区发展的差别及历史的原因，在义务教育均衡发展中还存在着诸多亟需解决的问题。

促进义务教育均衡发展，关键在于解决好义务教育均衡发展中资源的科学配置和有效运用问题。本书围绕义务教育均衡发展中经费资源、师资、基本条件资源、信息化教育资源、课程资源等如何科学配置和有效运用进行了深入的研究。

本书适合作为各级教育主管部门的教育管理者和小学、初中校长的参考读物。

图书在版编目（CIP）数据

义务教育均衡发展视域下教育资源的科学配置和有效运用 / 赵国祥等著. —北京：科学出版社，2016.12
ISBN 978-7-03-051359-5

Ⅰ.①义⋯ Ⅱ.①赵⋯ Ⅲ.①义务教育-教育资源-资源配置-研究-中国 Ⅳ.①G522.3

中国版本图书馆 CIP 数据核字（2016）第 322491 号

责任编辑：乔宇尚　崔文燕 / 责任校对：张小霞
责任印制：张　伟 / 封面设计：楠竹文化
编辑部电话：010-64033934
E-mail: fuyan@mail.sciencep.com

*科学出版社*出版
北京东黄城根北街 16 号
邮政编码：100717
http://www.sciencep.com
北京京华虎彩印刷有限公司 印刷
科学出版社发行　各地新华书店经销
*
2016 年 12 月第 一 版　　开本：720×1000　B5
2016 年 12 月第一次印刷　　印张：23
字数：410 000
定价：99.00 元
（如有印装质量问题，我社负责调换）

Preface 前言

经过改革开放以来30多年的发展，我国义务教育在不断推进自身深化改革和吸收发达国家先进教育理念、管理方式等的基础上，已经取得了举世瞩目的成果，人民群众对义务教育的满意度也在不断提高。但是，由于地区发展的差别及历史的原因，义务教育还存在着诸多问题，仍有很大的改革空间。

改革开放初期，由于我国经济基础薄弱、义务教育水平低下，国家倡导办重点中学、小学，这一政策导向的确在较短的时间内使一批中小学得到了快速发展，为早出人才、快出人才起到了很好的作用，也为我国培养一批急需的人才提供了很好的支撑。随着我国经济的快速发展，城市建设得到了大幅度提升，尤其是东南沿海的城市建设真可谓日新月异，城市的中小学建设也得到了快速发展，办学质量不断提升。这两大核心要素作用的结果使得我国整体的义务教育出现了发展极其不均衡的现象。"十二五"期间，国家大力促进义务教育均衡发展，也相应出台了不少支持政策，但地区之间、城乡之间、学校之间的不均衡现象仍大量存在，出现了"择校热""高价学区房""偏远乡村教师流向中心乡镇""农村教师流向城市""小城镇教师流向大中城市"等现象，由此造成了义务教育质量的极其不均衡。

如何较好地解决这种不均衡问题？诚然，地区、城乡的差别是重要因素，但这种因素不是短期就能发生很大变化的，需要很长的时间逐渐变化，而可以在不太长的时间内促使其变化的则是政策导向的变化，以及由此引导的资源配置的变化。这方面的变化是改变我国义务教育不均衡的极其重要的因素。回顾历史，大家可以发现，改革开放前的30年虽然中间有着重大的波折，使我国的教育受到了很大影响，但是也为我国的发展储备了一大批基础性人才。那时的地区之间、城乡之间、学校之间也有差别，但差别不是很明显，教育资源中的核心资源——教师能够稳定地在其所在学校安心地开展教书育人活动，虽然教育资源整体处在较低水平，但优质教育资源分布还比较合理。改革开放后，教育资源的分布迅速拉开了距离，而且差距越来越大。问题的根源就在于优质教育资源的配置。政府发现了这一问题的根源，也在采取各种措施改变这种不合理局面。2010年，《国家中长期教育改革和发展规划纲要（2010—2020年）》将均衡发展作为义务教育的战略性任务，并明确提出，到2020年，基本实现区域内均衡发展，切实缩小学校间的差距。2012年，国务院印发《国务院关于深入推进义务教育均衡发展的意见》，并研究制定了《县域义务教育均衡发展督导评估暂行办法》，为推进义务教育均衡发展提供了可操作的标准和工作方式。2013年，全国两会《政府工作报告》把着力推动义务教育均衡发展作为教育年度工作特别提到的两项重点之一。促进义务教育均衡发展已成为当前政府促进义务教育发展的重要战略。

然而，受制于我国国情、经济发展及制度设计等因素的影响，区域、城乡、学校、阶层的义务教育非均衡化发展的现实又是制约这一战略落实的主要瓶颈。

教育资源的科学、合理、有效的均衡配置是确保义务教育均衡发展的基本前提，义务教育均衡发展的内在诉求与义务教育非均衡发展的客观现实如何实现有机统一，是具有重大理论意义和实践价值的课题。

作为长期从事教育理论研究和教育管理、教学实践工作的教育工作者，本研究团队站在我国教育的历史使命感和强烈的社会责任感的层面，试图通过调查和研究，为政府在这方面的决策提供咨询服务。在前期调查、研究的基础上，研究团队围绕义务教育均衡发展中资源的科学配置和有效运用进行论证，并积极向教育部基础教育一司提出申请，通过专家的评审和司领导集体的认定，委托研究团队开展这方面的调查、研究工作。

为了很好地完成这一任务，研究团队牢固树立了以"十八大"报告、《国务院关于深入推进义务教育均衡发展的意见》（国发［2012］48号）等相关政策文件精神为指导，以创新义务教育均衡发展理念、丰富义务教育均衡发展理论、服务义务教育均衡政策决策、推进义务教育优质均衡发展等为目标，以理论研究、实践研究、政策研究、比较研究等为研究路径。

在研究方法上，我们主要采取如下研究方法：

1）文献分析。主要对国内外相关文献进行认真梳理，搞清楚相关政策的演变轨迹，了解本研究领域的最新理论进展，并对相关政策进行比较分析。

2）访谈座谈。对研究中所涉及的重点、难点等问题进行专题访谈、座谈等。

3）问卷调查。设计问卷进行调查，通过对调查问卷收集的数据进行统计分析，发现实践中存在的问题。

4）实地调研。深入学校、课堂进行调研，对典型案例进行深入讨论分析。

5）模型建构。运用现代信息技术和研究手段，建构学龄人口发展趋势与教育资源均衡优质配置关系模型等。

在设计研究内容框架体系时，基于对教育资源包括人力资源、财力资源和物力资源等的理解，研究团队认为人力资源中最重要的是教师，财力资源主要是办学经费，物力资源主要是实物化的办学条件。通过多次讨论和反复分析研究，我们把如何进行义务教育均衡发展的资源科学配置和有效运用聚焦于九个方面，形成内在逻辑紧密的九个章节。

第一章　义务教育均衡发展国际比较研究（王振存）

第二章　义务教育均衡发展的政策变迁与制度创新（王星霞）

第三章　城乡教育布局调整研究（姚松）

第四章　经费资源的科学配置与有效使用（李桂荣）

第五章　师资配置与有效使用（杨会萍）

第六章　基本条件资源的科学配置与有效运用（连红）

第七章　信息化教育资源科学配置与有效应用（郝兆杰）

第八章　义务教育均衡发展视域下的学校文化建设（王振存）

第九章　义务教育课程资源的均衡（魏宏聚）

通过五年的大量调查，研究团队走访了200多所中小学，收集了大量的一手材料，并从教育行政管理部门调阅了国家、省（市）、县的教育统计报表。研究团队对所获取的资料进行认真分类梳理、统计分析，并开展多次研讨，深入对比分析，基本上搞清了我国目前义务教育均衡发展的现状，发现了存在的问题，在此基础上，提出了解决问题的对策建议。

由于在课题研究阶段牵涉面广，工作量大，需要投入大量的人力，各个子课题主持人又吸收了一批本专业的博士生、硕士生参与课题的研究和书稿的部分编务工作。他们是赵申苒、姬甜甜、周亚文、孙燕玲、李雨晴、朱利利、郭延飞、荆轲、潘林、刘革、王海丽、李彦奇、林宁、程悦。在课题的设计、论证、申报阶段，王振存、赵申苒参加了所有的工作，查阅了大量国内外相关研究的资料，并对资料进行了认真整理、分类，为选题的设计、论证提供了扎实的基础，为申报书的撰写提供了比较充实的资料支撑。在书稿的审稿阶段，王振存、赵申苒、姬甜甜协助笔者做了大量的参考文献核查，图表、文字中的数据核对和部分章节的审稿工作。乔宇尚编辑为本书的出版立项及编辑加工付出了大量心血，使得本书得以顺利出版。从课题研究到书稿的撰写，各个部分的牵头专家精心谋划，细心操作，深入思考，刻苦钻研；整个团队成员紧密团结，精诚合作，调研、专访、座谈、收集文献和数据时不畏劳苦，任劳任怨，开会研讨时畅所欲言，充分表达自己的学术观点，团队内部充满了生动活泼、严肃认真的气氛。作为项目的主持人，我深为每个团队成员优秀的品质、严谨的治学态度而欣慰，深为他们全身心投入、认真负责、积极主动工作的精神而感动，深为这一批青年学者积极上进的精神面貌而感到莫大的安慰。我真心地感谢他们。

在课题研究和书稿撰写阶段，研究团队参考了很多学者研究的成果，使用了有关部门提供的大量数据，对研究团队丰富研究内容、开阔研究视野、启发研究思路起到了重要作用，在此表示崇高的敬意和诚挚的感谢。

赵国祥

2016 年 8 月 16 日于路石斋

Contents 目 录

前言

第一章 义务教育均衡发展国际比较研究 / 1

第一节 概述 / 1

第二节 主要发达国家义务教育均衡发展的经验 / 6

第三节 主要发达国家义务教育均衡发展问题及归因分析 / 15

第四节 发达国家义务教育均衡发展的经验对我国的启示 / 21

第二章 义务教育均衡发展的政策变迁与制度创新 / 29

第一节 义务教育均衡发展的理论阐释 / 30

第二节 我国义务教育均衡发展的政策变迁 / 33

第三节 义务教育均衡发展政策变迁的制度分析 / 38

第四节 义务教育均衡发展的政策创新 / 48

第三章 城乡教育布局调整研究 / 53

第一节 概述 / 53

第二节 城乡学龄教育人口演变趋势的预测分析与结果 / 56

第三节　城乡学龄教育人口变动趋势对于教育需求的预测分析 / 59

第四节　城乡学龄人口演变趋势下义务教育资源优化配置建议 / 65

第四章　经费资源的科学配置与有效使用 / 77

第一节　概述 / 78

第二节　义务教育经费配置与使用分析——以河南省为例 / 80

第三节　经费资源的科学配置与有效使用中存在的问题及根源 / 95

第四节　科学配置与有效使用义务教育经费的政策建议 / 102

第五章　师资配置与有效使用 / 107

第一节　师资配置与有效使用现状 / 108

第二节　师资均衡配置与有效使用存在问题的原因分析 / 128

第三节　师资均衡配置与有效使用的策略 / 144

第六章　基本条件资源的科学配置与有效运用 / 183

第一节　基本条件资源的科学配置与有效运用的现状及存在的主要问题 / 184

第二节　基本条件资源的科学配置与有效运用存在问题的原因分析 / 221

第三节　基本条件资源的科学配置与有效运用的对策 / 237

第七章　信息化教育资源科学配置与有效应用 / 246

第一节　信息化资源配置上区域内部存在不均衡现象 / 249

第二节　信息化资源配置城乡差异显著 / 256

第三节　信息化经费投入比例不合理 / 266

第四节　信息化教育资源配置不均衡的归因分析 / 267

第五节　义务教育阶段信息化教育资源科学配置策略 / 273

第六节　信息化教育资源的有效应用研究 / 279

第八章 义务教育均衡发展视域下的学校文化建设 / 288

第一节 概述 / 288

第二节 义务教育均衡发展视域下的学校文化建设的基本理论 / 291

第三节 义务教育均衡发展视域下学校文化建设存在的主要问题分析 / 300

第四节 义务教育均衡发展视域下学校文化建设问题的归因分析 / 304

第五节 以学校文化建设推进教育均衡发展的建议 / 308

第九章 义务教育课程资源的均衡 / 316

第一节 义务教育课程资源的内涵、特征与分类 / 316

第二节 义务教育课程资源不均衡现状 / 323

第三节 课程资源均衡的重要途径一：资源开发 / 333

第四节 义务教育课程资源均衡的途径二：政策调控 / 340

参考文献 / 348

第一章
义务教育均衡发展国际比较研究

第一节 概 述

一、国内外研究现状

各国义务教育都经历了一段曲折的发展过程,虽然义务教育发展程度不同,关注点也迥异,但各国一直都在探索适合本国义务教育的更好的发展道路。近年来,义务教育均衡发展问题已成为我国学术界研究的热点,目前,我国义务教育发展着重点在于义务教育均衡发展,通过对国内外义务教育均衡发展的研究现状进行梳理与分析,在立足我国义务教育均衡发展的实际情况下,吸取美国、日本、瑞典、芬兰等主要发达国家的经验,以期对我国义务教育均衡发展提供借鉴。

(一)国外研究现状

以下主要通过两个方面对国外义务教育均衡发展的研究现状进行介绍:①关于概念的界定方面。有学者认为美国的义务教育均衡发展更加强调教育机会的实质平等,尤其强调不同族裔、不同文化群体平等发展的权利,同时,该学者也从英国的"积极差别待遇"的政策中剖析出了相似理念(陈武林,2010)。而有学者认为自20世纪末开始，日本开始关注内在的、实质的公平与均等，改变了过去认为的"人人一样就是平等"的教育平等理念，关注教育质量的提高，注意培养学生的生存能力和丰富的个性，关注学生的学习需求，给每个人以最合适的教育，从而使得义务教育的均衡发展进入一个更高的层面（李文英，等，2010）。有学者通过对英国《追求卓越的学校教育》的白皮书的研究，认为英国在致力于提供平等、公平教育权利及机会的基础上，进一步提出关于增强学校自主性及多样性的策略，以适应全球化背景下的学校、学生多样化发展的迫切需求，更好地、更大程度地施行最合适的教育。②关于措施的研究方面。美国的义务教育均衡发展相关政策的研究视角多集中在对美国教育法规的历史描述和现状分析，对美国政府等主要教育政策文本的整理、分析和诠释等方面。根据当前美国义务教育改革中的主要矛盾，学者的研究主要涉及择校政策、弱势群体教育补偿政策、薄弱学校改造政策以及财政保障机制和评价问责机制等教育专题，例如，针对2001年美国联邦政府公布的《不让一个孩子掉队》法案的研究，1987年颁布的《教育巩固与提高法案》的研究及关于低收入群体和少数族裔等处境不利群体实施的"补偿教育"计划的研究、"为美国而教"计划的研究等。学者们认为这些法案和计划均为弱势群体受教育的权利及机会提供了更大的保障，也在一定程度上促进了社会的和谐。英国在2003年发表的《每一个孩子都重要》的绿皮书，将政府推行的一系列旨在对保障处境不利的孩子的种种措施更加系统化、合法化（陈馨，等，2014）。

（二）国内研究现状

我国义务教育均衡发展研究主要集中在近十年。纵观十年来的研究，学者们对义务教育均衡发展的研究可以分为理论初探、问题分析和实证研究三个阶段，其相关研究对义务教育均衡发展的内涵、失衡的表现及归因，以及义务教育均衡发展的策略和义务教育均衡发展指标体系的建构进行了深入探索。例如，顾明远教授对"教育均衡发展是教育平等的问题，是人权问题"的论述；刘新成教授对"义务教育均衡发展的三重意蕴及其超越性的论述"；中央教育科学研究所教育政策分析中心对"义务教育均衡发展是实现教育公平的基石"的论述；中国教科院义务教育均衡发展标准研究课题组对"义务教育均衡发展国家标准研究"的论述；褚宏启教授对"义务教育均衡发展评估指标与标准制订"的研究。此外还有一些学者对我国义务教育均衡发展的实证研究，例如翟博、孙百才教授的"中国基础教育均衡发展实证研究报告"；杨令平、司晓宏的"西部县域义务教育均衡发展现状调研报告"等。除此之外，还有一些学者对我国区域内义务教育均衡发展的相关研究，在此笔者不再一一列举。有学者指出了未来我国义务教育均衡发展的重点应是强化宏观理论构建与微观问题研究相结合，注重对特殊群体的研究，进一步深化义务教育均衡发展的研究，从文化、制度、法律、法规等视域全面关注义务教育均衡发展问题的研究（张忠华，等，2014）。随着"十三五"规划的进行，教育公平尤其是义务教育均衡发展问题日益受到关注，由发展当中体现公平转向提高质量中体现公平。这一重大举措为我国义务教育的均衡发展提供了政策依据。

二、核心概念界定

（一）义务教育

义务教育也被称作"强迫义务教育"，英文为 compulsory education。《中国法学大辞典·宪法卷》规定：义务教育是一种具有免费性与强制性的学校教育，并且其对象是国家规定的学龄儿童，国家已将此上升到了宪法与法律层面。义务教育开始于 16 世纪欧洲宗教改革运动。1619 年，德意志魏玛特邦以法律形式公布了义务教育，其主要内容涉及实施义务教育的起始年龄，与普通学校教育阶段的关系以及实施义务教育年限与儿童学龄期等。《中国大百科全书·教育》对"义务教育"的解释是"国家用法律形式规定对一定年龄儿童免费实施的某种程度的学校教育。也称为强迫教育、免费教育或普及义务教育"（中国大百科全书总编委员会《教育》编辑委员会，1985）。1986 年 7 月 1 日起施行的《中华人民共和国义务教育法》标志着我国义务教育进入了一个新的阶段，规定"凡年满六周岁的儿童，不分性别、民族、种族，应当入学接受规定年限的义务教育。条件不具备的地区，可推迟到七周岁入学。"该法案规定了义务教育的起始年龄与缓冲年龄，该法案对全民有效并且应遵从，使其作为应尽的义务。"义务"一词的含义包括"父母或监护人有使其学龄儿童就学的义务，国家有设校兴学以使国民享受教育的义务，以及全社会有排除阻碍学龄儿童身心健康全面发展的种种不良影响的义务等"（中国大百科全书总编委员会《教育》编辑委员会，1985）。可见，义务教育具有全民性、强制性、公益性及政府保障性等性质。目前，虽然义务教育在大部分国家与地区都有实施，但年限与成效各异。我国的义务教育是九年制，即从小学至初中阶段。美国的义务教育是指幼儿园到高中毕业的教育，人们通常称之为 K-12，也就是美国的义务教育阶段。日本的义务教育经过长期的发展历程，现行 12 年制，学生就读公立学校的书本费、学费、早餐和午餐都由政府负担。美国、日本等发达国家由于义务教育起点早，经过长期的发展过程，成效显著。我国的义务教育在形式上基本得到普及，但义务教育的不均衡仍是目前我国不得不面对的问题。借鉴发达国家的经验并结合本国实际能够促进我国义务教育均衡发展。

（二）均衡发展

均衡一词最早出于《黄帝内经·素问·五常政大论》中"升明之纪，正阳而治，德旋周普，五化均衡"，此中的"均衡"作平衡之意。《辞海》中将"均衡"解释为"平衡"，平衡有两层含义：一指衡器两端承受相等的重量，引申为一个整体的各部分在质量、程度或层次上大致相等；二指哲学范畴，事物都在矛盾中变化，均衡非永恒稳定，而是暂时的过程，即"相对均衡"。"均衡"意味着一种追求，即对质量平等的追求，表现在两方面：一方面是"均衡"代表了质量、程度上的"均等"；另一方面是"均衡"表达了在动态过程中的"暂时"的平衡，换言之是"相对均衡"，即在"不均衡"的过程中努力寻求相对的平衡。足见，"均衡"不仅意味着追求数量与质量的平等、追求开始于结果的静态平等，更着重表达了对过程平等的追求（李锋亮，2005）。

《国家中长期教育改革和发展规划纲要（2010—2020年）》明确规定，到2020年，普及水平、教育质量全面提高及区域内均衡发展基本实现。这一目标的实现对我国的义务教育提出了两方面要求：一是九年义务教育水平的巩固与提高，二是义务教育均衡发展的积极推进。发展与均衡作为我国义务教育未来发展的两大任务，需要全社会的共同努力。发展的持续性是不断提高义务教育水平的根本保障；发展的均衡性是作为基本公共服务的义务教育的应有之义。但同时，发展与均衡是有区别的，均衡是暂时的过程，即"相对均衡"，表达一种动态过程，是由"不均衡—均衡—新的不均衡"的发展过程。义务教育均衡水平的高低作为衡量公共教育资源均等化配置的程度的深浅，其表示的是一种差距的大小，即区域间、城乡间、学校间等义务教育发展水平差距的大小。而义务教育发展水平侧重于义务教育的普及程度和质量水平，其更多强调的是经费投入水平的高低、学校办学条件的好坏等。均衡与发展是推进义务教育发展过程中所面临的两个重要命题，正确处理二者的关系是教育管理部门的重要工作内容之一。我国各区县的义务教育均衡水平与其发展水平并非齐头并进，常表现为四种类型：高位均衡、高位不均衡、低位均衡、低位不均衡。①高位均衡。这类区县义务教育发展水平高，教育资源均等化配置程度高，城乡、学校间义务教育发展水平差距控制合理，其主要任务是在巩固并提高已有教育发展水平与均衡水平的基础上，进一步走向优质教育均衡发展。②高位不均衡。这类区县义务教育发展水平高，但均衡化程度低，城乡、学校间义务教育发展水平差距较大，其主要任务是在巩固已有发展水平的基础上，注重均衡水平的提高。③低位均衡。该区县虽均衡化程度合理，城乡、学校间义务教育发展水平差距较小，但是发展水平不高，办学条件差，师资力量薄弱，经费投入不足等，其主要任务是在保持均衡水平平稳或提高的基础上，大力加大投入，提高义务教育发展水平。④低位不均衡。该区县表现为义务教育总体发展水平比较低，生均教育资源占有率低，并且城乡、学校间等生均教育资源差距也比较大，其主要任务是加大投入，提高义务教育发展水平，同时注重教育资源的均衡配置，缩小校际差距（吴建涛，等，2014）。

（三）义务教育均衡发展

义务教育均衡发展的概念界定，不同的角度，仁者见仁智者见智，常见的是以下三种角度：教育公平论、系统均衡论与资源配置论。教育公平论以顾明远教授为例，他认为"教育均衡发展是教育平等的问题，说到底还是一个人权问题"（顾明远，2002）。翟博认为"教育均衡发展体现一种公平公正的理念，其实质是指在教育公平思想和教育平等原则支配下，教育机构和受教育者在教育活动中享受平等待遇的教育理想"（翟博，2008）。系统均衡论者将哲学社会科学领域中的均衡的内涵作为理解义务教育均衡发展的理论基础，强调教育系统的均衡应指教育系统的各部分、各要素之间建立的稳定、协调、有序的关系（田芬，2004）。资源配置论者认为义务教育均衡发展是指在一定行政区域内，国家在义务教育发展上的硬件投入，如校舍、设施、办学经费等方面，实现国家投入的相对均衡，并在此基础上实现办学条件的标准化、均衡化（文喆，2002）。

我国义务教育起初实行分地区、有步骤地推进非均衡发展政策，目的是保障学龄儿童"有学上"，以实现基本普及和全面普及义务教育。随着该政策的推行与发展，义务教育日益呈现不均衡发展的状态，非均衡发展必然导致系列问题，如区域、城乡、学校间的差距日益扩大等。在此基础上，人们不再满足"有学上"的普及教育而是开始追求"上好学"的优质教育，故义务教育开始向均衡发展。尽管不同理论范畴中的义务教育均衡发展涵义各异，但从综合的视角看，义务教育均衡发展包括三方面的政策内涵与结构范畴：①配置均衡。表现在教育横向与纵向结构两方面，如表现在横向结构方面的地区之间、地区内部的学校之间、学校内部群体之间的均衡和表现在纵向结构方面的各级各类教育间资源配置的均衡，机会与条件的相对均衡等。②供需均衡。除宏观层面之外，微观情境中应更强调义务教育均衡发展，即在教育的过程中实现学生在受教育的起点、过程和结果三方面的公平。③动态均衡。强调义务教育是有机的整体，是一个动态系统，而且是一个生态系统。系统内各要素间形成协调有序的关系，并与其外部环境达到平衡与适应的状态，从而使整个教育系统处于一种稳定、功能优化的动态发展状态（刘新成，等，2010）。

第二节　主要发达国家义务教育均衡发展的经验

一、美国义务教育的经验

美国国土面积广阔，人口由原住民及其他地区的移民组成。这导致美国各州在经济、文化、科技等方面发展的不平衡，也反映在义务教育发展水平在地区、族群等存在着巨大差距。为了改变这种状况，美国政府在20世纪五六十年代开始推行了一系列的"补偿教育计划"。2001年，美国政府在此基础之上又颁布了《不让一个孩子掉队》法案，进一步改善了这种不平衡的现状。而这一系列教育措施的实行促进了美国在义务教育方面发展不平衡现状的改善，减小了各州、族群之间的教育水平差异，这些措施包括如下方面。

（一）重视师资配置均衡化

1. 重视弱势群体的教育，师资配置向弱势群体倾斜

20世纪60年代以来，为有效地实现义务教育的均衡发展，教育机会的实质平等，特别是为了让不同族裔、不同文化群体都能切实享受平等的受教育权利，以美国经济机会署为代表的团体倡导在全国围内实行"补偿教育"方案。方案的主要内容是对弱势群体教育进行经济补偿，并努力改善办学条件，优化师资力量，以达到提高其办学质量的目的（孔凡琴，等，2007）。由此可见，美国政府十分重视"师资补偿"的意义，且提高执行力，使之真正落实到弱势群体的受教育行动中。美国社会群体中存在着少数民族，因此，对少数民族教师有其独特的要求。在教育中培养少数民族教师也是美国教育发展的必然要求。

2. 缩小教师待遇差距，为师资均衡配置奠定坚实的物质基础

教师待遇的好坏直接影响着教师的工作热情、教师队伍的稳定性及教师职业的吸引力。20世纪80年代以前，由于对教师的不重视，美国各州中小学教师工资

偏低，严重影响了美国师资的来源和教师队伍的建设。于是，美国政府通过各方努力，筹集资金，不断提高教师工资，不仅改善了教师待遇，还注意缩小教师待遇的差距，使少数民族和弱势群体地区的教师待遇均得到了提高。为了吸引少数民族教师，美国政府还为他们提供特别补助和优惠政策，鼓励他们任教，以达到教师资源的整体均衡。

3. 统一国家教师资格证书

美国是典型的地方分权制国家，因此，国家对教师资格的认证也不同，各州都有一套自己的教师资格认证制度。这种标准不一的教师资格认证制度使美国的教育质量出现参差不齐的情况，更重要的是，优秀教师无法在全国流通，彼此缺乏学习和交流。为了改变这种糟糕的局面，1987年5月，全美教师资格审定委员会成立，并开始推行统一的国家教师资格证书制度。自该制度实行以后，美国各州的教师资源质量差距大大缩小，而且促进了优秀教师在全国范围内的流动，打破了各个学校之间关于师资方面的恶性竞争，实现了教师资源共享（李楠，2011）。从结果可看出，美国实行统一的教师资格证书制度是促使教师资源均衡化的一个重要手段。

（二）追求教育公平与教育效益

美国把促进义务教育均衡发展的思想确立在教育法案中。20世纪60年代，《民权法》与《初等和中等教育法》颁布，这表明美国以强制性的立法程序保证教育机会的均等，体现了追求教育公平的价值取向。进入20世纪90年代后，美国教育的价值取向开始强调公平与效益的统一，也就是说，美国直接以立法形式确保教育政策的公平，而且颁布的教育改革政策具有连贯性和互补性，为美国教育的均衡发展提供了坚实的制度支持和保障。

（三）以联邦、州两级政府的转移支付模式弥补区域间教育经费的不均衡

20世纪70年代以前，美国义务教育经费的大部分由地方承担。经济发展的不平衡导致各州的教育经费差距很大。自1978以来，美国义务教育投资主体逐步调整为州一级政府，不但方便州政府向联邦政府申请教育经费，而且还可协调州内各学区之间的教育经费。

美国的义务教育经费转移支付不但形式多样而且比较规范，大多采用因素法客观地确定各学区的拨款额，且每种形式都适应该地区的发展模式，便于各级政

府根据实际需要选用合适的转移支付模式。为解决由于地方财政能力不均衡带来的教育经费投入不均衡的问题，美国分别建立了以联邦政府和州政府两级政府为主体的转移支付模式。联邦政府层面的转移支付模式可分为专向补助、收入分享和总额拨款三种。州政府层面的转移支付是由各州向地方学区提供教育补助，主要有水平拨款、基本补助、学区能力均等三种补助模式。

（四）以补偿教育计划确保处境不利儿童享有平等发展的权利

在多元文化的背景下，实现真正的教育公平是美国教育发展的主线。美国政府为实现这一目标采取了一系列的政策和措施，其中最重要的就是在20世纪五六十年代在民权运动推动下产生的补偿教育计划。所谓补偿教育计划就是面向处境不利儿童提供一系列经济补偿及特殊的教育服务等文化补偿。在对经济困境儿童的补偿教育计划中，比较有代表性的是"更高视野计划"。为了切实做到对贫困儿童的教育支持，美国政府单独为贫困儿童开设小班教学模式，并为他们提供专门的心理辅导。到20世纪60年代中期，美国已经开办了几十个这类项目，而且在1965年《初等和中等教育法》颁布后，联邦政府又增加了对贫困儿童集中学区的拨款。此外，为保证残疾儿童也享有平等的受教育的权利，美国又制订了残疾儿童补偿计划。综上所述，美国的补偿教育计划改善了各地区教育发展不均衡的现状，不仅对补偿的儿童提供广范围资金支持，同时也为弱势儿童提供了平等的入学机会和特殊的教育服务。

（五）城乡一体化的财政管理体制

在美国，无论学校处于城市还是农村，都必须按照学区的划分对其进行统一的管理（苏济，2012）。美国教育最关注的是教育公平，而城乡一体化的财政管理模式是美国义务教育的重要特征，这一举措缩小了城乡教育差距，体现了美国教育的公平性。

二、日本义务教育的经验

日本借鉴了很多美国教育改革的经验，并根据这些经验制定出针对日本国情的教育政策，这使得日本的教育水平得到很大的提升。同时，以教育为基础的科技也一直在飞速发展，这使得日本能够迅速跻身于世界强国之列。通过对日本教育的研究，将其政策总结为以下几点。

（一）建立健全法规制度，重视教育公平

日本被世界公认为"教育兴国"的典范。日本十分重视教育，一直把发展教育特别是发展义务教育、提高国民素质作为"兴国、强国"的基础和最重要的手段，较早地实行了义务教育制度。第二次世界大战后，日本为实施义务教育所采取的各项措施都是围绕着确保《宪法》规定的教育机会均等、人人有受教育的权力为中心来进行的，其中最根本的一条就是逐步建立完整的法律体系，保障义务教育的顺利实施（曹志祥，1994）。

（二）努力提高教育质量

一个国家教育水平的高低，重要的不是受教育人数的多少，而是教育质量的高低。日本的教育十分重视质量，而不仅仅是扩大教育范围。①在教学方面，文部省根据教科书制定"学习指导纲要"，要求教师以此为教学内容和教学方法的统一标准，从而保证教学质量；②在班级人数上也从原先的50人逐渐减少至35人左右，但相应的教师人数并未减少，从而提升学生个体的学习效果；③最后在教学内容方面，日本的义务教育也从原先的偏重知识的传授过渡到以培养动手能力、沟通能力、自主能力为主，知识传授为辅。

（三）教师管理规范有序，鼓励教师流动

日本在教师队伍的管理方面已经形成了完整制度，有效地保证了师资水平的均衡发展。①将教师纳入公务员队伍的管理。日本把教师作为公务员的一部分，由国家（政府）确保其工资和待遇，所有学校实行统一的教师工资标准、统一的待遇。对在农村工作的教师实行乡村教师津贴。②确立了以县（省）为主的教师管理体制。县（省）教委统一负责全县（省）教师的培养、录用等工作，中小学教师的进修和交流等也主要由县（省）负责，市教委参与教师的进修、交流和考核等工作。学校无权决定教师的聘用和辞退。③健全依法管理教师的制度。在教师培养方面，日本已经取消了师范院校，中小学教师主要由大学培养，学历层次要求较高；在教师的录用方面，每年由县（省）教委统一向社会发布录用计划，在规定时间统一进行严格的招录考试（分笔试和面试两种）。④教师培训的专业化和标准化程度较高（张人崧，等，2012）。这些政策保证了教师管理，推动了日本教育的发展。

（四）就近入学，关注每一个学生的全面发展

在日本教育政策的影响下，目前我国的教育也开始了划片就近入学。日本的小学严格实行就近入学，因为日本的学校不管是办学条件还是办学水平都旗鼓相当，所以不存在跨学区择校的问题。而且日本注重环境保护，即使是小学生也是走路上学。日本小升初不需要考试，只需要按学区直接升入初中。

日本的小学教育比较轻松，学生学业负担比较轻。日本注重学生的综合发展和全面发展，而不是仅仅做会学习的机器人。除此之外，针对学习程度较差的学生，学校还会有专门的教师对其进行单独的辅导。

日本是一个注重礼仪的国家，这一点在日本的学校教育中也体现得淋漓尽致。从小学教育开始，日本就着重培养孩子的礼仪意识，把礼仪教育贯穿教育的始终。

（五）关注弱势群体

弱势群体是每个国家教育所不能避开的一个群体，而日本的义务教育要保证每个国民都必须接受教育。因此，日本特别重视对弱势群体的教育，其特殊教育的发展已有百年历史。第一次世界大战之前，日本就设置了专门针对特殊教育的学校，例如，盲人学校、聋哑人学校、养护学校等。第二次世界大战后，日本又经过了六十多年的发展，不断完善特殊教育体系，关爱残障儿童的身心健康，尽力做到最大范围的普及特殊教育，努力做到"一个都不能少"。

（六）义务教育从形式均衡转向内涵式均衡

20 世纪八九十年代，日本通过制定或修订一系列法律规则来推动其义务教育的内涵发展。首先在师资提升方面，日本不再仅仅满足于教师的学历合格率，而是更注重提升其素质和水平。其次，在职教师提高方面，2002 年修订的《教育公务员特例法》规定，设立研究生院并建立离职进修制度，从而使现职教师长期研修的机会进一步增多。此外，日本还通过与国际组织合作，对本国义务教育进行质量监测。

三、瑞典义务教育的经验

瑞典地处北欧，国土面积狭小，截至 2014 年 8 月，瑞典全国总人口为 968 万人，却是世界上最发达的国家之一，也是高福利国家之一。瑞典是君主立宪制国

家，自1814年奉行中立政策以来，瑞典已由典型的农业国发展成为具有高水平的资本主义工业国。随着物质财富的增长，教育也有了较大的发展。瑞典的学制原属于欧洲大陆的双轨制，后经过多次的改革，才逐渐演变成为单一化的学制。一百多年来，瑞典政府为了使教育适应政治、经济、生产力发展的需要，对中小学教育制度进行了多次改革。在改革过程中，瑞典政府按议会要求明确地规定了每次改革的目的、任务，从调查研究入手，通过反复实践，有计划、有组织、有步骤地落实改革方案。因此，教育改革取得了良好的效果，不但推动了教育事业的蓬勃发展，而且通过向社会输送大量优秀人才而直接推动了社会进步（商承义，1985）。

（一）重视教育平等

瑞典政府提出，教育要注重的是提高整个社会的水平，而不是一部分人的水平（王俊，2009）。

瑞典人认为，抛弃弱者只顾强者发展的社会是不公平的。在瑞典，儿童入学没有入学考试。瑞典的义务教育都是免费的，充分体现出教育公平的理念。同时，瑞典的教育不受性别、家庭环境、经济等因素的影响。瑞典不但在义务教育阶段都是免费的，而且当地政府还会为很多学校的学生提供在校期间所需的学习用品、资源等。

（二）把教育看作一件可持续发展的事情

不只我国提出可持续发展的战略思想，早在20世纪八九十年代，瑞典政府就已经开始把教育纳入国家可持续发展的政策框架中。瑞典的教育可持续发展要求重视环境教育，而且把学校系统作为社会系统中的一个子系统对待，把教育作为文化传承来对待。

（三）坚持把普通教育与职业教育相结合

瑞典的教育不同于其他国家，它是将普通教育与职业教育相结合进行的。而最能体现瑞典把普通教育和职业教育结合在一起的措施是瑞典的高中教育模式。瑞典的所有高中都是综合性高中，学生不仅学习课本知识，还要学习涉及工作方面的课程。低年级学生要熟悉学校及周围的工作生活，而较高年级学生则要接触当地乃至整个国家的工作生活，了解劳动市场及其影响因素，也就是说，瑞典的教育更重视实践，更注重孩子的能力的培养。

（四）注重平时学习的学业评价

瑞典的教育有与日本教育相同的地方就是都注重平时成绩，而相对地减少考试成绩所占的比重。尤其瑞典在义务教育阶段根本没有考试制度，从一年级到七年级都没有考试成绩，学生可以直接升级。从八年级开始，教师给每个学生做出成绩评定。即使学生到了高中阶段，也没有全国统一的毕业考试。等级评定标准是由国家教育局在教学大纲中明确规定的。瑞典的这些教育政策在全国范围营造了比较宽松的教育环境，没有把学生束缚在教育的"牢笼"中，而是让每个学生都成为真正独立的个体。学生在这样的环境中成长，真正实现了自我个性的发展。

（五）完善的义务教育质量保证与审查体系

除了前面提到的那些教育政策，瑞典还有着完善的义务教育质量保证与审查体系，不仅有国家统一组织的三次全国性测验，还有义务教育检查活动。为了确保义务教育的质量和审查，瑞典采取了"目标—结果"模式，该模式重点关注的是结果，而不是过程，也就是说更关心国家制定的政策在学校中实现得怎么样，是否达到国家的基本要求，而不是执行这一目标所做的过程和努力。

（六）充足的经费保证

瑞典是高税收、高福利国家，国家义务教育不仅不收学费，还会为儿童提供一定的学习资源，包括学生的书本费，甚至还包括学生的伙食费和上学交通费。这些经费除了为学生提供福利外，还用于提高教师工资、进行教师培训，以及改善教学条件。

面对激烈的市场竞争和严峻的就业形势，英格兰德（教育家）主张，教育的侧重点应从"促进社会发展"转向"促进个体发展"。而瑞典的教育多年来一直在"促进社会发展"与"促进个体发展"之间寻求一种平衡。在瑞典，教育被看作一种资源，而且是可以促进社会流动的资源。教育内容是科学进步的浓缩，课程要适应技术社会发展所产生的科学研究的需求。更重要的是，瑞典政府还要提高教育效率，保证平等的教育机会，通过教育促进社会民主的发展。因此，瑞典的教育考虑更多的是扩大教育机会，而不是教育的质量，教育本身就是"高质量"的（汪霞，2000）。

瑞典的教育更多的是注重儿童的教育，而对教师的重视不够，忽略了师资力量的重要性。

四、芬兰义务教育的经验

芬兰的总人口只有 500 多万，有 1/3 的国土在北极圈内。芬兰在教育方面也处于世界领先地位。

（一）丰富多彩的学习内容和形式

芬兰的教育不像中国一样把孩子安排在校园、教室，由教师进行授课。为了更好地适应学前教育，芬兰教育部门不是把知识编排成课程，而是包含了很多实践活动，从游戏、大自然、绘画、语言、阅读、观察中让孩子适当地学习，培养他们的个性和团队协作精神。课外活动也很丰富，其中有很多家长共同参与的互动活动，近年来芬兰儿童开始参与体育活动的年龄也明显提前（刘晓红，等，2011）。

（二）公平、自由、主动的学习理念

教育改革是每个国家在教育发展的道路上都不能避开的一步，而芬兰的教育改革把"保持平等精神""一个都不能少"的理念贯穿于改革始终，这是促使教育改革与政策不断走向成功的核心理念。当其他国家还在走精英教育的道路时，芬兰却反其道而行，坚持让每个孩子都享受到平等的受教育权利。

教学内容的可选择性给予学生充分的自由。芬兰教育遵循个性化原则，鼓励学生拥有自己的意愿、自己的思维方式和自己的思想。芬兰的学校注重主动的学习理念，从帮助学生认识和选择职业取向中激发内驱力。芬兰的义务教育里有一项重要的任务就是教会学生如何选择职业，进而激发他们学习的主动性。

基于追求教育公平的价值取向，芬兰的学校对所有学生一视同仁，不把学生分成三六九等，坚持不设重点班，不给学校排名次，不办"重点校"，不搞所谓的"精英教育"。芬兰不开办大量的私立学校与公立学校竞争，不鼓励家长择校。正是由于芬兰政府和民众对教育公平的不懈追求和长期努力，综合学校无论是在师资配置还是硬件设施方面，都得到均衡发展（张瑞海，2010）。

（三）高素质的教师队伍

教育发展的重点是学生，但是，学生的发展离不开教师。由此可见，教师在教育发展中的重要性。这一点在芬兰教育中得到很好的证明。由于芬兰政府对教育的重视，教师的工作也相应得到社会的广泛尊重和普遍认同。芬兰政府对教师

的支持力度相当大，不仅鼓励他们开展积极的自主学习和研究，还免费为他们提供培训。芬兰教师训练有素，居世界前列。而教师的社会地位之高，也是其他国家和地区难以想象的。

由于教师的素质高，学生的发展在很大程度上又是自由的，因此，芬兰学校的师生关系相对比较稳定。这又保证了教师的流动性小，教育因此得到了均衡发展。

（四）政府的经济支持

同瑞典一样，芬兰的教育发展离不开政府的支持。在芬兰，对一个家庭来说，孩子的教育经费几乎是完全不用担心的。政府不但承担了照顾幼儿的责任，而且会给家庭提供物质帮助。而学校的教育对孩子几乎是免费的。

（五）注重家庭、社会、政府多方合作

在芬兰，儿童教育不仅是个人与家庭的事，同时也是社会最大的福利事业。芬兰十分注重各教育机构之间的合作，在《芬兰教育2004年度报告》中，着重指出，2004年教育上的进步之一就是各教育机构间的合作得到了加强（刘媛媛，2006）。对于一个儿童的成长来说，家庭、学校、社会承担着不同的责任，每一方面都是不可或缺的存在。

（六）养成阅读的好习惯

芬兰儿童的阅读能力相当出色。这主要得益于芬兰社会整体的阅读能力，更重要的是，早在1990年，芬兰政府与许多民间机构组织就已经意识到阅读的重要性，不断推动强化阅读。不仅学校重视阅读，芬兰的各个书籍协会还广泛、长期地参与其中，推动芬兰社会整体阅读水平的发展。

（七）注重德育教育

同日本的礼仪教育一样，芬兰也十分注重德育教育。德育是芬兰小学教育中的一项重要内容，芬兰的学校注重培养孩子的绅士风范。他们从小学开始就注重培养"不侵犯别人利益"的做事原则，而且从生活的点滴做起（张丹枫，2011）。

综上所述，由美国、日本、瑞典、芬兰的教育发展可以看出，虽然各个国家地处不同区域，但其中仍有很多相同的地方，例如，重视公平教育、重视师资力

量的发展、重视孩子的全面发展，这些经验值得我国学习。

第三节 主要发达国家义务教育均衡发展问题及归因分析

一、美国义务教育均衡发展的现存问题及归因分析

虽说美国的义务教育均衡发展在世界范围内一直处于领先地位，但在历次改革中不免存在着一定的问题。尤其 20 世纪 90 年代至 21 世纪初，美国义务教育均衡发展面临着许多新世纪的挑战。

（一）分散的财政投入机制

虽然 20 世纪初美国对教育的财政投入充足，但美国分散的财政投入体制曾直接导致义务教育发展的不均衡，引发最严重的社会问题是美国城乡普及教育的差距日益扩大，其中表现不总是城市教育资源优于乡村。因为随着社会经济结构的渐变，富人不断迁徙到郊区而穷人开始到市区寻找工作，导致贫困和少数民族孩子主要集中在城市学区，使政府和立法机关面临着如何给城市学区提供足够的资金等新问题。同时，教育投入的不均衡还导致很多地方呈现两极分化的趋势，引起了人们的急剧不满，并引发了多起教育诉讼案件。

（二）择校制度的问题

美国历来实行的是公立学校就近入学原则，但由于不少公立学校教学质量不高，一些家长开始选择私立学校。针对公私立学校间的差异，美国实行择校制度，开始把市场价值引入教育。择校制度主要指家长运用自己手中的权力在公私立学校间为自己的子女选择合适的学校；择校主要涉及三个方面，分别是对学校类型的选择、对教育形式的选择和对教育质量的选择。提到择校，最为典型的就是教育券，也称教育凭证，是政府补贴的学费，以学券的形式发给家长，家长可以用学券来支付所选学校的学费，这就增加了就读于私立学校的机会，改变了就近入学的原则。近些年，美国的择校制度使一些学校流失了很多好学生，留下那些成绩不好的学生。这样，本来是需要资助的学校因为学生的流失而丧失了被支持的

机会，从而导致这些学校的质量一路下滑，扩大了学校间的质量差距。此外，由于地区间教育资源的不均衡，教育资源不足地区的学生择校权利往往受到限制，如居住在乡村地区的家庭可能只有一所中学可供选择，择校制度形同虚设，反过来择校制度又加剧了地区间教育资源的不均衡分布（胡咏梅，等，2006）。

（三）三权分立造成的潜在弊端

三权分立思想既强调权力的分工，又强调权力的制衡。美国的三权分立制度是独立战争后，为适应资本主义发展的需求，在1787年美国宪法中所确立的政权组织形式。其主要内涵是指把国家权力分为立法权、行政权与司法权，分别由国会、总统与法院行使，三权彼此独立，但又互相制约，保持均衡的一项政治制度。但在教育系统中，由于三权分立的原因，教育政策连贯性差，各地区的教育财政扶持不一，致使州及学区间在各种权限上也并没有明确的隶属关系，其中也包括义务教育，因此，教育资源在地区间配置严重不均，导致义务教育质量呈现出分化趋势。

（四）人口因素的问题

美国人口出生率和人口的年龄结构的问题，以及移民数量的不断增加，对美国的教育均衡发展有很大的影响。随着美国经济社会的变迁，美国逐渐出现了夫妇晚生和不生子女的趋势，从而导致美国的人口出生率严重下降；美国是一个多民族的国家，民族矛盾也不断发生；由于本国劳动力的缺乏导致移民数量不断增加，来自不同国家、地区的移民文化、教育等背景存在差异；美国的人口地理分布、城乡分布也十分不均，等等，这些都是影响义务教育均衡发展的潜在问题。因此，美国需要审时度势，根据这些因素统筹规划。如果关注方向和关注度出现错位，就将会影响美国义务教育的均衡发展。

（五）文化传统的渗透

虽然美国有着尊重他人的选择自由和承认差异的文化传统，但这种文化传统在某种程度上不利于美国义务教育的均衡发展，如20世纪90年代的教育选择运动就充分反映了这一文化传统，相继出现：①特许学校。特许学校是指州或政府与一些团体、企业及个人签订合同，将某些公立学校的主办权交给他们，由承办者提供具有不同教学特点的学校教育。②磁石学校。磁石学校是以自身独特的设

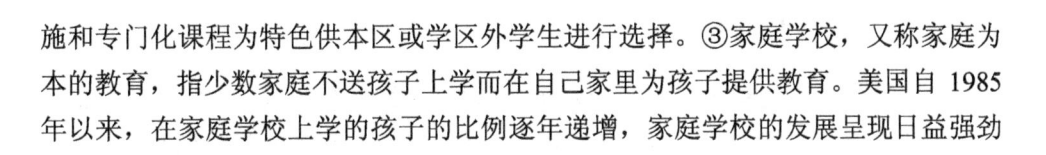

施和专门化课程为特色供本区或学区外学生进行选择。③家庭学校，又称家庭为本的教育，指少数家庭不送孩子上学而在自己家里为孩子提供教育。美国自 1985 年以来，在家庭学校上学的孩子的比例逐年递增，家庭学校的发展呈现日益强劲的趋势。这些教育形式都在一定程度上不利于美国义务教育的均衡发展。

二、日本义务教育均衡发展的现存问题和归因分析

21 世纪初，日本的义务教育改革出现了新的动向，那些支撑义务教育均衡发展的旧体制似乎开始瓦解，新的措施与日本义务教育均衡发展背道而驰，似乎在走消除义务教育均衡发展的道路。

（一）财税制度改革

2004 年，日本开始实行"总额裁量制"（高木浩子，2004），2006 年国库所负担的教职员工资由原来的 1/2 降至 1/3。国库负担支付方式发生了转变，负担比例也在下降。大部分教育经费转由地方负担，但毕竟地方经济差异比较大，致使经济不发达地区的教育经费严重短缺。可见，支撑日本义务教育均衡发展的财政体系发生了动摇。

（二）择校制的推进

2005 年，日本内阁颁布的《关于经济财政运营与结构改革》提出要在全国普及择校制，但这并不是出自教育领域内部的需要。另外，小学阶段的择校相对限制较多，也没有达到内阁期望的全国普及的要求，这并不能促进义务教育的均衡发展。因此，择校制的推行是在向日本义务教育均衡发展的传统体制提出挑战。

（三）学制弹性化的问题

学制弹性化改革的主要发起者是来自教育领域外部，而不是来自教育领域内部。2002 年，日本国会通过《结构改革特别区域法》，该法为地方促进经济发展而采取各种"特例"提供了法律支持，当然教育也被包括在内。这导致教育特区的现象，并有数量增多的趋势。届时，多种学制并存的现象将更加普遍，那么教育的非均衡发展的新问题将会出现。

（四）师资水平存在差异

地区经济水平的差异、受教育水平的差异、教师追求较好的生活条件和工资待遇的愿望等原因造成区域、学校师资力量、师资水平和教学质量的不均衡。日本税收制度改革后，教师的工资由地方承担。教师的工资受制于地方经济发展水平。教师为了追求更好的生活条件和工资待遇，纷纷转向经济发达的地区。因此，欠发达地区和发达地区的教师在受教育水平、教学能力、教学质量等方面存在差异。

（五）贫富差距造成的问题

"现代性贫困"造成教育机会的不均等。近年来，日本私立学校的数量不断增多，尤其在公司办学的现象出现之后。但私立学校收费高昂，贫穷家庭的孩子只能上普通的公立学校，而富裕家庭的孩子可以在占有更多教育资源的私立学校就学。这造成了贫富家庭接受教育的巨大差异，也在一定程度上偏离了义务教育均衡发展的轨道。

三、瑞典义务教育均衡发展的现存问题和归因分析

瑞典是典型的高福利、高税收国家，瑞典的义务教育在 20 世纪取得了较大发展，有力地推动了瑞典社会、经济等各方面的进步。但是进入 21 世纪后，瑞典教育的深层次问题逐步凸显。

（一）择校问题

瑞典从 20 世纪 90 年代以来大力推行私立教育，一方面在很大程度上达到了通过择校满足家长多样化的教育需求；但是另一方面由于私立学校在地区分布不均衡和其高额费用，导致许多家庭无法选择更好的学校，这反而成为社会分化和义务教育均衡发展的一个问题。

（二）师资面临困境

瑞典的师资数量不足，质量也在逐渐下降。自 20 世纪 90 年代，瑞典政府曾经几次削减教育经费，由此导致教师的经济待遇下降，工作条件也在逐渐恶化，招聘的新教师也越来越少。另外，近年瑞典的教师结构趋于老龄化，有 1/4 的中小

学教师退休,但学龄入学的人数却在不断增长,这样师资匮乏的情况就更加严重。师资方面存在的问题很难达到义务教育的均衡发展。

(三)课程内容问题

在 20 世纪 90 年代初,教师权威和教学内容受到学生和家长的指责。家长觉得课程内容过于简单,致使学生不需要努力就可获得成功,他们期望教师可以对学生提出更高的要求。但是,课程改革直至现在,仍然有越来越多义务教育学校的学生无法达到国家规定的毕业合格标准。当然,瑞典的义务教育质量之所以不高,可能也与瑞典之前践行的进步主义教育理念有关。在进步主义教育理念统领下的瑞典义务教育使学生无法获得扎实的基础知识(Wilkinson,1994),例如,接受九年制义务教育的学生中有多达 15%的人都未能掌握基础知识。

(四)移民教育问题

近些年来,瑞典由于缺乏劳动力,移民数量增多,来自欧洲以外地区的移民自身教育水平普遍偏低,语言往往也是阻碍移民发展的一大因素。因此,他们不仅难以进入瑞典劳动力市场,还被排除在教育体制之外,很难达到瑞典教育标准。这在一定程度上影响着瑞典义务教育的均衡发展。

四、芬兰义务教育均衡发展的现存问题和归因分析

芬兰作为一个发达国家,教育有其鲜明的特色,尤其在教育均衡发展方面更是独树一帜。谈到芬兰的教育,实则指芬兰的义务教育;谈到芬兰的义务教育,实则指芬兰的全国教育。虽然芬兰的教育在世界范围内处于领先地位,但是依然面临着新世纪的挑战。

(一)教育财政压力大

芬兰政府 2002 年的教育科研预算就占国家全年 GDP 的 7%,其中安排给普通教育的经费占到总数的 30%以上。此外,芬兰政府平均每年要为每个接受义务教育的学生花费折合人民币 27 000 多元,学生还享受免费的午餐和医疗服务,城乡政府还负责安排上学距离较远及残疾儿童上学的往返交通。芬兰每年还给教师提供免费的继续教育和在职培训,花费也是巨大的。在 20 世纪 90 年代的

时候，芬兰就曾出现了经济危机，政府在教育方面的支出呈现锐减的趋势。为了降低成本，学校不得不扩大班级和学校规模，并且权力下放，择校在大城市成为普遍现象。而放眼现在的芬兰，社会老龄化正在加剧，就业人数下降，劳动力不足，医疗和养老金等公共支出却在上升，这将会影响未来国家财政对教育的投入。

（二）综合学校面临的挑战

芬兰的教育系统形成了包含多种理念和意识形态的格局，而综合学校成为各种具有冲突性质的团体相互施加压力的场所，新的问题开始以隐性的方式影响系统结构。因此，综合学校就不能很好地为芬兰的义务教育均衡发展出力。另外，受经济冲击的影响，处于乡村地区的学校大量关闭，许多规模较小的学校也因成本过大而进行整合。这带来了综合学校在地理分布上的新格局，也势必会影响芬兰义务教育的均衡发展。

（三）过于个性化的教育

芬兰的地方政府和学校对于课程设置、课时安排等具有一定的决定权。教师不但拥有教材选择权，而且实行无班级授课制。虽然中学生有着多样性的课程选择权和制订学习计划的自主权，但随着选择权的扩大，学生在面临升学等重大问题时往往感到迷茫，而且不同地区学校差异变得明显，导致均衡的教育系统受到挑战。

（四）多样文化的影响

芬兰是由多种文化组成的，境内有芬兰族、瑞典族和萨米族等民族，他们的语言和文化基础存在很大的差异性，这种多文化特质势必影响着教育的均衡发展。另外，随着移民的不断增多，荷兰出现了为不同国家教育服务的学校，如国际学校、法语学校、德语学校等。这些学校主要是为来自不同国家的学生提供教育，而这些学校条件相对较好，会影响芬兰的家长为孩子的择校，影响芬兰义务教育的均衡发展。

以上是对主要发达国家义务教育的发展历史进行的梳理和对其主要现存问题的分析，希望我国可以汲取国外的经验，并能够适时与我国国情相结合，进一步推进我国义务教育的均衡发展。

第四节 发达国家义务教育均衡发展的经验对我国的启示

"十二五"规划指出：合理配置公共教育资源，重点向农村、边远、贫困、民族地区倾斜，加快缩小教育差距。促进义务教育均衡发展，统筹规划学校布局，推进义务教育学校标准化建设[①]。制约我国教育均衡发展的主要因素是区域、城乡、学校间发展差距显著。只有确保弱势群体享有同等优质的教育资源，才能推动我国义务教育的均衡发展。实现义务教育的均衡发展需要强化政府职责，完善义务教育领域法律体系，制定义务教育基本均衡标准，完善弱势补偿政策，凝聚政府、社会、家庭、学校、市场的合力，下大工夫改革，全面提升优质教育资源供给能力。

一、强化国家在义务教育发展均衡发展中的政府职责

义务教育的基本特征是公益性、普惠性和公平性，是政府对公民提供的一项公共服务。确保义务教育的均衡发展是政府的主要职责之一。为保障义务教育的均衡发展，我国曾进行了多次专项会议，如在2000年召开的全国基础教育工作会议上，会议提出我国的义务教育"实行在国务院领导下，由地方政府负责、分级管理、以县为主的体制"。陈至立曾在2006年召开的全国义务教育均衡发展经验交流会上强调：要通过中央和地方各级政府的共同努力，力争用3～5年的时间，做到义务教育资源配置更加合理，体制机制更加完善；大中城市基本消除薄弱学校，学校之间差距明显缩小，义务教育阶段"择校"现象大大减少；广大农村地区学校普遍达到基本办学标准，贫困地区及其薄弱学校办学条件和弱势群体受教育的状况得到明显改善。从中不难看出义务教育发展差距之大，政府的责任之重。教育不均衡的问题能否改善关键就在于政府对教育发展的改革力度和有效度。为此，政府必须从思想意识方面高度重视，充分发挥"看不见的手"调节教育资源的均衡配置。我国政府的基本职能有政治职能、经济职能、文化职能、社会职能。这就要求政府利用其政治职能保证义务教育的正常、有序、健康地进行；利用其经济职能保障义务教育经费能按时、按量、按区域均衡拨款到位；利用其文化职

---

① 中华人民共和国国民经济和社会发展第十二个五年规划纲要（2011—2015年）.

能确保教师的考核、任命、监督，引导人民树立正确的价值观和伦理道德；利用其社会职能为全社会营造一种"尚文、尊师"的良好氛围。具体做法如下。

（一）明确政府的责任，提高管理能力

有研究认为，城乡教育公平问题归根结底都是政策和制度的问题。政府作为政策的制定者和实施者，有权力和义务推动城乡教育的均衡发展。现阶段我国义务教育入学问题已经基本解决，人们对于义务教育的要求已经从"有学上"发展为"上什么学"，义务教育范围内的城乡、区域、学校之间发展极其不均衡，竞争"优势教育资源"已成为教育不均衡发展的主导因素。因此，政府需提高管理能力，尽力确保本区域内教育资源的均衡分配，如制定政策时可以倾向于发展薄弱的学校、着力保障"流动儿童"平等地接受教育、促进区域内教师的流动，实现优质教师资源的共享、完善问责机制，使得地方政府、学校领导有一定的责任感和危机意识。此外，政府在制定政策时需考虑"伦理性"原则和"预见性"原则，所谓政策的伦理性主要表现为符合社会公平和正义的要求充分体现绝大多数人利益和弱势关怀精神（鲍传友，2008）。以往，政策制定者倾向于"解决问题"却忽略了"发现问题"。诚然，发现问题之后再解决问题比单纯的解决问题所付出的代价要小很多。

（二）加大财政投入的力度，确保财政资金的有效利用

近年来，我国在财政方面的投入力度逐步增大：2009年我国财政性教育经费只占GDP的3.59%，2012年，我国财政性教育经费占GDP的比例首次超过4%，所占GDP比例为4.28%（宗河，2013），"十二五"和"十三五"规划均以政策保障财政性教育经费支出仍占GDP的4%为目标[①]。投资的稳步增长的确令人可喜，但资金的分配却令人担忧，长期以来都是优质学校享有更多的优质资源、更多的财政拨款，而农村偏远地区的学校则是自力更生、无人关注，无论软件还是硬件设施都无法与城市学校相媲美。资金的分配需做到"有的放矢"，让每一项拨款都发挥最大的作用，例如，对于硬件设施不达标的学校给予资助，确保区域内学校的硬件实施达到统一标准；对于贫困地区薄弱学校的教师给予更多的绩效工资和培训机会，激发他们的"自我效能感"，心甘情愿地为所在地区贡献自己的教育热情。

---

① 中华人民共和国国民经济和社会发展第十三个五年规划纲要（2016—2020年）.

（三）改善教育发展存在的一些弊端，政府需身体力行

当今教育发展存在的最大问题就是教育资源分配不均导致的恶性竞争，如择校现象严重、农村偏远地区严重缺少教师、城乡教育质量差距过大等。这要求政府领导以身作则，多走访下乡，关心其发展，及时解决一些当务之急的问题，以实际行动感召城市老师自愿下乡支教（而不是单纯地凭借政府运用其权力去调动），做城乡教育发展的中介人，把城市的优质教育资源分配、引用、借鉴到农村，实现资源共享。此外，政府还可以借助媒体的力量，对于城乡帮扶做得好的区域及时给予表扬、宣传，鼓励其他地区学习其先进经验，"以点带面"，实现教育的均衡发展。

二、完善法律体系，依法推进义务教育优质均衡发展

法律是由国家制定，靠国家强制力保证实施，对全体社会成员具有普遍约束力的行为规范。我国宪法赋予了公民多项权利，其中平等权和受教育权均属于公民的基本权利。《中华人民共和国宪法》第三十三条规定："中华人民共和国公民在法律面前一律平等。"《中华人民共和国宪法》第四十六条规定了公民受教育的权利，如果把平等权和受教育权结合起来理解就构成了教育平等权，即受教育的平等权，或称"教育方面的平等权"（周永坤，2006）。此外，为保障义务教育的有效实施，我国陆续颁布了《中华人民共和国教育法》《中华人民共和国义务教育法》等一系列的法律条文，如《中华人民共和国教育法》第九条规定："中华人民共和国公民有受教育的权利和义务。公民不分民族、种族、性别、职业、财产状况、宗教信仰等，依法享有平等的受教育机会。"

所谓"平等的受教育机会"一般包括教育起点、教育过程和教育结果上的机会平等三个方面，根据周永坤教授的解释，教育机会均等是教育平等权的最低限度要求，它禁止的是依据不合理的标准对人进行分类，而后依据人的不同分类提供不同的机会，或者给予某些人优惠，或者对某些人不提供机会（周永坤，2006）。这充分体现了教育的民主性原则及受教育机会一律平等。所谓的教育起点公平即指在入学上的平等，教育过程公平即指在就学过程上的平等，教育结果上的公平即指在学业成就上的公平。教育起点公平和过程公平是结果公平的前提和基础。起点和过程的不公平必然导致或决定结果的不公平。这就要求完善我国的相关法律法规，如政府或地方可以出台相关的法律和条文推进区域教育的均衡发展。众

所周知，不仅仅是东西部地区的教育发展水平差异大，其实在同一地域，城市和农村的教育发展也存在很大的差距。城市中的一些市直小学、实验小学要比街道小学、社区小学的教学质量高很多，农村中的乡镇中心小学也比其他村属小学发展得更好。因此，跨地区的义务教育均衡发展的实现在一定程度上还需要地方政府出台政策文件保障区域内教育经费的投入标准、师资标准、学习资源分配标准等均衡分配。只有有效推动区域、小范围内的教育均衡协调发展，才可能实现全国性的义务教育均衡发展。

三、制定义务教育基本均衡标准，完善弱势补偿政策

"木桶效应"（也可称"短板效应"）是由美国管理学家彼得提出的。它讲的是一个木桶能装多少水取决于它最短的那块木板，一个木桶若想盛满水必须每块木板都一样平齐且无破损，教育发展亦是如此。衡量某个国家或地区教育发展的水平的关键因素是看其弱势地区的教育发展状况。长期以来，我国义务教育投入结构不合理，据相关统计显示 2007 年全国普通小学生均预算内公用经费最高的是北京，为 2952 元，最低的是贵州省，为 199 元，两者相差近 14 倍。全国普通初中生均预算内公用经费最高的是北京，为 4964 元，最低的仍是贵州省，为 325 元，两者相差超过 14 倍。因此，制定义务教育基本均衡标准，完善弱势补偿政策尤为重要。具体做法如下。

（一）确保不低于 4% 的财政投入

国家财政性教育经费占 GDP 4% 的投入指标是世界衡量教育水平的基础线。早在 1993 年，中共中央、国务院发布《中国教育改革和发展纲要》就提出，国家财政性教育经费支出占 GDP 比例到 2000 年要达到 4%。但由于多种原因这一目标未能如期实现。截至 2008 年，国家财政性教育经费支出占 GDP 的比例只达到 3.48%，直到 2012 年，国家财政性教育经费支出占 GDP 的比例才达到 4%[①]。国家只有确保财政投资足够，才能推动教育的发展进而使义务教育发展更为完善。

（二）制订相应的考核标准，确保义务教育基本均衡发展

由于东、中、西部地区经济发展差异较大，流动人口、交通环境等也有天壤

---

① 新华网北京 2010 年 7 月 29 日电.

之别，所以在设计义务教育均衡发展评估指标体系和标准时，应增加教育过程指标，完善教育质量指标，要考虑省、市、县均衡发展标准的共性与差异，同时要根据均衡发展的不同阶段设立不同的标准基数（褚宏启，等，2010）。严格遵循义务教育均衡发展的平等原则、差异原则和补偿原则，做到"因地制宜""求同存异"，充分尊重和扶持地方发展的特色，让"标准"成为教育均衡发展的"推进力"而非"约束力"。

（三）完善弱势补偿政策

哲学家西塞罗曾指出："让我们记住，公正的原则必须贯彻到社会的最底层。"世界上弱势补偿政策实施较好的国家是美国和芬兰。早在《2000年目标：美国教育法》中，美国就强调改革的首要目标是为处境不利的学生和儿童、不同种族、民族和不同文化背景的学生和儿童提供高质量的、适合他们发展的教育，使所有人从一开始就有同样的机会去获得同等程度的发展。芬兰通过各种渠道和措施保证弱势群体获得公平的教育权利和教育机会。针对农村偏远地区无法招到优秀合格教师和生源的问题，芬兰政府及相关机构把发展经济作为根本策略，启动了各类区域经济发展策略，与教育发展结合进行，实现经济和教育的协调发展，进而减少城乡差距，推进教育均衡（皮拥军，2007）。我国教育发展长期执行的是以城市为中心的政策，从而导致农村教育落后。完善弱势补偿政策应坚持向文化建设倾斜，向基础教育倾斜，中西部教育倾斜，向农村教育倾斜，尤其是在财政拨款、学校建设、教师配置等方面向农村倾斜，加大对贫困地区教育的转移支付力度，率先在县域内实现城乡均衡发展，逐步在更大范围内推进（王振存，2016）。

四、多方合力推进义务教育均衡发展的资源配置机制

义务教育的均衡发展单靠政府、政策法规是远远不够的，需要集多方力量于一体：资源的配置需要"看得见的手"和"看不见的手"共同发挥作用，需要社会舆论的监督和建议，需要家长的极力配合，需要学校的求实、反思、超越和创新。具体建议如下。

（一）教育属于公共服务，政府是公共服务的提供者

政府能否对教育资源进行均衡地供给或配置将直接影响到教育的均衡发展。政府应制定政策法规来确保教育资源的均衡分配，确保弱势群体的正当权益得到

维护，确保教师培训的及时到位，呼吁引导教师深入教育发展薄弱的地区支教，为义务教育的均衡发展创造良好的条件，及时利用政府权力和相应的规章制度去制止社会上一些恶性竞争优势教育资源的行为，真正做到"不让一个孩子掉队"，确保"每一个孩子的成功"。

（二）和谐社会对义务教育的均衡发展有着不容低估的作用

对待教育均衡，社会上有很多错误的认识，例如，实现教育均衡是教育部门一个部门的事。许多干部群众对"教育均衡"的认识有偏差，往往简单地将"教育平均"理解为"教育的均衡发展""教育公平"。教育公平的实质则是"平等地对待相同的，有差别地对待不同的，对弱势进行补偿"（刘志军，等，2012）。"十三五"规划指出：加强学习型社会建设、加强社会主义精神文明建设、提升国民文明素质，这些均为和谐社会的建设奠定了坚实的基础。此外，解决义务教育均衡发展中的问题，需要跳出教育看教育，跳出教育找方法，营造和谐的社会氛围，谋求教育发展的新局面。只有调动群体参与教育事业发展的积极性，才能实现义务教育均衡发展的目标。

（三）家庭教育是义务教育均衡发展的推动力

与国外的一些发达国家相比，我国对家庭教育的研究、重视、引导和投入程度明显不足。对于家庭教育方面的政策、法律，大陆地区均是空白。在诸多的培训之中，家庭教育占很少的份额，这对于影响和奠基人一生发展的家庭教育来说，是很大的遗憾。家长是孩子的第一任教师，家长的受教育水平和对教育的重视程度直接影响到孩子的受教育状况。家长对于学校的发展、授课、管理等有知情权，对于学校的发展，家长也应该出谋划策。在孩子接受义务教育阶段，家长应确保孩子的身心健康，倾听孩子成长中的烦恼，帮助孩子完成日常作业，配合教师的各项活动，尽自己最大能力提高孩子受教育的质量。

（四）学校是实施义务教育的场所，学校发展的好坏直接关系到义务教育均衡发展能否实现

罗素指出："最好的制度是能够产生最大可能的创造性冲动的制度。"义务教育均衡发展的高效途径是让每所学校、每个家庭、每位学生都成为自己的创造者和发展者（罗素，1986）。作为教育者和管理者，学校应该"简政放权"，充分发

挥教师的主体地位，给教师提供教师施展才能的空间，灵活运用多把"尺子"来衡量教师的教学效果，实施"一帮一""结对子"，使专家型教师和新手型教师能够互帮互助，出色地完成教育工作。此外，学校还应该提高自身的软实力。软实力是相对硬实力而言的，单靠政府的拨款建立豪华的校区、装置一流的教学设备不是长久之计，必须靠"文化""校风建设"等软实力赢得家长和社会的认可。当然，义务教育均衡发展还需要加强学校之间的合作，优势互补，扶持共赢。

（五）义务教育要均衡，需要政府负起责任，义务教育要发展，也离不开市场的参与

发展中国家想办"大教育"往往会受到经济发展水平的制约。在政府供给有限的条件下，义务教育必然具有排他性和竞争性，这样优质教育资源的消费就容易出现"拥挤"现象。发挥市场的调控作用可以通过多元化资源供给提升义务教育资源的丰富度；可以通过制定市场化竞争机制，提高教育资源的质量；可以通过市场参与办校扩大受教育者可消费资源的选择性。运用市场的灵活机制，统筹政府的宏观调控，促进我国义务教育的均衡发展。

五、以改革提存量，以投入扩增量，全面提升优质教育资源供给能力

"存量改革"是经济学的专有名词。所谓存量改革是指通过对旧体制进行实质性改革实现最终的制度创新，改革领域转移到存量部分，通过资源整合，能够实现存量资产的规模化、品牌化、高附加值等，其本质都是转变传统的资源运作模式，实现盘活的目标，增加资产的整体价值。运用科学发展观，寻求新的模式，存量资产将"焕发新的活力"，为城市发展做出更大贡献（姚巧华，2015）。教育资源属于市场资源的一部分，应该进一步实施资源整合战略，实现优势资源和劣势资源的互补，如充分利用博物馆、文化馆、青少年宫等存量资源作为教学材料为课堂增添生机。此外，在教育投入上，国家要严格坚守不低于4%的财政投入，重点扶持一批弱势地区和学校，利用财政资金的倾斜政策引导优秀教师深入农村地区任教，加强薄弱学校的基础设施建设，实现城市优质学校与农村弱势学校共享优质教育资源。例如，尝试建立优质学校的分校，实施同样的教育管理，教师在两所学校之间轮流任课，两所学校的教育质量及其软硬件设施制订不同的标准，同时纳入考核范围内，以提升幅度为重要指标，进行横向比较（两所学校的业绩增长幅度的比较）和纵向比较（与其他地区同等质量兄弟学校的业绩进行比较）。

相关领导部门及时反馈检查、比较的结果，并组织交流大会，得到表扬的学校汇报其成功的经验、方法，有待改进的学校反思其不足之处、薄弱环节，并相应地制订下阶段发展目标。如此反复，优势带动劣势、主动带被动、全面提升优质教育资源的供给能力，为义务教育的均衡发展创造良好的条件。

综上所述，推进义务教育均衡发展是追求教育权利平等的充分保障，是实现教育公平的基石，是新时期、新阶段我国义务教育发展的战略性任务（姜茂，等，2015）。只有以强化政府职责为支点，完善法律体系为保障，充分学习、借鉴发达国家的优势，重点完善弱势补偿政策，利用多方合力推进义务教育资源的均衡配置，提升优质资源的供给能力，才能实现教育的均衡发展，提升综合国力，提高我国在国际的竞争力，体现世界大国的独特魅力。

第二章

义务教育均衡发展的政策变迁与制度创新

在整个教育体系中，义务教育具有基础性和先导性地位。义务教育既是每个公民基本教育权利的保证，又是提升全民族素质的基本途径。作为政府提供的基本公共服务，义务教育具有强制性、免费性和普及性，是最应体现教育公平的领域。但由于历史和现实的原因，新中国在实施义务教育的路径上主要是通过非均衡政策，由中央政府将发展义务教育的责任交给地方，各地根据不同经济社会发展的情况分期分步实现的。分步推进的政策策略虽然切合中国地区间经济发展不平衡的具体国情，较快地实现了"普九"的基本目标，但也带来了义务教育发展不均衡的政策后果。义务教育在城乡之间、区域之间、学校之间发展的不均衡制约着人们接受教育的公平性，成为21世纪政府和人民关注的焦点。从2002年《教育部关于加强基础教育办学管理若干问题的通知》提出"积极推进义务教育阶段学校均衡发展"时起，均衡发展就成为义务教育全面普及之后的战略性任务。

义务教育均衡发展政策理念的提出和在实践中的积极推进，既是全面推进素质教育、不断深化教育改革的需要，又是提高教育质量、促进教育公平、推进社会进步的重要举措。梳理并分析我国义务教育均衡发展的政策变迁、总结我国义务教育均衡发展政策的经验和教训、确立我国义务教育均衡发展政策的未来走向、推动义务教育均衡发展的制度创新是摆在中国教育学研究者面前的基础性任务。

第一节　义务教育均衡发展的理论阐释

一、义务教育均衡发展的理论内涵

义务教育均衡发展是指在义务教育阶段，合理配置教育资源，全面提升教师整体素质，缩小学校、城乡、区域间教育发展水平的差距，提升学校办学水平，办好每所学校，促进每个学生健康成长。义务教育均衡发展是适应21世纪国家和民族发展需要的教育，是面向人人、有教无类的教育，是为每个人的一生发展奠定良好基础的教育，是为增强民族创新精神和创造能力而做好充分准备的教育。

（一）义务教育均衡发展是价值引领式发展

义务教育均衡发展理念的提出是我国改革开放以来对教育公平、教育正义等教育政策基本价值的彰显和追求。公平、正义比太阳更有光辉，二者被视为公共政策合法性的重要前提，也是我国教育政策的基本价值。

义务教育阶段是一个人接受正式教育的起点，对一个人的终身发展至关重要。义务教育阶段的不均衡发展直接带来教育起点的不公正，带来一部分孩子输在起跑线上的严重后果。教育不公平是社会最大的不公平，会给社会带来巨大的伤害。义务教育均衡发展是公平公正价值观念在教育政策中的体现，它将引领着教育更加关注公平、正义，关注平等和尊严，更加关注人的发展和需要。在这种价值的引领下，义务教育将逐渐摒弃以前那种追求数字和效率的发展转向注重公平和有质量的发展；在对农村、边远、贫困、民族地区的诸多补偿性政策关怀之时，更是将落实权利、保证尊严放在第一位。这不是施舍，这是公平正义的内在必然的要求。

（二）义务教育均衡发展是一种理想状态的发展

一定意义上，义务教育均衡发展是人们相对于现实存在的教育需求与供给不均衡而提出的美好理想，是为实现教育公平正义而努力的过程。因此，义务教育均衡发展是一个相对的、历史的和发展的概念。"也就是说，不同历史时期，人们对均衡发展会有不同的理解和相异的标准。教育发展差异是永存的，不均衡发展从某种意义上说是绝对的"（柳海民，等，2007）。没有最好，只有更好。义务教育均衡发展是人类一个永恒的理想和追求的愿景。人们只能在教育动态发展过程中，使其趋于呈现一种相对均衡的发展状态。因此，努力缩小区域之间、城乡之间、学校之间的发展差距，并不是片面地追求平均主义，也不是削峰填谷，而是在尊重客观现实的条件下，鼓励强者再接再厉，帮助弱者奋起直追、迎头赶上，通过教育的梯度发展逐步消除教育差距，达到一种相对均衡的发展状态。

（三）义务教育均衡发展的着眼点在于每个学生的发展

人是教育的对象，也是发展的主体，是教育的出发点和归宿。众所周知，在义务教育均衡发展理念中，人、财、物及信息在内的教育资源配置是其关键的内容。但是，最重要的仍然是"人"，是包括教师和学生在内的"人"，尤其是学生的全面和有质量的发展。美国著名教育家詹姆斯·赫尔曼提出了教育公平的三个阶段：每个人都有不受限制的学习生涯机会；以平等为基础对待不同出身的人；促使学生学业成就均等。据此，可将义务教育均衡发展理解为由低到高的三层意思：①确保人人都有受教育的权利和义务。这往往由国家通过法律的形式加以确认和保障。②提供相对平等地接受教育的机会和条件。在教育实践中，教育均衡发展还应包括学习条件的均等，即在教学内容、教育经费、教育设备、师资水平等方面有相对均等的条件，学生在教育的过程中受到平等的对待。③教育成功机会和教育效果的相对均等。每个学生接受教育后都应达到一个最基本的标准，都能获得学业上的成功，在德、智、体、美等方面实现全面发展（于建福，2002）。

二、义务教育均衡发展的重大意义

义务教育均衡发展是我国政府着眼于满足群众接受更公平和更高质量教育期盼的一项政策举措。为全体公民提供平等享有接受优质教育的机会，为社会弱势群体创造通过知识改变命运的条件，使他们可以与其他阶层的成员站在同一起跑线上，具有平等地通过努力提高自身素质、改变社会地位、实现社会流动的机会。"这样，一方面，缩小人与人之间的差异，缓解因地位差异而产生的隔阂与冲突，社会更稳定；另一方面，可以极大地发挥社会成员的积极性和开拓进取精神，一切有利于社会进步的创造愿望得到尊重，创造活动得到支持，创造才能得到发挥，创造成果得到肯定。社会更充满活力和创造力"（瞿瑛，2009）。

（一）义务教育均衡发展是政府公共服务的法定职责

教育公平是社会公平的基础，而义务教育作为初始的学校教育，是教育公平的起点。因此，作为最重要的公共事业，义务教育是连接着千家万户、最能体现社会公平的领域。从性质上看，"义务教育不是英才教育而是国民教育，不是淘汰性教育而是普及性教育，不是选择性教育而是发展性教育，不是竞争性教育而是保障性教育"（国家教育发展研究中心，2008）。政府作为提高教育公共产品、实现教育公平的"第一责任人"，保障义务教育均衡发展是其法定的职责。2006年新修订的《中华人民共和国义务教育法》强调义务教育的公平性和均衡发展，规定了政府实现义务教育均衡发展的法律义务。为此，政府必须保障公民平等接受义务教育的权利，通过调配教育资源为义务教育阶段的学生提供相对均等的教育机会和条件，并尽可能地以客观公正的态度和科学有效的方法实现教育效果和成功机会的相对均等。

（二）义务教育均衡发展是构建和谐社会的坚实基石

和谐社会是人类孜孜以求的一种理想的美好社会。进入21世纪后，党和政府将构建社会主义和谐社会作为一项重大战略任务来抓。和谐社会是民主法治、公平正义、诚信友爱、充满活力、安定有序、人和自然和谐相处的社会。然而，和谐社会的构建不是一蹴而就的。构建真正意义上的、高水准的和谐社会必须最大限度地满足人民群众的需要，切实把维护和实现最广大人民的根本利益体现在党的大政方针和各项部署中，要多谋民生之利，多解民生之忧，解决好人民最关心、最直接、最现实的利益问题，在学有所教、劳有所得、病有所医、老有所养、住有所居上持续取得新进展，努力让人民过上更好的生活。

随着物质生活水平的大幅改善，普及九年义务教育的任务已经基本完成。但由于优质教育资源的相对稀缺，人们在"有学上"之后，对"上好学"的需求更加凸显。义务教育均衡发展寄托着亿万家庭对美好未来的期盼，成为社会要求最强烈的民生课题。因此，实现基本公共服务均等化、切实推进义务教育均衡发展、努力办好每所学校、让每个学生都得到适合自己才智的发展成为构建和谐社会的坚实基石。

（三）义务教育均衡发展是全面实施素质教育的重要保障

全面实施素质教育就是要扭转片面追求升学率的应试教育倾向，促进每个学生的全面发展，努力提高每个学生的思想道德素质、科学文化素质和健康素质，培养他们的创新精神和实践能力，进而提高全民族的整体素质。然而，义务教育阶段学校质量的显著差异和资源配置的不同是导致学生间发展差异和"择校"问题的根本原因。义务教育非均衡发展状态下的学生发展不是面向全体的所有学生的均衡发展和全面发展，而是以牺牲一部分学生的发展为代价换来另一部分学生的发展，以及由此而引发的为"择校"而导致的片面发展。义务教育均衡发展就是要在办学思想和制度保障上始终面向每个学生的发展需求，着眼于全民族素质的提高。

第二节 我国义务教育均衡发展的政策变迁

新中国成立以来，我国义务教育政策按其发展目标、发展内涵和发展方式的不同，经历了义务教育非均衡发展阶段、义务教育均衡发展政策阶段和均衡发展义务教育三个阶段。

一、义务教育非均衡发展阶段（1978—2000年）

十一届三中全会以来，改革与发展成为时代的主旋律。与整个时代的特征相一致，我国义务教育也迎来了一个大发展的历史时期。在扩大规模和提高质量的双重要求下，义务教育走向了"地方办学、分级管理""梯度发展战略"的发展路径（邵泽斌，2012）。该路径在推进我国义务教育快速发展方面取得了巨大的进步，但也带来了区域之间、城乡之间的巨大差异和基层政府、农民和学生等义务教育政策利益相关者的负担过重等问题。此外，城市优先的一贯安排和重点校制度的重建使得义务教育"非均衡"格局进一步得到强化。

改革开放以来，我国上下形成了一个基本共识，即综合国力的竞争就是人才的竞争，归根到底是教育的竞争。我国政府也提出了"像抓经济工作那样抓教育"的观点。但百废待兴、恢复发展的迫切要求与当时"元气大伤"的国家财政现状使得国家在发展教育事业时深感有心无力。坚持以前的"两条腿走路"的群众集体办学似乎仍是新时期的一个必然选择。这种思想在1985年5月27日颁布的《中共中央关于教育体制改革的决定》中得到体现，并将"地方办学、分级管理"予以制度化："实行九年义务教育，实行基础教育由地方负责、分级管理的原则，是发展我国教育事业、改革我国教育体制的基本一环。……基础教育管理权属于地方。除大政方针和宏观规划由中央决定外，具体政策、制度、计划制定和实施，以及对学校的领导、管理和检查，责任和权力都交给地方。……地方可以征收教育费附加，此项收入首先用于改善基础教育的教学设施，不得挪作他用。"

1986年4月12日，《中华人民共和国义务教育法》（简称义务教育法）由第六届全国人民代表大会第四次会议通过，并于当年的7月1日起开始实施。这是新中国成立以来由国家颁布的第一部有关义务教育的法律，体现了党和国家对义务教育事业的重视，强调国家发展义务教育的强制性。在教育经费的筹措体制上，义务教育法沿袭了教育"两条腿走路"的办学方针，进一步明确了义务教育经费的筹措渠道。实行义务教育国家负有重要责任，但不可能完全由国家包下来的办法。义务教育法以法律的形式，规定了"地方办学、分级管理"的义务教育办学体制的合法性，也使得地方承担义务教育经费筹措的任务和适当收取学杂费的做法得到了法律的确认。1992年3月14日颁布的《中华人民共和国义务教育法实施细则》再次指出："实施义务教育，在国务院领导下，由地方各级人民政府负责，按省、县、乡分级管理。各级教育主管部门在本级人民政府领导下，具体负责组织、管理本行政区域内实施义务教育的工作。"一时间，"地方办学、分级管理""人民教育人民办、办好教育为人民"成为这一时期最为流行的"响亮口号"和"行动纲领"。"正是在这一理念下，中央将义务教育的责任做了最大限度的下放。甚至连贫困地区的义务教育，国家在'补助'与'自助'的权衡中，也更加重视地方的'自助'作用"（邵泽斌，2012）。但不同地方、不同级别的人民政府之间的财力相差巨大使得义务教育具有明显的区域差别、城乡差别。此外，由于县、乡尤其是乡镇一级财政的短缺，很多地方出现了较严重的拖欠教师工资的现象。而得到政策默许的"群众支持办教育"的收费政策也在现实中逐渐演变成教育乱收费和以优质的教育资源换取高额的"择校费"等形式，大大加重了学生家庭的经济负担，也使得教育公信力迅速下降，引发了人们对教育公平问题的强烈关注。

我国的现代化建设战略是以不均衡为"发展起点"和"发展代价"的发展路径，即梯度发展战略。梯度发展战略暗含"效率优先、兼顾公平"的发展理念，是"短缺社会"的必然选择，是以不平衡的发展对"贫穷社会主义"的否定。1985年的《中共中央关于教育体制改革的决定》在对义务教育发展的政策规定中，也沿袭了此战略："由于我国幅员广大，经济文化发展很不平衡，义务教育的要求和内容应该因地制宜，有所不同。全国可以大致划分为三类地区：一是约占全国人口 1/4 的城市、沿海各省中的经济发达地区和内地少数发达地区。在这类地区，相当一部分已经普及初级中学，其余部分应该抓紧按质按量普及初级中学，在 1990 年左右完成。二是约占全国人口一半的中等发展程度的镇和农村。在这类地区，首先抓紧按质按量普及小学教育，同时积极准备条件，在 1995 年左右普及初中阶段的普通教育或职业和技术教育。三是约占全国人口 1/4 的经济落后地区。在这类地区，要随着经济的发展，采取各种形式积极进行不同程度的普及基础教育的工作。对这类地区教育的发展，国家尽力给予支援。国家还要帮助少数民族地区加速发展教育事业。地方各级人民代表大会根据本地区的情况，制订本地区的义务教育条例，确定本地区推行九年制义务教育的步骤、办法和年限。"梯度发展的结果自然是全国义务教育发展状况的不均衡。

改革开放后，我国重点学校制度的重建对义务教育阶段的均衡发展更为不利。1977 年 5 月，邓小平同志在《尊重知识，尊重人才》中，针对我国现代化建设急需人才的情况，指出"办教育要两条腿走路，既注意普及，又注意提高。要办重点小学、重点中学、重点大学。要经过严格考试，把最优秀的人集中在重点中学和大学。"这是关于建设重点学校的最明确的指示。在教育资源不足的情况下，当时在实行的"效率优先"的重点学校政策迅速为国家培养了大批急需人才，但也带来了越来越大的学校间的差距。

总之，一个学校的发展水平往往同其所处地区的经济发展水平、居民收入水平、是否重点学校等密切相关，并直接导致义务教育学校在区域之间、城乡之间和学校之间的发展差别。在这种情况下，义务教育发展的不均衡成为必然。

二、义务教育均衡发展的初始阶段（2001—2009 年）

2001 年，为适应农村经济体制改革的不断深化，特别是农村税费改革的全面推进，国务院召开了全国基础教育工作会议，颁布了《关于基础教育改革与发展的决定》，对农村义务教育管理体制进行了重大改革，明确提出农村义务教育管理"实行国务院领导，由地方政府负责、分级管理、以县为主的体制"，这被简称为"以县为主"。其内涵为：一是县政府对本地农村义务教育负有主要责任；二是县政府要抓好中小学的规划、布局调整、建设和管理；三是县财政统一发放教职工工资；四是县教育行政部门统一负责中小学校长、教师的管理；五是县教育行政部门负责指导全县学校的教育教学工作。对财政困难的县，省财政或中央财政应实施义务教育专项转移支付政策（柳斌，2001）。"以县为主"体制的推出，旨在将农村义务教育的责任主体由原来的乡镇政府上升到县级政府，变三级办学为两级办学，以消除或降低税费改革给义务教育发展所带来的负面效应。

"以县为主"政策的实施带来了农村教育的变化。以往的农村集体和农民集资为主的供给方式让位于县级人民政府，同时中央和省级财政的扶持力度也在加大。这些举措体现了政府开始全面承担义务教育供给责任的强大决心，农村大面积拖欠中小学教职工工资的现象得到遏制，也为义务教育均衡发展政策的提出做好了体制上的准备。

2002年，教育部《关于加强基础教育办学管理若干问题的通知》首次提出"积极推进义务教育阶段学校均衡发展"。2005年5月，教育部印发了《关于进一步推进义务教育均衡发展的若干意见》，这是第一个全面阐述国家义务教育均衡发展政策的政府文件。2006年6月，新修订的《中华人民共和国义务教育法》明确指出："国务院和县级以上地方人民政府应当合理配置教育资源，促进义务教育均衡发展""县级以上人民政府及其教育行政部门应当促进学校均衡发展，缩小学校之间办学条件的差距""不得将学校分为重点学校和非重点学校。学校不得分设重点班和非重点班。"义务教育均衡发展第一次从法律上得到确认。义务教育均衡发展迅速由理念层面上升到政策层面，又由政策层面上升到法制层面。2007年10月，党的"十七大"报告明确提出，"促进义务教育均衡发展"。均衡发展成为我国义务教育领域的基本政策，成为我国义务教育基本普及后的主要任务。

这一时期，国家层面对社会公平的更加注重为义务教育均衡发展政策的进一步完善起到了重要作用，营造了良好的政策环境。2003年9月17日，国务院做出决定：到2007年，争取全国农村义务教育阶段贫困家庭都能享受到"两免一补"的政策优惠。2005年12月，国务院《关于深化农村义务教育经费保障机制改革的通知》决定：自2006年春季开始，西部地区农村义务教育阶段学生全部免收学杂费；2007年，中部地区和东部地区农村义务教育阶段中小学生全部免除学杂费。各地义务教育免费的实施有效地提高了义务教育阶段的学生入学率，也有效地治理了中小学乱收费的顽疾，使得义务教育具备了稳定的发展条件，实现了中小学"保运转"的目标。2006年，《中共中央关于构建社会主义和谐社会若干重大问题的决定》（以下简称决定）明确提出了"完善公共财政制度，逐步实现基本公共服务均等化"的政策目标。另外，决定还明确要求"加快建立有利于改变城乡二元结构的体制机制"。2008年，《中共中央关于推进农村改革发展若干重大问题的决定》又进一步具体指出：我国总体上已"进入着力破除城乡二元结构、形成城乡经济社会发展一体化新格局的重要时期",要把基本建立"城乡经济社会发展一体化体制机制"作为农村改革发展基本目标任务之一,"城乡基本公共服务均等化明显推进……农村人人享有接受良好教育的机会"。上述党的基本文献表明:新的中央领导集体已经把推进城乡基本公共服务均等化、实现城乡发展一体化作为党和国家的政治决策,作为公共政策目标的优先选项。

在社会追求公平的大背景下,义务教育均衡发展从理念也开始走向实实在在的实践:在统筹义务教育学校发展上,建立规范的教师交流、流动制度,缩小学校乃至城乡教育差距;在统筹学校发展上,致力于实现教师工资的规范化,缩小学校间教师工资差距从而促进教师资源均衡配置和合理流动,缩小学校间差距等。这些具体的教育均衡发展政策实施,显示了各级政府发展义务教育均衡发展的决心和努力,"也不断消解了业已存在的'义务教育城市优先发展、经济发达地区率先发展、重点学校重点发展'的教育'非均衡'发展的格局"(邵泽斌,2012)。但由于长期以来存在的地区差距、城乡差距、学校之间差距过大,这一时期的政策也具有过渡性的特征,"只有教育系统的部门政策,重点是遏制城乡、区域、学校之间差距,加快薄弱校改造,尚未触及城乡二元体制和区域发展不平衡等深层矛盾,没有上升为中央和各级政府及职能部门的整体推动的基本政策"(阮成武,2013)。因此,教育发展不均衡的"大局面"一时之间难以得到根本改变。

三、义务教育均衡发展的强力推动阶段(2010年至今)

2010年1月4日,《教育部关于贯彻落实科学发展观进一步推进义务教育均衡发展的意见》提出"把均衡发展作为义务教育的重中之重"。2010年7月29日颁布的《国家中长期教育改革和发展规划纲要(2010—2020年)》将均衡发展作为义务教育发展的战略性任务,提出"率先在县(区)域内实现城乡均衡发展,逐步在更大范围内推进",到2020年"基本实现区域内均衡发展"的目标。2011年,为贯彻落实纲要目标,教育部与27个省份和新疆生产建设兵团签署了推进义务教育均衡发展备忘录,明确了分地区推进义务教育均衡发展的目标和任务。

2012年1月20日,教育部为贯彻落实《中华人民共和国义务教育法》,保障《国家中长期教育改革和发展规划纲要(2010—2020年)》提出的义务教育均衡发展目标的实现,决定建立县域义务教育均衡发展督导评估制度,开展义务教育发展基本均衡县(市、区)的评估认定工作。为此,特制定《县域义务教育均衡发展督导评估暂行办法》。2012年9月7日,《国务院关于深入推进义务教育均衡发展的意见》及相关部委的系列文件，确立深入推进义务教育均衡发展的指导思想、基本目标、政策措施和体制保障。2012年10月，《国务院关于深入推进义务教育均衡发展的意见》对在新形势下推进义务教育均衡发展提出了明确的指导思想和基本目标。2012年11月，党的十八大报告围绕办好人民满意的教育，提出"均衡发展义务教育"的新论断，实现了义务教育均衡发展政策的新的提升。有学者认为："义务教育均衡发展"基于义务教育失衡发展而提出，是一种矫正、弥补式的发展。"均衡发展义务教育"是指统筹协调并减小区域之间、城乡之间、学校之间、群体之间教育发展差距，以教育资源均衡合理配置为保障，以学校优质特色化、学生全面个性化发展为取向，全面提升义务教育办学水平和教育质量（李宜江，等，2013）。

2014年7月8日，《国家教育体制改革领导小组办公室关于进一步扩大省级政府教育统筹权的意见》指出："切实统筹管理义务教育，把均衡发展义务教育作为重中之重，认真履行义务教育均衡发展备忘录，实现每一所学校符合国家办学标准。"2014年12月25日，国务院办公厅发布《关于印发国家贫困地区儿童发展规划（2014—2020年）的通知》明确表示"推动各地制定义务教育阶段学校标准化的时间表、路线图，解决农村义务教育中寄宿条件不足、大班额、上下学交通困难、基本教学仪器和图书不达标等突出问题。"2015年6月，国务院办公厅发布乡村教师支持计划（2015—2020年），其目的在于"让每个乡村孩子都能接受公平、有质量的教育"。2015年10月29日，中共十八届中央委员会第五次全体会议公报再次强调"推动义务教育均衡发展"。"目前，全国纳入县域义务教育均衡发展县（市、区）和有关行政区划单位总数2912个中，已有1124个通过国家义务教育均衡发展评估认定，到12月31日，预计还将有179个县级单位实现均衡发展"（王定华，2012）。

第三节　义务教育均衡发展政策变迁的制度分析

一、义务教育均衡发展政策变迁的原因

"制度变迁指制度变革，也称制度创新，是制度的替代、转换与交易的过程。可以理解为一种效益更高的制度对另一种制度的替代过程，也可理解为对另一种更有效益的制度的生产过程，还可理解为人与人之间的交易活动的制度结构的改

善过程"(黄少安,1995)。制度变迁发生的原因在于制度的稳定性、环境变动性和不确定性及人们对利益极大化的追求三者之间持久的冲突(卢现祥,2011)。

(一)义务教育制度的稳定性

新制度经济学认为:稳定性既是制度存在的理由,也是制度变迁的原因。制度的稳定性特征使得人们能够形成对未来的稳定的预期,从而减少对生活的不确定性的困扰。作为人们的行为规则和规范的制度,必须是现实的和具体的,而且也不能够自行改变。在社会生活中的人,一方面需要制度的稳定;另一方面却又会苦恼于其稳定不变的特性。因为制度在沿着时间和空间展开的脉络中,会由于环境和条件的变化失去其原有的一些功能,彼时的合适会变为此时的不合适。义务教育制度作为我国法定的教育制度,当然地具有了制度的稳定性。在1985年的《中共中央关于教育体制改革的决定》的政策文件中,明确规定了"有步骤地实行九年制义务教育"。1992年出台的《中华人民共和国教育法实施细则》第十条第一款明确规定:"各级人民政府应当努力在本世纪末普及初等义务教育。在全国大部分地区应当基本普及九年义务教育或者初级中等义务教育。"20世纪末,我国基本普及九年制义务教育工作基本完成。21世纪伊始,义务教育政策目标的转向成为迫在眉睫的事情。原来已经存在的制度不可能自行变更,人们必须采取主动,以新的更合乎时宜的制度代替旧的过时的制度。

(二)义务教育制度依存环境的变动

众所周知,教育是社会发展大系统中的一个子系统,具有社会性,始终受一定社会的政治、经济和文化等外部环境因素影响和制约。一定社会的政治形态和目标决定了教育发展的形态和目标,尤其是我国改革开放以前,义务教育的发展受政治因素的影响更大。改革开放以后,义务教育制度的法律化即九年制义务教育的实施也有很大一部分是政治上的考量,即要和世界接轨,体现社会主义社会的优越性。联合国教科文组织等世界性组织的关注也使得我国政府在义务教育普及的政策上不能有所懈怠。1990年3月5—9日,由联合国教科文组织、儿童基金会、开发计划署和世界银行发起和赞助的"世界全民教育大会"在泰国宗迪恩举行。来自世界150个国家和地区约1500名代表、观察员及专家出席了会议。大会讨论并通过了《世界全民教育宣言》和实施宣言的《满足基本学习需要的行动纲领》,正式提出了"全民教育"的概念,促进了世界各国特别是发展中国家的义务教育和扫盲工作的发展。1993年12月，我国政府参加了在印度首都新德里召开的"九个人口大国全民教育首脑会议"，签署了《德里宣言》，向国际社会作出了实现全民教育的庄严承诺。我国政府以实际行动实现了自己的诺言：到2000年底，中国实现了"基本普及九年义务教育，基本扫除青壮年文盲"的目标。但新世纪仍有新问题。2000年4月，联合国教科文组织世界教育论坛在塞内加尔首都达喀尔召开，通过了《达喀尔纲领》，使得全民教育的目标更为具体化并确定了时间表。2001年8月23日，联合国教科文组织第四届"九个人口大国全民教育部长级会议"在北京通过了旨在推动九个人口大国全民教育进一步发展的《北京宣言》，《北京宣言》重申了九个人口大国政府在全民教育发展方面向国际社会的承诺，并保证在各自的国家全民教育行动计划中，对提供平等接受有质量的全民教育给予必要的关注，保证为全民教育计划的实施提供人力、基础设施和资金等方面所需的资源。

社会教育的发展需要经济作为基础。改革开放以来，我国义务教育制度变迁的制约因素主要是社会经济的发展状况及相关经济政策。"穷国办大教育"的基本国情直接导致了义务教育发展的城乡二元结构，也制约了义务教育财政制度的变迁。国家为了工业的快速发展，实行了"重工轻农"的"城市中心"路线和义务教育的"离农"政策，政府对于义务教育的投资实行了城乡两种不同的标准。这种城乡二元投资管理体制的长期存在导致了我国义务教育发展的城乡差距不断拉大（夏茂林，2014）。由于经济的不发达，我国每年的教育财政支出长期低于世界平均水平的4%，政府能够提供的义务教育供给远远不能满足义务教育的实际发展需求。为此，国家为了充分调动地方政府投资义务教育的积极性，实行了"分级办学"的投资管理体制；为了多快好省地培养国家急需的各类人才，政府又采取了重点校制度，对一些学校进行重点投资，从而造成了学校之间的差距。然而，随着我国国民经济的不断发展，长期以来制约我国义务教育制度变迁的经济贫困因素逐渐得以消除，国家在经济上具备了变革义务教育投资体制和关注弱势群体的财力。于是，在进入新世纪以来，国家实行了"工业反哺农业、城市支持农村"及"弱势补偿政策"，变"分级办学"为"以县为主"的义务教育投资和管理体制。

历史制度主义特别强调理念对制度的影响作用，认为理念影响着制度选择的方向、模式和结果。共产党人也非常重视理念的作用，认为发展理念是发展行动的先导，是发展思路、发展方向、发展着力点的集中体现。因此，作为非正式制度的文化和理念也是影响义务教育制度变迁的重要影响因素。但理念影响政策不是直接的，"理念在特定制度结构下会对一定的政治人物产生重要的观念影响，从而推动其实施某项新的政策"（刘圣忠，2010）。新中国成立以来，我国主要领导人的执政理念不断发生转型，先后经历了以阶级斗争为纲的"政治本位"向以经济建设为中心的"经济本位"转型的思想理念，并进一步从效率优先、城市优先的梯度差异化发展观转变为以人为本、注重公平的科学发展观等阶段。这些理念影响着人们对义务教育发展的观念和看法，进而也影响到国家层面和地方层面义务教育发展的路径选择。1994 年，苡景州就撰文提出要"建立有利于义务教育均衡发展的资金保障体系"（苡景州，1994）。1997 年，时任辽宁省教委主任李喜平也发表《努力使义务教育区域性均衡发展》一文，他从义务教育的公平性入手，分析了义务教育发展不均衡的问题及其在现实中的巨大危害，认为努力实现义务教育的均衡发展，是提高我国义务教育水平和全民族素质的需要。他从现实国情出发，认为义务教育发展逐步实现区域均衡化是有可能的，当然，从《中华人民共和国教育法》规定的公民受教育权利平等出发，也必须实现义务教育的区域化均衡发展。为此，李喜平提出当前应抓好的几项工作是：进一步落实教育优先发展的战略地位，实现办学条件标准化；深化升学制度改革，实现生源质量的均衡化；建立干部、教师交流制度，实现师资水平均衡化（李喜平，1997）。我国著名教育经济学专家王善迈先生在 2000 年撰文讨论中国义务教育发展的不平衡和资源配置问题（王善迈，2000），引发了广大教育界人士对此问题的关注。人民理念的觉醒和中央政府科学发展观的提出与宣传使得各级政府义务教育发展的政策取向开始从梯度差异化发展转向公平、均衡、质量上来，均衡配置义务教育资源，促进义务教育均衡发展的政策逐渐开始启动。之后，随着人们认识的不断深入，义务教育均衡发展的政策也不断趋于完善。

（三）义务教育制度利益相关群体对利益极大化的追求

1989 年，林毅夫先生发表的文章《关于制度变迁的经济学理论：诱致性变迁和强制性变迁》，首次根据制度变迁的主体和诱因的不同，将制度变迁分为强制性变迁和诱致性制度变迁两种类型，得到了国际学界的一致赞赏。按照林毅夫的理解，诱致性制度变迁是指一群（个）人在相应制度不均衡引致的获利机会时所进行的自发性变迁，也就是说，它是由一群人自发倡导、组织和实行的制度变迁。强制性变迁指的是由政府命令和法律引入和实行的变迁（胡乐明，等，2009）。我国义务教育均衡发展政策的变迁就是由国家主导、政府命令的强制性变迁。国家通过发布新的教育政策、颁布新的义务教育法律规范，实现了义务教育投入和管理体制由以前的分级管理到以县为主的转变。国家主导的制度变迁优点在于具有规模经济，能减少制度变迁的时间，弥补制度供给不足的问题。但由国家主导的制度变迁仍然是制度主体之间不断进行博弈的过程和结果。

新制度经济学认为：只要是推动制度变迁或者对制度变迁有影响的单位，就都称为制度变迁的供给主体。因此，在义务教育均衡发展的政策中，各级政府、学校、教师乃至学生和家长都是能影响义务教育均衡发展政策的利益相关者。因为我国义务教育的相关政策皆属于强制性变迁，各级政府是其中的主导力量，因此，各级政府的实力在很大程度上影响了义务教育均衡发展政策的变迁。长期以来，中央政府为了实现义务教育发展的目标，又苦于自己财力的不足，就将充分利用地方政府的财政能力作为政策选择，将义务教育的投资责任层层下放，最终形成了"地方负责、三级办学、两级管理"的义务教育体制（夏茂林，2014）。

实际上，地方政府也没有这么大的财政能力，与中央政府相比居于弱势地位的地方政府不得不接受此制度的安排。地方政府只能在政策执行时寻求解决的办法，例如，不少地方政府负债运行，甚至用随意拖欠教师工资、向百姓乱摊派、乱收费等办法寻求政策的顺利进行。与此同时，学生及其家长群体之间、教师群体之间的博弈也影响到各级政府对不同类别学校的投入。城市的学生、家长及教师相对于农村学生、家长及教师在博弈中居于强势地位，就逐渐演化为城乡不同的教育投资体制。此外，地方政府为了拥有一些优质教育资源的支配权，又会强化原本就存在的重点校制度，而薄弱学校和地方政府相比，在利益博弈过程中根本就没有发言权。随着时间的推移，这种博弈的结果越来越不均衡，其影响也不断恶化，地方政府负债严重、农村教师工资拖欠严重、义务教育在地区之间、城乡之间、学校之间差距严重等问题的存在，导致教育质量和效率低下，背离了义务教育制度的本质，助长了教育腐败和择校风气，危及了社会的公平正义，加大了区域之间、城乡之间、社会群体之间的经济发展和收入分配差距，并形成恶性循环，制约了我国国民经济的快速增长和结构优化，甚至影响了我国政府的公信力。这些情况迫使中央政府需要考虑对义务教育政策做出调整。"然而，这一制度变迁只不过是中央政府对原来制度所做的最低边际调整，对原制度所导致的问题和矛盾只是稍有缓解作用，并未能从根本上加以解决"（夏茂林，2014）。因而，进一步的制度变迁仍在表面相对均衡之下酝酿，政策就是在均衡—失衡—再均衡—再失衡的过程中不断发展、趋于完善的。

二、义务教育均衡发展政策推进乏力的制度障碍

（一）历史欠账多

从新中国成立到"文化大革命"到来之前的这段时期是我国义务教育发展的奠基时期。这一时期形成的"两条腿走路"的教育思想、城市优先的教育供给和重点学校制度形成了义务教育非均衡发展的基本格局。

新中国成立后，建设科学的、民族的、大众的文化教育，有计划、有步骤地实施普及教育成为新中国一项重要而紧迫的革命任务。为此，我国开始建立单一的国民教育体系，主要以解放区的教育为经验，接管当时国民党举办的旧的教育、改造私立教育和各种接受外资津贴的学校。政府在接管和改造过程中发现，相对于民众迫切的教育需求来说，由国家完全承担教育责任并"以普及为主"的教育发展愿望导致政府发展教育的能力明显不足。这时候，"革命的办法发动群众、鼓舞群众办教育"的方式成为相对合理的政策选择。于是，由群众自己出钱办的民办中小学逐渐出现并发展起来，许多地方还开始尝试通过直接向学生收费的方法弥补办学经费的不足。"群众办学"实际上是1958年国家正式提出的教育"两条腿走路"思想的前奏。而所谓的教育"两条腿走路"思想是指"国家办学与群众办学相结合、普及与提高相结合"。

在教育"两条腿走路"思想中，其实更多的是让农村教育农民办，因为城市教育要优先发展。城市教育优先发展的逻辑是：教育跟着经济走，国家优先发展工业，工业集中在城市，因而城市教育要优先发展。因为国家要用主要精力从事工业建设，还不可能把教育事业全部包下来，所以在农村要提倡民办小学。办学经费也是城市优先的。"自1954年1月1日起，城市公立小学校舍的修缮、修建费及设备费，都由各该市、县政府预算开支。乡村公立小学校舍的修缮、修建以及添置设备，由该县人民政府统筹解决，如有不足，得在群众自愿的原则下筹款备料，或靠群众献工献料的办法加以解决。"（邵泽斌，2012）

"两条腿走路"和"人民教育人民办"的政策措施带来了20世纪50年代民办教育的迅猛发展，使得中小学校的规模和数量都取得了很大的发展，也带来了师资质量的降低、校舍设备的简陋和教育质量的下降。于是，人们开始反思教育的数量与质量的关系问题。1953年5月，毛泽东主持了中共中央政治局举行的讨论教育工作的会议。会议决定：要办重点中学。此后，重点学校制度又扩展到重点小学和重点师范院校。各地也相继开展了创建重点学校的活动。重点学校制度的

实施，保证了我国教育"在普及的基础上提高"的政策目标的实现，但也聚集了原本就困窘的教育资源，加剧了重点学校与一般学校的办学差距。至此，义务教育在城乡之间、学校之间的非均衡发展格局基本形成，并深刻影响到以后的义务教育发展政策。

（二）路径依赖重

路径依赖类似于物理学中的"惯性"，是指一个具有正反馈机制的体系，一旦在外部偶然事件的影响下被系统所采纳，便会沿着一定的路径发展演进，而很难为其他潜在的甚至更优的体系所取代（卢现祥，2011）。制度经济学认为，政策是敏感依赖于初始条件的方向发展的，具有自我积累、自我强化的性质，也就是具有路径依赖的特征。制度的自我增强机制包括四个方面：规模效应、学习效应、协助效应和适应性预期（卢现祥，2011）。我国义务教育制度中"重点校"现象的反复出现及变相存在就是制度变迁中路径依赖的典型表现。建国初期我国实行的重点校制度经历"文革"之后仍被锁定在制度框架的路径依赖之中，精英教育思想的政策学习效应在中小学重点校政策中仍体现得非常明显。虽然在 1993 年和 1997 年国家教委三令五申强调"义务教育阶段不设重点校、重点班、快慢班"，事实上，"重点校"政策在现实中仍在运行，不同的只是换了一个名称的"示范校"而已，更多的是所谓均衡发展外表下的隐性的"重点班"或"实验班"。再如，我国进入 21 世纪以来确立的"以县为主"、各级政府分担义务教育的新机制，虽说较以前是一个重大的进步，但实质上也是沿袭了过去"以地方为主"的"权责不统一"的义务教育供给体制。"中央政府集中更多财权、而供给义务教育责任不足"的状况得到了继续和维持。据统计，分税制以来，中央政府财政收入占全国财政收入的比重连续超过 50%以上，地方财政收入始终在 2%左右徘徊，地方政府却承担着 98%的义务教育财政负担（林皎，2006）。另外，在地区经济差异巨大的情况下，"以县为主"的新机制依旧沿袭了过去的梯度发展战略，是一个默许教育的地区差异的政策设计，也会在有些地区重演以前曾经出现的"基层政府供给能力不足"的问题。

（三）制度变迁时滞长

制度变迁中的时滞指制度变迁过程中从认知和组织制度变迁到启动制度变迁的时间间隔。影响制度变迁时滞的因素很多，现存的法律和制度安排的状态、人的有限理性、信息成本和意识形态等都会影响制度变迁时滞的长短。在诸多的因素中，诺斯认为现存的法律和制度安排的状态是最重要的因素。原因在于：①它限制了制度安排的演化范围；②现行制度安排可能还有残存价值；③发明是一个困难的过程，在这个过程中，若无现存制度可资借鉴，就只能"摸着石头过河"，拉长变迁的时滞；制度创新是一个利益调整过程。各个利益主体之间的利益摩擦及其矛盾必然形成对新的方案的旷日持久的讨价还价（卢现祥，2011）。可以说，如果没有 2001 年 3 月《国民经济和社会发展第十个五年计划纲要》指出的"要加强县级人民政府对基础教育的统筹"的政策规定，义务教育的制度就很难突破 1985 年《中共中央教育体制改革的决定》和 1986 年《中华人民共和国义务教育法》的原有制度框架。制度创新还需要政策学习。除了上文提到的一些专家学者的研究之外，一些教育发达地方的经验探索也是政策学习的对象。2001 年 4 月 24 日《中国教育报》刊发了深圳市高质量高水平"普九"系列报道之一——《均衡发展：义务教育新境界》。文章指出：深圳市在基本普及九年义务教育之后，提出了"高质量、高水平"的"普九"要求，让每一个学龄少年儿童受到公平、优质的义务教育，为此，全市花费 3.2 亿元改造 51 所"三差"学校、2.8 亿元评估奖励 166 所一般学校、2 亿元推进义务教育标准化工程建设，有力地推行"教育均衡化"战略（赖群阳，等，2001）。这时，已经出现的改革理念和一些地方政府较为先进的做法为中央政府政策学习找到了对象，"以县为主"的义务教育投资管理体制、促进义务教育均衡发展的相关政策才陆续得以顺利出台。

另外，我国教育法律是成文法，法律的立、改、废都需要经过严格的法定程序。因此，与义务教育均衡发展相关的一些法律法规更是滞后于现实发展的需要，如：义务教育法于 1986 年 7 月 1 日开始施行，而《义务教育法实施细则》1992 年 3 月 14 日才发布；2006 年全国人大对《中华人民共和国义务教育法》进行了修订，而对实施细则至今仍然未进行修订。再比如，1993 年制定的《中华人民共和国教师法》在法律上明确了教师的专业人员身份，在任用上实施聘任制，目的是配合教师专业化运动，提高教师素质和资格，提升教师待遇、便于教师流动和给予学校更大的自主权。但这样做的一个负面结果是在方便了教师在市场化背景下的自由流动同时，加剧了教师资源在地区之间、城乡之间和学校间的不均衡。随着我国政府对教育公平的重视，陆续出台了一些促进师资均衡发展的政策，如教师的交流和轮岗制度。2006 年新修订的《中华人民共和国义务教育法》规定："县级人民政府教育行政部门应当均衡配置本行政区域内学校师资力量、组织校长、教师的培训和流动，加强对薄弱学校的建设。"《国家中长期教育改革和发展规划纲要（2010—2020 年）》规定:"实行县(区)域内教师和校长交流制度。"党的十八届三中全会《中共中央关于全面深化改革若干重大问题的决定》指出:"统筹城乡义务教育资源均衡配置,实行公办学校标准化建设和校长教师交流轮岗。"2014年,教育部、财政部、人社部联合印发了《关于推进县(区)域内校长教师交流轮岗的意见》,对加快推进县(区)域内校长教师交流轮岗工作做了全面部署。教育部副部长刘利民指出,将从国家层面推动"县管校聘"示范区建设,使教师由"学校人"变为"系统人",打破教师交流轮岗的体制障碍。这些新的政策规定和1993年的教师法规定的教师法律身份和聘任制度相互矛盾,在实施时就存在着制度的障碍。因此,修改教师法的呼声一直很高,但近十年过去了,教师法的修改意见还迟迟没有出台。

(四)制度缺陷多

由于信息不对称、认识能力的限制、客观环境的制约等原因,制度本身可能会存在一些缺陷,不一定是完美无缺的。制度缺陷是指制度的内容范围不全面,定义不确定性或与其他制度有冲突或矛盾,执行缺乏监督、约束,对监督对象的不作为,执行的结果不能做到帕累托最优或不能体现社会公开、公正、公平等现象。具体说来,义务教育制度的缺陷表现如下。

1. 政策不具体,责任模糊

关于我国农村义务教育管理制度改革的政策,2001—2003年国务院先后颁布了三个文件,分别是:2001年6月的《国务院关于基础教育改革与发展的决定》、2002年5月的《关于完善农村义务教育管理体制的通知》和2003年9月的《关于进一步加强农村教育工作的决定》。这三个文件都是为了解决农村义务教育投入不足的根本问题,都是为了进行农村义务教育"以县为主"体制的改革深化。但这些文件并没有对农村义务教育投入的有关具体财政制度做出明确的规定,如逐县核定财力、逐级实行转移支付、调整县乡财政体制等关键的财政制度都语焉不详,以至农村义务教育管理体制的改革难以落实到位。再如,2006年,我国开始实施农村义务教育经费保障新机制,以"分项目、按比例"的方式划分农村义务教育阶段中央与地方各自承担的教育财政责任,但各级政府财政负担的比例并没有明确规定。再比如,2006年颁布的新的《中华人民共和国义务教育法》第十二条的规定:"学龄儿童、少年免试入学。地方各级人民政府应当保障学龄儿童、少年在户籍所在地学校就近入学。"但究竟怎么才算是"就近入学"却没有明确规定,当然就难以保证学龄儿童和少年的"就近入学"的权利了。《国家中长期教育改革和发展规划纲要（2010—2020年）》中指出，为适应城乡发展需要，合理规划学校布局，办好必要的教学点，方便学生就近入学，坚持以输入地政府管理为主，以全日制公办中小学为主，努力提高教育质量，但政策中的"追责"显然不够清晰，就近入学推行难等问题仍需引起研究者和相关政策制定者的高度重视。

2. 政策内容相互矛盾，给地方政府相互推诿留下了空间

例如，"以县为主"和"共同保障"上就存在政策矛盾。国务院的一系列文件一方面明确提出"实行在国务院领导下由地方政府负责，分级管理，以县为主的体制"，另一方面又说要"明确各级政府保障农村义务教育投入的责任。当前，关键是各级政府要进一步加大投入，共同保障农村义务教育的基本需求。"显然，国务院文件中的"以县为主"和"共同保障"是有些矛盾，或者说政策没有阐明各自的具体责任，造成现实中的相互推诿。各级政府认为"以县为主"就是要县级政府承担责任，而县级政府则认为要"共同保障"，不但是县一级政府的事情。

3. 政策规定缺乏实质举措，可操作性不强

一些政策目标和措施并不清晰，许多规定类似口号的性质。例如，2006年8月24日，教育部发布了关于贯彻义务教育法进一步规范义务教育办学行为的若干意见，要求依法规范公共教育资源配置，学校要均衡编班，不能以各种名义在校内分设重点班和非重点班等。该意见就被批评者认为："头疼医头，脚疼医脚，……显示出治理行为滞后性；作为管理部门，既当裁判员，又当运动员，空喊追究，明确不了'谁来追究''绝不姑息'，体现出治理结构的缺陷性；面对这些现象，依然拿不出切实有效的措施，不能彻底进行改革，还是隔靴搔痒的'老一套''不得'了事，显示出整个治理制度改革的疲劳性"（石敬涛，2006）。再例如，2010年发布的《关于贯彻落实科学发展观 进一步推进义务教育均衡发展的意见》虽然提出了"到2020年要实现区域内义务教育基本均衡"的政策目标，但对于实现此目标的途径和具体措施却未详细谈及。另外，该政策提出的类似"省级教育行政部门要加大指导和统筹力度"等规定，仅仅提出了初步的解决思路，内容空泛，不具备客观可操作性。"这些规划性的宏观解决思路由于缺乏具体的制度变革，必将导致在实施中得不到刚性保障而实效性不足"（夏茂林，2014）。

4. 教育政策评估机制缺失

教育政策评估是指评估主体依据一定的标准和程序，对教育政策的效率、效益及价值进行检测和评价的一种活动，目的在于判断教育政策的结果对于教育目标的达成度，并作为决定教育政策的继续、调整或更新的依据（褚宏启，2011）。

教育政策评估是教育政策过程的重要一环，应该伴随着教育政策的始终。但盘点我国改革开放以来义务教育政策的发展历程可以发现一系列的问题：普及九年制义务教育作为强力国策推行给农村教育行政部门和学校留下了沉重的债务；1993年中共中央、国务院印发的《中国教育改革和发展纲要》制定了财政性教育经费占GDP的比例要达到4%和"三个增长"的政策目标后，从中央到地方的执行都大打折扣；新一轮的学校布局调整政策实行后却几乎演变成农村学校的撤并，造成大量学龄儿童和少年的失学、辍学，也造成大量基层学校校舍和资产的闲置、浪费，新增了农民负担；实行"以县为主"的义务教育管理体制改革后，县级财政却"主"不起来……凡此种种问题的出现，为何却少有评估报告的出现和预警？不能不说，我国的教育政策存在着评估机制的严重缺失。

第四节　义务教育均衡发展的政策创新

政策创新是一种正向的、积极的政策变迁。义务教育均衡发展的政策创新指用一种更有积极意义的、效益更高的义务教育均衡发展政策代替原有政策的过程或行动。

一、反哺农村教育，消解历史欠账，大力推进城乡义务教育一体化

"城乡教育一体化"是为破解我国历史上形成的城乡二元教育结构提出的新的发展观，反映了我国政府对于城乡教育关系变化的新认识。城乡二元教育结构是我国的基本教育国情，是城市教育优先发展留下的历史欠账，是当前推进义务教育均衡发展的主要障碍。为配合党的十六届四中全会提出和确立的"工业反哺农业"的重要政策取向，《国家中长期教育改革和发展规划纲要（2010—2020年）》提出要"建立城乡一体化义务教育发展机制，在财政拨款、学校建设、教师配置等方面向农村倾斜"，并提出"教育公平的关键是机会公平，基本要求是保障公民依法享有受教育的权利，重点是促进义务教育均衡发展和扶持困难群体，根本措施是合理配置教育资源，向农村地区、边远贫困地区和民族地区倾斜，加快缩小教育差距。"正确的理念已经形成，还需要各地政府真正用此理念指导行动。目前，一些地方政府在具体实践中还存在政府统筹缺位，城乡教育割裂管理的思维；具体行动存在着内在动力不足、自觉程度不高等问题。为此，①需要进一步厘清推

进城乡义务教育一体化的意义，宣传反哺农村教育，实现补偿正义的必要性，为大力推进城乡义务教育一体化做好舆论准备和行动先导。②完善城乡义务教育一体化的理论，制定城乡义务教育一体化的具体指标，为地方政府的具体行动提供正确恰当的理论指导。城乡义务教育一体化不是一句抽象的口号，是要具体踏实完成的工作和任务。然后，调查研究城乡义务教育一体化在培养目标、政策责任划分以及在管理、投入、人事等制度上存在的瓶颈与局限，为破解难题提供实用而有效的处方。③要对区域内经济社会发展总体状况做出综合考量，注重各方面协调发展。城乡义务教育一体化是城乡一体化发展的重要组成部分，只有城乡基本公共服务水平相当，才能营造真正的城乡义务教育一体化发展的社会环境。④加强监督，各级政府需做好统筹规划，切实将城乡义务教育一体化思想落实在具体踏实的行动上。针对历史欠账，切实实施对农村地区和贫困地区的反哺和补偿政策。具体来说，与经济建设投入相比，应加大对包括教育在内的公共服务投入的补偿；与高等教育相比，应对义务教育、尤其是义务教育实施补偿性投入；与城市相比，应优先和重点投入农村的义务教育；与经济发达地区相比，应该对中西部地区的义务教育实施教育补偿；与重点学校相比，应该重点发展薄弱学校。总之，义务教育均衡发展虽然不是削峰填谷，但要"重在农村，要补短板、填洼地。"

二、政府强力推进，打破路径依赖

制度由于存在自我强化效应，甚至被"锁定"在某种无效率的状态之下，这时，就需要依靠政府或其他强大的外力推动，选择正确的制度变迁目标，选择最佳的制度变迁路径，不断调整路径的方向，使其沿着不断优化和增强的轨迹演进，才有可能打破路径依赖，实现制度的变迁。制度变迁过程中"路径依赖"的存在主要有三个方面的原因：①正式规则会连续累积作用于组织和个人行为特征；②非正式规则和传统文化的作用持久地沉淀于历史过程中；③与制度相关的特殊利益集团具有保持制度惯性、按原有方向持续下去的愿望与实力。

作为一种制度，义务教育政策的变迁自然也表现出明显的路径依赖及较强的制度惯性。这就需要政府用强大的改革意愿和改革魄力消除"路径依赖"的消极影响和制度变革的阻碍力量。①坚决转变以前的施政理念和正式规则，坚定不移地实施义务教育均衡发展新政策，尤其是以2006年修订的义务教育法和《国家中长期教育改革和发展规划纲要（2010—2020年）》两个重要政策文本为代表的新政策。②加强对义务教育均衡发展政策和教育法制、教育民主、教育公平等现代教育理念的宣传和教育工作，提高各相关利益群体对义务教育均衡发展政策的认同度，营造一个社会成员自觉摒弃传统文化中的等级、特权等落后文化的氛围，为义务教育均衡发展政策的顺利实施清除思想和文化障碍，建立公开透明、公众参与的教育决策体制，打破利益集团对教育均衡发展的阻碍。目前，既得利益集团已成为中国深化改革的严重障碍，而且很难打破，成为改革要啃的硬骨头。利益集团维护其既得利益的最基本的方式是通过集体行动的力量，借助制度安排影响或左右政府决策，从而达到所追求的目标。要破解利益集体对义务教育均衡发展政策推进和实施的阻碍，控制的方法可以采用美国政治学家麦迪逊所说的"遏制与平衡"，即政府的遏制和不同利益集团之间的平衡。这就需要国家在设置和管理标准及规范方面发挥作用。中央政府需加强对教育的宏观指导和管理，制定国家教育规划和国家教育标准，建立公开透明、公众参与、协商民主式的教育决策体制，将权利交给人民，置于广大民众的监督之下，使政策真正反映的是人民的愿望和要求，而不是某些特殊利益集团的利益，而这也是"推进教育治理体系和治理能力现代化"的应有之意。在义务教育均衡发展政策过程中引入协商民主是体现利益主体本位价值的、更有包容性的举措，既可以协调多元化的利益诉求、破解制度变迁过程中的路径依赖，又可以弥补政策决策过程中的"有限理性"，同时还能保障决策的程序合法性和结果合法性。

三、加强政策学习，缩短变迁时滞

制度变迁的最基本的长期源泉是个人和组织的学习（卢现祥，2011）。政策学习是"根据过去政策的结果和新的信息，调整政策的目标或技术的刻意的尝试，以更好地实现政府的终极目标"（干咏昕，2010）。除了政策学习或社会学习之外，教训吸取（lesson drawing）、政策扩散（policy diffusion）、政策乐队车（policy band-wagoning）、政策借用（policy borrowing）、政策转移（policy transfer）、政策采购（policy shopping）、系统的捏合思想（systematically pinching deal）等术语和概念均表达了政策变迁中的学习和吸取经验的内涵。对政府来说，学习的层面可以分为以下几个方面：对本身过去经验的学习、部门内的学习、跨部门的学习、跨国的学习。

政策学习可以减少制度摸索的时间，加快制度的变迁，缩短变迁的时滞。义务教育均衡发展在世界或我国的某些地区是有经验和教训值得汲取的。我国可以学习世界其他国家义务教育均衡发展的经验和教训、我国不同地方实行义务教育均衡发展过程中的经验和教训等。当前，急需通过政策学习、及时出台新义务教育法的实施细则、修改教师法中关于教师身份和任用制度的相关规定以规避制度时滞带来的负面效应，如对于教师法中教师身份的修改，北京师范大学的一位教育法学专家认为，在我国现行的法律体系、社会背景及教育现状下，最现实的是应该在教师法上明确公立学校教师的身份是国家工作人员。理由在于：《中华人民共和国刑法》的第九十三条明确规定："本法所称国家工作人员，是指国家机关中从事公务的人员。国有公司、企业、事业单位、人民团体中从事公务的人员，以及其他依照法律从事公务的人员，以国家工作人员论。"根据该条规定，公立学校教师的身份应以国家工作人员论。因为从理论上说，公立学校的性质一般都是全额拨款的事业单位，教师的教育权利是为了保障学生的受教育权利而被确认的职务上必要的权利，它来自于国家的授权和社会、父母的委托。从司法实践来看，教师普遍被认定具有国家工作人员的身份，适用受贿罪和刑法第四百一十八条招收公务员、学生徇私舞弊罪的规定等。此外，规定公立学校的教师身份为国家工作人员对于维护教师职务的稳定性、神圣性和公共性非常重要。因为国家工作人员有"非因法定事由、非经法定程序，不被免职、降职、辞退或者处分"的权利，这是保障教师合法权益的根本。

四、完善现有政策，弥补制度缺陷

针对义务教育均衡发展的相关政策缺陷，政府需在协商民主的基础上，完善现有政策。具体说来，应完成以下几个方面的工作。

（一）明确划分各级政府的责任，为切实推进义务教育均衡发展提供刚性保证

切实改变当前中央政府集中过多的财权和财力而事实上对义务教育供给责任不对称的供给格局，落实中央政府应当承担的供给责任。在考虑长远的基础上，及早规划县域义务教育均衡发展后的政策目标，对于省域义务教育均衡发展的目标及实施路径，也需要中央政府进行国家层面的通盘谋划、顶层设计及整体协调。教育供给亦须改变"以县为主"，抑或"以省为主"等单一的义务教育供给思维方式，在从长计议、从细测算的基础上，建立起中央、省、市、县、乡共同分担义务教育经费的供给机制（邵泽斌，2012），以确保各级财政对于义务教育经费的具体分担有法可依、稳定可期、公开透明，以便公众对于政府及各级政府相互之间

能够依法监督、依法问责。

(二)治理现行有关义务教育均衡发展的教育法律政策,做到内容协调统一

教育法律政策系统应是一个上下衔接、左右协调的体系。一般说来,上下层次的教育法律政策之间应具有从属关系。上一层次的教育法律政策指导下一层次的教育法律政策,下一层次的教育法律政策是上一层教育法律政策的具体化或者补充,不能与上一层次的教育法律政策相抵触。左右协调是指教育法律政策与同一层次的其他法律政策不相违背,内容上相互支持、相互配合。当前急需开展对现行有关义务教育均衡发展的教育法律法规和各级政府出台的众多相关政策进行清理,在了解法律政策现状的基础上,汇聚民智,在民众深度参与的基础上,按照程序合法的原则,及时进行相关法律和政策的修改和新定工作,为义务教育均衡发展提供一个良好政策支持的环境。

(三)细化政策内容,切实提高义务教育均衡发展政策的可操作性

政策执行是政策目标实现的基本途径。好政策至少要有可操作性,执行力强。义务教育均衡发展目标的真正实现需要强化政策的可操作性。这就需要各级政府和教育政策研究人员在细节上下工夫研究、思考,让公众参与协商、讨论,找出可行的最佳路径,并具体化在政策内容中,以提高义务教育均衡发展政策的可操作性。

(四)构建有效的义务教育均衡发展的督导检查制度,加强教育政策评估和监测

从理论上讲,政策过程指将政策问题提上议程、形成选择、做出决定、实施内容、评估和反馈政策效果、修正完善等一系列政策循环周期的总和(薛澜,等,2005)。政策评估与监控是进行政策管理最重要的工具,应该覆盖政策过程的全部环节。通过政策评估,教育政策过程可以处于不断选择和改进的状态。这不但有效地保证了政策目标最大限度地实现,而且能从已有政策的制定与推行中获取经验和教训。义务教育均衡发展政策既应建立有效的民意监测机制,又应引入外部的监督力量,以自评、社会中介组织和利益相关群体为主体科学评估政策效果,随时发现和解决问题,在问题的发现过程中推动政策的变革和完善,确保义务教育均衡发展政策更加公平、科学、有效。

第三章

城乡教育布局调整研究

第一节 概 述

一、城乡教育布局现状分析

义务教育均衡发展既是促进公平的重要内容，又是提升全民素质的基本途径，同时还是提高教育质量、推进社会进步的重要标志。2010年，《国家中长期教育改革和发展规划纲要（2010—2020年）》将均衡发展作为义务教育的战略性任务，并明确提出：到2020年，基本实现区域内均衡发展，切实缩小差距。2012年，国务院印发《关于深入推进义务教育均衡发展的意见》，并研究制定了《县域义务教育均衡发展督导评估暂行办法》，为推进均衡发展提供了可操作的标准和工作方式。2013年国务院《政府工作报告》将"着力推动义务教育均衡发展"作为教育年度工作特别提到的两项重点之一。由此可见，促进义务教育均衡发展已成为当前政府促进义务教育发展的重要抓手和战略思路。然而，受制于我国国情、经济发展及制度设计等因素，城乡之间的义务教育非均衡化发展是制约这一战略落实的主要瓶颈。

为解决这一问题，中央政府在不断加大对农村教育的经费支持力度的同时，亦从总体结构布局上对农村学校进行大规模的整合，以期促进农村教育资源的优化配置，缩小城乡教育差距，促进教育均衡化发展。2001—2010年，这种大规模的结构调整持续了近十年，深刻改变农村教育格局，重塑了城乡教育生态。从农村学校撤并的数量上来看，这种大规模调整取得显著效果。农村小学由2000年的44.03万所下降至2009年的23.4万所，下降约46.9%（邬志辉，等，2011）。通过农村教育布局调整，农村学校及教学点总量减少，改建后的学校平均班额增加，师生比例提高，办学条件得到优化、教育投入得以集中使用，这在一定程度上促进了教育均衡发展。这种由政府主导的大规模撤并行为带来正向效应的同时，亦不可避免地产生一系列突出问题。这主要表现为两方面：①这种大规模调整没有从根本解决城乡教育布局不合理的问题。受人口生育率下降、城镇化、流动人口转移等多重因素影响，农村学龄人口总量总体下降，期间会有反弹。简单将农村学校一撤了之，无法灵活适应未来人口变动趋势，教育资源不足和过剩可能会交替出现。②农村学校内部出现新的不均衡。当前农村学校形成以中心校、寄宿校为主，教学点为辅的格局。在过去的工作中，地方政府将重点放在中心校、寄宿制学校以及重点学校的兴建或是改造上面。这造成教学点与中心校在办学条件、师资配置、经费投入等方面的差距进一步扩大。教学点成为新的教育洼地和发展短板。由于农村地区人口分布较为分散，部分地区交通极为不便，教学点的存在是偏远地区弱势群体教育底线公平的最基本保障。这种短板的存在损伤了农村弱势群体就近入学的机会与权利，拉大了阶层之间、学校之间的差距，进而制约着义务教育均衡目标的实现。

教育资源的均衡配置是确保义务教育均衡发展的基本前提。而合理的城乡教育布局则是均衡配置教育资源的重要途径。鉴于此，未来促进义务教育均衡发展、继续优化和合理调整城乡教育结构势在必行。当前，城乡教育结构调整存在两大问题：①有必要解决量的问题。这就需要根据城乡人口变动趋势对城乡学龄受教育人口总量、结构进行估算，进而对合理的城乡教育规模进行评估；②要解决质的问题。这就需要在合理估计城乡教育规模与结构的基本上，对城乡学校人力、物力、财力标准化配置进行研究，也即学校标准化建设进行探讨。

本书目的在于通过构建未来城乡人口规模与结构变动的预测模型，在预测未来城乡学龄教育人口的总量、结构及演变趋势基础上，形成城乡教育布局调整总体方案，以期为促进城乡义务教育均衡发展提供可行性思路和行动方案。一方面，综合运用实证调查和理论分析等手段对城乡学龄教育人口总量与结构的变迁进行预测分析，在此基础上对未来城乡教育合理布局方案加以分析与构建，并对城乡学校标准化建设及相关政策建议加以深入探讨，有助于从理论层面上促进义务教育均衡发展相关内容；另一方面，城乡教育合理布局是当前以及在未来较长一段时间内，促进我国义务教育均衡发展的有效手段。一个地区的人口规模与结构是决定教育资源如何合理、均衡配置的前提因素，人口规模与结构的变更直接决定着学校的总体规模、师生比、布局设置，并间接对城乡义务教育学校的师资力量、教育教学及教育质量的提高产生重要影响，最终对促进义务教育均衡发展产生影响。对城乡学校合理布局调整的理论研究有利于为政府部门进行学校布局调整及教育资源再配置相关决策与实践活动，提供可资借鉴与指导的理论依据，进而促进教育资源的优化配置，推动义务教育均衡化发展。

二、预测方法与参数设定

人口预测的模式有较多类型。目前，人口预测和分析较常用的、具有较强代表性的模型有：年龄移算模型、凯菲茨矩阵方程模型、莱斯利矩阵预测模型和王广州系统仿真结构功能模型（CPPS）（李永胜，2004）。根据具体特征，本研究主要采用了王广州系统仿真模型，运用了中国人口信息中心开发的中国人口预测系统件，对学龄受教育人口中进行预测和分析。具体模型设计如下。

本书进行人口预测的基本前提是：①未来人口的死亡模式保持一定稳定性；②忽略城镇人口内部之间的差别。具体模型如下

$$nP_{t2}(x+n) = [nP_{t1}(x) \pm nMP_{t1}(x)] * [nL(x+n)/nL(x)] \quad (1)$$

$$nMP_{t1}(x) = TMP_{t1} * nMIg(x) \quad (2)$$

式（1）中 x 的取值范围为 0~100 岁，$nP_{t1}(x)$ 是在 t_1 时刻年龄为 x 岁至 $x+n$ 岁的人口数；$nP_{t2}(x+n)$ 是在 t_2 时刻年龄为 $x+n$ 岁至 $x+2n$ 岁的人口数；$nL(x)$ 是确切年龄在 x 至 $x+n$ 队列存活人口数；$nL(x+n)$ 是确切年龄在 $x+n$ 至 $x+2n$ 队列存活人口数；$nMPt(x)$ 为在 t 时刻年龄在 x 岁至 $x+n$ 岁的农村迁出或城镇化人口数，因此计算迁移人口时农村为"-"，城镇为"+"。式（2）中 TMP_{t1} 为 t_1 年度内人口迁移量，$nMIg(x)$ 为年龄别人口迁移率。

根据需要，本书所界定的城市主要包括区市的市区，以及不设区市的市区。农村主要由城镇与乡村构成，即县及县以上政府所在建制镇的镇区、其他建制镇的镇区及农村。预测使用的基础数据来源于国家统计局 2014 年《中国统计年鉴》和《中国人口统计年鉴》（2003—2012）。学龄人口预测的基本思路是通过对不同年龄段人口状况的分析、模拟和预测，了解不同年龄段学龄人口的发展过程，从

而满足定量研究对于精确人口分析与预测的要求。本书所应用的 CPPS 分析系统所提供的人口预测方法主要是分要素人口预测方法。所谓系统仿真是指根据需要设定不同的人口参数，对于不同年龄阶段的人口动态变化趋势进行分析与模拟。对学龄人口进行预测分析的过程需要对预测区间、总和生育率、平均预期寿命、出性性别比、城镇化规模与城镇化模式进行设定，以确定预测方案：①对于预测区间，按照《中华人民共和国义务教育法》规定，儿童入学年龄一般应为 6 周岁。依据现有"六三"学制，在预测 2015—2025 年义务教育阶段学龄人口时，将当年 6~11 岁儿童划分为小学预测年龄阶段，12~14 岁儿童划分为初中预测年龄阶段。②对于我国总和生育率的估计，不同结构的研究结果具有明显差别。以 1998 年总和生育率为例，中国人民大学估计的总和生育率为 1.76，中国人口信息研究中心的估算为 1.85，美国人口咨询局估计为 1.8（国家计划生育委员会"中国未来人口发展与生育政策研究"课题组，2000）。由于我国长期存在的城乡二元结构，城市与农村生育率模式具有较大差别。因此在总和生育率设定上进行城乡分别设定更为合适。本书在比较不同研究机构各类研究的基础上，主要参考中国学者段成荣等人在预测各级各类学校学龄人口总量时所确定的总和生育率，将农村总和生育率定为 1.96，城乡设定为 1.52（段成荣，等，2000）。根据专家咨询意见，认为这种指标的设定对于预测城乡学龄人口具有较为现实的意义。③平均预期寿命由预测系统根据 2013 年年龄死亡率为出发点计算。④城镇化规模根据 2005—2015 年城市新增人口的经验速率进行推算，城镇化模式假定与农村人口性别与年龄结构相同。

第二节　城乡学龄教育人口演变趋势的预测分析与结果

基于上述预测模型和设定参数，本书运用 CPPS 人口预测进行了分年龄、城乡人口预测分析，预测年份截至 2025 年。正如前面所述，小学学龄人口界定为 6~11 岁，初中学龄人口预测为 12~15 岁。

一、全国城乡义务教育各阶段学龄受教育人口变动趋势

城乡义务教育各阶段学龄受教育人口如表 3-1 所示。根据表 3-1 可知，全国义务教育阶段学龄受教育人口的趋势总体为下降趋势。全国小学阶段学龄受教育人

口从 2013 年的 94 898 521 人下降为 2025 年的 88 456 788 人。全国初中阶段学龄受教育人口从 2013 年的 46 121 545 人下降为 2025 年的 42 897 589 人。但城市和农村学龄受教育人口的规模变化方向并不相同。

表 3-1　全国城乡义务教育阶段学龄受教育人口预测分析结果　（单位：人）

年份	全国小学学龄人口	城镇小学学龄人口	农村小学学龄人口	全国初中学龄人口	城市初中学龄人口	农村初中学龄人口
2013	94 898 521	45 847 562	49 050 959	46 121 545	23 145 786	22 975 759
2014	93 654 878	45 987 410	47 667 468	45 458 785	23 060 887	22 397 898
2015	92 475 895	46 232 587	46 243 308	44 789 875	22 902 565	21 887 310
2016	92 712 568	47 325 867	45 386 701	43 898 785	22 589 747	21 309 038
2017	91 312 589	47 589 758	43 722 831	42 987 568	22 458 765	20 528 803
2018	90 754 875	48 775 457	41 979 418	41 789 748	23 285 898	18 503 850
2019	90 210 158	48 797 875	41 412 283	42 587 897	23 785 745	18 802 152
2020	90 014 535	49 522 123	40 492 412	42 898 712	23 905 787	18 992 925
2021	89 985 678	50 124 567	39 861 111	43 057 401	24 150 987	18 906 414
2022	89 876 544	51 023 334	38 853 210	43 098 758	24 248 874	18 849 884
2023	88 987 878	51 263 456	37 724 422	43 012 784	24 357 865	18 654 919
2024	88 678 767	50 876 547	37 802 220	42 987 584	24 895 574	18 092 010
2025	88 456 788	50 678 669	37 778 119	42 897 589	24 987 548	17 910 041

注：基于 CPPS 软件推算数据进行整理与汇总而得出

总体来看，义务教育阶段中，城市的小学和初中学龄受教育人口数量在不断增加，而农村的小学和初中学龄受教育人口却在不断减少。这种趋势相反的城乡学龄受教育人口变动差异主要受到城镇化进程的影响，同时城乡各自的年龄结构、生育率及外迁人口的年龄阶段均会影响并导致城乡学龄受教育人口的波动。

二、小学阶段学龄受教育人口变动趋势

从小学学龄受教育人口变化趋势图（图 3-1）来看，全国小学学龄受教育人口从 2013 年的 94 898 521 人下降为 2025 年的 88 456 788 人。分城乡来看，城镇小学学龄受教育人口从 2013 年的 45 847 562 人上升为 2025 年的 50 678 669 人。农村小学学龄受教育人口从 2013 年的 49 050 959 人下降为 2025 年的 37 778 119 人。

伴随着城镇化进程的加速，农村人口加速向城市流动，农村学龄受教育人口也伴随着这一趋势不断下降。图中可以看出，2017—2022 年，农村小学阶段学龄受教育总人口呈现快速下降趋势。从 2023 年开始，这一下降趋势开始减缓，农村

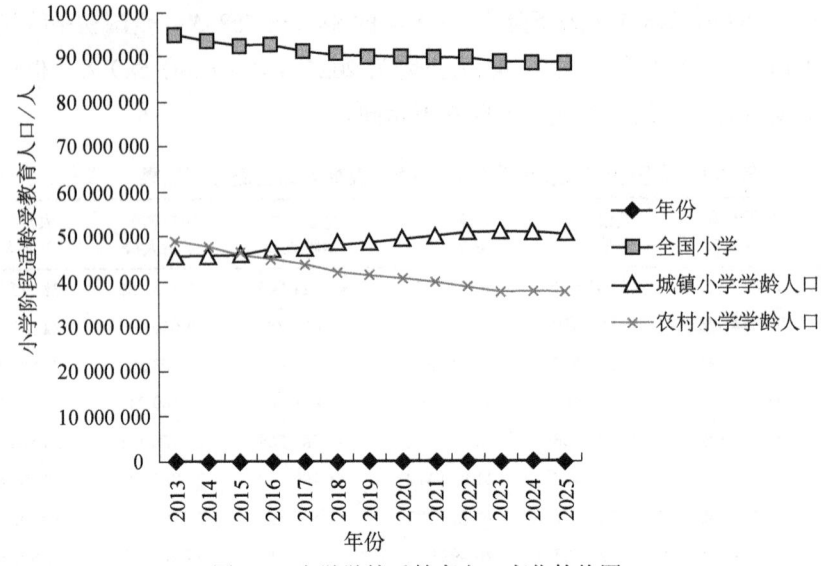

图 3-1 小学学龄受教育人口变化趋势图

注：基于 CPPS 软件推算数据，通过 EXCEL 进行整理与汇总而得出

小学阶段学龄受教育人口总数逐渐趋于平衡。而城镇小学阶段学龄受教育总人口演变趋势则呈现出截然不同的趋势。虽然在 2017 年前，城镇小学阶段学龄受教育总人口要低于城镇小学阶段学龄受教育总人口，但伴随着农村人口快速流入到城市地区，城镇小学阶段学龄受教育总人口不断增长。从折线图中可以看出 2017—2022 年，城镇小学阶段学龄受教育总人口呈现快速上升趋势，直到 2023 年达到最高峰。自 2024 年开始，这一上升趋势开始减缓，城镇小学阶段学龄受教育人口总数逐渐趋于平衡。

三、初中阶段学龄受教育人口变动趋势

从初中学龄受教育人口变化趋势图（图 3-2）来看，全国初中学龄受教育人口从 2013 年的 46 121 545 人下降到 2025 年的 42 897 589 人。分城乡来看，城镇初中学龄受教育人口从 2013 年的 23 145 786 人上升到 2025 年的 24 987 548 人。农村初中学龄受教育人口从 2013 年的 22 975 759 人下降到 2025 年的 17 910 041 人。具体来看，2017 年前，农村初中阶段学龄受教育总人口要低于城镇初中阶段学龄受教育总人口。伴随着城镇化进程的加速，农村人口加速向城市流动，农村学龄受教育人口也伴随着这一趋势不断下降。可以看出，2013—2018 年，农村初中阶段学龄受教育总人口呈现快速下降趋势，而从 2019 年开始，这一下降趋势开始减

缓，农村初中阶段学龄受教育人口总数逐渐趋于平衡。而城镇初中阶段学龄受教育总人口演变趋势则呈现出截然不同趋势。虽然在2013—2017年前，城镇初中阶段学龄受教育总人口与农村初中阶段学龄受教育总人口相差并不大。但伴随着农村人口快速流入到城市地区，城镇初中阶段学龄受教育总人口不断增加。从折线图中可以看出，2017—2022年，城镇初中阶段学龄受教育总人口呈现快速上升趋势。自2024年开始，这一上升趋势开始减缓，城市初中阶段学龄受教育人口总数逐渐趋于平衡。

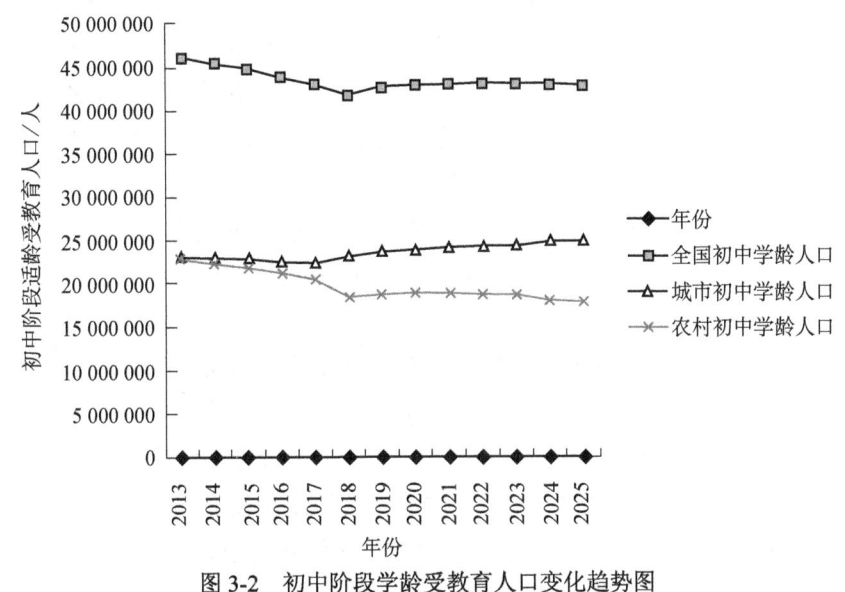

图 3-2　初中阶段学龄受教育人口变化趋势图

注：基于CPPS软件推算数据，通过EXCEL进行整理与汇总而得出

第三节　城乡学龄教育人口变动趋势对于教育需求的预测分析

根据我国近年来的统计数据，我国义务教育入学率已接近100%。本书在假定不考虑误差的前提下，设定义务教育阶段在校学生数与学龄受教育人口总量相当，从而推算义务教育阶段城乡教育在人财物方面的需要变动，进而为城乡义务教育一体化、标准化建设提供参照依据。

一、义务教育阶段城乡专任教师需求量分析

国家关于教师编制配置的权威文件《国务院办公厅转发中央编办、教育部、财政部关于制定中小学教职工编制标准意见的通知》(国办发〔2001〕74)中相关规定：城市、县镇及农村小学生师比具体为19∶1，21∶1和23∶1，城市、县镇及农村初中生师比分别为13.5∶1，16∶1和18∶1。但这一编制标准是基于当时城乡教育发展现状及教育投入情况进行的规定，对于未来教育的快速发展及广大农村地区中小学教育需求分析调研不足，致使这一编制规定实际呈现出强烈的效率优先、城市偏向的改革。为避免这一标准使城市、县镇及农村编制呈现出逐级递紧状况，本书结合2005—2012年城乡教师配置情况，并结合一些学者关于生师比的最新研究，将城乡生师比进行统一，在预测分析时按照小学阶段生师比为17∶1，初中阶段生师比13.5∶1的标准进行计算。

从图3-3、图3-4可以看出，2013—2025年我国小学阶段和初中阶段专任教师需求总量呈持续下降趋势。小学阶段专任教师需求量从2013年558.2万人下降到520.3万人。初中阶段专任教师需求量从2013年341.6万人下降到317.8万人。从城乡变动趋势来看，城市中小学教师需求量不断上升，城市小学阶段专任教师需求量从2013年269.7万人上升到2025年的298.1万人。城市初中阶段专任教师需求量从2013年171.5万人上升到185万人。农村小学阶段专任教师需求量从2013年288.5万人下降到222.2万人。农村初中专任教师需求量从2013年170.2万人下降到132.7万人。与2012年全国义务教育阶段小学和初中教师配置总量908.9万人、558.55万人相比，现有教师规模从总量上能够满足义务教育阶段学龄人口变

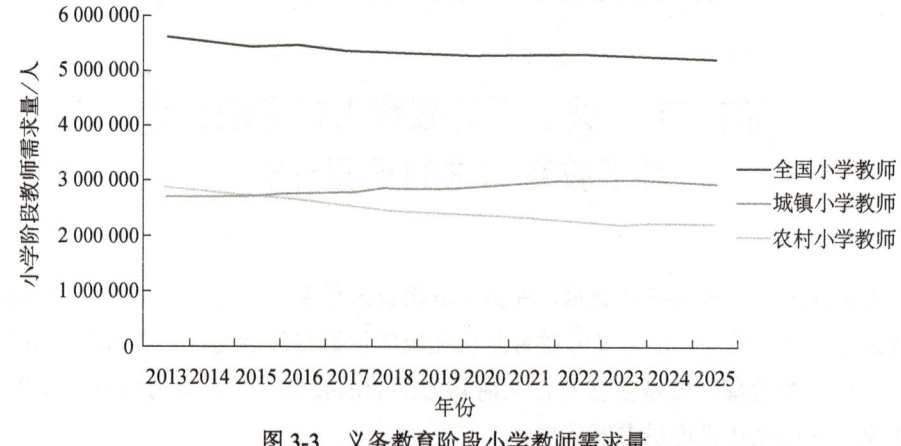

图3-3 义务教育阶段小学教师需求量

注：基于CPPS软件推算数据，通过EXCEL进行整理与汇总而得出

动趋势的需要。但随着城镇化的推进，城市小学和初中专任教师需求量将明显超过农村。这就要求政府部门要调整现有城乡教育结构以适应未来新的变化，并在城乡教师结构优化、质量提升、合理流动、退出机制及资格认证等方面做出相适合的政策调整。

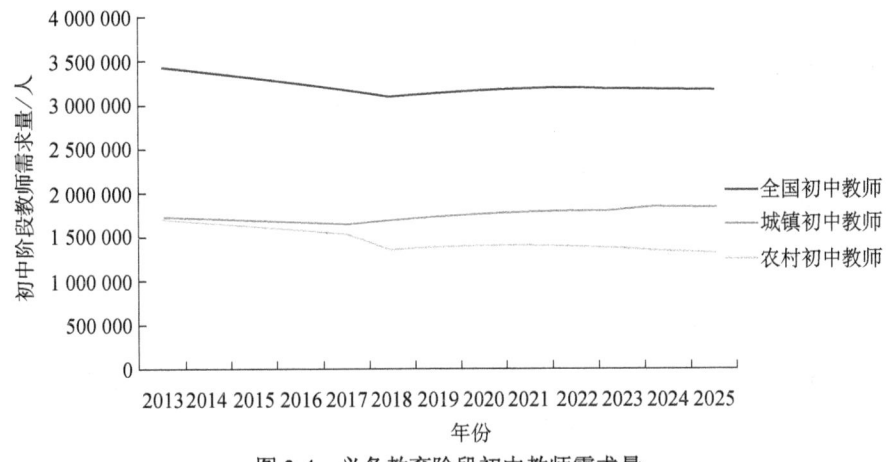

图 3-4　义务教育阶段初中教师需求量

二、义务教育阶段城乡生均教育经费需求预测

本书根据联合国教科文组织所开发的生均教育费指数（即生均经费/人均 UDP）来计算生均教育经费。首先，对我国人均 UDP 进行分析和预测。本书以 2014 年人均 UDP 为 46 351 元为基数。结合我国未来经济发展的规划与人均 UDP 年均增长 6.5%～7%的预测值，进而可以得出 2015—2025 年我国人均 UDP 值。如果我国能够保持相对稳定的经济发展速度，至 2025 年，我国人均 UDP 就将达到 50 241 元。2014 年，我国小学生均经费 1266 元，初中生均经费 2047 元，因此，结合 2014 年人均 UDP 值算出全国小学、初中生均经费指数分别为 0.027 和 0.04。那么，假设该指数从 2015—2025 年保持相对稳定，便可以推算 2015—2025 年全国小学、初中的生均经费。结果为：截至 2025 年，我国义务教育阶段小学生生均经费为 1356 元，初中阶段生均经费为 2218 元。对于城乡义务教育阶段经费如何配置的问题，根据国家最新的政策设计，2015 年 11 月 20 日最新出台的《关于进一步完善城乡义务教育经费保障机制的通知》形成了新的城乡义务教育经费保障机制，概括而言，就是通过"三个统一、两个巩固"。①统一"两免一补"政策。所谓"两免一补"政策是指"免除学杂费、免费提供教科书和对家庭经济困难寄宿生补助生活

费"。之前，城市义务教育免费提供教科书只对低保家庭学生；调整后，统一为对城乡所有义务教育学生（包括民办学校学生）。②统一公用经费基准定额。之前，国家只对农村义务教育学校制定生均公用经费基准定额标准，城市义务教育学校生均公用经费标准由地方制定；调整后，由国家统一制定城乡义务教育学校公用经费基准定额，中央财政对城市义务教育学校（含民办学校）将按照基准定额的一定比例给予补助。需要说明的是：中央财政出台的公用经费基准定额只是底线标准，各地可结合实际提高公用经费补助标准。③统一经费分担机制。以前，农村义务教育经费由中央和地方共同负担，城市由地方负责、中央适当奖补；调整后，中央和地方对城乡义务教育实行统一的分项目、按比例分担的机制，具体来讲，国家规定课程免费教科书资金由中央全额承担，寄宿生生活费补助由中央和地方按5∶5比例共同分担，公用经费中央和地方分担比例西部地区为8∶2，中部地区为6∶4，东部地区为5∶5。两个巩固：①巩固完善农村地区校舍安全保障长效机制。中央财政重点支持农村地区公办义务教育学校维修改造、抗震加固、改扩建校舍及其附属设施。城市地区公办义务教育学校校舍安全保障长效机制由地方建立，所需经费由地方承担。②巩固落实城乡义务教育教师工资政策。按照现行教师工资政策，中央财政将继续对中西部及东部困难地区义务教育教师工资经费给予支持。在完善城乡义务教育经费保障机制的同时，国家继续实施农村义务教育薄弱学校改造计划等相关项目，重点向农村地区倾斜，向革命老区、民族地区、边疆地区、贫困地区倾斜，着力解决农村义务教育发展中的突出问题和薄弱环节。上述政策将分两步到位：2016年先统一生均公用经费基准定额，2017年统一"两免一补"政策。今后，国家将根据义务教育发展过程中出现的新情况、新问题，结合社会经济发展和财力可能，不断完善相关政策措施，推动义务教育均衡发展，全面提高教育教学质量。那么根据这一政策精神，未来城乡间教育经费的基线支出相对均衡，因此，上述所设定的义务教育阶段小学和初中生均经费支出可考虑作为教育经费拨款基数来设定。

三、义务教育阶段城乡学校占地面积和校舍建筑面积需求预测

根据住房和城乡建设部、国家发改委所颁布的《农村普通中小学校建设标准》（建标 109—2008）以及教育部颁布的《城市普通中小学校校舍建设标准》（建标[2002]102号）规定：中小学建设面积主要包含两大类：①学校占地面积，主要包括建筑用地、道路用地以及室外场地绿化等；②校舍建筑面积，主要包括教学

用房、办公场地以及生活附属用地等。学校用地主要用以保障各类教学活动的正常展开，是教师及学生进行学习、生活及工作的载体，发挥着基础作用；校舍建筑则是师生能够开展教学活动的重要场所，标志着学校正规化、现代化水平。根据研究需要，并结合国家相关规定，本书将小学和初中的生均用地面积界定为：城市小学占地面积为 26.52m^2/生，建筑面积为 6.7m^2/生。农村小学占地面积为 28.99m^2/生，建筑面积为 7.91m^2/生。城市初中占地面积为 28.22m^2/生，建筑面积为 7.7m^2/生。农村初中占地面积为 29.01m^2/生，建筑面积为 8.89m^2/生。以 2013—2015 年城乡义务教育阶段学龄受教育人口总量为基础，按照上述标准，最终得到 2013—2015 年城乡小学和初中各自占地面积和校舍面积需求量（图 3-5～图 3-8）。

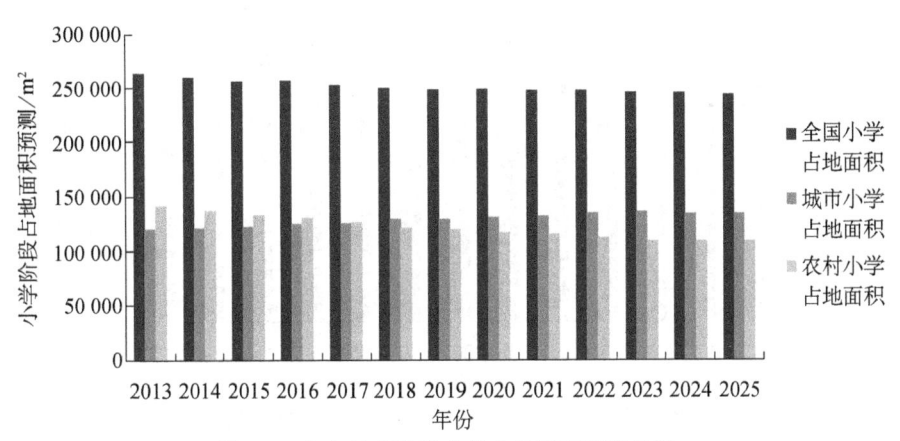

图 3-5　义务教育阶段小学占地面积预测分析

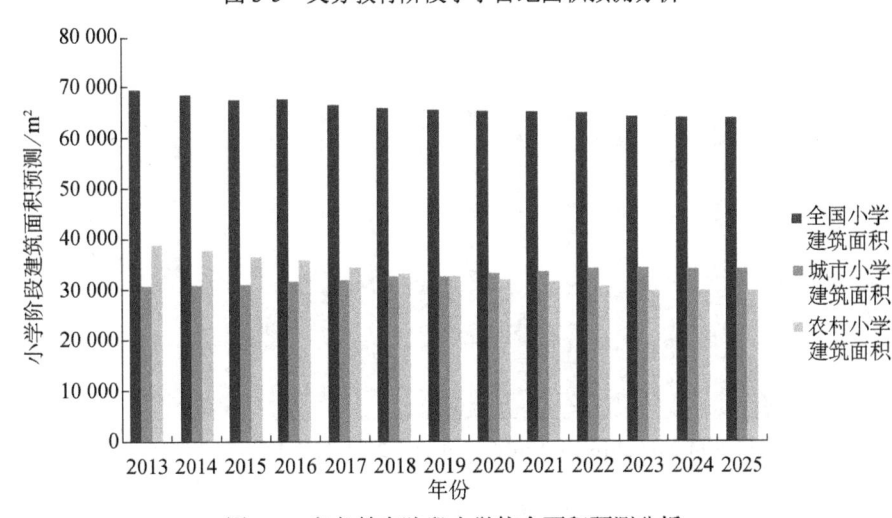

图 3-6　义务教育阶段小学校舍面积预测分析

注：基于 CPPS 软件推算数据，通过 EXCEL 进行整理与汇总而得出

由图 3-5 和图 3-6 可知，2025 年，我国义务教育阶段中，全国小学学校占地面积需求量为 243 918.6 万 m^2。其中，城市小学学校用地面积需求量为 134 399.8 万 m^2，农村小学占地面积需求量 109 518.8 万 m^2。小学校舍面积需求量为 63 837.2 万 m^2。其中，城市小学校舍面积需求量为 33 954.7 万 m^2，农村小学校舍面积需求量为 29 882.5 万 m^2。

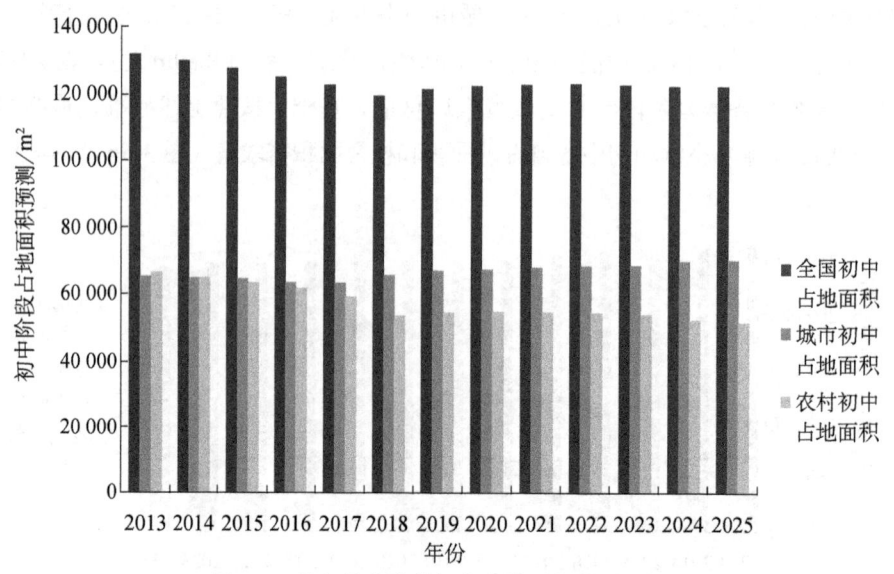

图 3-7 义务教育阶段初中占地面积预测分析

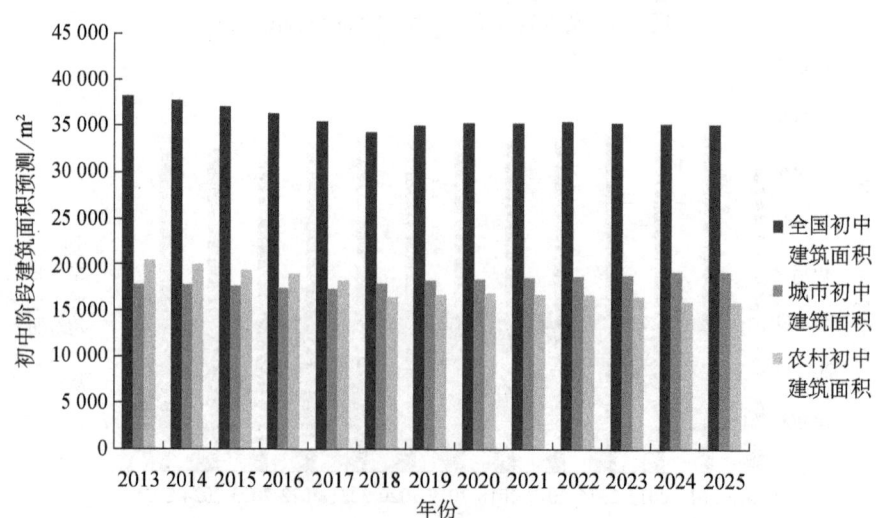

图 3-8 义务教育阶段初中建筑面积预测分析

注：基于 CPPS 软件推算数据，通过 EXCEL 进行整理与汇总而得出

到 2025 年，初中学校用地面积需求量为 122 471.9 万 m²。其中，城市初中学校用地面积需求量为 70 514.9 万 m²，农村初中学校用地面积需求量 51 957.0 万 m²。初中校舍面积需求量为 35 162.4 万 m²。其中，城市初中校舍面积需求量为 19 240.4 万 m²，农村初中校舍面积需求量为 15 922.0 万 m²。

根据《中国教育统计年鉴 2011》显示，全国城市小学校占地面积在 2011 年达到 91 068.3 万 m²。农村小学占地面积在 2011 年达到 134 502.5 万 m²。城市初中占地面积在 2011 年达到 101 105.5 万 m²。农村初中占地面积在 2011 年达到 48 401.4 万 m²。因此，到 2025 年，虽然农村小学占地面积可以得到满足，但是城市学校占地面积将缺少 43 333.5 万 m²。另根据数据显示，全国 2012 年城市小学校舍面积为 14 625 万 m²，初中校舍建筑面积为 13 041.3 万 m²。农村小学校舍面积为 44 427.4 万 m²，农村初中学校校舍面积为 34 549.2 万 m²。对比预测数据可发现，农村小学和初中校舍面积能够充分满足未来农村学龄受教育人口的教育需求，而城市小学要增加 19 562 万 m²，初中校舍建筑面积要增加 2254 万 m²。

第四节 城乡学龄人口演变趋势下义务教育资源优化配置建议

基于上述人口预测与资源配置分析可知，在未来十年内，我国义务教育阶段学龄人口总数将逐渐减少，但具体在各级、各类学校上的变动趋势均有较大不同。而具体到每一层级的学校上，城乡之间的变动趋势也呈现出迥异的态势。预测分析发现：在人口转移、城镇化加速及全面放开二胎政策等多重因素的影响下，城市学龄人口的增长对城市教育规模的规划产生巨大的挑战。大量从农村转移进城的农民工群体，如何确保其子女享有同等质量的教育问题已是摆在政府面前不容易回避的问题。与此同时，农村地区的各级学龄人口几乎处于持续下降的状态。这在客观上为农村教育探索"小班化"教学提供了良好的契机，进而为农村教育高水平、可持续发展提供了良好的人口环境。同时，未来农村下一步人口教育水平的提高也能够为中国产业转型、新农村建设及城镇化发展做好铺垫。城乡教育均衡发展和资源的有效配置建立在对于人口变动的科学预测和把握之上，因为学龄人口既能够反映未来各类教育需求的变动，又能够充分反映可能性的人力资源供给变化。在未来"工业 4.0""智能制造""大众创业、万众创新"时代背景下，国家的核心竞争力不在于人口数量增减，而在于人口素质的提高。如何应对人口变动趋势、合理规划城乡教育资源配置、将庞大的学龄人口转化为高质量的人力资源是我国教育体系需要面对的重要任务。长久以来，城乡二元分野、教育投资比例与经济发展水平不相适应的问题导致义务教育资源未做到有效的均衡分配，影响了人力资源培育的水平与质量。展望未来，如果能够结合学龄就学人口的变化趋势，合理配置各级各类及城乡之间的教育资源，我国未来的人口质量就能够根本上改观，进而为国家的战略转型奠定坚实的人力资源基础。具体的来看，可从以下几方面入手。

一、科学预测人口变化，合理布局教育网点

政府部门要充分重视人口变动对教育发展的影响，加强人口预测与变化的前瞻性研究。正确的理论是实践有效开展的前提，而缺乏理性指导的实践异化为盲目的实践。在20世纪90年代后期，我国农村曾出现办学热、建教学楼热的现象。然而，伴随着我国生育率水平变动，学龄人口的入学高峰逐渐削减。面对这一新形势，各地为完成"普九"所兴建的大量校舍出现了闲置甚至是撂荒的问题，造成了教育资源的极大浪费。人口变化自有其特殊的规律性，因此教育规划要充分考虑人口变动的趋势及特征，否则可能出现决策偏差，造成教育资源不必要的浪费。城乡教育一体化、标准化建设是国家为城乡中小学合理布局、确保教育资源公平配置而做出的具有全局性、长远性和根本性的谋划与决策，因此，规划的制订和执行必须严肃、准确和科学。从本书的预测分析可知：①未来十年中，农村学龄受教育人口的总量将不断减少，但不同学段的学生总数变化各有不同。②城镇学龄受教育人口不断增加，各学段学生总数的结构也有所不同。再从全国范围来看，当前我国正处于人口变动的时期，我国未来义务教育学龄人口和在校生数呈下降趋势。根据预测，21世纪上半叶，我国小学学龄人口将会较大幅度减少。2050年，小学学龄人口数将减少到1.02亿人，比2000年减少24%。根据这一预测分析，未来我国义务教育学龄儿童总数将不断减少，这主要表现在：小学和初中阶段学龄人口总数会大幅下降，农村义务教育阶段学生数继续减少，同时，由于人口流动和城镇化程度的提高，城镇小学阶段学生数将有所提高。针对上述情况，政府相关部门要重视前瞻性分析。以往决策咨询的问题在于教育学者一般没有将人口变动纳入到研究视野，而人口学家则对人口发展演变给教育带来的影响又关注不够。这就导致了决策的科学性不足。

因此，应强化教育学与人口学两方面的结合，教育部门应会同人口、经济等其他领域的专家对本区学龄受教育人口的变化做出预测和判断，合理预期未来十年本区教育规模、结构和标准化建设目标。各级教育部门应根据人口变动趋势，通过"并""转"等形式加教育布局加以优化。"并"是将在一定距离范围内的规模过小的学校加以优化重组，发挥集中办学的优势；"转"则是根据学校生源总量和交通距离，将部分农村小学的高年级调整到乡镇中心小学，或是邻近交通便利、教学设施完备、教学质量有保障的邻近学校，低年级则保留在原地。这既可以发挥集中优势，又兼顾了低年级学生就近入学的需要。考虑到学生上学的实际需要，学生相对集中的学校应根据交通和当地经济发展实践实行专车定期定点接送和学生住宿。

二、优化师资配置，促进城乡师资队伍质量的提升

从上述分析可知，农村义务教育阶段的学龄人口将呈现总体逐渐下降的趋势。但是，结合当前农村所大力推进实施的义务教育学校布局调整政策，农村被大量撤并，初中向县域集聚等措施将会使学生的分布更加集中，进而引导生师比的变化。因此，农村学龄人口总体下降并不代表着农村学校教师的需求变少，相反，由于农村教师队伍建设的问题不仅仅在于数量缺口，还在于音、体、美、劳等各学科门类教师的匮乏。这一问题如果不得到彻底解决，将对城乡教育一体化、均衡化发展产生不利影响。①城市义务教育阶段学龄人口总量在未来将持续增加，城市学校对于教师的需求量相应也会增加。因此在配置师资标准时，中央及各地政府一方面要根据城乡学龄受教育人口的变动趋势，合理统筹规划和制定城乡教师的配置标准，促使城乡学校的生师比能够按照合理标准进行配置。②要遵循开设学科门类齐全的标准，尽力去改善或解决农村教师供给结构性不足的困境，从而确保城乡的学科标准基本一致，进而逐步缩小城乡学校在师资配置数量与结构方面的差距。具体来看，可以从以下几方面入手。

（1）建立农村中小学教师激励制度。按《中华人民共和国教师法》规定，建立面向农村、边远和艰苦地区中小学教师优惠制度，可参照国家对农林、卫生等行业的优惠政策，设立农村、边远和艰苦地区中小学教师特殊津贴制度，以吸引和稳定师在该地区任教。当务之急是鉴于农村地区中小学骨干教师流失问题严重，政府和教育主管部门应尽快出台骨干教师的优惠政策，解决待遇低的问题。按县、市骨干教师级别和学校边远程度，每月分别向骨干教师足额发放骨干教师等级津

贴和交通费用补助，使农村骨干教师的工资收入比城镇同等的骨干教师高，从而使他们在农村安心工作，确保农村教师队伍稳定和留住骨干教师。

（2）建立教师定期交流轮岗制度。交流重点是由城市向农村、由强校向弱校、由超编校向缺编校定期流动。在部分地区已经探索的基础上，可进一步探索建立一定数量的流动编制以保障教师流动任教；尽快建立城镇教师到农村任教服务期制度，并以此作为教师职务晋升和评优的重要条件；鼓励城镇教师到农村支教，鼓励他们当中的优秀者去最艰苦的地区工作；对支教教师给予必要的交通、食宿等补贴。

（3）完善农村中小学教师管理与培训制度。政府部门要抓住我国中小学教师供求关系正在发生变化和农村中小学布局调整的契机，加大农村中小学人事制度改革，优化、调整农村教师队伍结构；要按照"凡进必考"原则，实行新任教师公开招聘制度和教师资格认定制度，严把新聘教师入口关，杜绝不具备教师资格的人员进入教师队伍。当前，要充分利用近些年高校毕业生充裕的有利时机，力争经过若干年的努力，使农村小学教师大专学历占主导地位，初中教师本科学历成为主体，同时，应通过扩大实施农村中小学教师教育硕士培养计划等多种方式，为农村学校补充一批具有较高素质、较高学历的青年教师。

（4）改善农村中小学的教学与生活条件。当前，一些农村地区学校教师生活条件十分艰苦，要稳定农村教师队伍，政府和教育主管部门就必须着重改善农村教师的生活条件，如兴建教工宿舍、完善用水、用电和娱乐等生活配套设施，使教师有良好舒适的生活环境。此外，政府和教育主管部门还应大力改善农村中小学的办学条件，如添置计算机、建立多媒体教室和语音室等，缩小农村中小学与城市中小学的差距，这也将极大地提高教师教学的积极性，有助于稳定农村教师队伍。

三、适时调整教育投资结构，提高政府统筹教育经费能力

根据城乡年人口出生数量、人口年龄结构、地区分布及产业变动等特点和趋势，及时调整教育投资的内外部分配结构和层次。

从投资的外部结构来看，根据人口变化趋势，教育投资的重点应置于相对集中于人口增长较快的农村镇中心、小城镇、大中城市市郊，以确保这些地方不断增长的学龄人口有着足够的教育资源供给。从教育内部投资结构来看，针对学龄人口不断减少、人口迁出速度加快的地方，如教育覆盖面积较少的农村村小，大中城市中吸纳流动人口不多的城中村、老城区，教育投资应主要用于改善图书配

置、办公条件、仪器配置等条件，加强师资力量培养，提升教师待遇等，而不宜再重复大规模兴建教学楼等；以人口流入为主、学龄人口呈现不断增长态势的地区要针对其基础条件建设在内的全方位改进办学条件，以适应人口变动的需要。

从经费分配来看，国家及各级地方政府主要依据在校生人数，按照人均公用经费标准实现学校层面的教育投入。目前，由于农村义务教育阶段的学校在硬件方面建设与城市之间还存在明显差距，因此在推进城乡学校标准化、一体化建设过程的初期，确实应坚持教育投入侧重于向农村地区倾斜。但在充分预测和把握人口变化的重要拐点后，教育投入重点就要根据人口变化而产生相应的、及时的调整。从长期趋势来看，农村学龄人口的不断减少是主要趋势，因此政府部门要逐步控制对农村学校大型基础建设的经费投入，逐渐将注意力放在提高教师质量这一重心上来。不过，由于城乡教育资源存量存在较大差异，因此，为避免城乡间教育差距再次被拉大，相关教育经费投入在起始阶段则应向农村适当加以倾斜。

我国政府可考虑逐步将教育政策管理权从县级政府上移至省级政府，加强省级政府对教育经费的统筹作用，确保省域内义务教育均衡化、标准化发展。强化县级政府统筹义务教育的能力，推动县域内城乡学校均衡发展。充分考虑县际的财政水平，科学划分县级政府农村义务教育投入责任，根据地区差距与城乡差距，考虑将我国2000个多个县划分为"以县为主"、"以省为主"和"以中央为主"的义务教育投资体制，进行分类供给。

我国政府要加大对财政相对薄弱地区的中央财政转移支付力度，弥补教育经费缺口，调节区域之间的义务教育均衡化发展水平。

四、不断加强和完善农村寄宿制学校的发展需求

农村寄宿制学校的建设是适应城乡教育布局调整、加强义务教育标准化建设的重要内容。当前，随着学校大规模的合并，农村劳动力大量外出务工，在广大农村地区出现了大量的留守儿童。而寄宿制学校则是集中教育资源配置，解决留守儿童上学问题的重要举措。从上述预测分析可见，未来农村义务教育阶段学龄受教育人口数量虽然会明显下降，但在下降的趋势过程中会出现农村学龄人口向兴建于县镇中心的寄宿制学校集中的趋势。因此，可以充分预见的是农村寄宿学校对未来农村教育发展的重要作用。具体来看，可从以下几点着手。

（1）完善寄宿制学校建设标准，督促各地根据本区实际情况出台辖区内寄宿制学校建设标准和管理办法。由于各地区经济发展环境、地理环境以及社会文化

等方面差异，地方政府要在遵循国家所设定底线标准的前提下，因地制宜地探索和完善适宜本地区寄宿制学校建设和发展的细则，对寄宿制学校校舍标准、教学仪器配置、人事管理、经费保障、后勤建设、校园安全等方面给予明确具体的要求。例如，山西省在2008年即专门出台了适宜于本省的《农村寄宿制学校建设标准》。随后，山西省内各相关市县相应出台了适合本区的寄宿制学校建设标准和管理办法。后续如需建设新的寄宿制学校要依据建设标准，充分考虑本区人口总量与结构变动趋势、城镇化进程及人口流动区域等多重因素。政府部门要依据人口分布与变化趋势，结合城镇化进程，统筹规划，合理布局寄宿制学校校址，避免因过度建设、重复建设，以及无效建设而造成的教育资源浪费。

（2）统筹考虑寄宿制学校与非寄宿制学校的差异，在经费投入与补助方面有所倾斜。各级政府部门要根据实际情况，按不同地区、不同层次的学校，分摊比例，对农村寄宿制学校建设提供专项资金支持，结合近几年的校安工程，完善学校的后续建设，在寄宿制学校建设用地、税收等方面给予一定的优惠政策；同时，由于寄宿制学校相对于非寄宿制学校而言，运营成本更高。根据一些地区的经验数据，寄宿制学校的一名寄宿生所需要的公用经费相当于1.5名非寄宿生的经费支出。在免除各项杂费的前提下，公用经费是保障学校正常运营的主要经费来源。同等条件下，人数相同的寄宿制学校在保障运营上面临更大的压力。鉴于此，公用经费核算应对寄宿制与非寄宿制学校进行合理区分。寄宿生比例达到一定比例（例如50%）以上的学校可考虑按照1：1.5的比例分别拨付寄宿生与非寄宿生的公用经费。低于一定寄宿比例的学校也应适当地提高生均公用经费补助标准。考虑到地区差异和县级政府的财力情况，这部分资金支出可参照义务教育投入新机制的比例，按照不同区域由中央、省、市、县按比例分担。

（3）考虑适当放宽农村寄宿制学校教师的编制，增加生活教师、心理健康教师、工勤人员数量比例。与非寄宿制学校相比，寄宿制学校在担负教书育人同时，还要承担起寄宿学生生活、业余活动管理以及心理健康保障等任务。然而在当前编制管理规定中，寄宿制学校缺乏生活教师编制。为确保对学生的有效管理，许多寄宿制学校在出资聘请有限数量生活教师之外，只能将学校年龄较大的教师与部分青年教师相组合，兼任生活管理教师。这既加重了教师的工作负担，同时也不利于对学生专业化的管理。为此，政府要考虑实际情况，根据寄宿制学校规模和师生比核定编制，增加编制适度向寄宿学校倾斜，优先解决寄宿制学校所急需的生活教师及工勤人员的编制问题。

（4）重视和提升农村寄宿制学校的管理水平，鼓励开展丰富多彩，有益于寄宿生身心发展的活动。可通过远程教学设施，丰富和完善学校远程网络教育课程，为学生提供丰富的活动课程和研修课程；同时，通过组织各类兴趣活动小组、科普活动小组以及艺术团等，丰富寄宿生的课余与寄宿生活；晚间活动中学校可定期组织学生通过收看电视新闻、读书看报、棋类比赛以及体育活动；定期开展班级联谊会、主题班会、社区联谊活动、各类主题讲座等活动，丰富寄宿生集体生活，引导学生学会关心、学会友爱、学会合作。此外，学生寄宿区增加活动教室、微机室以及图书室配置必要的视听材料、儿童读物及科普读物等，保障学生业余生活的丰富性和完整性。重视寄宿生的心理辅导与咨询工作，建设寄宿生心理健康档案，设定心理健康活动室和咨询室，关注寄宿生的心理健康问题。

五、因地制宜地利用农村闲置教育资源，提高资源利用效率

随着近些年农村教育布局调整的大力推进，农村学校数量急剧减少。据统计，2000—2009 年，农村中小学共减少约 21.5 万所，占全国学校减少总量的 76.84%（王定华，2012）。农村学校闲置问题开始不断凸现。随着未来农村学龄人口的持续下降，农村学校的再利用是一个亟待解决的问题。结合各地实践现状，可考虑从以下几方面着手。

（1）将农村闲置校产转为发展学前教育。学前教育是学校教育及终身教育最起始的阶段，是正式开展义务教育的前提也是基础。从目前情况来看，我国学前教育发展长期处于滞后发展的状态。受制于制度设计、传统观念和经费投入等原因，教育发展规划中学前教育发展处于尴尬的缺位或失声状态。教育投入不足和场地匮乏是制约学前教育发展的一个重要因素。虽然近些年我国开始重视和大力发展学前教育，但是在广大的农村地区，学前教育资源短缺和流失问题广泛存在：幼儿园缺乏足够的教育场地、通风条件及幼儿活动必要空间；班级房间及配套设施陈旧；玩具、教具及户外游戏器械及幼儿读书短缺的问题仍十分突出。农村闲置教育学校本身作为实施教育的场所，配置设施齐全。另外，许多学校位置相对优越，办学基础条件较好，各类教育资源相对充足，适合改为乡村的幼儿园。特别是随着农村学龄儿童数量的不断下降，闲置教学点数量会不断增加。因此，基层政府可充分考虑将闲置的农村学校改造为学前教育场所。

（2）将农村闲置资源用于发展成人和技术教育。总的来看，我国城乡受教育人口的程度与水平存在较大差别。再加之农村劳动力专业技能培训的不足，使得城镇化过程中劳动力转移出现不供求失衡的情况。一方面，现代制造业升级、互

联网+，大众创新，需要大量有文化、技能及创新思维的高素质人才；另一方面，农村转移劳动力缺乏当前经济转型所迫切需要的基准素质。因而只能向传统制造业、建筑业、零售服务转移。而当前，经济发展速度下滑和产业升级对于劳动需求量的下降形成双重挤压效应，使得农村转移劳动力的就业面临较大困难。面对这一新形势，为改善农村劳动力这种供需失衡现状，农村教育需要政府提供强有力支持。因此，政府可考虑利用农村闲置教育资源，大力发展职业技术教育，为农村转移劳动提供必要的技能培训和文化教育；可考虑以县级职业学校与成人学校为龙头，以乡镇成人技术学校为骨干，对成人技术学校为依托的三级实用型农村劳动力文化与技术培训基础。力求将农村成人教育学校办为开发农民人力资源、推广先进技术、推进劳动力转移培训、服务扶贫开发及加强社会主义精神文明建设的重要基地。

（3）利用农村闲置教育资源，大力推进现代农业技术培训，为现代农业建设提供智力支持和技术服务。我国耕地资源相对紧缺，农村生产率的提高在中国这个人口大国尤为重要。然而，我国农业传统上以劳动密集型的小农生产形式为主，劳动生产率不高，主要农产品产量低、质量低而成本高，进口增长压力较大。随着农村人口转移及生育率下降，农业人口在迅速减少，农村劳动力过剩情况将得到进一步缓解。在解决农业劳动力供过于求的情况下，农村劳动力素质的提高是大力发展现代农业的重要前提。结合这种情况，政府可考虑充分利用农村闲置教育资源，积极发展现代农业技术培训，为农村劳动生产率的提升服务。

（4）将农村闲置教育场地用于大力发展农村文化活动，以此为纽带推进社会主义新农村建设。由于我国农业长期低水平的发展，以及农村发展的落后，农村人口尚未摆脱传统的小农意识和心理惯性。新农村的建设不仅在于居住条件的美观和改善，更在于农村居民素养的提升。与城镇人口相比，农村人口思想素质的落后主要表现在公民意识的淡薄和保守落后的思维习惯。人口素质的提升离不开教育的影响。政府可考虑因地制宜地利用农村闲置教育资源，以此为核心，大力推进社会主义的法制教育、政治教育、道德教育以及生态文明教育。大力开展农村社会教育的实验和创新，开展一系列教育实验活动，如围绕农村留守儿童健康成长课题，大力推进校内外社会教育；再比如老年人心理健康维护和身体健康保护，以及各类满足农村成员的积极文化娱乐活动等，丰富农村文化活动形式。

（5）将农村闲置教育资源进行置换或拍卖。农村闲置教育资源实在无法继续用于发展各类教育事业时，可在法律规定的框架内进行正常的出租、拍卖、转换或是返还等。具体存在以下几类方式。

1）无偿调出。这种方式是指在产权性质不发生变更的前提下，将农村闲置教育资产以无偿转让的方式划给其他教育机构或是学校进行管理和占有。

2）出售。将农村闲置教育资产经由权威资质的拍卖机构评估认定后，以公开拍卖、有偿转让的形式转卖给其他单位或个体。

3）出租。将闲置的农村教育资产以合理的报价租借给其他单位或个体。

4）报损或报废。根据权威部门的鉴定或是相关规定，对无法继续使用或闲置发生损坏、吊账损失等，进行产权注销。

5）置换。就是将闲置的农村教育资源与其他单位或个体进行土地资源、设备及建筑物的等价交换。以上各类处理形式都必须依法合规进行。暂时无法处理的闲置教育资源，要由专门的人员看管，确保教育资源不会流失。

此外，对农村闲置校产收益的处置可考虑从如下几方面着手：①闲置教育资产的出租收入，由接收学生的学校全部用于补充公用经费和改善办学条件。闲置教育资产用于勤工俭学所创收益主要用于补助公用经费的不足；②闲置教育资产的出售收入、报废报损残值变价收入，要全部用于教育事业的发展；③乡镇所辖学校、教育机构闲置资产的出售收入、残值变价收入，主要用于所在乡镇义务教育的发展，由乡镇提出使用方案，报区县教育局批准后执行。区县所辖学校、教育机构闲置资产的出售收入、残值变价收入，主要用于区县义务教育的发展，由教育主管部门统筹安排使用。

六、推进农村小规模学校建设工程，确保弱势群体教育利益

农村小规模学校主要指学生人数规模在 100 人及以下的农村偏远教学点及村小。从发达国家所走过的学校合并历程来看，小规模学校虽然在早期被视为重点撤并的对象，小规模学校在保障边远地区弱势群体的教育利益、维系和传承社区文化方面所发挥的积极作用被重新加以认识（Spence，2008）。由于我国各地区发展水平不一，地理环境差异较大，偏远地区的教学点或村小是校车工程或寄宿制学校工程难以覆盖地域的重要教育阵地，是确保低龄学生就近入学的重要载体。同时，保留适量的农村小规模学校也是保障偏远地区弱势群体教育利益，维护教育公平，实现真正城乡教育一体化、标准化的重要手段。因此，建议在新的阶段里，政府部门要高度重视农村小规模学校的生存与发展，适时开展"农村小规模学校发展工程"，对有必要保留的小规模学校给予政策支持，以促进其持续性发展。

（1）建立和完善农村小规模学校经费保障机制，提高小规模学校的生均公用经费标准。偏远地区教学点和村小由于规模小、学生少，按一般的生均经费投入难以维护学校的正常运转。财政部在 2010 年 11 月提出：要对不足 100 人的农村小学、教学点按 100 人来计划公用经费补助资金。虽然这一政策有利提高农村小规模学校的经费总量，但部分地区有可能通过虚报学生和学校数量来套取中央专项经费。为保障农村小规模学校的教育投入，政府可考虑按学生数量为基数，按照一般学校学生生均拨款的 2~3 倍来对小规模学校进行拨付公用经费。对于中西部经济欠发达地区，中央政府要考虑适当加强中央和省级统筹责任，成立专项扶持资金，加大财政转移力度。

（2）教育行政管理手段和市场机制相结合，探索建立农村小规模学校师资保障的长效机制。为改善农村小规模学校教师的初次配置，应对小规模学校的编制有所倾斜，在新进教师的配置上政府对农村小规模学校优先考虑。探索县域内"县管校用"的教师、校长流动机制，探索和建立鼓励城区校长和教师去农村偏远地区教学点和村小任职、任教机制。同时，对农村小规模学校教师进行物质和精神的多重奖励。通过大幅度提高小规模学校的工资待遇、设立教师绩效奖励、提供安家补助、建立教师周转房，在住房贷款、子女入学等方面给予教师一定的优惠。小规模学校教学获得突出成绩的教师应在职称评定、评优评模等方面给予一定倾斜，使他们精神上得到满足，事业上获得成就感。此外，针对小规模学校教师复式教学的特点，国家教师培训项目的课程设置应增加复式教学培训课程，为农村小规模学校教师提供有针对性的，切实提高个人教学水平的课程理念和教学方法。

（3）探索农村小规模学校特色化发展机制。"小"并非与"差"等同。小规模学校在小班化教学、家校合作、社区互动等方面具有独特优势。小规模学校要充分考虑这种独特优势，积极探索与本身特点相适应的管理和教学模式。教师管理应注重打造学校教师的学术共同体，构建紧密和谐的协作关系，形成一个"相互支持、相互配合、相互学习、相互促进"的学习型组织，提高教师团队的凝聚力和活力；教学管理应针对小规模学校学生人数少，易于开展小班化教学的特点，可考虑对学生进行分层教学。学生可分为若干学习小组，根据不同小组的学习特点和个人素质，有针对性地进行因材施教，并对学习困难的学生给予更多的关照和教导；课程开发应充分考虑学校与所在社区的联系，挖掘乡土中具有深厚文化意识的课程素材，依托校本课程、研究性课程、实践型课程等多种形式，探索富有乡土气息，具备人文关怀，突出文化传承的特色化课程，促进小规模学校由"小而弱""小而差"向"小而特""小而优"转型。

七、构建城乡教育一体化、标准化的制度管理体系

政府应加快构建城乡义务教育发展协调发展制度，推动城乡学校"手拉手""联盟化""捆绑式"发展，打造城乡学校发展共同体。推行"联校制"办学模式即实力雄厚的优质城区学校与薄弱农村学校实行联合，以优质城市学校为核心，按照法人独立、以强带弱、互联互动、对口支援的管理模式，通过名校下乡、异校任教、对口支教、联校走教、专题共演、跨校学生活动、学生走班上课等多种形式，发挥城市优质学校的示范、辐射和带动作用，确保城乡教育资源共享，优势互补，达到共同提高、均衡发展的目的（姚松，等，2013）。此外，搭建教育信息资源平台、打造"空中e课堂"，将城市优质教育资源通过"网络走廊"覆盖至农村学校。

此外，受"三元化"社会结构影响，配置于农民工随迁子女的城市义务教育资源总量少，优质教育资源更为稀缺。作为农民与市民间的第三个社会群体，农民工是伴随城镇化进程新生的社会第三元（褚宏启，2009）。当前社会的这种"三元"结构日渐清晰，义务教育的"三元结构"也随之出现，农民工随迁子女的教育边缘化问题日益凸显。总的来看，当前农民工随迁子女在城市中能及时享有的义务教育资源总量匮乏，相当部分的农民工子女仅能在办学条件较差的一般公立学校或是打工子弟学校入学，仅有少部分人能进入重点学校享受优质教育资源。面对未来农村学龄受教育人口将加快转移到城市这一总体趋势，政府部门要加快建立和完善城乡户籍和学籍管理的一体化机制，加强农民工随迁子女教育的立法工作，合理划分中央、流出地及流入地政府的管理责任。国家要以公平正义的原则审视农民工子女教育问题，将教育公平作为公共教育政策的基本价值，率先在教育领域破除户籍壁垒，进行制度创新，改变当前以户籍人口为准的义务教育管理体制，改为以常住人口为准，将常住人口纳入地方政府常规教育管理工作及公共服务保障范围。同时，国家应加强农民工子女教育相关立法工作，明确规定地方政府承担责任和具体处罚力度，以法律权威保障农民工子女义务教育的稳定性和持续性。再者，中央政府应协调各级政府相关职责，明确自身中央政府在农民工子女教育的财政投入中主体地位，提高义务教育经费承担比例，设置专项资金，并根据区域及流入地经济情况调整转移支付比例；研究流出地与流入地的合作办学机制，尝试运用"教育券"方式实现"钱随人走"，使流出地政府承担一定经济责任；流入地与流出地协调建立农民工子女流动信息库，实现双方信息联动与共享。在以上基础上，流入地政府要切实承担起管理职责，细化落实中央政策，逐步落实配套资金，并协调当地教育、公安、财政、劳动保障等相关职能部门，成

立专门的领导协调小组，齐管共抓，形成合力，共同解决好农民工子女的受教育问题。

综上所述，我国所实施的义务教育一体化、标准化建设涉及全国百万余所中小学校的发展与变革。这一重大政策不可能一蹴而就，其政策设计也并非停留在对我国城乡学校给予单次性投入的改良，而是旨在突破城乡学校长期非均衡发展的固有格局，逐步缩小城乡教育差距，真正促进城乡义务教育协调化、一体化发展。城乡教育一体化发展实际上一个动态演进的过程。随着城镇化的快速推进，学龄受教育人口的快速变动和迁移更加彰显了城乡教育发展的动态性与复杂性。基于各地已出台的相关政策内容，义务教育标准化建设的主要定位在于希望通过监测学校各项生均指标是否达标确定标准化建设的进度与成效。而生均水平与学龄受教育人口密切相关，特别是学龄人口的数量变化与城乡分布情况。因此，根据城乡学龄人口的变动趋势合理规划义务教育阶段学校的标准化建设，并形成能够统筹义务教育一体发展与人口预测相适应的管理机制是城乡学校标准化、一体化政策能够实现目的重要保障。

第四章

经费资源的科学配置与有效使用

  公平是世界教育发展的基本价值取向，而义务教育公平又被公认为教育公平的基础性环节。为实现教育公平，各国采取了不同的途径和方式，通过制度建立、财政投入、资源调整等方式调整区域之间的差异，保障受教育者的基本权利。中国是人口大国，个体的教育发展权历来受到重视。但是，由于区域之间经济等发展的不平衡性，教育发展出现了非均衡现象，因此，均衡发展是实现教育公平的必由之路。经费资源是物质资源和教师资源的保证，因此，义务教育经费的科学配置和有效使用成为了义务教育均衡发展的关键。

  国际经验表明：义务教育具有典型的公共产品属性，因而政府是义务教育均衡发展的根本推动力量。各级政府通过承担不同的财政责任保证教育经费的均衡配置，并通过财政绩效评估和问责保证教育经费的合理使用。

  我国于1994年提出义务教育财政均衡问题。经过20年的政策推进，义务教育投资总量不断增加，义务教育经费拨款占GDP和财政总支出的比例明显上升；教育财政资源的内部分配逐步向义务教育倾斜，义务教育生均拨款水平快速上升。但同时，诸多研究结果也表明：义务教育还远未达到均衡发展的理想状态，义务教育经费也远未达到科学配置的程度。从财政体制看，目前实行的"以县为主"体制存在着严重的财权与事权不对等问题。中央财权大，但事权和支出责任相对较小；县级政府财权小，但事权和支出责任相对较大。这种体制使义务教育很难从县域内走向县域间、市域间等更高水平的均衡。同时，拨款体制多年来一直采用的是教育经费与地方财政和生产总值挂钩的方式，"财政性教育经费占 GDP 的 4%"是目前各地进行教育财政预算的基本依据。"4%"的目标于 1993 年正式在中央政策文本中提出，到 2012 年真正实现，国家用强制性手段保证了地方政府的教育投入责任，缓解了教育经费的紧张状况，但同时也出现了富裕地区"敞口花钱"的教育财政绩效问题，并且对地区间的教育财政差距提供了政策与法理依据。从国际惯例看，财政的中立性要求在公立学校中青少年获得的公共教育资源不应受到其所在地区经济状况的影响。从我国财政体制改革的大背景看，中共中央十八届三中全会通过的《中共中央关于全面深化改革若干重大问题的决定》中明确提出：要"清理规范重点支出同财政收支增幅或生产总值挂钩事项，一般不采取挂钩方式"。因此，在新形势下，教育财政与 GDP 挂钩预算的拨款制度面临挑战：如何厘清各级政府对于义务教育的财政责任，如何使义务教育财政状况与地区经济发展水平脱钩，如何科学配置教育经费成为亟待研究的问题。

另外，义务教育经费的有效使用也存在着诸多问题。①义务教育经费预算是典型的投入型预算，而非产出型预算，这种预算体制重视经费取得和使用的"合规性"，而忽视对经费使用结果的计算和评估。②缺乏健全的教育财政绩效评价和问责制度。目前，既没有官方的评价标准，又没有官方的绩效报告，问责也仅限于出现重大事故时对于官员的行政处分，尤其是基于义务教育均衡发展的监测、评估、问责制度更为匮乏。谁来监管、用什么监管、如何监管、如何问责等一系列问题都还在尝试和探索中。

基于以上问题，本章试图运用多种研究方法，以河南省为例深入分析义务教育经费在配置和使用中存在的突出问题及其根源，并对义务教育经费资源的科学配置与有效使用提出建设性方案和实施策略，以期在义务教育均衡发展视域下，为政府进一步推进义务教育经费的充足性、均衡性、有效性提供资讯参考。

第一节 概 述

一、义务教育经费的基本属性

关于教育经费，《教育管理辞典》中定义为："教育经费是国家用于发展教育事业的费用，是国家预算支出的重要组成部分，是发展教育事业的重要物质保证"

(李翼，1999)。也有学者认为"教育经费是国家和各级政府部门的财政预算中实际用于教育事业的经费，以及社会各种力量和个人直接用于教育的费用"(孙锦涛，2002)。而义务教育经费即是用于发展义务教育的教育经费，既包括国家或政府用于义务教育事业的费用，又包括私人用于义务教育事业的费用。因此，义务教育经费的基本属性就是用于发展义务教育，保障义务教育实施的费用。

二、义务教育经费的管理体制

目前，我国义务教育经费的管理体制主要是"以县为主的管理体制"，即实行县财政专户管理，资金额度分配到校，学校把握使用，县会计结算中心统一结算。

三、义务教育经费的拨款制度

按照《中华人民共和国义务教育法》第四十二条的规定，对于教育经费的界定如下："国家将义务教育全面纳入财政保障范围，义务教育经费由国务院和地方各级人民政府依照本法规定予以保障。国务院和地方各级人民政府将义务教育经费纳入财政预算，按照教职工编制标准、工资标准和学校建设标准、学生人均公用经费标准等，及时足额拨付义务教育经费，确保学校的正常运转和校舍安全，确保教职工工资按照规定发放。"其中第四十四条规定：义务教育经费投入实行国务院和地方各级人民政府根据职责共同负担，省、自治区、直辖市人民政府负责统筹落实的体制。农村义务教育所需经费，由各级人民政府根据国务院的规定分项目、按比例分担。

四、义务教育经费的分配指标

生均经费，在现实生活中，常常有两个主要义项，即它同时是"生均公用经费"和"生均教育经费"的简称。这两个义项均属于我国教育领域内的重要指标，外延上是包含关系，即生均教育经费包括生均公用经费。[①] 生均教育经费是在一定地区范围内（如某省、某市），按照当地的经济发展水平和教育发展实际，由政府制定的财政年度预算的依据，同时也是当地财政部门按照当地计划内在读学生数额向

---

① 百度百科——生均经费. http：//baike.baidu.com/link?url=24pQBpxAq6lq0JUMsVkDnZVV7PTJslsBn6CcPBSD7NiuEXw5sVQuTzNpncPYc4gykUHzq7GXMJ97xeefnBK7qq.

相关教育部门拨款的依据。因此,生均教育经费是义务教育经费的重要分配指标,义务教育阶段学生的生均教育经费也是衡量对义务教育投入增长的重要指标。

第二节 义务教育经费配置与使用分析
——以河南省为例

一、数据来源

本章针对河南省义务教育阶段经费配置情况展开调查,共收集 2009~2012 年全省所有市、县、区 176 个样本数据。为了使得数据的描述更加丰满、客观、多元化,本书根据相应的维度将这些样本进行分类统计。所有样本均对初中与小学分开统计,并通过 SPSS 中描述统计得出最大值、最小值、均值、标准差、变异系数、极差、极差率等。

二、测算方法

（一）标准差

标准差"是方差的算术平方根,它反映一个数据集内个体间的离散程度。在概率统计中通常用作统计分布程度上的测量。一个较大的标准差代表大部分数值和其平均值之间差异较大;一个较小的标准差代表这些数值较接近平均值"[①]。

假设有一组数值 x_1, x_2, x_3, ……x_n（皆为实数）,其平均值（算术平均值）为 μ,公式为

$$\sigma = \sqrt{\frac{1}{N}\sum_{i=1}^{N}(x_i - \mu)^2}$$

（二）极差与极差率

极差又称范围误差或全距,"是指一组测量值内最大值与最小值之差。极差因单位不同,不能用作比较,它只标志观测值变动的最大范围,是测定标志变动的

---

① MBA 智库百科——标准差. http://wiki.mbalib.com/wiki/%E6%A0%87%E5%87%86%E5%B7%AE.

最简单指标"[①]。

极差率是指义务教育资源配置的某项指标的最大值与最小值之比，反映的是样本数据的离散性。当极差率等于1时，表示绝对公平。极差率越大就越不公平。根据的计算公式 $L = \dfrac{L_{\max}}{L_{\min}}$，即可得出极差率。极差率只利用了样本中的两个极端值，很难全面反映样本整体数据的离散程度。

（三）变异系数

变异系数是衡量资料中各观测值变异程度的另一个统计量。当进行两个或多个资料变异程度的比较时，如果度量单位与平均数相同，可以直接利用标准差来比较。如果度量单位和（或）平均数不同时，其变异程度就要采用标准差（SD）与平均数（M）的比值（相对值）来比较。标准差与平均数的比值称为变异系数，记为 $C \cdot V$。变异系数可以消除单位和（或）平均数不同对两个或多个资料变异程度比较的影响。[②]

其计算公式为

$$C \cdot V = (SD/M) \times 100\%$$

（四）生均经费指数

生均经费指数是生均教育经费占人均GDP的百分比，又称为经费丰裕指数，这项指标因为能够比较准确地反映一个国家教育经费的丰裕程度而得名。生均教育经费指数由经济对教育的支撑程度与教育投入的总体额度整合而成，可以用来判断区域重视教育的程度，从而消除因学生人数多寡或经济条件好坏表现出的巨大差异（丁金泉，2004）。

三、义务教育经费配置状况的多维度分析

本书数据是以县为单位，将小学与初中分开统计的，各个地市的数值皆是其各个县的数据相加再加上市本级数据得出。

为了使数据能够更加全面有效地呈现河南省义务教育财政投入现状，本书将

[①] MBA智库百科——极差. http://wiki.mbalib.com/wiki/%E6%9E%81%E5%B7%AE.
[②] MBA智库百科——变异系数. http://wiki.mbalib.com/wiki/%E5%8F%98%E5%BC%82%E7%B3%BB%E6%95%B0.

从宏观、中观、纵观三个维度进行分析：①以 2012 年的截面数据为依据，从宏观层面对全省范围内各地市间的均衡状况进行分析；②从中观层面对各地市内县域间以及全省各县区均衡状况进行分析；③以 2009—2012 年的动态数据为依据，从纵向上分析均衡状态的变化情况和趋势。

（一）全省各地市 2012 年的截面数据比较分析

1. 各地市义务教育财政投入总量比较

如图 4-1 中显示，18 个地市小学阶段年教育财政投入总量有明显差异，郑州、洛阳、南阳、商丘、信阳、周口、驻马店等 7 个市超过了 20 亿元，鹤壁、焦作、漯河、三门峡、济源低于 10 亿元。初中阶段也存在相同的情况，郑州、洛阳、南阳、商丘、信阳、周口、驻马店等 7 个市超过 15 亿。图 4-1 可以看出河南省各地市义务教育阶段财政投入总量存在较大差异。

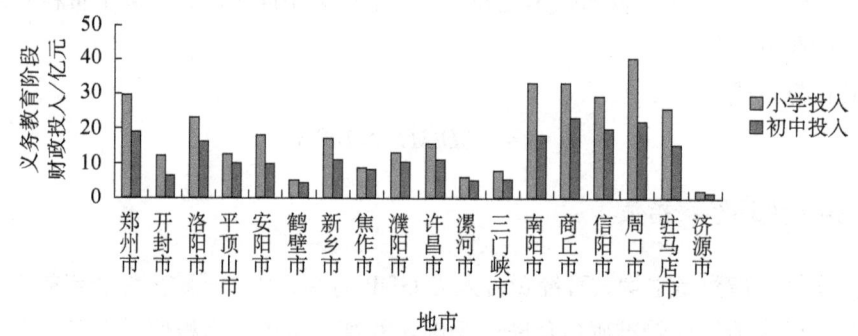

图 4-1　2012 年各地市义务教育阶段财政投入情况

图 4-1 反映的差异或许与各地市的学龄人口多少有关，不能说明各地市义务教育的财政投入水平。因此，研究团队进一步以生均经费做比较。如表 4-1 所示，2012 年各地市小学阶段财政性生均经费最大值是济源市的 3920.44 元，最小值为开封市的 1518.29 元，相差 2402.15 元，最大值是最小值的 2.58 倍。小学阶段生均财政投入前三名的是济源市 3920.44 元、郑州市 3649.78 元、三门峡市 3621.49 元，小学阶段生均财政投入后三名分别是濮阳市 1660.12 元、驻马店市 1628.70 元、开封市 1518.29 元。前三名县区的平均值为后三名县区平均值的 2.33 倍。同样，初中阶段财政性生均经费最大值是郑州市的 6217.63 元，最小值为开封市的 2522.06 元，相差 3695.57 元，最大值是最小值的 2.47 倍。初中阶段生均财政投入前三名的郑州市 6217.63 元、三门峡市 5156.61 元、济源市 5045.29 元，初中阶段生均财政投入后三名分别是周口市 2761.12 元、驻马店市 2686.22 元、开封市 2522.06 元。前三

表 4-1 2012 年各地市人均 GDP 排名及义务教育阶段生均经费　（单位：元）

地市	人均 GDP	小学生均经费	初中生均经费
济源	64 810.72	3 920.44	5 045.29
郑州	62 628.43	3 649.78	6 217.63
三门峡	51 262.83	3 621.49	5 156.61
洛阳	45 699.01	2 657.49	4 781.88
焦作	44 692.37	2 244.85	4 405.85
许昌	40 479.52	2 440.83	4 994.92
鹤壁	35 027.53	1 940.77	4 244.40
漯河	31 858.82	1 794.77	4 068.16
安阳	31 337.79	2 229.06	3 711.48
平顶山	30 628.06	1 828.93	4 761.31
新乡	28 605.51	1 816.98	3 475.00
濮阳	27 935.39	1 660.12	3 587.18
开封	25 921.73	1 518.29	2 522.06
南阳	23 065.38	1 756.47	3 392.91
信阳	23 064.33	2 043.29	3 451.85
驻马店	19 576.56	1 628.70	2 686.22
商丘	19 259.91	2 191.52	4 133.27
周口	17 788.2	1 917.01	2 762.12

注：数据来源于河南省财政厅统计数据

名县区的平均值为后三名县区平均值的 2.06 倍。

综上可知，各地市义务教育阶段生均财政投入整体呈现不均衡状态。

2. 各地市义务教育阶段财政性生均经费与人均 GDP 比较

由表 4-1 还可以算出：2012 年河南省各地市人均 GDP 与义务教育阶段生均经费投入之间关系呈显著正相关，其中，各地市人均 GDP 与小学生均经费的相关系数为 $r=0.8892$（$p=0.0000$），各地市人均 GDP 与中学生均经费的相关系数为 $r=0.8448$（$p=0.0000$）。这说明，义务教育生均经费水平对地方经济发展水平有较强的依赖性。

(二) 全省各地市县域 2012 年的截面数据比较分析

1. 各地市县域小学财政性生均经费比较

如图 4-2 所示，从 2012 年各地市内县域小学财政性生均经费的均值、极差、标准差的分布来看，各地市内县域存在不均衡现象。同时表 4-2 显示每个地市内县域的极差和标准差都很大，尤其是洛阳、南阳、开封、郑州、平顶山等地市内县域间的小学生均财政投入的不均衡程度更为严重。

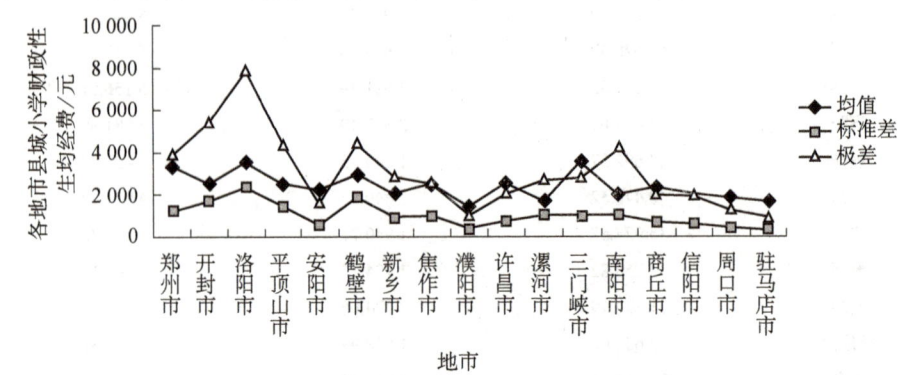

图 4-2 2012 年各地市县域小学财政性生均经费比较

表 4-2 2012 年各地市县域小学财政性生均经费数值比较（单位：元）

地市	最小值	最大值	均值	标准差	极差
郑州	1 875.56	5 752.92	3 317.52	1 248.98	3 877.36
开封	778.12	6 160.05	2 487.48	1 683.06	5 381.93
洛阳	262.57	8 101.32	3 512.28	2 357.68	7 838.75
平顶山	502.86	4 835.42	2 466.52	1 427.51	4 332.56
安阳	1 545.76	3 125.6	2 190.11	549.06	1 579.84
鹤壁	1 031.26	5 408.58	2 922.65	1 891.63	4 377.32
新乡	816.73	3 637.21	2 046.52	884.55	2 820.48
焦作	1 663.35	4 199.57	2 527.6	978.79	2 536.22
濮阳	835.62	1 786.29	1 366.78	341.86	950.67
许昌	1 519.43	3 560.09	2 483.39	735.13	2 040.66
漯河	75.31	2 771.24	1 666	1 007.85	2 695.93
三门峡	2 484.27	5 275.42	3 565.76	970.5	2 791.15
南阳	74.51	4 276.68	1 965.12	1 024.06	4 202.17
商丘	1 451.71	3 436.12	2 329.41	682.96	1 984.41
信阳	797.15	2 714.1	2 051.97	604.91	1 916.95
周口	1 260.51	2 525.27	1 828.21	406.34	1 264.76
驻马店	1 118.84	2 022.56	1 627.48	310.39	903.72

注：数据来源于河南省财政厅统计数据

2. 各地市县域初中财政性生均经费比较

如图 4-3 所示，从 2012 年各地市内县域初中财政性生均经费的均值、极差、标准差的分布来看，各地市内县域存在不均衡现象。同时从表 4-3，可以看出，每个地市内县域的极差和标准差都很大,尤其是平顶山、鹤壁、焦作、洛阳等地市内县域间的初中财政投入的不均衡程度更为严重。

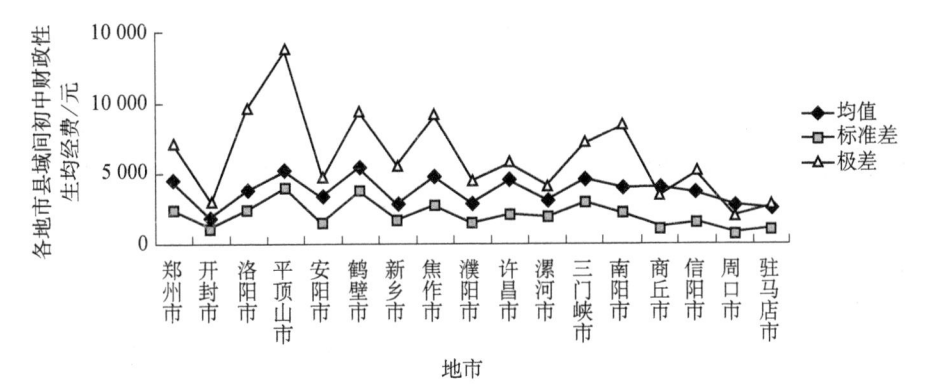

图 4-3 2012年各地市县域初中财政性生均经费比较

表 4-3 2012年各地市县域初中财政性生均经费数值比较(单位:元)

地市	最小值	最大值	均值	标准差	极差
郑州	1 374.29	8 476.11	4 526.87	2 366.67	7 101.82
开封	380.75	3 300.03	1 740.93	1 110.78	2 919.28
洛阳	58.53	9 817.51	3 921.33	2 507.89	9 758.98
平顶山	1 534.18	15 466.67	5 163.25	3 963.27	13 932.49
安阳	552.8	5 230.25	3 304.05	1 619.1	4 677.45
鹤壁	2 407.3	11 914.03	5 418.05	3 827.86	9 506.73
新乡	771.37	6 364.5	2 731.23	1 605.97	5 593.13
焦作	2 659.26	11 808.89	4 817.43	2 750.79	9 149.63
濮阳	685.87	5 190.02	2 896.22	1 535.25	4 504.15
许昌	1 797.02	7 616.55	4 584.44	2 064.27	5 819.53
漯河	745.02	5 078.29	3 122.44	1 968.38	4 333.27
三门峡	1 851.53	9 033.36	4 675.59	2 915.65	7 181.83
南阳	322.07	8 825.92	3 986.65	2 207.53	8 503.85
商丘	2 476.66	6 142.63	4 159.28	1 175.95	3 665.97
信阳	1 777.64	7 033.78	3 726.32	1 559.67	5 256.14
周口	1 651.05	3 727.87	2 699.07	762.19	2 076.82
驻马店	1 313.27	4 160.97	2 679.79	969.82	2 847.7

注:数据来源于河南省财政厅统计数据

(三)全省各县区 2012 年的截面数据比较分析

如表 4-4 所示,以 2012 年河南省所有县区小学与初中阶段的财政性生均经费进行比较，小学与初中阶段的财政投入都存在不均衡现象，并且初中阶段的不均衡程度更为严重。

2012 年河南省小学阶段生均经费平均为 2751.62 元，其中最大值是洛阳市瀍河区的 8101.32 元，最小值为方城县的 74.51 元，相差约 8026 元，最大值约是最小值的 109 倍。生均经费排在前五名的分别是洛阳市瀍河区的 8101.32 元、洛阳市吉利区的 6846.19 元、栾川县的 6442.36 元、开封市鼓楼区 6160.05 元、郑州市惠济区 5752.92 元，排在后五名的分别是通许县 778.12 元、宝丰县 502.86 元、孟津县 263.57 元、漯河市郾城区的 75.31 元、方城县的 74.51 元，前五名县区的平均值约为后五名县区平均值的 20 倍。初中阶段的生均经费平均为 3890.82 元，其中最大值与最小值相差 15 408.14 元，最大值约是最小值的 264 倍。生均经费排在前五名的分别是平顶山市石龙区 15 466.67 元、鹤壁市鹤山区的 11 914.03 元、焦作市中站区 11 808.89 元、孟津县 9817.51 元、义马市 9033.36 元，排在后五名的分别是林州市 552.80 元、开封市顺河区 380.75 元、方城县 322.07 元、洛阳市瀍河区的 86.30 元、洛阳西工区的 58.53 元，前五名县区的平均值约为后五名县区平均值的 41 倍。

表4-4　2012 年河南省小学、初中财政性生均经费比较　（单位：元）

区域	小学生均	初中生均	区域	小学生均	初中生均
中原区	1 875.56	1 680.54	温县	1 758.48	3 546.75
二七区	3 216.57	2 063.51	沁阳市	2 231.81	5 082.05
管城区	2 702.97	3 427.38	孟州市	2 073.49	3 358.73
金水区	3 470.88	1 374.29	华龙区	835.62	685.87
上街区	4 847.72	6 360.85	清丰县	1 106.70	1 998.26
惠济区	5 752.92	6 538.18	南乐县	1 528.12	3 680.81
中牟县	2 548.33	8 476.11	范县	1 399.83	3 239.42
巩义市	3 674.79	7 468.01	台前县	1 786.29	2 582.97
荥阳市	4 745.43	2 455.26	濮阳县	1 544.10	5 190.02
新密市	1 886.57	4 862.97	魏都区	2 894.97	1 797.02
新郑市	2 100.13	5 004.14	许昌县	2 434.69	6 321.91
登封市	2 988.38	4 611.15	鄢陵县	1 519.43	3 927.10
龙亭区	2 595.90	1 283.54	襄城县	2 650.96	4 006.60
顺河区	3 278.30	380.75	禹州市	1 840.20	3 837.46
鼓楼区	6 160.05	n	长葛市	3 560.09	7 616.55
禹王台	4 262.60	877.96	源汇区	2 771.24	745.02
金明区	2 276.95	1 094.78	郾城区	75.31	1 270.44
杞县	1 280.00	3 183.72	召陵区	1 434.03	5 078.29
通许县	778.12	1 035.45	舞阳县	2 024.48	4 314.87

续表

区域	小学生均	初中生均	区域	小学生均	初中生均
尉氏县	1 825.71	3 000.43	临颍县	2 024.96	4 203.56
开封县	1 414.47	3 300.03	湖滨区	3 015.53	1 851.53
兰考县	1 002.70	1 511.72	渑池县	3 089.12	2 135.70
老城区	5 483.09	3 691.05	陕县	2 494.27	4 059.15
西工区	3 849.87	58.53	卢氏县	3 888.31	3 564.37
瀍河区	8 101.32	86.30	义马市	5 275.42	9 033.36
涧西区	4 991.69	n	灵宝市	3 631.91	7 409.42
吉利区	6 846.19	4 875.04	宛城区	1 456.48	2 872.31
洛龙区	1 231.10	2 555.27	卧龙区	1 270.20	2 125.20
孟津县	262.57	9 817.51	南召县	2 666.25	3 723.90
新安县	2 172.94	4 236.10	方城县	74.51	322.07
栾川县	6 442.36	6 979.47	西峡县	2 972.76	5 103.36
嵩县	2 397.67	4 396.90	镇平县	1 769.59	5 138.20
汝阳县	2 455.16	2 445.08	内乡县	2 828.14	4 709.65
宜阳县	1 654.60	2 742.89	淅川县	4 276.68	8 825.92
洛宁县	3 549.03	4 957.71	社旗县	1 558.17	3 611.37
伊川县	1 194.21	3 713.24	唐河县	1 782.96	4 574.68
偃师市	2 052.44	4 343.48	新野县	1 588.18	4 006.83
新华区	2 235.50	1 534.18	桐柏县	1 871.85	5 916.34
卫东区	4 835.42	2 138.28	邓州市	1 430.73	896.62
石龙区	4 182.60	15 466.67	梁园区	2 446.71	2 972.81
湛河区	3 890.17	5 233.18	睢阳区	2 012.45	6 142.63
宝丰县	502.86	5 199.92	民权县	3 341.25	5 319.36
叶县	1 445.65	2 419.49	睢县	2 373.81	4 823.87
鲁山县	1 121.71	3 547.09	宁陵县	3 436.12	3 847.00
郏县	2 564.65	4 060.90	柘城县	2 335.86	2 476.66
舞钢市	2 412.18	5 830.69	虞城县	1 780.80	3 650.04
汝州市	1 474.47	6 202.15	夏邑县	1 451.71	3 492.66
文峰区	3 125.60	n	永城市	1 786.02	4 708.50
北关区	2 728.15	n	浉河区	1 879.07	4 626.72
殷都区	1 545.76	2 918.42	平桥区	797.15	7 033.78
龙安区	1 770.59	2 352.21	罗山县	1 787.14	2 494.77
安阳县	2 162.18	3 448.14	光山县	2 279.87	1 777.64
汤阴县	1 757.07	5 230.25	新县	2 668.82	5 059.33
滑县	1 827.91	3 495.72	商城县	2 450.35	2 936.70
内黄县	2 042.65	5 130.83	固始县	1 540.14	3 676.98
林州市	2 751.08	552.80	潢川县	2 714.10	4 166.91

续表

区域	小学生均	初中生均	区域	小学生均	初中生均
鹤山区	5 408.58	11 914.03	淮滨县	2 577.27	3 137.00
山城区	4 190.79	2 991.80	息县	1 825.75	2 353.42
淇滨区	2 770.08	5 559.44	川汇区	1 456.63	1 651.05
浚县	1 031.26	2 407.30	扶沟县	1 260.51	3 727.87
淇县	1 212.55	4 217.67	西华县	1 597.04	1 698.90
红旗区	1 674.81	771.37	商水县	1 542.90	3 421.05
卫滨区	3 097.20	1 330.95	沈丘县	2 525.27	3 383.16
凤泉区	3 637.21	3 071.78	郸城县	2 068.82	2 751.08
牧野区	3 312.51	1 128.13	淮阳县	1 682.95	3 052.85
新乡县	2 351.27	4 558.59	太康县	2 387.37	3 056.11
获嘉县	1 401.66	3 779.57	鹿邑县	1 817.73	1 836.21
原阳县	1 652.35	1 896.17	项城市	1 942.90	2 412.42
延津县	1 711.94	2 081.90	驿城区	1 822.29	2 013.32
封丘县	1 137.23	2 192.71	西平县	1 830.84	1 820.77
长垣县	1 705.59	3 442.00	上蔡县	1 118.84	2 210.82
卫辉市	816.73	2 157.13	平舆县	1 301.44	4 160.97
辉县市	2 059.77	6 364.50	正阳县	1 988.73	1 313.27
解放区	3 910.00	2 659.26	确山县	1 465.30	4 138.71
中站区	3 631.10	11 808.89	泌阳县	1 426.81	2 811.74
马村区	4 199.57	6 733.04	汝南县	2 022.56	2 280.90
山阳区	1 663.35	2 772.89	遂平县	1 463.71	2 544.05
修武县	2 018.98	4 838.25	新蔡县	1 834.25	3 503.33
博爱县	1 948.24	4 103.13	济源市	3 920.44	5 045.29
武陟县	1 840.95	3 271.25			

注：数据来源于河南省财政厅统计数据，n 为无效数值

（四）全省各地市2009—2012年纵向数据比较分析

1. 各地市义务教育财政性生均经费的变化分析

如图4-4、图4-5所示，2009—2012年河南省各地市的小学和初中财政性生均经费数值都在逐年增长，2010年与2009年的数值相差不大，2011—2012年增幅较为明显。这说明，各地市义务教育财政性生均经费均在逐年增加。同时，从这两个图可以看出，4年的折线走势基本一致。这说明，每一年的生均经费增长严重依赖前一年的生均经费基础，生均经费较高的地区始终较高，而生均经费较低的地区始终较低。

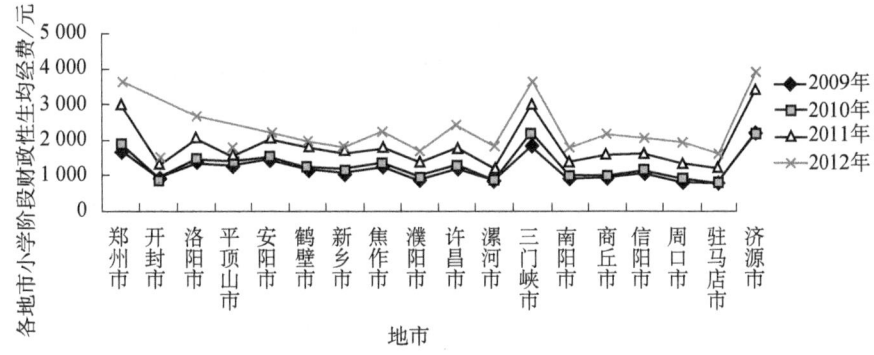

图 4-4　2009—2012 年各地市小学阶段财政性生均经费对比

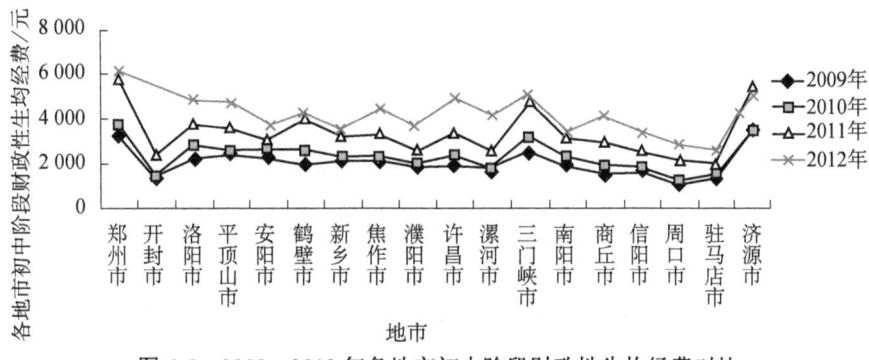

图 4-5　2009—2012 年各地市初中阶段财政性生均经费对比

2. 各地市义务教育投资均衡的变化分析

图 4-6 展现的是从 2009 年到 2012 年河南省各地市间义务教育财政性生均经费的变化情况。如图 4-6 所示，2009—2012 年小学和初中的生均经费均值都在逐年上升，并且涨幅较大，这说明，2010—2012 年，各地市义务教育财政性生均经费每年都有大幅增长。

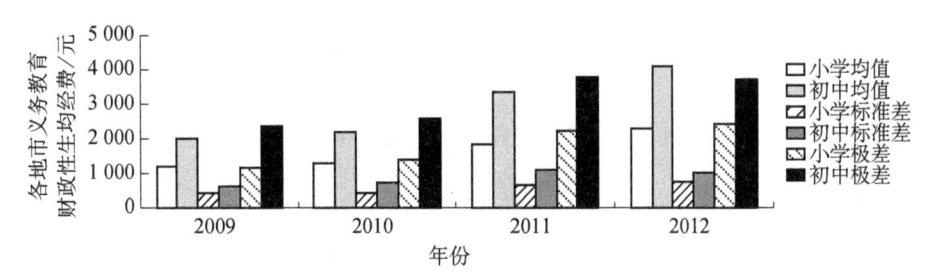

图 4-6　2009—2012 年各地市义务教育财政性生均经费数值比较

但是，从图 4-6 中也可以看出，小学的标准差和极差整体处于上升趋势，但上升的幅度在 2011—2012 年比 2009—2011 年明显减小；同时，初中的标准差和极差在 2011—2012 年开始下降。这说明，小学教育财政性生均经费的不均衡程度仍在不断加大，但 2011 年以后稍有缓解，初中的不均衡程度在 2011 年以后得到了一定程度的改善。

再据图 4-7 所示，以变异系数来考量，小学和初中的变异系数在 2012 年都降为 4 年来的最低值，这也证明，各地市小学和初中财政性生均经费差异在 2011 年以后的确在缩小。

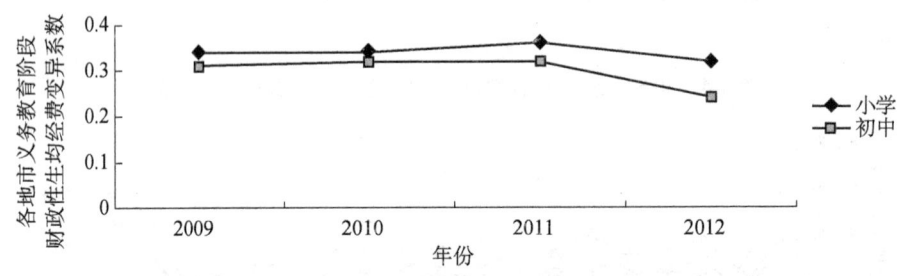

图 4-7　2009—2012 年各地市义务教育阶段财政性生均经费变异系数比较

（五）全省各县区 2009—2012 年纵向数据比较分析

图 4-8、图 4-9 展现的是全省范围内，县域间义务教育财政性生均经费的标准差和极差，从这两个图可以看出，初中的生均经费标准差和极差均显著高于小学。2009—2010 年的小学与初中的生均经费标准差和极差数值都有所回落，但 2010—2012 年这些数值皆呈现出连续增长。2012 年小学标准差 1310.86 元，相较于 2009 年小学标准差增加了 257.96 元，初中的标准差为 2282.92 元，相较于 2009 年初中标准差 865.87 元。这说明，全省范围内，县域间的不均衡状态在 2010 年以后有所加剧。

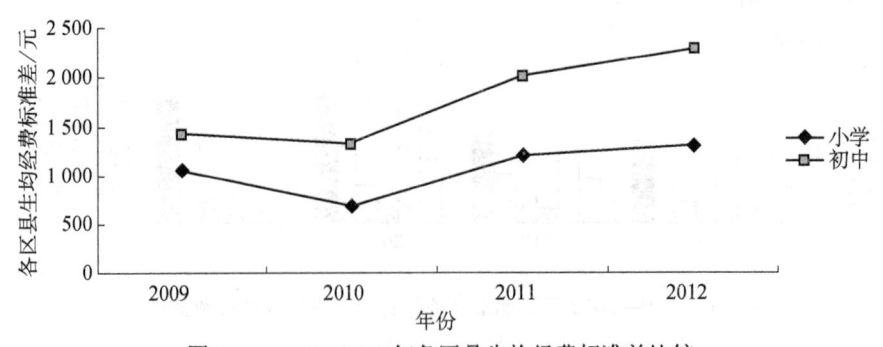

图 4-8　2009—2012 年各区县生均经费标准差比较

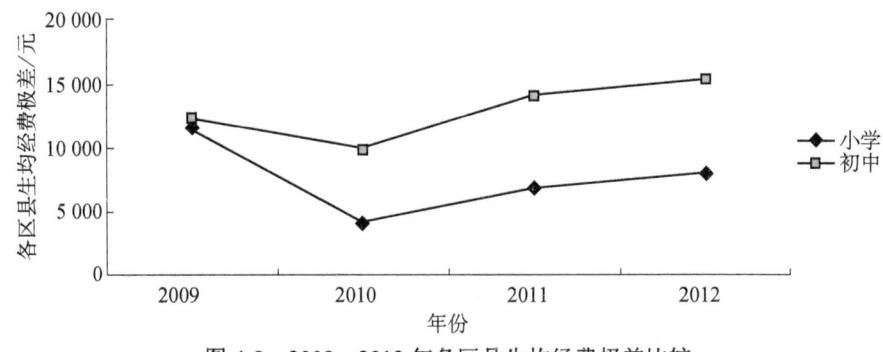

图 4-9 2009—2012 年各区县生均经费极差比较

四、河南省均衡与非均衡县域义务教育财政投入均衡水平分析

为进一步深入分析县域义务教育财政投入状态及其均衡状况，本书以义务教育发展基本均衡县和非均衡县作为群组进行，分别分析了同类县之间，以及这些同类县与其他县之间的义务教育财政投入状况。

义务教育发展基本均衡县（以下简称均衡县）的评定是继义务教育实现全面普及之后，为推进义务教育均衡发展进行的一项评估工作。它是以国家督学为组长的国家义务教育发展基本均衡评估验收工作组，对达到入选条件的县进行义务教育发展基本均衡督导检查。评估验收组现场随机抽取几所重点检查学校，并深入到这些学校，通过查、看、听、问、访、谈等严格程序，对评估县义务教育均衡发展情况进行全面考核评估。

河南省在 2014 年 9 月评定的首批国家认定的均衡县（市、区）共有 18 个，分别是：郑州市二七区、荥阳市、新密市、新郑市、洛阳市吉利区、新安县、平顶山市卫东区、湛河区、安阳市殷都区、安阳县、鹤壁市鹤山区、淇滨区、淇县、温县、沁阳市、孟州市、灵宝市、罗山县。下面将对这 18 个县（市、区）的义务教育财政性生均数值状况进行分析。

1. 均衡县之间义务教育财政性生均经费比较分析

由图 4-10 可以清晰地看到，从 2009 年到 2012 年，河南省均衡县义务教育阶段财政性生均经费均值、标准差及极差的增长变化。

义务教育阶段 2009—2012 年每一年的均值都在上升，这说明财政投入每年都保持增长。与此同时，小学和初中的标准差和极差，在 2009—2011 年逐步上升，尤其是 2011 年严重加剧，但 2012 年相较于 2011 年有较大回落。这说明：均衡县之间，小学和初中财政性生均经费均有一定差距，尤其是 2009—2011 年不均衡现象明显加剧，但到了 2012 年，这种不均衡现象都有所缓和。

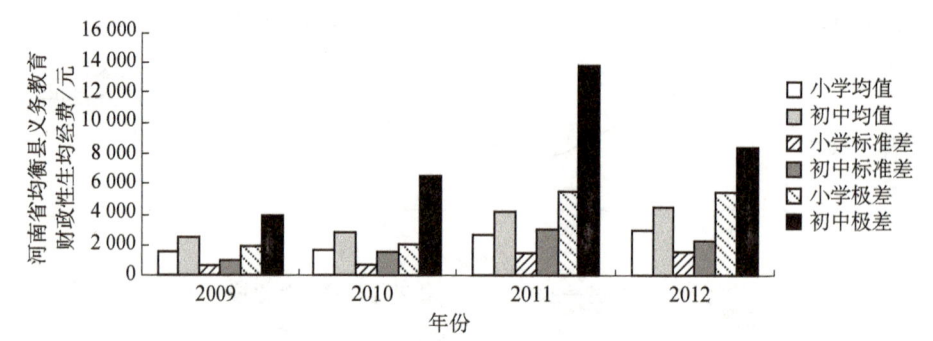

图 4-10 2009—2012 年河南省均衡县义务教育财政性生均经费数值比较

由表 4-4 计算出的极差率来看，2012 年小学阶段生均经费最高的是洛阳市吉利区 6846.19 元，经费水平最低的是淇县 1212.55 元，极差率为 5.6。而 2009 年到 2011 年这三年的极差率分别为 3.2、3.5、5.3。从 2009—2012 年的最大值与最小值的变化来看，最小值变化不大，但最大值却明显增加，尤其是在 2011 年有跳跃式提升。这说明：个别县打破了小学生均拨款惯性，大幅提升了义务教育生均经费数值。同时，由表 4-5 的数据可以看出，初中的最小值变化较大，甚至在 2009—2011 年呈下降趋势。这说明了初中生均经费拨款的不稳定，或者说明教育财政统计数据存在偏差。

表 4-5　2009—2012 年河南省均衡县义务教育阶段财政性生均经费统计

项目	2009 年 小学	2009 年 初中	2010 年 小学	2010 年 初中	2011 年 小学	2011 年 初中	2012 年 小学	2012 年 初中
最小值/元	835.23	1 499.45	798.85	966.28	1 303.17	314.09	1 212.55	2 063.51
最大值/元	2 668.49	5 362.26	2 831.48	7 521.94	6 857.14	14 096.11	6 846.19	11 914.03
均值/元	1 632.85	2 552.76	1 708.78	2 819.05	2 663.13	4 235.06	3 015.3	4 489.89
标准差/元	638.19	1 057.35	717.06	1 559.31	1 579.47	3 090.45	1 562.49	2 321.77
极差/元	1 833.26	3 862.81	2 032.63	6 555.66	5 553.97	13 782.02	5 633.64	9 850.52
变异系数	0.39	0.41	0.42	0.55	0.59	0.73	0.52	0.52

注：数据来源于河南省财政厅统计数据

另外，根据图 4-11 初中与小学的生均经费变异系数对比也可以看出，均衡县之间的财政性生均经费投入差距在 2009—2011 年逐渐拉大，2012 年有所改善。

综上所述，均衡县义务教育阶段财政投入水平整体在上升，但县域间财政性生均经费配置的不均衡现象仍极其明显。均衡县小学阶段财政投入生均水平与初中阶段生均水平相比还是存在一定的差异，但初中阶段县域间的不均衡程度要超过小学阶段的不均衡程度。

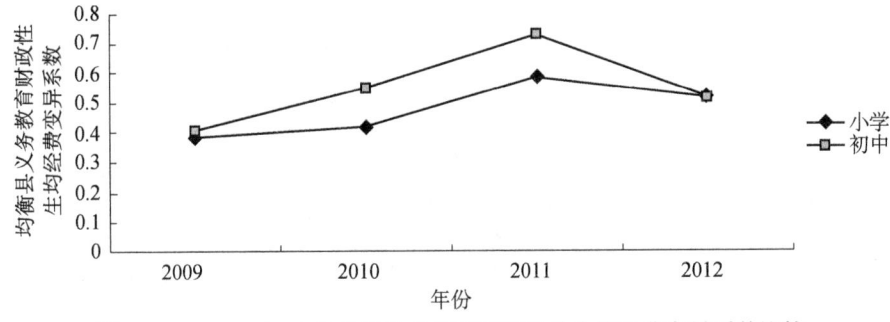

图 4-11　2009—2012 年均衡县义务教育财政性生均经费变异系数比较

2. 非均衡县与其他县区之间义务教育财政性生均经费比较分析

河南省非均衡县义务教育阶段财政性生均经费数值的分析数据如下，在表 4-6 中标准差、极差逐项进行对比。

表 4-6　2009—2012 年河南省非均衡县义务教育阶段财政性生均经费统计

项目	2009 年 小学	2009 年 初中	2010 年 小学	2010 年 初中	2011 年 小学	2011 年 初中	2012 年 小学	2012 年 初中
最小值/元	5	52	30	95	53	95	74.51	58.53
最大值/元	11 530.58	12 353.78	4 198.47	9 959.02	6 945.66	9 959.02	8 101.32	15 466.67
均值/元	1 301.27	1 843.8	1 336.43	1 965.39	1 963.60	2 023.58	2 374.83	3 708.40
标准差/元	11 525.58	1 447.45	676.57	1 264.78	1 105.46	1 275.24	1 240.43	2 249.45
极差/元	11 374.18	12 301.78	4 168.47	9 727.92	6 224.74	9 864.02	8 026.81	15 408.14
变异系数	0.84	0.79	0.51	0.64	0.56	0.63	0.52	0.61

注：数据来源于河南省财政厅统计数据

（1）平均值

从图 4-12 可以清晰地看出，2009—2012 年均衡县与非均衡县的义务教育阶段财政投入生均经费的均值都在稳步增长，且每一年均衡县小学阶段与初中阶段的生均均值都分别高于非均衡县小学与初中的生均均值。由此说明，均衡县财政性生均经费水平整体高于非均衡县。

（2）标准差

从图 4-13 中可以看出，除 2009 年以外，2010—2012 年小学阶段与初中阶段均衡县的标准差均高于非均衡县，2011 年达到这四年来最大差距。2009—2011 年小学、初中阶段的均衡县生均标准差都在稳步增长，2012 年两类数值都有不同程度地下滑，而 2009—2012 年非均衡县的小学、初中生均标准差则是 2010 年为最

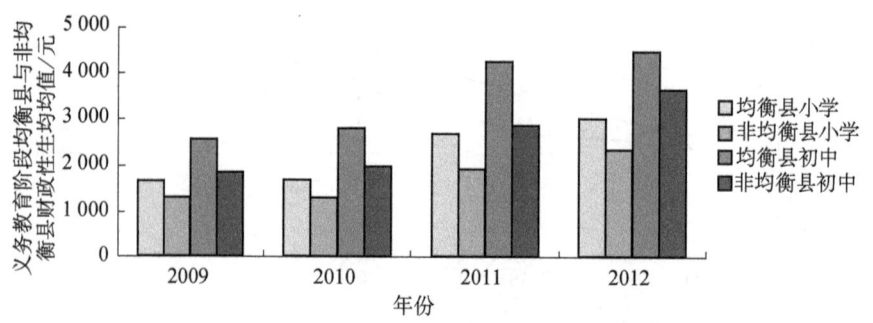

图4-12 2009—2012年义务教育阶段均衡县与非均衡县财政性生均均值比较

低,其余年份的数值稳步增长。由此说明,除2009年的均衡县财政投入的不均衡现象低于非均衡县,2010—2012年均衡县财政投入的不均衡现象整体高于非均衡县。

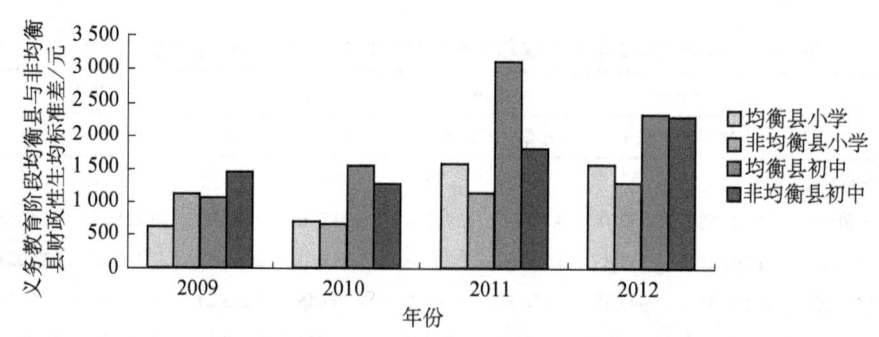

图4-13 2009—2012年义务教育阶段均衡县与非均衡县财政性生均标准差比较

（3）极差

从图4-14中可以看出,除2011年初中阶段的均衡县生均极差高于非均衡县以外,其余年份的小学阶段与初中阶段均衡县的生均极差均低于非均衡县,且2009年均衡县与非均衡县的生均极差相差最大。这说明除2011年初中阶段的均衡县生均经费均衡水平小于非均衡县,2009—2012年小学阶段与初中阶段均衡县的财政投入均衡水平均高于非均衡县。

（4）变异系数

从图4-15中可以看出,除2011年初中阶段的均衡县生均变异系数高于非均衡县,同年的小学阶段均衡县生均变异系数与非均衡县相等以外,其余年份的小学与初中均衡县的生均变异系数均低于非均衡县,且2009年的均衡县与非均衡县的生均变异系数相差最大。这说明除2011年初中阶段均衡县财政投入均衡水平小于非均衡县,小学阶段均衡县财政投入均衡水平等于非均衡县,2009—2012年小学阶段与初中阶段均衡县的财政投入均衡水平均高于非均衡县。

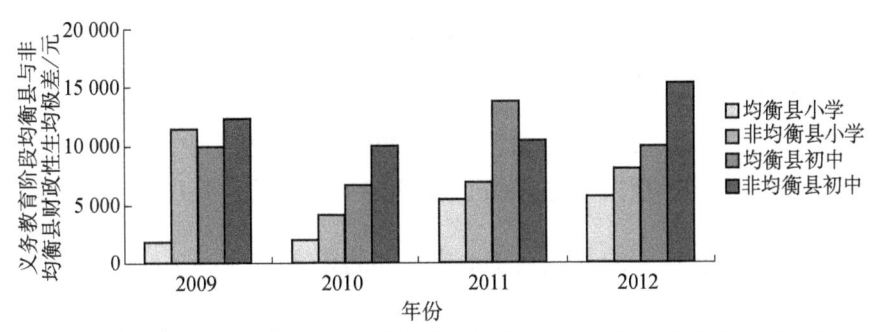

图 4-14　2009—2012 年义务教育阶段均衡县与非均衡县财政性生均极差比较

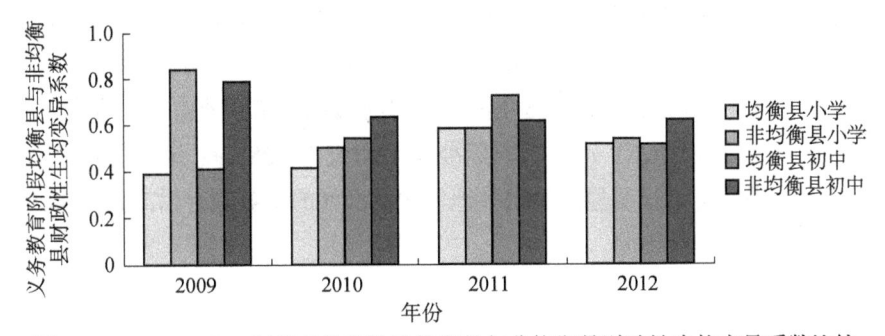

图 4-15　2009—2012 年义务教育阶段均衡县与非均衡县财政性生均变异系数比较

综上可以得出，虽然均衡县财政性生均经费整体投入数额高于非均衡县，但均衡县县域间财政性生均经费的不均衡程度却也整体高于非均衡县，均衡县县域内并没有达到高度均衡。另外，通过平均数、标准差、极差、变异系数等指标对山区、贫困县的研究发现：从整体上来看山区县义务教育阶段财政投入水平在上升，但县域间生均经费配置的不均衡现象却很严重。贫困地区的教育财政水平仍然整体偏低。

第三节　经费资源的科学配置与有效使用中存在的问题及根源

一、存在的主要问题

（一）省域内存在严重不均衡

1. 地市间的标准差、极差极大

如前文表 4-1 所示，财政性生均经费，小学阶段的极差率为 2.58，初中阶段的极差率为 2.47，这反映出地市间存在极大的差距。

2. 县域间的标准差、极差极大

从前文表 4-2、表 4-3 可以看出，2010—2012 年小学和初中生均标准差、极差皆在逐年增长，且相差极大，这反映出县域间存在极大的差距。

（二）地市内县域间的差距大于地市之间的差别

由图 4-16 和图 4-17 可以看出，小学和初中阶段县域间生均经费标准差与极差皆大于地市间的标准差与极差。以 2012 年为例，由原始统计数据计算得出各地市小学标准差平均值为 1006.19 元，极差平均值为 3029.11 元，初中标准差平均值为 2053.59 元，极差平均值为 6284.05 元；各县小学 2012 年标准差平均值为 1310.86 元，极差平均值为 8026.81 元，初中标准差平均值为 2288.92 元，极差平均值为 15 408.14 元。因此可以很明显地看出各地市内县域间的义务教育财政投入不均衡程度大于地市间的不均衡程度。

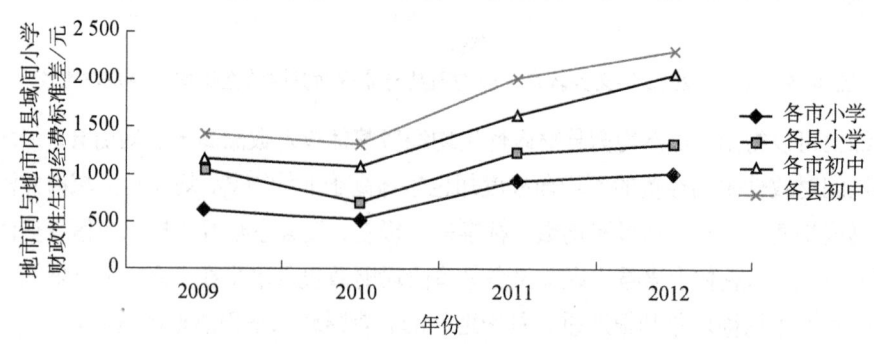

图 4-16　2009—2012 年地市间与地市内县域间小学财政性生均经费标准差比较

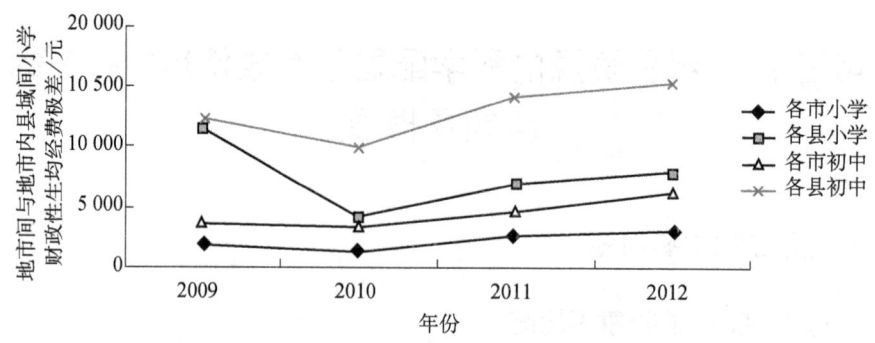

图 4-17　2009—2012 年地市间与地市内县域间小学财政性生均经费极差比较

（三）县域间的不均衡状态有加剧趋势

如前文图 4-8、图 4-9 所示，全省范围内，县域间义务教育财政性生均经费的标准差和极差，在 2010 年以后都呈上扬趋势。这说明，全省范围内县域间的不均衡状态在 2010 年以后有加剧趋势。

（四）县域内存在低水平均衡

在河南省第一批通过国家验收的 18 个义务教育发展基本均衡县中，从某些教育资源配置方面来看已经达到了基本均衡，如办学条件、教师队伍素质等，但如图 4-1 和表 4-1 所示，这些均衡县之间的义务教育财政性生均经费均值，以及标准差、极差都非常大。并且如前文图 4-4 所示，财政性生均经费标准差，无论是小学还是初中，均衡县都高于非均衡县。这些数据都说明，均衡县之间还存在较大差距，生均经费较低的均衡县在县域内实现的实际上是低水平的均衡，尽管相对均衡，但并没有达到理想的资源配置状态。

（五）县区间初中阶段的不均衡程度更为严重

如前文表 4-4 所示，对 2012 年河南省所有县区小学与初中阶段的财政性生均经费进行比较，发现小学与初中阶段的财政投入都存在不均衡现象，并且初中阶段的不均衡程度更为严重。就县区间财政性生均经费的极差率来说，小学为 108.73；初中为 264.25，初中是小学的 2 倍多。

（六）教育经费和资源的使用效率较低

调查和访谈了解到：部分地方存在教育经费使用效率低下的问题。由于教育年度和财政年度时间不统一，一般教育经费预算通过的时间是在每年年初的 2、3 月份，财政拨款到学校就到了 5、6 月份。由于教育经费花销有时间限制，往往是在年末突击性花销，教育经费资金的使用效益大打折扣。不少地方中小学由于管理不规范和种种人为因素的影响，存在学校人员超编、行政性人员非专业教师人数比例过高等现象，教育经费被变相使用。比如被当作公务经费使用，从而忽视了公用经费使用的规划工作，教育公用经费没有真正用于支持教学，使得教学支出偏少，管理支出却占用偏多。义务教育经费的总体使用效率低还表现在教育经费的投入主要关注的是学校的硬件建设，比如在校舍建设、重复修缮、教学设施设备的购买等方面，但是在软件建设方面，诸如教师发展、学生活动、教师和学生的激励性奖励等方面的投入较少。

另外，部分教育资源出现闲置现象，结构性资源矛盾突出。教育资源闲置现象主要表现在两个方面：①农村中小学校舍闲置现象。随着城镇化进程快速推进和农村人口和劳动力向城市转移，农村义务教育阶段出现了小班额和空心校现象，而城市中小学尤其是县城中小学出现了大班额现象，农村中小学校舍闲置而城市中小学教室等资源紧张，出现结构性资源矛盾问题。②某些教学设备出现闲置现象。为了达到义务教育普及和均衡发展的要求，各级政府部门和学校在设备建设方面都进行了大量投资，学校配套了电脑设备和网络以及其他教学资源，但是在资源利用方面却出现了闲置现象，比如有些设备由于缺乏专业人员管理等原因使用次数受限。

教育经费投入的增加需要兼顾外在和内在、公平与效益之间的关系和平衡，分配好、使用好教育经费，提高教育经费的使用效率成为义务教育均衡发展亟需解决的重要问题。

二、问题的根源

河南省义务教育财政投入还存在着严重的不均衡问题和使用效率低下问题，究其根源，主要有以下几方面。

（一）义务教育财政资源总体供给不充足

1. 河南省义务教育公共财政预算内教育事业费低于全国平均水平

如表4-7所示，2009—2012年小学阶段全国公共财政预算内教育事业费依次为3357.92元、4012.51元、4966.04元、6128.99元，2009—2012年初中阶段全国公共财政预算内教育事业费依次为4331.62元、5213.19元、6541.86元、6128.99元。而2009—2011年，小学阶段河南省公共财政预算内教育事业费依次为519.59元、562.68元、802.55元。初中阶段河南省公共财政预算内教育事业费依次为

表4-7 2009—2011年义务教育阶段国家与河南省生均经费对比（单位：元）

年份	小学国家生均经费	小学河南省生均经费	初中国家生均经费	初中河南省生均经费
2009	3 944.37	519.59	5 002.56	863.15
2010	4 670.29	562.68	5 971.19	1 011.01
2011	5 802.36	802.55	7 701.90	1 461.66
2012	6 128.99	3 458.02	8 137.00	5 761.78

注：数据由历年《中国统计年鉴》及《河南统计年鉴》数据计算得出

2965.13 元、3410.02 元、4563.99 元、5761.78 元。由此可以看出河南省小学、初中阶段生均经费的数值与全国水平相差甚远，河南省义务教育阶段财政投入与全国财政投入存在较大差异。

2. 河南省义务教育财政投入占教育财政投入的比例在缩小

由表 4-8 可以看出，2009—2012 年河南省教育财政投入在逐年增加，同时河南省义务教育投入也在逐年增加，但是河南省义务教育财政投入的增长率每一年都低于同年教育财政投入的增长率。如表 4-8 所示，河南省教育财政投入在 2009—2010 年、2010—2011 年、2011—2012 年的增长率分别是 15.82%、40.66%、29.09%，河南省义务教育财政投入经费在 2009—2010 年、2010—2011 年、2011—2012 年的增长率分别是 10.72%、31.38%、22.62%。整体来说，河南省义务教育财政投入的增长率每一年都低于同年教育财政投入的增长率。

河南省义务教育阶段财政投入的增加速度没有教育财政总投入增长的速度快，因此，这两个数值逐年增加的同时，河南省义务教育财政投入占教育财政投入的比例却在减少，而义务教育财政资源总体供给并不充足，这势必会影响河南省义务教育的发展。

表 4-8　2009—2012 年河南省义务教育财政投入占教育财政投入的比例

年份	教育财政投入/万元	义务教育财政投入/万元	所占比例/%
2009	5 261 400	3 108 138	59.07
2010	6 093 700	3 441 292	56.47
2011	8 571 400	4 521 203	52.75
2012	11 065 100	5 544 076	50.10

注：此数据由历年《中国统计年鉴》及河南省财政厅统计数据计算得出

3. 河南省义务教育财政投入占生产总值比例偏低

义务教育投入水平除了依赖政府的重视程度，还取决于教育投入的规模。"19 世纪末德国经济学家阿道夫·瓦格纳（Adolf Wagner）在对许多国家公共支出的资料进行实证分析基础上，提出当国民收入增长时，财政支出会以更大比例增长。随着人均收入水平的提高，政府支出占 GNP 的比重将会提高，这就是财政支出的相对增长，被后人归纳为瓦格纳法则，又称为政府活动扩张法则"[1]。瓦格纳法则反映了财政支出与经济发展变化的一般趋势。研究团队将瓦格纳法则运用到河南省义务教育财政投入方面，可以看出，如表 4-9 所示，随着每年河南省 GDP 的增

---

[1] MBA 智库百科——瓦格纳法则. http://wiki.mbalib.com/wiki/%E7%93%A6%E6%A0%BC%E7%BA%B3 E6%B3%95%E5%88%99.

长,河南省义务教育财政投入占 GDP 总量的比重却增速缓慢,个别年份还有下降,这不能保证义务教育财政投入的充足性。

表 4-9 2009—2012 年河南省义务教育财政投入占省 GDP 的比例

年份	省 GDP 总值/万元	财政投入/万元	比例/%
2009	194 804 600	3 108 138	1.60
2010	230 923 600	3 441 292	1.49
2011	269 310 300	4 521 203	1.68
2012	295 993 100	5 544 076	1.87

注:数据来源于历年《河南统计年鉴》及河南省财政厅统计数据

(二)义务教育投资主体过低

在很长一段时间里,义务教育经费由地方负责。1999 年以前,义务教育投资主要由乡财政筹集,致使义务教育经费捉襟见肘。1999 年以后,义务教育投资改为以县为主,部分改善了义务教育经费状况。但县级财力仍然十分薄弱,并未从根本上缓解县域义务教育的经费压力,并且加剧了县域间义务教育财政的不均衡。2006 年重新修订的义务教育法早就提出了"义务教育经费应由省级政府负责统筹落实的体制"[①],但至今并未很好落实"省级统筹"的体制,投入主体过低仍是义务教育经费不合理的重要原因。

(三)各地政府的努力程度存在较大差异

河南省各地市的经济发展有所差别,各市政府对于义务教育投入也各有不同,由 2009—2012 年河南省各市义务教育投入占各市人均 GDP 的比值,即教育财政性生均经费指数,可以较好地反映各市政府对义务教育投入的努力程度(梁文艳,等,2008)。

图 4-18、图 4-19、表 4-10 显示各地市小学和初中的生均经费指数参差不齐,小学生均指数最大值是最小值的 2.12 倍,前五名的平均值为后五名平均值的 1.62 倍;初中生均经费指数最大值是最小值的 1.98 倍,前五名的平均值为后五名平均值的 1.52 倍。义务教育生均经费指数的差异不代表各地市义务教育发展水平的差异,但可以反映出各地市对义务教育的重视程度,以及对义务教育投资努力程度之间的差异。

---

① 《中华人民共和国义务教育法》(2006). http://www.gov.cn/flfg/2006-06/30/content_323302.htm.

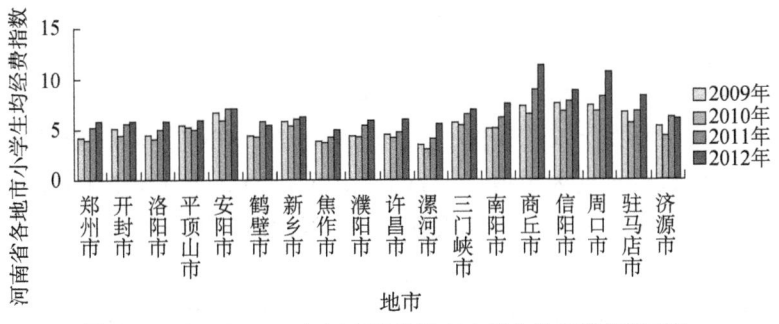

图 4-18 2009—2012 年河南省各地市小学生均经费指数对比

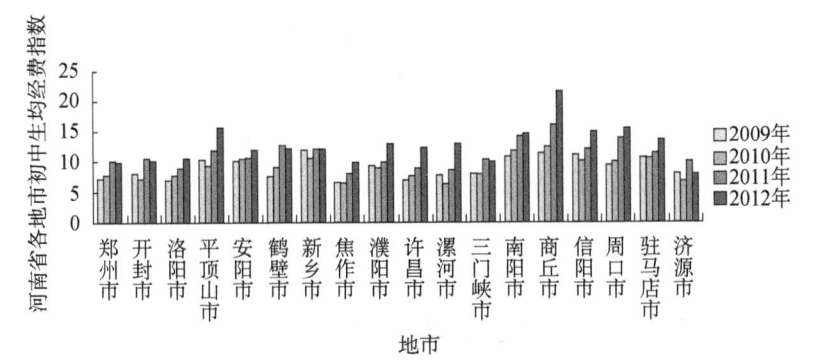

图 4-19 2009—2012 年河南省各地市初中生均经费指数对比

表 4-10 2009—2012 年河南省各地市义务教育阶段生均经费指数

地市	2009 年 小学	2009 年 初中	2010 年 小学	2010 年 初中	2011 年 小学	2011 年 初中	2012 年 小学	2012 年 初中
郑州市	4.16	7.27	3.94	7.83	5.22	10.1	5.82	9.93
开封市	5.14	7.95	4.46	7.14	5.65	10.46	5.86	9.73
洛阳市	4.45	7.11	4.11	7.88	4.92	9.05	5.82	10.46
平顶山市	5.46	10.45	5.21	9.41	5.02	11.89	5.97	15.55
安阳市	6.77	9.78	6.01	10.33	7.07	10.55	7.11	11.84
鹤壁市	4.41	7.65	4.36	9.03	5.80	12.76	5.54	12.12
新乡市	5.81	11.93	5.41	10.59	6.05	12.13	6.35	12.15
焦作市	3.82	6.65	3.73	6.39	4.36	8.08	5.02	9.86
濮阳市	4.41	9.29	4.32	8.99	5.44	10.03	5.94	12.84
许昌市	4.51	7.12	4.18	7.70	4.85	9.04	6.03	12.33
漯河市	3.47	7.76	3.03	6.2	4.12	8.52	5.63	12.77
三门峡市	5.72	7.97	5.54	8.08	6.53	10.35	7.06	10.06
南阳市	5.15	10.69	5.16	11.82	6.24	14.29	7.62	14.71
商丘市	7.37	11.25	6.58	12.6	8.98	16.13	11.38	21.46
信阳市	7.6	11.09	6.79	10	7.84	12.03	8.86	14.97
周口市	7.36	9.45	6.87	8.97	8.29	13.84	10.78	15.53
驻马店市	6.61	10.54	5.63	10.47	6.81	11.39	8.32	13.72
济源市	5.27	7.92	4.32	6.77	6.19	9.93	6.05	7.78

注：数据由历年《河南统计年鉴》及河南省财政厅统计数据计算得出

（四）义务教育投资路径依赖过重

法国管理学家亨利·法约尔（Henry Fayol）曾提出"权责一致"的观点，即管理的权利和责任应当一致（亨利·法约尔，2007）。在我国义务教育管理中，中央和省级政府的权利远远大于最基层的乡镇政府，但真正意义上主要承担义务教育管理责任的并不全是中央、省级政府或者市级政府，而恰恰是最基层的县乡政府。这使得义务教育的权责严重不一致。

"因为教育经费通常是由财政部门拨付给教育部门，再由教育部门拨付给所属学校，所以教育的实际管理者有两个部门——教育行政部门和财政部门"（李晓菲，2013）。但财政部门并不是按需拨款，而是按照拨款基数进行惯性拨款。如前文图4-4、图4-5所示，2009—2012年各地市财政投入变化曲线走向基本一致，每个地市的财政性生均经费几乎是等比增长，各地市义务教育生均经费高的地区始终高，低的地区始终低，不均衡格局难以破局。

（五）资源利用过程中缺乏统筹和督导

"义务教育经费投入不断增长的同时，对经费的使用和管理薄弱，存在基层财务管理人员的能力和素质低下以及对经费的监控体系不够完善等，成为保障经费使用效益、经费及时足额到位面临的重要问题"（孙志军，等，2010）；一方面，基层的财务管理人员的能力和素质成为了影响教育经费使用效率的重要因素；另一方面，监管和督导的薄弱也使教育经费使用过程出现挪用现象。另外，校舍闲置因为缺乏统筹规划和中小学布局结构的合理调整，致使部分农村校舍闲置，同时城镇教室拥挤的现象。

第四节　科学配置与有效使用义务教育经费的政策建议

根据前文对河南省义务教育财政投入数据的梳理，以及对义务教育经费配置现状存在的不均衡问题及其原因的分析，特提出如下改进义务教育经费配置状况的建议。

一、提高义务教育投资比例，扩大义务教育财政供给总量

教育投资比例是指教育投资在国民经济主要统计指标中的比例，它在整体上

和全局上反映教育投资同国民经济发展的关系。财政性教育经费占 GDP 的比例是国际通用的比较指标,反映着一个国家或地区政府的教育投资水平。基于教育的公益性和义务教育的公共产品属性,以及在新公共管理时代,政府受纳税人委托,管理社会公共事务,向社会提供公共服务与公共产品的基本职能定位,义务教育投资比例成为了义务教育经费保障的基本尺度。

根据《国家统计年鉴》和《全国教育经费执行情况公报》的数据,在 2012 年,随着财政性教育经费占 GDP4%目标的强制性实现,河南省义务教育生均公共财政预算教育事业费占 GDP 的比例从 2011 年 1.90%提高到 2.14%,并且高于全国 0.92 个百分点。教育投资比例提高带来了教育财政经费的巨大释放,尤其是通过实施对农村薄弱学校的改造计划《河南省教育厅河南省财政厅关于做好农村义务教育薄弱学校改造计划实施工作的通知》(教基〔2011〕719 号),才带来了前文从图 4-6 到图 4-19 所示的,无论是小学,还是初中,无论是地市间,还是地市内县区间,在 2012 年义务教育的均衡程度都有了显著改善。显然,通过提高义务教育投资比例,增加义务教育投资总量;同时把义务教育增量部分向薄弱地区和学校倾斜,是缩小义务教育学校之间资源配置的差距,进而谋求高位均衡的可行策略。基于此,对于县域义务教育发展来讲,"质量提升"是比"均衡发展"更重要的任务,均衡发展的目的不是平均,而是以均衡发展促进质量提升。

义务教育经费是财政投入首先应该保证的重中之重,因此,在财政性教育经费占 GDP 的后 4%时代,本书建议省域内义务教育生均公共财政预算教育事业费保持在 GDP 的 2%以上。

二、倚重生均经费标准,打破义务教育财政拨款惯性

《国家中长期教育改革和发展规划纲要(2010—2020 年)》中提出:各地根据国家办学条件基本标准和教育教学基本需要,制定并逐步提高区域内各级学校生均经费基本标准和生均财政拨款基本标准。但就目前义务教育学段来看,各地都只是在生均公用经费标准上做出了明确规定。例如,河南省政府印发的《2015 年全省十项重点民生工程工作方案》指出:"提高城乡教育水平"被列入十项重点民生工程,并且明确指出,从 2015 年起,河南实行城乡统一的义务教育学校公用经费基准定额,年生均小学 600 元、初中 800 元(李见新,2015)。

公用经费是教育事业费的重要内容,根据《2014 年全国教育经费执行情况统计公告》,从全国的平均水平来看,小学和初中的公用经费仅占事业费的 30%左右。

因此，城乡统一的公用经费标准，根本不能保证其他 70%教育事业费的非均衡配置。并且，城乡一刀切的公共经费标准表面上突出了均衡，但在快速城镇化带来的农村学额不足、城市学额爆棚的情形下，这几乎无助于城乡均衡发展。在城市学校，由于学额充足，生均公用经费能产生规模效应，显得相对充足；而在农村学校，由于学额严重不足，生均公用经费无法产生规模效应，而教育资源的配置又具有整体性特点，因而对于农村学校，公用经费仍然是捉襟见肘。因此，按照《国家中长期教育改革和发展规划纲要（2010—2020 年）》的要求，合理制定义务教育生均经费基本标准和生均财政拨款基本标准是当务之急。以河南省为例，可做如下努力。

1）充分考虑城乡学校的特点，以及寄宿制学校和非寄宿制学校的区别，科学制定生均公用标准。2015 年河南制定的小学 600 元、初中 800 元的生均公用经费标准还不足全国 2013 年平均水平的 30%。尽管河南省学龄人口密度大，生均经费可以产生规模效益，按这样的生均公用经费标准也很难支撑义务教育学校有高质量的发展。因此，如表 4-11 所示，可以以此为最低标准，然后根据学校规模逐级向上浮动，在学额最少的教学点，生均公用经费标准达到全国平均水平的 40%左右。

表 4-11　生均标准统计表

学生规模	小学生均公用经费/元	初中生均公用经费/元
2014 年国家平均水平	2 241.83	3 120.81
100 人以下的教学点	1 000.00	1 200.00
100~299 人	900.00	1 100.00
300~599 人	800.00	1 000.00
600~899 人	700.00	900.00
900 人以上	600.00	800.00
2015 年河南省标准	600.00	800.00

注：数据由历年《中国统计年鉴》及《河南统计年鉴》数据计算得出

2）按照生均公用经费标准的三倍，确定生均经费基本标准。

3）义务教育主要是政府责任，因此，生均经费基本标准的 90%可以作为生均财政拨款基本标准。

三、完善省市财政转移制度，提高义务教育投资重心

义务教育生均经费水平对地方经济发展水平有较强的依赖性。根据统计数据，

2012年河南省各地市人均GDP与义务教育阶段生均经费投入之间关系呈显著正相关，其中，各地市人均GDP与小学生均经费的相关系数为$r=0.8892$（$p=0.0000$），各地市人均GDP与初中生均经费的相关系数为$r=0.8448$（$p=0.0000$）。因此，缩小贫困地区与富裕地区义务教育发展之间的差距就必须充分发挥高阶政府的转移支付功能。

以财政性教育经费占GDP的4%为地方政府努力程度的基本标准，地方政府努力程度达标，但生均经费仍然远远低于全国平均水平的地区中央政府通过专项转移支付进行重点资助，资助额度依据现有生均经费与全国平均水平的差额确定。

同时，省级政府要加强转移支付力度。2006年实施的农村义务教育经费保障新机制中已经强调了省级政府在农村教育财政投入中的责任。目前，在"以省统筹"的制度背景下，更应充分发挥省级政府在义务教育财政均衡上的宏观调控责任。省级政府要按照根据实际情况和发展预期研制生均经费标准，然后与地市政府共同努力补齐县级财政的缺额部分。

四、加强督导，提高义务教育经费使用效率

义务教育经费情况督导是针对义务教育学校的教育经费在分配与使用的过程的规范性和合法性进行评价，对教育经费和资源的投入过程及其产生的效益进行监控、测评和指导的过程。加强督导可以使教育经费的使用更加合理合法，保障教育经费使用的科学、有效、公正公平，防止违规使用和浪费现象的出现，提高教育经费使用的效率。

义务教育经费分配与使用情况的监测、督导和评价可以对义务教育发展的结构、速度进行事实证据的收集，为义务教育发展政策提供依据，为后续的拨款、投资等提供意见和建议。另外，加强对义务教育经费使用的督导可以及时发现和解决义务教育经费在分配和使用中出现的问题，为后续的政策调整、分配比例提供依据。同时，督导可以发现和纠正学校办学、管理中的问题，促进学校进行内部改进，优化资源配置，提高教育经费的利用效率和学校的办学效益。

综上所述，义务教育均衡发展的目标是改善贫困落后地区的资源配置状况，并提升其教育质量标准。因此，对于贫困地区来讲，追求区域内的低水平均衡不是目标，缩小贫困地区与发达地区的差距才是均衡发展的终极诉求。而从河南省县市义务教育财政数据来看，义务教育财政投入在县域间的不均衡程度大于地市

间的不均衡程度，同时，已经通过国家验收的义务教育均衡县仍存在着严重的低水平均衡问题。因此，以县域均衡为起点推进义务教育均衡发展的策略需要调整，近期内更为可行的路径应该是：加大省级财政的统筹力度，首先实现地市间的均衡，然后再向地市内县域间均衡努力，最终达到全省县域间均衡，并逐步趋近全国平均水平。

第五章

师资配置与有效使用

师资即教师资源，是指可以当教师的人才，包括学校内的专任教师、管理人员、教学辅助人员和工勤人员。专任教师是指学校中直接从事教育、教学工作的专业人员；管理人员是指从事学校管理工作的人员；教学辅助人员是指学校中主要从事实验、图书、电化教育及卫生保健等教学辅助工作的人员；工勤人员是指学校后勤服务人员（白洁，2012）。

师资配置是指不同区域教师的分配情况，从大的方面来说，可以理解为东中西部的教师分配和省级之间、县（区）域间的教师分配；从小的方面来说，可以理解为县（区）域内城乡之间、学校之间的教师分配。

义务教育均衡发展视野下的师资均衡配置主要是指在某一范围内义务教育师资的分配具有相近性、合理性与协调性，具体包括师资的数量、结构与流动性。①师资数量上的均衡是依据不同地区不同学校，学生的人数的不同而产生的相对比例的教师数量。在2001年国务院办公厅转发的中央编办教育部财政部《关于制定中小学教职工编制标准意见的通知》中明确要求：城市小学师生比为19∶1、县镇为21∶1、农村为23∶1；城市初中师生比为13.5∶1、县镇为16∶1、农村为18∶1。②师资结构上的均衡包括学历结构、年龄结构、性别结构与职称结构。学历要求是对在职教师所应达到最低学历的要求；年龄结构要求是指教师队伍中不能出现年龄层次的断层，要保持一定比例的年龄梯度，即老、中、青之间保持2∶

5∶3（刘琳，2013）；性别结构即男女教师的比例合理，能够使得教育健康有序的良性发展；职称结构是指对不同级别的教育，教师的初级职称、中级职称、高级职称、正高级职称比例的具体要求。③教师交流指一名教师在一所学校连续任教几年后又流动、轮换到其他学校从事教育教学工作，从教师交流的组织程度来看，合理的交流应该是县级及其以上的教育行政部门为了学校的发展和教师的成长，对行政区域内的教师有计划、有目的性的交流；从教师交流的数量来看，合理的交流应该不是以少数教师单向流动的教师调动，而应该是有一定数量的教师的双向流动；从教师交流的目的来看，合理的教师交流应该是旨在加快学校持续快速发展和教师专业成长，促进教育的均衡发展。

义务教育均衡发展视野下的师资有效使用是指根据当前师资队伍的数量、结构、流动现状，教育行政部门和学校采取措施使教师资源得到充分、合理地使用，最大限度地实现教师的社会价值和自我价值，以促进义务教育事业的优质均衡发展。义务教育均衡发展视野下的师资有效使用可以通过教师的敬业程度、教师关注与接纳新知识的程度、教师的学生观念、教师的有效教学情况、教师教育教学研究能力、教师的职业幸福感等内容来体现。

第一节　师资配置与有效使用现状

教师资源是学校的第一教育资源。一支数量适宜、结构合理、素质良好、富有活力、相对稳定的师资队伍是提高教育质量、培养高素质人才的关键，是教育资源配置中最重要的"软实力"。教师队伍结构选择了教师数量、年龄结构、学历结构、职称结构、性别结构和教师流动状况六个衡量指标。此部分内容主要依据中国国家教育统计数据进行分析论述。

一、义务教育均衡发展视域下师资配置现状

（一）教师数量现状

充足的教师队伍是提高教育教学质量的保证。但教师规模必须与当地的经济发展水平相适应，过于庞大的教师队伍会造成教育经费的浪费，因此，在以提高教师质量为核心的同时，关注教师的数量也显得非常重要。在编教师占核定编制

人数的比例情况和生师比是衡量教师数量是否合理的重要指标。

从全国整体情况来看，2014年，全国小学共有学生94 510 651人，教职工5 488 941人，专任教师5 633 906人，生师比为16.78∶1。其中，城市小学共有学生29 432 481人，教职工1 480 642人，专任教师1 363 957人，生师比为21.28∶1。县镇小学共有学生34 579 558人，教职工1 911 229人，专任教师1 766 964人，生师比为19.57∶1。农村小学共有学生30 498 612人，教职工2 097 070人，专任教师1 974 360人，生师比为15.45∶1。

2014年，全国初中共有学生43 846 297人，专任教师3 488 430人，生师比为12.57∶1。其中，城市初中学生数是14 686 960人，专任教师1 096 718人，生师比为13.39∶1。县镇初中学生21 674 750人，专任教师1 706 792人，生师比为12.70∶1。农村初中学生7 484 587人，专任教师684 920人，生师比为10.93∶1（表5-1，图5-1）。

表5-1　2014年全国义务教育阶段生师比情况[①]

项目	城市小学	县镇小学	农村小学	城市初中	县镇初中	农村初中
标准中每一专任教师负担学生数/人	19	21	23	13.5	16	18
现实中每一专任教师负担学生数/人	21.28	19.57	15.45	13.39	12.70	10.93

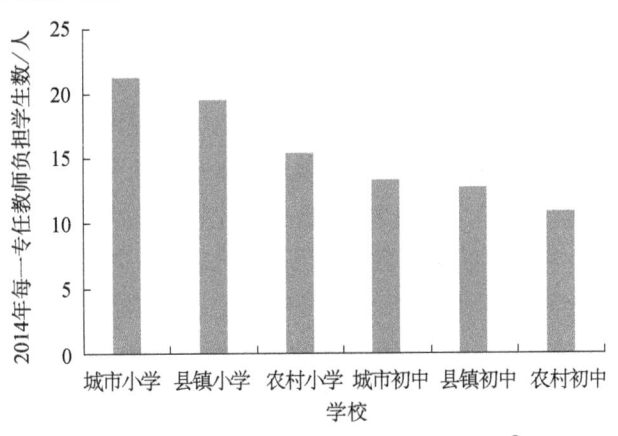

图5-1　2014年全国义务教育阶段生师比[①]
资料来源：中华人民共和国教育部. 2016-01-02.

[①] 中华人民共和国教育部. 2016-01-02. 小学教职工数. http：//www.moe.edu.cn/s78/A03/moe_560/jytjsj_2014/2014_qg/201508/t20150831_204426.html. 小学学生数. http：//www.moe.edu.cn/s78/A03/moe_560/jytjsj_2014/2014_qg/201509/t20150901_204594.html. 初中分课程专任教师学历情况. http：//www.moe.edu.cn/s78/A03/moe_560/jytjsj_2014/2014_qg/201509/t20150901_204889.html. 初中学生数. http：//www.moe.edu.cn/s78/A03/moe_560/jytjsj_2014/2014_qg/201509/t20150901_204902.html.

2001年国务院办公厅转发的中央编办教育部财政部《关于制定中小学教职工编制标准意见的通知》中明确要求：城市小学师生比为19∶1、县镇为21∶1、农村为23∶1；城市初中师生比为13.5∶1、县镇为16∶1、农村为18∶1。从整体上看，我国教师数量处于超编状态。

从城乡义务教育师资数量来看，城乡教师在教师数量上还存在着差距。由表5-1可知，农村初中和农村小学的专任教师数与折合在校学生数要优于城市学校，甚至有的农村学校或城镇薄弱学校在校生人数呈逐年减少趋势，以前核定的编制数量超过了学校的实际需要，出现教师超编的现象。但同时农村学校又存在着一个教师同时担任两门学科甚至不同年级教学任务的现象，以及体、美、音教师严重缺乏的现象。

研究团队在访谈中发现：一些城市优质学校因为学校地域优势，整体教学质量较好，大量学生涌入导致在校生人数呈不断增加趋势。原先核定的教师编制无法满足学校教学的正常需求，不得不以各种方式从社会或其他学校聘请代课或兼职教师，代课或兼职教师的工资待遇一般由学校支付。这不但会增加学校的经济负担，而且由于学校支付其工资低于在编教师，无法实施有效的考核与评价。

（二）教师年龄结构现状

教师队伍年龄结构合理是建设一支稳定精良的教师队伍的必要前提。保持各级教师老中青的恰当比例对保证教师队伍充满活力、可持续发展有重要作用。

教育部网站相关数据可知：全国小学共有专任教师人数5 633 906人，24岁以下的小学教师283 626人，25～29岁的小学教师752 284人，30～34岁的小学教师995 424人，35～39岁的小学教师1 016 408人，40～44岁的小学教师824 799人，45～49岁的小学教师688 728人，50～54岁的小学教师644 861人，55～59岁的小学教师424 791人，60岁及以上的小学教师2985人。全国初中共有专任教师3 488 430人，24岁以下的初中教师124 585人，25～29岁的初中教师462 395人，30～34岁的初中教师641 883人，35～39岁的初中教师732 788人，40～44岁的初中教师636 340人，45～49岁的初中教师503 509人，50～54岁的初中教师264 407人，55～59岁的初中教师120 743人，60岁及以上的初中教师1780人（表5-2）。

表 5-2　2014 年全国义务教育阶段专任教师年龄比例①

项目	25~29 岁	30~34 岁	35~39 岁	40~44 岁	45~49 岁	50~54 岁	55~59 岁	60 岁及以上
小学专任教师/%	13.35	17.67	18.04	14.64	12.22	11.45	7.54	0.06
初中专任教师/%	13.26	18.40	21.01	18.24	14.43	7.58	3.46	0.05

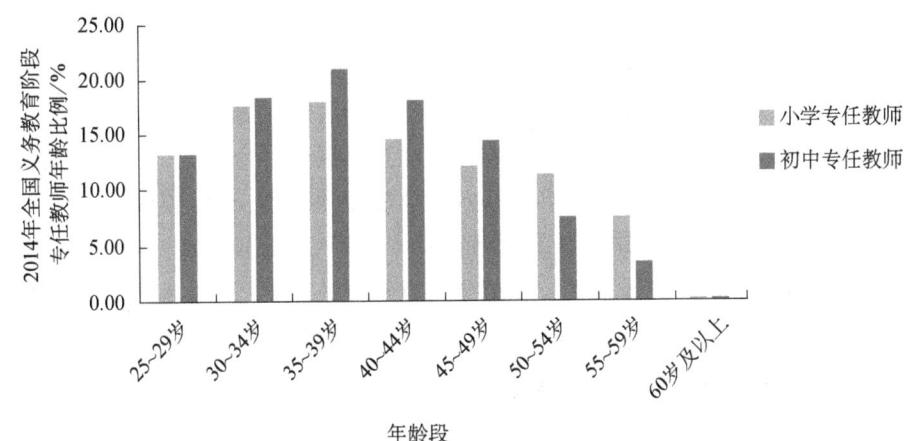

图 5-2　2014 年全国义务教育阶段专任教师年龄比例①

由表 5-2 和图 5-2 可知，全国小学和初中专任教师的年龄呈现出两头小、中间大的态势，基本上是比较合理的。

（三）教师学历结构现状

英文中"学历"即教育背景，是指人们在教育机构中接受教育的经历或者曾在哪些学校肄业或毕业。我国学者认为学历系学习经历，表示一个人的受教育程度。现代教育体系可以将其划分为小学、初中、高中（中专）、大学、研究生等层次。学历的本质系知识积累情况，所以一般而言，学历越高，知识积累也越多。教师知识积累越多，则越有利于教师自身的发展以及学校教育教学工作开展。因此，研究团队认为：学历达标情况和高学历教师比例是衡量义务教育阶段师资的一个重要指标。

就学历达标情况来看，全国义务教育阶段专任教师基本实现学历达标。2014 年，全国小学专任教师学历合格率达到 99.88%。初中专任教师学历合格率为

---

① 中华人民共和国教育部. 2016-01-02. 小学专任教师专业技术职称、年龄结构情况. http://www.moe.gov.cn/s78/A03/moe_560/jytjsj_2014/2014_qg/201509/t20150902_205010.html. 初中专任教师专业技术职称、年龄结构情况. http://www.moe.edu.cn/s78/A03/moe_560/jytjsj_2014/2014_qg/201509/t20150901_204883.html.

99.53%。

就高一级学历情况来看，2014年全国共有小学专任教师5 633 906人，其中研究生学历的教师27 125人，本科学历2 321 118人，专科学历2 713 074人，高中学历565 804人，高中阶段以下学历6785人。全国共有初中专任教师3 488 430人，其中研究生学历的教师54 775人，本科学历2 662 297人，专科学历754 918人，高中学历15 882人，高中阶段以下学历558人。研究团队对当前我国城乡中小学教师的最高学历情况进行了比较分析，并对农村中小学教师的第一学历和最高学历进行了对比。分析发现：农村中小学教师的学历有了显著提升，这种提升表现在农村教师个体学历提升和农村教师群体学历整体提升两个方面：①在学历的自我提升方面，以本科学历为例，县镇和农村学校教师的第一学历为本科的比例分别为15.66%和9.01%，而目前的最高学历为本科的比例则分别为61.34%和64.81%，提升幅度非常明显。从整体来看，乡镇和村屯学校教师学历为本科及以上的比例分别为61.83%和66.14%，而2001年我国中小学教师的学历为本科及以上的比例为12.56%，提升幅度达50个百分点左右。②从城乡比较的角度看，农村教师的学历水平较城市学校还有一定差距，城市学校教师学历为本科的比例高达78.30%，较农村学校教师高出10多个百分点。单从学历比较来看，城乡教师的差异十分显著（$F=101.462, p<0.001$）。另外，访谈了解到：很多教师的学历并不是由正规师范院校毕业而获得的，有相当一部分教师的学历是通过自学考试获得的。农村学校更有相当一部分的教师是由民办教师转正而来，其学历是通过短期培训和进修获得的，实际的知识水平并没有多大提高，与全日制大中专师范生的水平相比还有不小的差距。

（四）教师职称结构现状

职称结构指不同职称教师人数的比例关系。教师的职称反映了教师在教育教学方面所应承担的职务和责任，也反映了其教育教学能力和科研能力。因此，研究团队认为：教师的职称也是衡量师资均衡状况的重要指标，教师的职称越高，说明教师的教育教学能力和科研能力越强。

就2014年全国小学的情况来看，小学专任教师中具有中学高级职称的人数是127 396人，具有小学高级职称的有2 910 398人，具有小学一级职称的有1 866 363人，具有小学二级职称的有178 189人，具有小学三级职称的有12 628人，未定职级的有538 932人。就2014年全国初中的情况看，初中专任教师中具有中学高级职称的有586 169人，具有中学一级职称的有1 508 663热，具有中学二级职称的有 1 094 211 人，具有中学三级职称的有 50 858 人，未定职称的有 248 529 人（表 5-3、表 5-4）。

表 5-3　2014 年全国小学教师职称比例

项目	中学高级	小学高级	小学一级	小学二级	小学三级	未定职级
全国小学	2.26%	51.66%	33.13%	3.16%	0.22%	9.57%

资料来源：中华人民共和国教育部. 2016-01-02.小学专任教师专业技术职称、年龄结构情况. http://www.moe.gov.cn/s78/A03/moe_560/jytjsj_2014/2014_qg/201509/t20150902_205010.html.

表 5-4　2014 年全国初中教师职称比例

项目	中学高级	中学一级	中学二级	中学三级	未定职级
全国初中	16.80%	43.25%	31.37%	1.46%	7.12%

资料来源：中华人民共和国教育部. 2016-01-02.初中专任教师专业技术职称、年龄结构情况. http://www.moe.edu.cn/s78/A03/moe_560/jytjsj_2014/2014_qg/201509/t20150901_204883.html.

从城乡对比的角度看，中小学教师职称存在较大差距。从小学教师职称上看，县镇小学"小教高级"所占比例最大，达 55.94%，分别高出城市和乡镇小学 7.56 个和 8.56 个百分点；农村小学最少，只有 41.57%，比占比最大的县镇小学少了 14.37 个百分点。中学教师职称方面，从城市到县镇，再到农村，具有"中学高级"职称的教师所占比例不断减少，城市初中"中学高级"教师所占比例为 18.77%，县镇初中为 16.98%，少了 1.79 个百分点，而农村初中则只有 10.77%，比城市和县城分别少了 8 个百分点和 6.21 个百分点。县镇初中和农村小学成为职称短板。另外，隐藏在高级职称所占比例差异明显的职称构成背后的是城乡教师在职称晋升时间上的差别。调查发现：城市、县镇和农村初中教师获得中学高级职称时的年龄分别为 38.97 岁、39.02 岁和 40.86 岁，城市、县城、乡镇和农村小学教师获得小教高级职称时的年龄分别为 32.98 岁、32.24 岁、35.71 岁和 37.41 岁。城乡教师的职称晋升时间总体呈递增趋势，农村学校教师花费的时间最多，尽管在农村学校有一定比例的高级职称教师，但这部分教师的年龄普遍偏大。

（五）教师性别结构状况

教师性别结构是指不同性别的教师占总教师人数的比例。教师的性别比例对教育的影响是隐性的，间接关系到学生的身心健康成长和教育质量的提升。研究团队认为：义务教育教师均衡发展也表现在教师性别结构的均衡，男女教师的性别比例越均衡，越有利于学生的全面发展，也越有利于教师的专业发展和教育质量的提升。

根据统计数据，2014 年，我国共有小学专任教师 5 633 906 人，女教师 3 500 101

人，女教师人数占到了总专任教师人数的62.13%。具体而言，在小学阶段，城、镇、乡小学女性教师相应的比例为79.39%、68.16%和46.11%。2014年，全国共有初中专任教师3 488 430人，女教师1 834 243人，占总专任教师人数的52.58%，其中城市初中有专任教师1 096 718人，女教师696 395人，占63.50%；县镇初中有专任教师1 706 792人，女教师837 160人，占49.05%；农村初中有专任教师684 920人，女教师300 688人，占43.90%。具体比例见表5-5和图5-3。

表5-5　2014年全国义务教育阶段女教师占专任教师比例[①]

项目	城市小学	县镇小学	农村小学	城市初中	县镇初中	农村初中
女教师占专任教师的比例/%	79.39	68.16	46.11	63.50	49.05	43.90

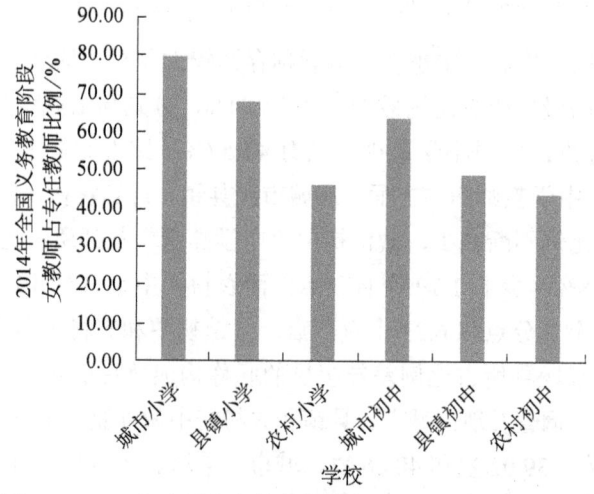

图5-3　2014年全国义务教育阶段女教师占专任教师比例[①]

表5-5和图5-3中显示：无论是小学还是初中，女教师占专任教师的比例呈现出从城市到农村逐渐减少的趋势，城市教师更为"女性化"，县镇次之，农村学校中女教师所占比例最小。可见，整体而言，义务教育阶段男女比例是失衡的，其中城市学校教师性别失衡现象最严重。

（六）教师的流动状况

作为促进义务教育均衡发展的重要手段之一，教师的流动能够有效促进教师

[①] 中华人民共和国教育部. 2016-01-02. 小学专任教师专业技术职称、年龄结构情况. http://www.moe.gov.cn/s78/A03/moe_560/jytjsj_2014/2014_qg/201509/t20150902_205010.html. 初中专任教师专业技术职称、年龄结构情况. http://www.moe.edu.cn/s78/A03/moe_560/jytjsj_2014/2014_qg/201509/t20150901_204883.html.

在城乡地区间的合理配置，促进教育的均衡、持续和协调发展。教师流动主要包括自主流动和政策性流动两种：自主流动主要指教师根据自己的个人意愿进行的工作调动；政策性流动是指政府为了实现学校间教师资源的均衡配置，强制或者鼓励教师从一所学校到另一所学校进行短期或者长期工作（不论人事关系是否变动），比如教师的支教或轮岗交流（史亚娟，2014）。

为了反映义务教育教师的流动状况，在此引用了史亚娟等人的研究，他们的研究选取了我国24个省区的168个区县，对样本区县的教师资源配置情况进行了问卷调查，收回有效数据的区县154个。从年度参与政策性流动的教师比例来看，20.8%的区县流动比例在1%及以下，34.9%的区县流动比例为1%～3%，18.8%的区县流动比例为3%～5%，18.9%的区县流动比例为5%～10%，6.6%的区县流动比例在10%以上。在参与自主流动的教师中，小学和初中分别有69.2%和72.5%的教师来自乡镇或农村学校。小学和初中自主流动的教师主要流向同级行政地区学校和上级行政地区学校。学校这种单向流动导致优质师资从农村学校向城镇学校集中，从薄弱学校向优质学校集中，从而严重影响义务教育的城乡和学校间均衡。在参与政策性流动的教师中，小学和初中分别有73.5%和69.2%的教师来自城区或县镇学校。小学和初中政策性流动的教师主要流向同级行政地区的薄弱学校和下级行政地区学校，城区政策性流动教师有64.2%流向城市薄弱学校，有35.8%流向下级行政地区学校，县城政策性流动教师有29.1%流向县城的薄弱学校，有70.9%流向下级行政地区学校。以城镇学校教师到农村学校、优质学校教师到薄弱学校支教和轮岗交流为主，而农村学校、薄弱学校教师较少有机会到城市学校、优质学校轮岗交流学习（史亚娟，2014）。

二、义务教育均衡发展视野下师资有效使用现状

义务教育均衡发展视野下的师资有效使用是指根据当前师资队伍的数量、结构、流动现状，教育行政部门和学校采取措施使教师资源得到充分、合理地使用，最大限度地实现教师的社会价值和自我价值，以促进义务教育事业的优质均衡发展。此部分内容数据与本书中第三章基本条件资源均衡配置与有效使用现状一样，按照东部、中部和西部的分类方法，综合考虑东、中、西部各省份地区的人均GDP、城镇化水平、地理环境及人口分布等因素，选择辽宁、上海、江苏、海南、山西、河南、重庆、新疆等8个省（自治区、直辖市）15个区县的小学和初中进行调研，发放教师问卷2500份，收回教师问卷2453份，发放学生问卷5500份，收回学生

问卷 5490 份。研究团队主要选取了教师敬业状况、教师关注与接纳新知识的状况、教师的学生观念、教师有效教学情况、教师教育教学研究能力状况、教师的职业幸福感状况等内容来体现义务教育均衡发展视野下的师资的有效使用状况。

（一）教师的敬业状况

教育事业是一项需要用生命去热爱、去关怀的事业，需要教师真正做到爱岗敬业，有强烈的责任感和使命感，以天下为己任，乐于奉献自我，脚踏实地，认真工作。教师对教育职业的热爱程度直接决定教师是否能以积极健康的心态投身到教育事业中，为教育事业贡献自己的力量。在面对学校的任务时，敬业的教师愿意付出额外的时间和精力去完成学校的任务。教师除了要完成日常的教育教学任务以外，还要处理各种学校的其他事务。这些巨大的工作量导致了教师的工作压力的增大，能否承受这样的工作压力也是衡量教师敬业程度的一项指标。因此，研究团队从三方面对教师的敬业程度进行调查，对教师对职业的热爱程度分为"很低、较低、一般、较高、很高"五个层次，对教师愿意付出额外的努力去帮助学校完成使命的情况分为"很少、较少、一般、较多、很多"五个层次，对教师所承受的工作压力状况分为"很小、较小、一般、较大、很大"五个层次，分别赋值为1、2、3、4、5。分析结果见表 5-6。

表 5-6 教师敬业状况分析表

项目	总体 M	总体 SD	城市 M	城市 SD	农村 M	农村 SD	t
对职业的热爱	3.71	0.895	3.62	0.818	3.78	0.954	2.301
完成学校使命	3.34	0.884	3.26	0.801	3.40	0.947	9.385**
承受工作压力状况	3.47	1.295	3.51	1.562	3.44	1.008	2.058

**$p<0.01$

调查结果显示：整体上，教师还是比较敬业的，能够做到热爱自己的职业，乐于完成学校的任务，能承受较大的工作压力。从差异上分析，城市教师和农村教师在对职业的热爱程度和承受工作压力的状况上没有显著差异，但是在愿意付出额外努力帮助学校完成使命方面，城市教师和农村教师有较大差异，且城市教师的情况不如农村教师。由此可见，城市教师还有很大的发展空间。

（二）关注与接纳新知识状况

教师的专业发展首先涉及教师是否有主动学习的需求，这就与关注与接纳新的教育理念和知识密切相关。义务教育阶段正是学生全面发展的基础阶段，能否以新的教育理念引导学生形成创新意识，能否让学生掌握新的知识，都与教师本人对新教育理念、学科知识的关注、接纳并自觉运用有直接关系。现在国家提倡教师要接触和学习新的教育教学理念，并关注自己学科的新知识。因此，研究团队以新的教育教学理念和新的学科知识的关注情况作为衡量教师关注与接纳新知识的指标进行了调查。

调查结果显示：就关注新的教育教学理念而言，0.5%的教师关注度很低，5.4%的教师关注度较低，43.0%的教师的关注度一般，42.5%的教师关注度较高，8.1%的教师关注度很高。总体而言，教师对于新的教育教学理念的关注度是令人乐观的。但是城乡存在着一些差异，城市学校教师对于新的教育教学理念的关注度，选择较高和很高的占到53.4%，县镇学校教师占44.7%，而农村学校教师占48%。并且，在对农村和县镇教师的访谈中发现：一些教师平时备课、上课和批改作业的时间都很紧张，没有多余的时间学习新的教育教学理念，再加上农村地区比较偏远，信息闭塞，有很多前沿知识不能及时传播，教师也就不太可能进行关注和学习。而且，很多教师认为只要在自己的教学中按照上级部门的要求去做，并不思考教育教学，更不会在教学中关注新的教育教学理念。这些表现在县镇和农村教师中较为普遍。从不同类型的学校角度去分析，优质学校的教师对于新的教育教学理念的关注度，选择较高和很高的占70.8%，普通学校的教师占47.8%，而薄弱学校的教师仅占38.6%。三类学校呈现出明显的差异，优质学校教师对于新的教育教学理念的关注度明显高于普通学校和薄弱学校。

除了新的教育教学理念外，教师对于自己所教学科新知识的关注度也有所区别。从总体上看，0.8%的教师对学科新知识的关注很低，3.5%的教师对学科新知识关注较低，27.4%的教师关注度一般，55.1%的教师关注度较高，12.4%的教师关注度很高。从城市学校和乡村学校上看，面对同样的问题，68.3%的城市教师选择了较高和很高，59.6%的县镇学校教师选择较高和很高，68.8%的农村教师选择较高和很高，城市教师和农村教师没有出现很大差异，反而农村教师对于学科新知识的关注度比城市教师还要高一些，究其原因，可能与农村学校对于学科知识的重视程度及教师自身的重视程度有关。从学校类型上看，优质学校的教师对学科新知识给予较高和很高的关注度比例是 80.5%，普通学校是 65.2%，薄弱学校是 61.4%，三类学校差异明显。

（三）教师的学生观情况

优质教学应真正体现以学生为主体，课堂上教师必须充分激活学生的思维，发挥学生的主体作用，如让学生交流合作讨论问题等。课堂教学公平是教育公平的重要方面。教学公平反映到课堂上，就是要求教师关注到课堂上每个学生，不仅关注学生的学习状况，还要关注学生的心理发展状况，及时了解学生的心理变化，对心理出现问题的学生及时给予帮助，全方位多方面的关注每个学生的成长。评价是促进教与学的有力工具，教师是否能恰当运用评价手段激励学生、有效利用评价手段激励学生学习的积极性直接影响到教学的质量。为此，研究团队围绕两个方面的问题进行了调查，对结果进行五级量化，对教师能给出客观准确评价的学生比例分为"1%～20%、21%～40%、41%～60%、61%～80%、81%～100%"五个范围，对教师对学生进行心理辅导的能力情况分为"很低、较低、一般、较高、很高"五个层次，水平依次升高，并分别赋值1、2、3、4、5。统计分析结果下表。（因县镇也属于农村地区，所以研究团队在分类时把县镇学校也归为农村学校这一类）

表 5-7 教师的学生观情况分析表

项目	总体 M	总体 SD	城市学校 M	城市学校 SD	农村学校 M	农村学校 SD	t
教师对学生准确评价的范围	3.73	0.884	3.81	0.852	3.66	0.907	3.166
教师对学生心理辅导的能力	3.47	0.676	3.46	0.606	3.47	0.733	7.150**

**$p<0.01$

数据分析结果显示：总体来说，教师能客观准确地评价学生的范围和教师对学生心理辅导的能力还是处于中等偏上的水平。城市和农村教师能给出客观准确评价学生的比例范围没有显著差异，且基本能够做到客观准确的评价61%～80%的学生。但是在教师对学生进行心理辅导的能力上，城市教师和农村教师存在显著差异，且农村教师对学生进行心理辅导的能力要略高于城市教师，可见农村学校还是比较重视对学生进行心理教育的。究其原因，可能和农村学生比较少，而且农村地区学生容易出现心理问题，教师对此比较关注有关。

（四）教师有效教学情况

根据促成有效教学的五种关键行为及与有效教学有关的一些辅助行为，研究团队选择了十个指标作为衡量有效教学水平的标准。这些指标在一定程度上反映了教师有效教学的情况。研究团队让教师对自己在这十种教学行为方面的表现做自我评价，分为"很差、较差、一般、较好、很好"五个层次供选择，这五个层次分别赋值 1、2、3、4、5。统计分析结果见表 5-8。

表 5-8　教师有效教学情况分析表

项目	总体 M	总体 SD	城市 M	城市 SD	农村 M	农村 SD	t
清晰授课	3.87	0.840	3.99	0.774	3.76	0.883	7.847**
多样化教学	3.77	0.860	3.86	0.805	3.69	0.900	5.673*
任务导向	3.67	0.769	3.75	0.740	3.60	0.789	1.760
学生投入	3.81	1.693	3.97	2.334	3.66	0.738	0.011
学生成功率	3.63	0.784	3.71	0.814	3.57	0.752	0.502
运用学生的想法和贡献	3.59	0.787	3.65	0.768	3.55	0.802	0.501
组织	3.79	0.771	3.88	0.715	3.72	0.811	6.175*
提问	3.83	0.718	3.88	0.651	3.78	0.770	6.984**
探询	3.77	2.203	3.74	0.708	3.79	2.948	1.855
热情	3.88	0.823	3.98	0.741	3.80	0.883	13.514**

*$p<0.05$，**$p<0.01$

统计结果可见：总体而言，教师在这十种教学行为方面的表现均值处于"较好"水平，表明教师平时的教学都是比较有效的，但离优秀还有一段距离，尚有发展空间。这里所谓的清晰授课是指有逻辑的、逐步进行的、有次序、清晰易懂的授课。多样化教学是指多样的教学材料、提问、反馈和教学策略等。任务导向是指以内容导向，而不是以过程导向，使内容覆盖面尽可能大，教学时间尽可能多。学生投入是指限制分散注意力的机会，使学生就教学内容进行操作、思考和探究等。学生成功率是指把 60%～70%的时间用在能给学生带来中高水平的成功率的任务上，尤其是在讲解式和传授式教学中。运用学生的想法和贡献是指运用学生的回答促成课时目标，让学生使用自己的想法、经验和思维模式等，详细阐述和扩展所学内容。组织是指在一堂课的起始部分教师提供先行组织者和心理策略，用多种要求创设活动结构。提问就是教师运用内容问题（直接）和过程问题（间接）传达事实，并鼓励学生探究和解决问题。探究是指教师诱导、澄清、探求额外信息，必要时调整方向。热情是指教师在课堂讲授中通过语言、手势、目光和活力等，展示生机、投入、兴奋和兴趣。

差异分析可以看出：基本上城市学校教师在这十项教学行为表现方面平均好于农村学校教师，其中，在清晰授课、多样化教学、组织、提问、热情行为方面的表现，城市学校教师显著好于农村学校教师。这表明城市学校教师在有效教学方面做得比农村学校教师好，这似乎符合人们的一贯认识：城里的教师普遍比农村教师强。

（五）教师教育教学研究能力状况

在新课程改革以前，教师只是参与课堂教学和对学生进行管理，教育教学研究不属于教师的工作范围，它是高校科研人员的任务。在新课程改革后，"教师即研究者"这一口号逐渐深入到每一位教师心中，越来越多的教师不仅重视日常的教育教学，也同样重视自己的教育教学研究能力，能够结合教学不断进行反思，发现教学中存在的问题进而加以改进。研究团队在调查教师的教育教学能力时，选取了"教师对课堂教学进行反思的情况"和"教师参与教学研究、撰写论文等提炼教学经验的情况"两个问题，每个问题都分为"没有、较少、一般、较多和很多"五个等级，分别赋予1、2、3、4、5分。分析结果见表5-9。

表5-9 教师教育教学研究能力状况表

项目	总体 M	总体 SD	城市 M	城市 SD	农村 M	农村 SD	t
教师对课堂教学进行教学反思的情况	3.71	0.795	3.76	0.706	3.67	0.866	10.308**
教师参与教学研究撰写论文等提炼教学经验的情况	2.84	0.886	2.92	0.776	2.77	0.969	17.856**

**$p<0.01$

结果分析显示：总体上教师进行课堂教学反思和参与课题研究、撰写论文等提炼教学经验的情况有一定的差异，教师进行教学反思的情况能达到较好的水平但是提炼教学经验的情况只能达到一般水平，可见教师在平时不能够经常通过课题研究和撰写论文等方式提炼教学经验，今后应加强在这方面的学习，积极参与课题，撰写论文。在进行城市与农村教师的对比时，发现城市教师在进行教育教学研究方面要显著好于农村教师，能力也要比农村教师强，呈现出较大的差异。

除此之外，研究团队还针对教师教育科研的问题编制调查问卷进行了专门调查。调查发现：当前义务教育学校的教育科研还存在着以下问题：价值认识不清、功利主义倾向严重；理论薄弱，缺乏系统的教育科研知识和能力；学校缺乏必要的科研支持，教师的积极性不高；学校科研管理制度不完善，教育科研成果应用和推广弱化。

1. 教师对教育科研的价值认识存在偏差，功利主义倾向严重

教育科研的目的是解决教育教学改革中遇到的实际问题，促进教育教学质量的提高，以及教师的成长和学校的发展。表5-10和表5-11中显示：大部分教师已经认识到教育科研对提高教育教学质量提高、促进教师专业发展和提高学校知名度的作用，但是大部分教师认为教育科研对解决教育教学中的实际问题有一些帮助，16.6%的教师认为教育科研没有帮助，科研与教学工作是两码事甚至影响常规工作。教育科研是学校的一项重要工作，很多学校出台相关政策鼓励教师从事教育科研工作，还将科研成果作为评价教师业绩的一个重要指标。但是，很多教师进行教育科研不是为了教学需要，也不是为了自身发展需要，而是为了完成学校布置的任务或者是为晋级、评优、考核创造有利条件。他们对教育科研的价值认识存在偏差，功利主义倾向严重。很多教师是为了做科研而做科研，没有认识到科研与教学的联系，导致看似有了科研成果但不能为教学服务，非但没有促进教育教学质量的提高，反而浪费了很多时间，不利于教师素质的提高。还有一部分教师认为搞教育科研是高校和教育科研机构的事情或者领导的事情，与教师个人无关。

表5-10　教师对学校开展教育科研工作实际作用的认识

项目	探索教育教学规律，提高教育教学质量	促进学校教育教学改革，打造学校品牌	能够促进教师专业化发展	能够提高学校知名度，以利于对外宣传	没有什么实际作用
比例/%	29.3	21.4	28.9	23.7	3.7

资料来源：问卷调查数据统计分析结果所得

表5-11　教师认为教育科研对教学工作的实际作用

项目	对解决教育教学中的实际问题有很大帮助	对解决教育教学中的实际问题有一些帮助	无帮助，科研与教学工作是两码事	无帮助甚至影响常规工作
比例/%	29.1	54.3	7.5	9.1

资料来源：问卷调查数据统计分析结果所得

2. 教师的教育科研理论薄弱，缺乏系统的教育科研知识和能力

调查发现教师的科研理论薄弱和科研知识及能力比较欠缺。义务教育阶段教师在平时的教育教学中积累了丰富的教学经验，但由于他们长年从事繁重的教学工作，学习教育理论的时间很少，导致理论基础薄弱，科研能力欠缺。很多教师选题刻意地"求全、求新、求大"，有些课题宽泛到足以涵盖整个教育领域。在调查中，只有40.5%的教师能够选择合适的课题名称，大部分教师对于选题定位不准确，同时，52%的教师认为没有必要对关键概念进行界定，这些都反映了教师的科研理论薄弱。在教育科学研究方法的选择上，55.5%的教师不了解教育科学研究方法的规范表述，绝大部分教师不能选择恰当的方法进行研究，对于研究方法的适用范围和作用理解不深，也体现了教师的科研知识结构失衡。

3. 学校缺乏必要的科研支持，教师的积极性不高

教师教育科研的顺利开展离不开学校的支持，教师收集科研信息、购买科研资料以及外出调研都需要一定的经费。但调查显示：只有19.6%的学校提供全部或大部分科研资金，25.2%的学校提供一部分科研资金，55.2%的学校不提供科研资金，教育科研经费的匮乏为教师开展研究带来了困难。学校缺乏必要的科研经费支持与投入，没有为教师提供学术期刊、文献数据库、书籍资料、实验仪器设备等必要的物质条件，严重影响了教师科研的积极性和科研的质量。

调查中，24.7%的教师通过教育培训获得教育科研所需资料，42.3%的教师通过网络资源获得，18.7%的教师自己购买或通过借阅资料，还有14.3%的教师通过其他途径获得。资料的获取途径和丰富程度也影响着教师教育科研的开展，大部分教师认为教育科研困难重重。

表 5-12 教师在选题过程中最主要的困难

项目	发现不了值得研究的问题	不知道如何将现实中的问题转化为研究课题	找不到课题研究的切入点与创新点
比例/%	20.6	44.1	35.3

资料来源：问卷调查数据统计分析结果所得

教师教育科研的有效进行必须了解课题的来源、研究的方法及研究报告的撰写等课题研究的基本理论知识和规范。但调查显示教师在选题、课题研究和研究总结中面临着诸多困难，其中，大部分教师不知如何将现实中的问题转化为研究课题，不清楚如何对研究目标进行分解并构建问题网络，不了解选择恰当的研究方法并有效使用，对提炼的方法和视角知之甚少。这也反映了学校对教师的科研培训欠缺，没有为教师提供良好的学习平台。现实的科研困难使教师对教育科研望而生畏，研究的积极性不高。

4. 学校科研管理制度不完善，教育科研成果应用和推广弱化

学校的科研管理制度是教师开展教育科研的保障，科学合理的教育科研管理制度能够引导、激励和监督教师很好地进行研究，把科研和教学紧密结合起来，切实解决教育教学中的实际问题。调查显示：32.7%的学校有专门的教育科研管理制度并按制度执行，33.6%的学校有制度但没有付诸实践，33.7%的学校没有相应的制度，中小学教育科研管理制度的缺失与不完善使教师不能充分认识对教育科研的重要性，监督教师有效开展教育科研，并积极应用和推广研究成果。

学校对教育科研工作的重视程度不够、执行力不强。39.5%的学校把教育科研工作列入基本任务行列，18.7%的学校虽列入计划但执行不到位，41.8%的学校计划中未予重视。大部分教师认为开展教育科研最大的困难是日常教学任务重，没有时间和精力搞课题研究，还有很多教师认为领导不重视，对教育科研缺乏必要的奖励和鼓励措施，还有一些教师认为得不到优秀教师或专家的引导和帮助，这就需要学校完善科研管理制度，保障教师有时间进行教育科研，并通过相应措施激发教师研究的动力。

将有价值的教育科研成果进行应用和推广是教师教育科研的必要环节。但学校对教育科研成果的应用和推广重视不够。关于研究成果推广中最主要的困难，14.9%的教师认为研究成果的科学性值得怀疑，41.5%的教师认为研究成果的表述不够具体，难以进行实践操作，43.6%的教师认为管理部门（包括学校）缺乏相应的推广机制。即使研究成果具有科学性，学校也没有很好地对成果进行推广，从表 5-13 中可知，55.1%的学校对上级行政部门或业务部门鉴定或表彰过的科研成果不予理睬或表扬、奖励后束之高阁，只有 21.8%的学校多次举办科研成果交流展示会，较大力度进行科研成果推广和转化。

表 5-13　学校对通过上级行政部门或业务部门鉴定或表彰过的科研成果采取的措施

项目	不予理睬	表扬，奖励后束之高阁	多次举办科研成果交流展示会，科研成果推广转化的力度大	不定期举办科研成果交流展示会，科研成果推广转化的力度小
比例/%	13	42.1	21.8	23.1

资料来源：问卷调查数据统计分析结果所得

（六）教师的职业幸福感状况

教师是教育事业发展的"助推器"，是传播知识、办好人民满意教育的载体，教师职业幸福感是衡量教师群体职业生活质量的重要指标，直接影响教育质量的提升（王传金，2008）。

教师在上课前、上课时和上课后的精神状况可以直接反映教师的工作态度，影响教师的职业幸福感。同时，教师对自己努力工作所得和学校相关工作管理制度（如晋升制度、考核制度等）的认可程度的高低也决定了教师职业幸福感的大小。考虑到这些方面，研究团队主要围绕以下几方面进行调查：教师课前对取得较好教学效果的期待、上课心情愉悦、课后成功体验、工作充满活力、工作量和工资的匹配程度、对学校激励措施的认可程度，对晋升机制合理性的认识、对考评机制的认识、对培训内容、方式、效果的满意度。每个问题都从低到高分为五级水平，分别赋值为1、2、3、4、5。具体调查结果见表5-14。

表5-14 教师的职业幸福感状况分析表

项目	总体 M	总体 SD	城市 M	城市 SD	农村 M	农村 SD	t
课前对取得较好教学效果的期待	3.97	2.352	4.17	3.343	3.79	0.734	0.494
上课心情愉悦	3.57	0.869	3.55	0.826	3.58	0.907	1.133
课后成功体验	3.61	2.257	3.68	3.184	3.55	0.819	0.866
工作充满活力	3.52	0.890	3.49	0.827	3.55	0.942	2.746
工作量和工资的匹配程度	2.44	1.050	2.34	1.067	2.52	1.030	1.433
对学校激励措施的认可程度	2.79	0.912	2.85	0.947	2.73	0.879	0.119
对晋升机制合理性的认识	2.93	0.968	2.91	1.016	2.95	0.927	1.886
对评价考核机制的认识	2.90	0.971	2.85	1.020	2.94	0.926	3.897*
对培训内容、方式、效果的满意度	3.14	0.889	3.02	0.914	3.24	0.855	1.130

*$p<0.05$

从总体上看，教师的工作满意度一般，可见教师对本职工作的满意度处于中等水平。城乡差异分析的结果可知：教师在课前、课上和课后的精神状态没有显著性的差异，并且在对工资待遇、激励措施、晋升机制、培训活动的满意度上，城乡教师也没有区别，城市教师和农村教师唯独在对学校评价考核机制的认识上存在着明显的差异，在这方面农村教师对评价考核机制的认可程度要高于城市教师。

除了以上的调查数据分析外，团队成员在听课、座谈中也普遍感受到在课堂语言组织、教材的理解、课堂的驾驭、信息化手段的运用等方面，城市优质学校高于薄弱学校，县城优质学校高于乡村学校。优质学校非常重视教师业务素质的提高，例如，所调查的一所城市优质小学就非常注重教育科研对学校教师专业化发展的促进作用，他们学校承担了国家教育部和省教育厅重点实验课题"现代家庭教育研究""知心家庭学校""研究中学习的理论与实践"，省教育厅新课程改革的"学习方式的研究""口语评价标准研究"等课题，并承担了省实践活动课，国家"注音识字，提前读"等教学实验的任务；所调查的一所县城优质初中有计划、有步骤地做中青年教师的培养工作，每学期都安排骨干教师外出学习培训达20人次，还积极组织教师参加继续教育学习和各级各类业务培训。而一些薄弱学校或乡村学校在教师培养方面的力度就较小，措施也不是很到位。同时，研究团队在调查中还发现，基于教师所任教的学校类型、层次、区域及教师的性别、教龄、学历、职位等特征的差异，教师个体职业幸福感感还存在很大差异。

经统计分析，研究团队得知男教师比女教师更能体验到职业幸福感。研究认为是教师自身因素和社会因素相互交织促成的结果。受我国传统观念的影响，女教师承担来自家庭的压力影响，造成工作动机降低。而男性占据学校管理层的比例较大，比女教师更容易得到升迁、更有机会体会到由工作带来的成就感，促使工作动机更加强烈。男性教师的工作动机很明确、选择的空间也较大。而女教师多数是为了生存，才从事教师工作的，这种工作并非自己喜欢的，所以这种工作动机被自己的兴趣所扼杀掉。

1）不同教龄对教师职业幸福感的影响。结果分析显示：教龄为1年及以下，1～5年（含5年），5～20年（含20年），20年以上这四个中学教师群体的职业幸福感存在显著性差异。其中5～20年（含20年）教龄的中学教师职业幸福感程度是最低的（表5-15，图5-4）。

表 5-15　不同教龄教师的职业幸福状况　　　　　　　　　（单位：%）

幸福感	1年以下	1～5年	5～20年	20年以上
非常幸福	7.1	12.2	0	4.4
比较幸福	57.1	53.1	29.3	35.6
幸福	22.8	15.5	15.6	3.6
不幸福	12.0	11.0	45.8	2.8
非常不幸福	1.0	8.2	9.7	3.6

资料来源：问卷调查数据统计分析结果所得

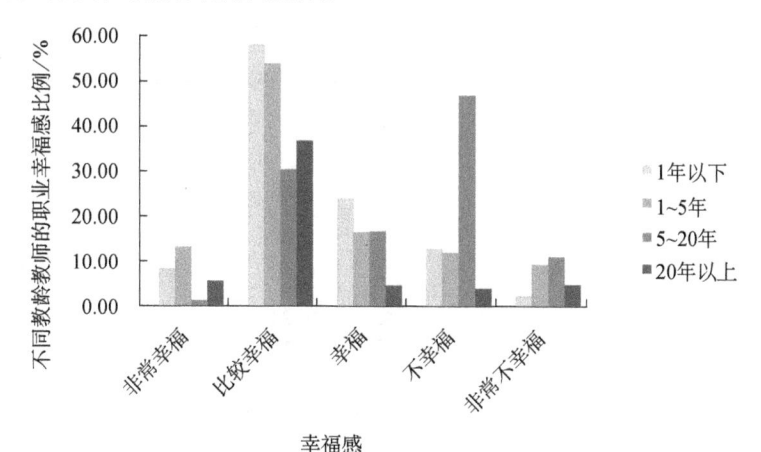

图 5-4　不同教龄教师的职业幸福状况柱形图

教龄不同的中学教师，在其职业幸福感上存在很大的不同。随着教龄的增长，中学教师职业幸福感会呈现"两端高中间低"的发展状况。经分析，5年及5年以下教龄的教师，一方面主要对于工作好奇心的强烈存在，再加上本身精力旺盛，好胜心强；另一方面，刚走上工作岗位的教师正处于狂热期，他们很自信、目标明确、不知疲倦地投入大量精力去工作。而且，由于教学经验和资历的不足，渴望更多地付出能够换来职称晋升、职位升迁，在努力的过程中，一些向往的目标让工作中的自己感到职业幸福的动力所在。而职业幸福感最差的是5~20年教龄的中学教师，其原因可能是由于该年龄段的教师处于职业发展的中等阶段，在家庭和事业的双重压力下，对事业有着过高的期望。现实与美好期望之间的落差致使教师的工作进取心受挫，即所谓的"职业挫折阶段"，进而，其职业幸福感也随之降低。20年以上教龄的教师之所以会有较高的职业幸福感，主要是因为随着其职业的成熟，其对自己有着较为合适的定位和职业认同感，因此，其具有较强的职业幸福感。

2）任教科目对教师职业幸福感的影响。从总体上看，主副科教师的职业幸福感并没有显著的差异，但在工作吸引力和健康状况等因素方面存在着显著差异。在工作吸引力方面，副科教师的工作吸引力高于主科教师的工作吸引力；在健康状况方面，副科教师的健康状况好于主科教师（表5-16，图5-5）。

表5-16　不同学科教师的职业幸福状况　　　　　　　　　（单位：%）

幸福感	语数外	理化生	政史地	艺体美劳
非常幸福	6.4	3.6	2.1	1.8
比较幸福	40.4	36.7	23.2	15.9
幸福	25.6	25.7	15.9	25.9
不幸福	15.6	25.7	36.8	34.5
非常不幸福	12.0	8.0	22.0	22.0

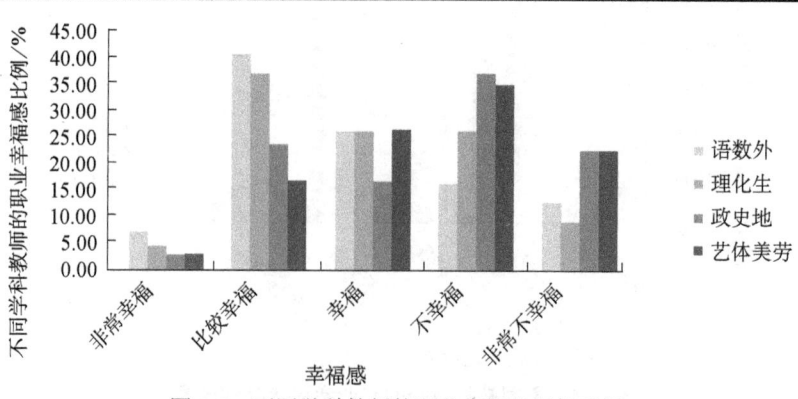

图5-5　不同学科教师的职业幸福状况柱形图

据统计分析结果显示：任教科目不同的教师的职业幸福感存在显著差异。任教学科为语、数、外的中学教师职业幸福感程度较其他学科的中学教师是最高的。任教的学科影响中学教师职业幸福感的程度，在传统"主、副"科观念的影响下，语、数、外等主科受到了普遍的关注，物理、化学、生物等副科教师受到排挤，其职业幸福感也随之受到影响。

不同职称中学教师之间的比较：不同职称的中学教师，其职业幸福感存在显著的差异。中学高级教师的职业幸福感程度较其他职称的中学教师是最高的。原因可能是不同程度的教学成就感就有不同程度的职业幸福感，两者之间成正比。因此，职称越高，教师的成就感就越明显，同样教师的职业幸福感就越高。

3）教师职业幸福感受从教不同年级的影响。初中和高中教师在职业幸福感存在极其显著，因为高中教师承受的压力比初中教师更大。高中教师比初中教师每天都多个晚自习，同时假期时间也短，相比较来看，高中教师比初中教师的工作量大得多；其次就升学率、家长和社会的期望来说，高考在学生未来发展中扮演着极其重要的角色，在包括学生、家长、学校、社会都以高考为中心的大背景下，高中教师也要加入到紧张的高考备战中，所以高中教师的职业幸福感显著低于初中教师。

4）"是否承担管理工作"对教师职业幸福感有以下影响。在身体健康上，非班主任教师的身体健康得分显著高于班主任教师。班主任不仅承担某一科的教学任务，管理学生的日常生活琐事和班级管理工作，还要课下积极主动地与学生家长进行沟通交流。面对学校和家长的压力，学生的学习成绩不理想的情况下，学校首先对班主任工作的指责，其次是家长的不理解和不支持；个别学生出现了问题，家长责怪班主任，怪罪没有看好自己的孩子。班主任教师工作是"痛并快乐着"，因此只有身体健康因子上非班主任教师的得分显著高于班主任老师，其他因子及职业幸福感总分并没有显著差异（表5-17）。

表5-17 不同职务教师的职业幸福状况 （单位：%）

幸福感	中层领导	年级组长	一般教师
非常幸福	23.70	11.20	3.60
比较幸福	45.60	23.50	25.40
幸福	23.60	36.70	34.50
不幸福	6.30	17.60	10.90
非常不幸福	0.80	11.00	25.60

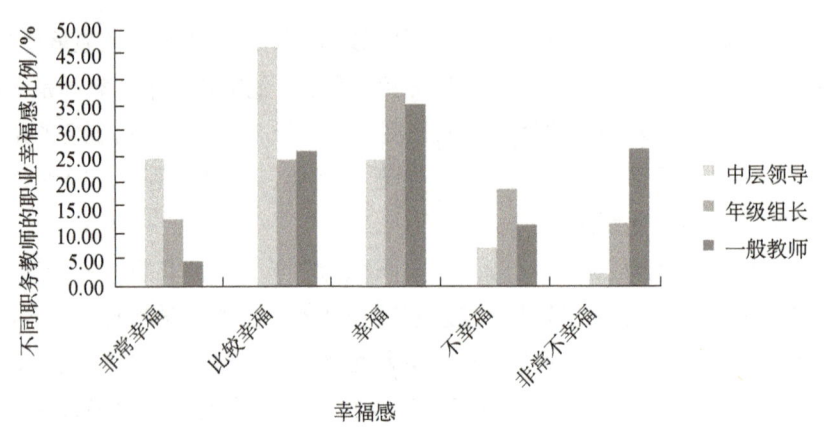

图 5-6　不同职务教师的职业幸福状况柱状图

5）不同"职务"对教师职业幸福感的影响。经过统计分析发现，中层干部与年级组长的职业幸福感并不存在显著性差异。一般教师职业幸福程度最低，中层干部职业幸福程度最高。原因可能在于中层干部的教师大部分时间参与学校的管理和建设，有较多的发言权机会，而一般教师处于被动者的地位，在精神上缺乏归宿感，在专业上失去自由和自主，因而职业幸福程度较低。

6）学历对教师职业幸福感的影响。不同学历教师在职业幸福感上并未存在显著差异，这说明了中学教师的职业幸福感不受自身学历的影响，教师职业幸福感指数不会随着学历的变化而变化。

本研究经调查统计分析显示：在职业幸福感上，教龄不同的教师存在极其显著的不同，0～5年教龄的教师其职业幸福感显著高于其他教龄段的教师。在工作动机维度上，男教师的职业幸福感显著高于女教师；初中教师也明显高于高中教师的职业幸福感；在工作吸引力上，担任副科教师的工作吸引力要高于主课教师对工作的吸引力。在身体健康维度下，未担任班主任的教师在身体健康上好于担任班主任教师的健康状况。学历不同的教师职业幸福感没有随学历的变化而变化。

第二节　师资均衡配置与有效使用存在问题的原因分析

从对我国义务教育均衡发展视野下师资均衡配置与有效使用的现状分析来看，我国义务教育阶段师资发展不均衡是一个不置可否的问题。对此，分析出现这种问题背后的原因是十分必要的，以期为更好地解决师资均衡配置与有效使用问题提供对策。

一、地区经济发展的不均衡——经济原因

改革开放以来，我国经济发展呈现出的特点是发展迅速但发展不均衡，这种不均衡主要表现在东中西部不均衡、城市与农村不均衡和各阶层不均衡。"经济基础决定上层建筑"，由经济发展水平的不同就产生了一系列的社会问题，在教育上的表现就是义务教育发展的不均衡和师资的非均衡配置。研究团队主要从教师工资待遇的差异、教师工作环境的差异和教师生活环境的差异三方面进行分析。

（一）教师工资待遇的差异

改革开放后，随着我国市场经济的快速发展，人们更倾向于用一个人的经济地位衡量这个人的价值，这种市场经济价值观也同样适用于教师行业。对于教师来说，工资就是其经济地位的集中体现，工资代表了教师的价值。因此，教师对于自己工资待遇的满意程度直接决定了教师是否愿意从事教师行业，是否安心于在本地区进行教书育人，也决定了教师教书育人的积极性、责任心，进行专业发展的动力与职业幸福感。

现行的教师工资制度实行的是2006年制定的。在2006年的工资套改中，中小学作为纯粹的公益事业，成为纯粹的财政支出部门。我国设立了包括岗位工资、薪级工资、绩效工资、津补贴四个主要部分组成的岗位和职级对应的二维工资结构，有效遏制了学校因发放校内工资而从事市场活动的冲动，改变了学校因发放校内工资而造成的学校之间、城乡之间的较大差异，提升了农村地区、贫困地区教师的工资保障程度，在一定程度上缓解了县（区）域内学校之间工资巨大差异造成的教师不合理流动，但制度设计中却缺失了地区差异。2009年，《关于义务教育学校实施绩效工资的指导意见》颁布并实施由省级人民政府统筹、县域内基本平衡、用绩效工资作为地区差异实现的绩效工资制度。近年来，教师的岗位工资和薪级工资没有变动过，通常用绩效工资的变动调整教师的工资。因为教师的岗位工资和薪级工资是由职称决定的，而城市、县镇、乡镇地区教师的职称存在较大差距，所以导致了城乡教师工资的差别。而绩效工资的预算等级在县级政府，因此，县域内经济水平较高，教师工资水平相对较高，县域之间教师工资的差异就日渐凸显出来。以广东省为例，据《广东教育改革发展研究报告（2013）》披露：尽管这些年广东省教师待遇得到切实提高，但城乡教师待遇差距过大，雷州市的

教师月平均工资仅为1879元，而深圳市教师月工资最低的盐田区为10 353元，后者约是前者的5.5倍（关松林，2013）。

　　教师工资待遇的差异是导致优秀教师外流的根本原因。关于教师外流原因的分析，有的认为这与教师自身谋求专业发展有关，到经济发达地区学习的机会多，锻炼的机会多，崭露头角的机会也多，优秀教师外流是为了给自己开拓更大的发展空间；有的认为这与教师的家庭有关，经济发达地区能给其子女提供享受优秀教育的机会，优秀教师外流是期望为孩子今后的升学、就业创造良好的条件；还有的认为这反映了教师对工资分配上"大锅饭"的不满，应进行人事制度改革……其实，研究团队在调查中发现：这些都不是问题的症结所在，优秀教师外流的根本原因在于，开封教师的工资待遇与外地市差距过大。河南统计网数据显示：与河南省内其他地区从教人员收入相比，开封市从教人员平均年收入远低于郑州、新乡、洛阳等城市，这正是优秀教师外流的根本原因。通常，人们把规范教师工资放在事业单位系列，认真地说，这是把教师工资的规范放错了位置。教师法和义务教育法明确地把教师平均工资与公务员平均工资"捆"在一起，此涨彼亦涨。这是把教育放在优先地位的一个体现。而其他事业单位并没有类似的法律体现。如果在规范公务员工资时，没有同时把规范教师工资提上议事日程，这就应该被认为是一个失误，因为这是一个对"优先发展教育"的认识问题，是一个依法办事、依法治教的问题。如果站在这个角度来认识并认真解决开封教师收入过低的问题，那么优秀教师外流的问题是不难解决的。

（二）教师工作环境的差异

　　我国城乡二元的经济结构促使城乡教育的发展具有巨大差异，由此造成城乡义务教育学校环境条件也有天壤之别，城乡义务教育教师的工作环境条件也就有很大不同。

　　教师工作环境的差异性，主要表现在以下几个方面：①学生难教。随着我国经济的快速发展，城市化进程明显加快，自20世纪90年代初沿海城市兴起之后，大量农村务工人员涌入城市，随之也导致农村学校存在大量的留守儿童。调查数据表明：农村小学阶段的留守儿童占62.8%，农村初中阶段的留守儿童占37.2%。在调查中，研究团队了解到留守儿童在学业、心理健康、道德品行上如下问题比较突出：有的留守儿童上了初中，却还不识几个字；有的留守儿童注意力缺失，哪怕老师坐在旁边一对一辅导，他的眼神也还无法集中在书本上；有的留守儿童性格偏内向，心理自卑，自信心不足，感情冷淡，孤单寂寞，内心压抑，不愿向人倾诉心里话；有的留守儿童不理解父母，抱怨父母的无知和无能，疏远父母，与父母产生了隔阂。②与家长交往。在调查过程中，研究团队了解到：农村家长的知识水平不高，在家不能很好地辅导学生学习，家校配合契合度较低，同时农村家长又对教育赋予了太多的责任和太高的要求，虽然教师付出了很多心血，但往往得不到家长的认可和赞赏，有的家长会因为一点小事与学校发生冲突，行为方式简单粗暴。③农村学校的现代教学设备短缺，教育信息闭塞，教师外出参观、学习、接受新事物的机会较少，校长的专业化程度低，管理上缺乏激励措施，组织文化创建薄弱，这会造成在引进优秀中青年教师的问题上出现困难，优秀教师因为农村学校条件不好而不愿意在乡村学校来进行教学，致使城乡学校之间在师资队伍的质量上出现扩大的趋势，进一步拉大了义务教育师资的不均衡现象。

（三）教师生活环境的差异

教师生活环境的差异主要表现在城乡教师生活环境的不同。城镇学校拥有便利的交通、优美的环境等有利的生活条件，教师的生活水平相对较高，医疗保障等福利能够得到有效及时的保证；而农村学校大多位于交通不便利、环境较为闭塞的地区，教师的生活水平相对偏低，医疗保障显得较为薄弱，出现重大病情往往需要奔赴千里之外的县城医院进行救治。城镇学校因生活环境相对较好，在师资的引进方面更具有吸引力；而农村学校生活环境较差，吸引不了优秀教师，也留不住优秀教师，由此造成了城镇学校教师相对饱和，农村学校教师相对匮乏的局面，致使城乡师资队伍出现了失衡。

二、政府政策导向偏差——政策原因

（一）"重点学校"办学理念的错误导向

改革开放初期，全国实行了重点校制度，建设了一批"重点中小学"，各级政府和教育行政部门在政策上倾斜，财力上扶持，师资上保障，让原本有限的教育资源过分集中于少数重点中小学（一级一类学校），使少数重点中小学无论在办学条件、师资水平、生源质量等方面大大优于其他学校，这样就人为地制造了重点学校与非重点学校在教育资源享有上的失衡。这种重点校制度是我国在教育资源短缺条件下的一种政策选择，但在20世纪90年代，随着九年义务教育的普及，人民群众对优质教育的需求日益迫切，我国已经取消了义务教育的重点校制度。但是，这种重点校制度的实施已经让重点学校积累了大量的优质人力、物力等有形资源及品牌效应等无形资源成为优质学校，同时，一些非重点校因为历史的原因成为薄弱学校，导致义务教育阶段师资配置的不均衡，从而拉大了学校之间的差距。

（二）"城市中心"价值取向的偏差性

城乡二元经济二元体制"城市中心"的价值取向是指国家的相关政策以城市为倾向，以首先满足城市的需要为重点。义务教育发展的有关制度和政策中的"城市优先"，在客观上拉大了义务教育的城乡差距。城乡二元经济制度的种种设置与安排造成了教育资源配置上存在突出的"城市优先取向"，在表现出不平等的同时拉大城乡差距。建立在城市学校基础之上的办学标准自然出现了教育资源配置的基本特征：先城市后农村，先重点再普通，先市民子弟后农村子弟，以城市和市民为中心，以农村和农民为外围的教育资源配置路线。这一"规则的不公"导致了在受教育机会上"起点的不公"。其背后正是"城市中心"的价值取向作祟（王巧云，2007）。

（三）教师流动政策不完善，缺少相应的保障措施

从20世纪90年代开始，教师流动就开始进入人们关注的视野，相应的政策文件也陆续出台。最早的教师流动政策是1996年国家教委在《关于"九五"期间加强中小学教师队伍建设的意见》中提出的要积极进行教师定期交流，要建立教师流动的有效机制，采取切实的政策措施，鼓励教师从城市到农村，从强校到薄弱学校任教。此后，每年都有教师流动的政策出台，2000年以后，随着人民群众文化程度的增高以及对教育的重视程度增强，人民群众对优质教育资源需求的日益迫切，择校问题成为教育行政部门必须面临的难题，教师流动作为破解择校难题的有力法宝，为教育政策所重点关注。《国家中长期教育改革和发展规划纲要（2010—2020年）》明确指出：实行县（区）域内教师、校长交流制度，建立健全义务教育学校教师和校长流动机制。这些文件在一定程度上促进了教师流动的进一步加快，使农村学校和城镇薄弱学校得到了师资上的有力补充，缓解了贫困学校师资短缺的问题，有利于促进义务教育的均衡发展。但是，这些政策的体系性缺失导致教师流动在政策实施过程中困难重重，往往流于政策难以落实，具体表现在两个方面：一方面是系统性的表述相对缺乏，教师流动政策是由系统性的要素构成，包括诸如流动对象、流动时限、流动性质、流动范围、流动比例、激励

措施、保障措施等（谢延龙，等，2013），现有的教师流动政策只笼统地规定了某个方面，没有全面系统地对教师流动进行规定。另一方面是缺乏相应的配套措施作为保障，如对教师流动权利、义务的法理性规定及相应的人事政策、工资政策、社会保障政策等，这些配套措施的缺乏不利于教师流动政策的执行。

（四）教师资格证"终身制"与职称评审的"论资排辈"现象导致对教师工作的激励低效

1995 年，国务院颁布《教师资格条例》，开始对已在职的教师进行资格认定。2000 年，教育部颁布《〈教师资格条例〉实施办法》，正式全面实施教师资格制度。纵观已经实施了十五年的教师资格制度，发现我国现行的教师资格制度没有关于有效期限的规定，原则上只要不触犯刑律，没有品行不良、侮辱学生的严重情节，资格证书就终身有效。这有利于教师队伍的稳定，简化了组织考试和管理的工作，但是消极影响远远大于其积极意义，缺乏对教师的激励约束机会会导致教师队伍总体质量的下降，不利于增强其危机感，促进教师的专业发展。

此外，在职称评审中，中小学教师考虑任职年限的问题，陷入了"论资排辈"的泥潭，使得一部分优秀的青年教师难以脱颖而出，不利于激发他们的积极性，无法吸引更多青年人才投身教师岗位。当然，一系列激励机制和制度建设得不完善，教师的专业发展不能得到应有的重视，长此以往，这些都不利于师资队伍的均衡发展和义务教育的均衡发展。

三、改革效果不佳——教育行政部门原因

（一）教师资格认定制度未能真正实施，教师聘任制作用有限

教师是教育教学活动的主导，教师的素质对教育的质量产生决定性的影响。同时，教师又是专业人员，他需要具有专业的知识和经过专门的训练才能够胜任教师职业。目前，我国实施的教师资格制度是国家对教师实行的一种法定的职业许可制度，是国家对准备进入教师队伍，从事教育教学工作人员的基本要求，同时规定了从事教师职业必须具备的基本条件。它所发挥的不仅仅是对教师职业的法定许可作用，更是对从事教师职业人员的一种职业技术的认定。如果全面实施这种制度，必定是对教师队伍质量的有力保证。但是，这种制度并未真正成为教师职业准入的真正凭证。尤其是在欠发达县域，由于当地经济贫困，文化教育事

业落后，师资匮乏又没有合格教师愿意来任教，教师资格制度无法真正贯彻实施。

（二）师资培训效果不佳

教师的在职培训是提高教师专业发展水平的有效方式。但是令人遗憾的是目前的师资培训效果并不令人满意。47.1%的校长认为已有培训对提高教师教学能力的作用不大，59.1%的教师对已有的培训内容、培训方式和时效性不满意。

1）培训的机会并不完全均等。教育行政部门在选择培训对象时，往往会将更多的名额分配给区域内一些优质学校，而一些薄弱学校、乡村学校的名额就很有限，城乡之间、学校之间教师参加培训的机会就会明显不同。

2）培训的内容针对性不强。随着新课程改革的深入推进，教师培训的内容应不断调整补充。在访谈过程中，一些教师表示现在的培训内容明显滞后，甚至与当前的实际教学存在脱节现象。另外，目前针对区域内学校层次不一、教学对象不同的差别化培训课程还比较少。

3）培训的形式需要进一步完善。虽然义务教育阶段的教师已经是成人，但是在培训形式上也要讲究方法，不断创新，寻找教师乐于参与的方式进行培训。在访谈过程中，研究团队发现一些教师表示现在的教师培训在形式上还存在一些问题：培训者或照本宣科，用陈年落后的方法倡导崭新的课程理念，俨然是一名教材的复述者，毫无自身主见；或天马行空、侃侃而谈、洋洋洒洒、不着边际，培训者不知所云，受训者亦云山雾罩，懵懵懂懂；或套用和复制"精英"话语，说一些似是而非、"放之四海而皆准"的大话、空话、套话。教师满怀学有所得的良好愿望参与培训，但是所学内容与教学实践相差甚远，收效甚微。

（三）教师流动政策执行不力

教师流动政策对于优秀师资向师资资源薄弱地区辐射，加快农村中小学教师队伍建设，进而促进义务教育师资均衡发展有重要意义，但是目前在这项政策实施过程中还存在很多问题，导致优秀师资资源辐射作用发挥有限，政策无法真正落到实处。这些问题主要集中在三个方面：①政策的实施中很多学校存在形式化问题，轮差不轮好，流下不流上，换人不交心，不是真正地参与政策实施；②教师不积极、不配合，很多教师认为流动后生活成本提高而社会地位却有所下降，人际关系还要重新建立，不愿意进行流动，对此怨声载道，敷衍了事；③政府部门监管不力，对这项政策重视程度不够。教师问题涉及财政、人事、组织等多个部门，教育相关部门的统筹协调对教师流动具有重要作用，但是很多政府只是将教师流动任务交给学校，或者只是投入很大财力简单搞分配，有的地区要求学校达到定量流动指标，要求一定条件的教师必须参与流动，甚至硬性规定只有交流过的教师才能参与职称评定或职位升级。这些都使教师流动政策执行不力（蔡健，2010）。

四、学校管理不科学——学校原因

学校是教师工作、生活的场所，教师的专业发展离不开学校环境因素的支持。如果学校不能为教师的发展提供一个良好的环境，师资队伍的均衡发展与有效使用就无法得到保证。在学校管理的过程中，很多学校管理不科学，导致学校发展出现问题，师资队伍的稳定性受到阻碍。

（一）学校管理机构设置不合理

学校只有建立科学合理完备的教师服务管理机构，才能确保学校工作有序进行，教师的专业发展问题、职业幸福感问题才能落到实处。但研究团队在调查中发现，有些学校的管理机构设置不甚合理：有的学校机构职责交叉、关系不顺；有的学校机构庞大，管理层级多，运行成本高，服务效能低；有的学校机构设置少，一些必要性机构缺失。

以学校的教育科研主管机构为例，就有不少学校没有设置。教育科研是教育发展的助推器，教育科研机构是开展教育科研活动的基本单位。教师教育科研的开展离不开一些基本条件，需要有一个教育科研机构管理、协调、指导和规划学校的科研工作。学校教育科研组织应该是在校长的直接领导下，以发挥科研管理和宣传培训为主要作用的组织机构，具有制订学校科研规划、建立科研队伍、进行科研评价和成果推广等管理职能。然而，目前很多学校的教育科研机构不完善，严重制约教师开展教育科研活动。只有不断完善教育科研机构，才能促进学校科研工作的顺利开展。

（二）学校的规章制度不规范

管理上水平，制度要先行。大家常说，没有规矩不成方圆，这里的规矩就是规章制度。毛泽东同志生前曾说过，纪律是执行路线的保证，没有铁的纪律，什么事也干不成。这里的纪律也是指规章制度。要想管理好一个单位就必须有一套切实可行的规章制度。俗话说，家有家规，国有国法，学校管理同样需要规章制度。常规管理制度是学校借以拘束、激励师生，规范其日常行为，使得学校能够正常运转，保持正常教学生活秩序的一套基础制度。制定制度的过程必须坚持走群众路线的工作方法，从群众中来，到群众中去，密切联系群众，集思广益，发挥集体智慧，群策群力，民主协商，共同参与。在充分酝酿讨论的基础上，制定出一套符合本校实际情况的制度。实际上，制度制定的过程也是教师们自我教育、自我管理的过程，对进一步提高广大教师执行制度的自觉性起到良好的作用。但是，研究团队在调查中发现，学校的规章制度在制定、执行过程中都存在着一些问题。

1）一些学校的规章制度不够健全。研究团队在调查中发现：一些学校缺乏教育科研制度。学校教育科研制度是关于学校教育科研工作的基本的相对稳定的方针与政策，良好的科研制度是学校做好教育科研工作的根本保障。学校应该从课题的选择、评审、立项、规划、经费使用，到课题的检查、监督指导、目标考核、档案管理、成果鉴定、成果推广、表彰奖惩等形成一系列的制度，并把科研制度与教师培训制度及教学制度结合起来，用制度规范和推动教师开展教育科研。但是，很多学校没有教育科研制度。

2）学校规章制度制定过程中的民主程度不高。研究团队在调查中发现：学校在制定各项规章制度过程中，学校领导征求教职工意见的情况并不是非常理想。在调查问卷中，研究团队设置了"在制定学校各项规章制度的过程中，学校领导征求教职工意见的情况是：A.未征求教师意见，领导研究决定后要求教师执行；B.偶尔征求意见，但真正采纳教师意见不多；C.多次征求意见，也能采纳部分修改建议；D.组织大家深入讨论，反复修改后形成全体共识。"分别给选项A赋值1分，选项B赋值2分，选项C赋值3分，选项D赋值4分。城市义务教育学校平均得分为3.13，农村学校平均得分为2.86，进行单因素方差检验差异显著。

3）学校对规章制度的执行力不够强，公平公正程度不高，不能做到秉公而断，严格依章办事。在问卷调查中，学校规章制度执行力情况主要通过两道题目来反映："学校在执行尽职晋级、岗位聘任等用人制度方面公正、公平的程度是：A.几乎没有做到；B.较少做到；C.基本做到；D.完全做到""在贯彻奖惩制度，特别是处理学校违规、违纪方面，学校执行规章制度的实际状况是：A.有章不依，领导说了算；B.虽有章可依，但人为因素较多；C.既考虑规章制度，又有一些人为因素；D.秉公而断，严格依章办事"，分别给选项A赋值1分，选项B赋值2分，选项 C 赋值 3 分，选项 D 赋值 4 分。通过调查数据的处理分析，城市义务教育学校平均得分为 6.92，农村义务教育学校平均得分为 6.64，进行单因素方差检验差异不显著。

（三）学校管理的民主程度不高

学校的民主管理就是集中群众智慧来管理学校；就是在学校内部坚持民主，保障教职员工有参与管理学校的权利，有监督学校各级管理人员的权利；就是充分发挥全体教职工的工作积极性，使教职工真正成为学校的主人。就教师方面而言，学校民主管理的本质就是教师民主参与管理，教师民主参与决策，是以发挥教师主人翁地位为基础，以权责利统一为前提，与校长负责、党组织监督保证相联系的，教师参加并以自己的主体意识影响学校的目标和决策的制定、执行与监督的一种学校管理制度。它本质上是广大的教师与学校党政领导真诚沟通、相互合作和分权的过程。因此，教师民主参与管理所隐含的基本逻辑是：教师主体地位的确立，主体意识的凸显，教师是学校管理的主人翁，即在政治上体现广大教师当家做主的地位；在职能上发挥教师参政议政，对学校工作实现民主监督与民主决策的作用。

为了了解学校管理的民主程度，研究团队除了设置"在制定学校各项规章制度的过程中，学校领导征求教职工意见的情况"这一题目外，还在调查问卷中设计了"教师正面向学校领导提出批评建议的情况是：A.从未提过；B.很少提过；C.经常提出；D.无论在任何场合、情况下，都能坦率陈述意见""当您在工作或生活中遇到困惑和烦恼的时候，您愿意向校长倾诉吗？A.一点都不愿意；B.偶尔愿意；C.大多时候愿意；D.经常愿意。"两题来反映学校管理的民主程度，分别给选项 A 赋值 1 分，选项 B 赋值 2 分，选项 C 赋值 3 分，选项 D 赋值 4 分。通过调查数据的处理分析，城市义务教育学校平均得分为 5.43，农村义务教育学校平均得分为 4.35，进行单因素方差检验差异显著。由此说明：当前学校管理的民主程度不高，且城乡学校存在明显差异。

（四）学校领导班子的凝聚力不强

领导班子凝聚力是领导班子赖以生存的基本要素。一个领导班子的凝聚力在一定程度上决定着这个班子的战斗力。有凝聚的领导班子应该是科学组合起来的最佳群体。

为了了解学校领导班子凝聚力状况，研究团队在问卷中设置了题目："据您的观察，学校领导班子的凝聚力如何？A.领导层不团结，政出多门；B.领导层内部存在一些问题，校长的想法不太容易执行；C.领导层比较团结，工作能相互配合；D.领导层团结，工作容易形成合力，雷厉风行。"选项 A 赋值 1 分，选项 B 赋值 2 分，选项 C 赋值 3 分，选项 D 赋值 4 分。通过调查数据的处理分析，城市义务教育学校平均得分为 3.43，农村义务教育学校平均得分为 3.15，进行单因素方差检验差异不显著。由此可见：无论城市学校还是农村学校在领导班子的凝聚力方面都有巨大的发展空间。

（五）学校缺乏科学规划和有效改革措施

制订和实施学校发展规划是开展学校发展性评价工作的重要内容和关键环节。科学制订和有效实施学校发展规划是实现学校科学和谐发展的重要途径和保障。调查发现：一些学校在教师队伍的建设上缺乏科学规划和切实措施，没有为促进教师的专业自主发展制定合理科学的培训目标，学校在引导教师走专业化之路上做得不到位。一些学校领导者缺乏改革学校的魄力，不能把握学校教师资源的配置不利于构建以学校为主体的师资队伍配置。在调查问卷中设置了两道题目来反映学校的科学规划：①"您认为学校发展规划与学校现实情况的契合度是：A.闭门造车，脱离实际；B.空话、套话多，切合学校实际的内容偏少；C.比较切合学校实际；D.能将学校的现实状况与未来发展结合起来"；②"在学年（学期）学校工作计划中能够体现学校发展规划的程度是：A.没有体现；B.有所体现；C.基本体现；D.完全体现。"分别给选项 A 赋值 1 分，选项 B 赋值 2 分，选项 C 赋值 3 分，选项 D 赋值 4 分。通过调查数据的处理分析，城市义务教育学校平均得分为 6.63，农村义务教育学校平均得分为 4.15，进行单因素方差检验差异显著。由此可知：在制定学校发展规划以及落实规划整体情况不容乐观，同时也表明农村学校在制定规划、落实规划、锐意改革方面的意愿和能力都较弱。

（六）学校领导的本位主义思想

教师交流对整个区域教育的均衡发展来说是一件好事，但是有的学校出于自身利益的考虑，认为教师的交流对自己学校教师的稳定产生不利的影响，认为会打破学校正常的教学秩序，因而不愿意让自己学校的优秀教师与农村学校或薄弱学校教师进行交流，这是一种典型的本位主义思想。毛泽东早在 20 世纪 40 年代就指出:"必须反对只顾自己不顾别人的本位主义倾向。谁要是对别人的困难不管,别人要调他所属的干部不给,或以坏的送人,'以邻为壑',全不为别部、别地、别人想一想,这样的人就叫做本位主义者,这就是完全失掉了共产主义的精神。不顾全大局,对别部、别地、别人漠不关心,就是这种本位主义者的特点。对于这样的人,必须加重教育,使他们懂得这就是一种宗派主义的倾向,如果发展下去,是很危险的。"因此,教师的跨校交流既要看本学校的发展,更要看整个区域教育的发展,要跳出小我,顾全大局。

五、教师的生存状态与自身专业发展的困境——个人原因

(一)教师的身体状况

调查发现:义务学校教师的健康状况不容乐观,职业病、身心疾病的问题频现,有近七成的中学教师目前正处于或将处于"亚健康"状态。

教师的这些健康问题是有多种原因造成的,最主要的原因概括起来是以下两方面:①由教师职业性质引发的症状。教师工作的特殊性使之出现与职业相关的病症非常多。有关我国中小学教师健康状态调查的数据统计显示:河南省大约有60%的中小学教师患有咽喉炎;约有35%的教师患有消化道疾病,其中浅表性胃炎等胃病占大多数。②由心理问题引发的身心疾病。过大的心理压力会对身体的某些器官产生不良影响,如由心理问题引起的消化不良、紧张性头痛、失眠等,紧张的心理刺激还可能导致血压升高引起高血压,特别是两项因素同时存在时,危险性更高。另外,相当一部分教师缺乏维护自身健康的意识和相关的健康保健知识,缺乏自我调适心理压力的能力,长期处于身心俱疲的状态,职业幸福感也就不断地下降。

(二)教师的生活方式

1)教师的生活和教学基本是重复性、单调性的。来看看一位高中教师的工作日程表,大家就会对教师重复和单调的生活有所了解:每天早晨5点半起床与学生一起出早操;然后上早自习;上午8~12点是上课时间,有课的上课,没课的在办公室备课或坐班,学校行政人员随时会查;中午吃完饭后到教室里督促学生午自习;(中间可能会有学生不间断地找你请假、谈心……)下午2点30分~6点又开始上课、批改作业、备课或在办公室坐班;6点45分学生开始上晚自习,

教师轮流下班辅导；晚上9点20分下晚自习；班主任还要到学生宿舍查寝；回到家中还得计划一下第二天的工作。第二天，同样的工作，同样的生活又在等待着他。

2）虽然教材一年年在变，但总体上讲教育教学规律还在那儿。无论怎么搞课改，许多教育规律依然是重复的，很多教师每年都沿用着几年没变的教案进行重复教学，对既定内容的重复宣讲，基本上不用备课就能直接上课了。虽说教师的教学和教学质量好像并没有出现大问题，但这种重复的生活使教师产生了职业的惰性，裹足不前，缺乏创造与反思，因循守旧，消极应付，缺乏热情。在长期的重复劳动中，教师就类似于希腊神话中宙斯的西绪福斯进行着滚石一样重复性、无休止的工作、吃饭、睡觉、再工作等活动。在这个过程中，他们渐渐耗光了创造力、对美的感受力和对学生的爱心，只剩下一个忙碌的躯壳，这种生活方式引发了诸多问题，严重降低了教师的幸福感。

3）相对于其他行业的人来说，教师的生活是封闭的，生活空间极其狭小。这种封闭的生活虽然可以让广大教师远离浮躁，坚守自己的精神家园，但也导致教师很少考虑外界的变化，不了解外面世界的精彩。"躲进小楼成一统，管他春夏与秋冬"造成教师无法与家长、社会其他行业的人沟通甚至无法与学生沟通。网络语言更是让很多老师明显地感觉到与学生、与时代的距离。很多教师反映越来越不了解现在的学生，而学生则认为教师老土，不能跟上时代的潮流。这种隔离感甚至让学生对教师的教育教学活动产生不信任、排斥、抗拒的心理，传统的"师道尊严""权威意识"受到严峻的挑战。教师的职业幸福也受到一定的影响。

（三）教师的自我认知

自我认知，简单来说就是对自己的洞察和理解。自我认知主要表现对三个方面的认识，即对自我的物质、自我的精神和自我的社会这三方面的认识。具体来说，它包括对自己的感知、思维和意向等方面的觉察；对自己的想法、期望、行为及人格特征的判断与评估等；对自己的行为有自律和自省的能力。恰当地认识自我、实事求是地评价自己是自我调节和人格完善的重要前提，同时也是成功、快乐的开始。调查显示：当前教师的自我认知存在以下问题。

1）对于自身的认知，教师存在一定的偏差。对于教师来说，责任感与使命感、自信与自卑感、压力与困惑感这些矛盾共同体时时刻刻都充斥在其工作生活中，而且，由于每位教师不同的经历与学历、不同的性格特征和心理承受能力等多种因素的影响，这些心理状态会赋予自身相应的情绪、动机、目标、态度、行为和结果。好的结果自然会给人一种成功而愉悦的心理体验，提高人的自我效能感；反之，不好的结果便会增加人的心理压力，挫伤人的自尊心，使人失去自信，压力与困惑就接踵而来了。这样不仅会使人丧失对工作的积极性和热情，还影响到工作效率，最主要的是其身心健康也会直接受到威胁。

2）在角色的认知上，教师存在一定偏差。教育工作对部分教师来说，只是一种自我保全的活动，是一种谋生的手段，至于教育理论的学习，教育素质的养成，以及教学实践中教学经验的积累，似乎与他们毫不相干，仅仅把自己看作是一种传递固定知识的工具，只知教书，忽略"育人"的职责。在师生关系上，有些教师依旧崇尚"师道尊严"，没有认识到教育的真正意味，认为学生尊师是第一位的，教师爱生是第二位的，不能正确的定位自己在教育活动中所处的位置，更没有意识到自己是学生学习的指导者、帮助者，教学的研究者、反思者，对学生冷淡刻薄、总是以一种高高在上的"权威"状态来压制学生。这种认知上的偏差，导致教师的角色意识模糊、缺乏对自身角色的正确定位、对自己的教育活动期望值过高，脱离实际等，当现实与理想的落差过大时，一时无法接受，导致悲观失望、紧张焦虑。另一方面，教师比一般人具有更强烈的自尊心、更高的荣誉追求和更强的成就动机，一旦他们的工作得不到社会的认可，创造性成就被忽视、否定，在他们的心灵深处就会留下很大的创伤。这种对其积极性的挫伤，会使教师失去主动学习、积极进取的动力，影响到教师自主发展的专业化。

3）教师对奉献与索取关系的认知存在一些偏差。教师的工作的利他性应该是这个职业的精神实质，除了传递知识，提高学生学业水平外，在无形中对学生身心等其他方面所产生的影响是无法一一计量而给予酬劳的。一种奉献的精神、一种服务育人的理念应该是教师具备的职业修养。教师应该把自我人生价值的实现融入学生的成长、教育的发展和社会的进步中。市场经济中"等价交换"的观念已经影响到社会生活的各个领域。人们逐渐习惯于用定量的标准衡量一个人价值的高低和奉献的多少。在此种环境下，教师更应该正确地定位自己，明确自己的教育理念，抓住"教书育人"精神实质，正确衡量个人价值和社会价值的关系，规范自己的职业行为。当前，我国教师的整体收入不高，政治地位没有被充分肯定，教师为了实现个人更高的价值期望，很容易陷入过分追求个人价值的迷途。这种极端个人主义立场就会使教师集体意识淡化，虚荣心增强，更会使教育领域的功利化增强，就会出现违反职业规范的现象，导致教师职业道德出现滑坡。这既损害了教师的形象和声望，又降低了公众对教师的信任度。如果教师不能在工作上找到自己的价值与意义，也就难以体验到职业生活中的幸福感了。在知识经济化的今天，多数教师能够在合理的物质利益需求的基础上正确看待教师职业及其价值，在务实求本的前提下能以积极的态度对待工作。但同时，部分教师过多关注个人得失，出现拜金主义、享乐主义、极端个人主义等不良价值倾向，致使其职业道德走下坡路；部分教师不注意获利手段的正当性，利用教师职权捞取私利，出现强行向学生推销与学习有关或无关的图书、向学生强卖商品获取回扣，向学生家长索要财物等现象。

4）教师对个人利益与集体利益的关系认知存在一些偏差。目前责任和利益对等出现的现代管理体制带给教师一种"各人自扫门前雪，不管别人瓦上霜"的消极心态。实际教学出现科任教师互相推卸责任、不同学科之间相互贬低、同学科教师之间出现专题保密、"留一手"等不良倾向。教师各自为政，不注意整体协调，虽然从表面看各人都能完成自己的工作任务，但这种内在的失衡现象很难促使实际的教育目标达成统一，也难以完成预订的教育目标，达到预期的教学效果。近几年，随着我国社会主义市场经济的飞速发展，人们在进行职业选择时也带有一定的市场经济色彩，教师群体也不例外。这导致教师自身的职业价值观发生重大改变：一方面，教师在专业发展观上充斥着个人利益至上的观念，这就加速了教师的单向流动。大部分中青年教师渴望得到更好的专业发展，重视自身的发展胜于重视学校的发展，他们希望去条件相对较好的县城学校工作，促进其专业发展。这加剧了城乡学校之间师资水平在数量、质量等方面的差距。另一方面，一部分教师存在着以经济收入为重的观念，这促使一部分教师进行片面的自我选择，受经济利益的驱使去收入更高的城镇学校工作或者转行从事其他工作，致使教师队伍不稳定。其不稳定性阻碍了义务教育师资的均衡发展，导致乡村学校的师资紧缺，城镇学校师资富裕，进一步扩大城乡之间师资队伍的差距，不利于义务教育师资的均衡发展。

（四）教师的人际关系

人际关系对每个人的情绪、生活、工作都有很大的影响，甚至对组织气氛、组织沟通、组织运作、组织效率及个人与组织之关系均有极大的影响。良好的人际关系是增强个体安全感和归属感的重要因素。在工作中，教师人际关系主要体现在与同事、学生、校领导、家长的关系。能否更好地处理这些关系将直接影响到学校正常工作的运行及师生之间的心理健康。目前，我国教师的人际关系存在着不良的倾向，主要体现在以下方面。

1）教师与学校领导的关系不容乐观。这是由二者之间所具有的二重性关系所引起的，学校领导与教师之间既是管理与被管理的关系，又是同事关系，这种微妙的关系也使得教师与学校领导之间存在着不可避免的矛盾。相关研究表明：67.54%教师认为校长与教师之间这种不平等是存在的，其中有40.40%的教师非常认同这种不平等；这些教师中又有将近半数的教师在学校中担任领导职务，这就反映出校长对学校中层领导和普通教师的两种截然不同的态度，例如，领导作风不民主、校务不公开、领导收入与普通教师悬殊太大等现象。这必然会引起普通教师的不满，并最终导致领导与普通教师之间的关系剑拔弩张。

2）教师间的关系表面上比较融洽，但难以深入发展为亲密的朋友关系。当前，教育行业对教师的要求越来越高，教师之间的竞争越来越激烈，甚至有相当一部分教师认为竞争是促进自身发展的唯一途径。于是，一些违反教师职业道德的行为就出现了，如为了评职称拖人后腿，向领导打小报告等，这极大地降低了教师之间的信任度，导致教师之间关系的不和谐。

3）不平衡的师生关系。在教育过程中，有的教师崇尚"师道尊严"的传统，习惯于享受高高在上的教师权威，不尊重学生，理所当然地把学生当成被管理者，而没有把他们当作有独立人格的人来看待。他们在学生面前盛气凌人，常会在不经意间漠视学生应有的权利，一味地在学生身上找原因，容易把出现的问题归结于学生自己的能力、性格、家庭等方面的因素，却很少正视自己的教育行为。另外，教育中出现的功利化倾向也在无形中淡化了教师角色的应然取向，导致部分教师不负责任，追求高分数、高业绩，漠视差生，不能平等看待学生，极大地伤害了学生的自尊心和自信心，最终导致了师生关系的紧张。

4）缺乏与学生家长的沟通。一方面，有的家长对家庭教育的重要性认识不足，认为教育学生是学校一方的事，不能够配合学校和教师的工作；受不良风气的影响，有些家长甚至以收入的高低来衡量一个人的价值，不尊重教师的劳动成果。另一方面，在与家长沟通上，教师表现得也不够积极主动，调查显示：耐心、热情、尊重、友好的教师占62.8%，冷淡、不热情的教师占28.1%，不尊重倾向的教师占9.1%。双方沟通的缺乏或沟通方式的不当最终会导致双方关系的僵化，不利于学生的健康发展。

（五）教师所承受的考试压力

1）学校无形当中给教师施加压力。虽然明文规定绩效工资不得与教师所教学生成绩挂钩，但作为知识分子的教师，大部分都爱面子，敬业精神强，不愿自己所教的班级比别人差，时刻关心学生考试的成绩的平均分、升学率等指标，往往在零点几分之间计较得失。学困生的转化、优秀生的提高等，这一切都是教师每天都必须要面对的，面对并解决这一切问题常常使教师产生厌倦感，影响教师的职业幸福感。

2）社会因素对教师的影响。长期以来，教师待遇普遍低下，教师在社会上没得到应有的尊重和理解，社会普遍认为教师应该为学生的未来付出更多的艰辛，而促成学生的成功是理所当然的，学生失败了就归咎于教师的不努力或无能。另外，国家对教育越来越重视，对教师要求也越来越高，对教师实行职称评定、职务聘任、岗位末位淘汰及在核心刊物发表的论文篇数等各种考核，使得每一位教师感到每天有做不完的事情，感到无比的"压力山大"，何谈幸福感。

3）教师的世界观、耐挫力、心理调节水平影响了教师的职业幸福感。因为职业原因，教师对周围的评价比较敏感，非常在意别人对自己的看法、学生成绩的好坏、毕业生在高一级学校的表现等。另外，社会的浮躁、拜金主义的盛行造成教师家人对教师的不理解。

第三节　师资均衡配置与有效使用的策略

一、政府政策制度支持

（一）依法保障义务教育均衡发展

根据联合国教科文组织的统计，在全世界范围内，170多个国家和地区宣布实施义务教育制度。各个国家和地区为了保障义务教育制度能够顺利实施，普遍选择制定义务教育法律法规来予以保障。其制定的义务教育法律法规明确规定义务教育的目的、年限、对象及内容，普遍规定了政府在学校设立和管理方面的责任、家长对子女接受义务教育的责任、经费来源和分配及其他措施等。美国、日本、韩国等发达国家在保障义务教育的同时，还通过单独立法或在义务教育法中制定相关章节以促进教育公平。

在我国，2006年新修订义务教育法的颁布实施，在总结了之前义务教育法实施20年以来的经验教训的基础上，凸显了教育均衡发展的思想和素质教育的理念。新修订的义务教育法明确了义务教育均衡发展这一根本方向，将均衡发展纳入法制轨道。从过去的各自发展走上今天的均衡发展道路是新法最具里程碑意义的突破。

新修订的义务教育法在法律上为义务教育均衡发展提供了依据，将义务教育定性为国家必须予以保障的教育类型。义务教育法要求各级政府、学校和社会民众都有义务保证义务教育均衡化。具体来讲，依法实施义务教育均衡发展必须做到以下几个方面：①增强责任感与法律意识，认识到依法实施义务教育是不容推辞的历史责任，不然就违背了法律的精神，要受到法律的制裁；②各级行政部门特别是教育行政部门，要依据新义务教育法制定、推行相关政策、方针和具体实施方案，要加快清理有违义务教育均衡发展的制度和政策，实施依法治教、依法治校，将人为造成的义务教育差距缩小到最低程度，将义务教育工作落实到实现均衡发展上来；③清醒地认识因先前制度给义务教育均衡发展带来的阻碍及困难，各级政府要担起对均衡发展、素质教育、保障机制等的责任，制订具体规划；④各级教育行政部门和各级各类学校要认真研究新修订的义务教育法，认真制定符合本地、本校实际的义务教育均衡发展政策、规定和措施，在实施过程中，动态监控依法制定的均衡政策实施效果，避免上有政策下有对策的现象出现。总之，义务教育均衡发展需要依法进行，法律的制定和依法基础上的政策选择对义务教育发展的均衡化具有不可忽视的作用。在实施义务教育法律法规、政策方针时，既要看到任务的艰巨性和复杂性，又要树立信心，在新的历史阶段上、新的时代背景下，推进义务教育的均衡发展。

（二）建立特殊的教师补偿政策

为了促进不同区域经济条件下义务教育的均衡发展，政府要健全公共财政支持体系，改变以往政策向"城市中心"和"重点学校"倾斜的导向，将更多更实用的政策运用到农村，尤其是经济发展落后的地区，在财政支出上加大教育经费的投入力度，把促进义务教育的均衡发展放在重要的地位，切实改善学校的办学条件、优化教学设备、提高教学质量，为师资配置更加科学、合理、平衡奠定基础。

政府应不断改善农村、边远、贫困学校教师的教学环境和工资收入水平，对需要帮助的教师在政策上提供更多的关怀和人文理解。针对"身兼数职"的教师和有特殊教学贡献的教师，政府要实施优惠补助和鼓励政策，要把教师的工作和生活问题解决好，这样才能吸引更多的师资队伍到师资薄弱的地区去。

为了提高教师职业的权威性和神圣感，政府不但要严格执行教师资格证的考核制度，而且要在区域经济条件的统一整体下，制定统一的教师资源配置标准，让每一个教师都能够共享教学资源成果，杜绝任何的教师歧视现象。

（三）完善已有的教师流动政策与激励机制

1. 建立健全已有的教师流动政策体系

教师流动的条件、工资待遇、奖励等需要有相关政策的保障，特别是向农村、边远、贫困学校流动的教师在政策上要给予更多的扶持，使教师免除流动产生的后顾之忧，这样就有利于教师流动程序的顺利展开。基于教师交流规模小的特点，政策可以明确规定不同类型的学校每年要有不少于多少比例的教师到其他学校进行交流；基于教师交流具有一定的单向性的问题，政策可以明确指出具体的薄弱学校和农村学校到城镇学校交流的人数；基于教师交流时间短的问题，政策可以明确跨校交流的合适时间；基于教师交流的对象具有随意性和功利性的特点，政策可以明确规定教师交流对象的选拔原则；基于教师交流存在的走形式的问题，政策可以明确规定要完成的具体工作任务，并且以质性评价和量化评价相结合的方式进行考评。在制定教师交流政策之前，政策的制定者要充分做好调研，全面掌握全市义务教育阶段学校师资队伍建设的基本情况，要理清县区之间、学校之间师资力量存在的差距及对师资的真实需要，要测算出现有条件下实现师资均衡发展的大致时间，确定好教师交流的阶段实施范围以及阶段目标。在教师交流政策的制订和完善过程中，政策的制定者要注重与教师进行沟通和交流，要主动接近教师，设身处地为教师着想，鼓励教师提出可能存在的问题及解决对策的建议。政策的制定者和教师就交流目标和一些具体的措施要达成充分的共识，这对教师交流的顺利推进具有重要的现实意义。

2. 制定合理的教师交流激励机制

美国行为科学家唐纳德·怀特（Donald White）曾经说过："激励是一个人的需求和它所引起的行为以及这种行为希望达到的目标之间的相互作用关系。"人的行为的动机是人的需要，因此，对人的激励就是通过各种诱因来满足人的需要的过程。

从心理学的角度讲，激励分为正激励和负激励，即通常所说的奖励和惩罚。正激励（即奖励）指给予特定主体所需要的资源，满足特定主体的某种需要，使其需要得到满足，利益得到实现，使其按照原来的行为方式更好地进行，从而引起所期望的行为；负激励（即惩罚）指对特定主体某种需要的剥夺，导致他们某种利益的丧失，使其改变自己的某种行为方式，实施所期待的行为方式。总的来说，激励就是对人们的需要和满足产生一定的影响，进而达到影响他们行为方式的目的。调查发现：教师对参加教师交流有一定的条件和要求，如表 5-18 所示。

调查也发现：教师希望通过参加跨校交流给自己带来一些好处，如提高待遇、给些补偿、给予荣誉、评职称、提干优先等。因此，确定合理的教师交流的激励机制对促进教师的跨校交流起着至关重要的作用。

表 5-18 教师对参加跨校交流的要求

项目	选项	比例/%
如果让您参加教师交流您有哪些要求？（可多选）	提高待遇	76
	评职称优先	56
	提拔干部优先	54
	给予一定的荣誉	80
	其他额外的补偿	87
	不需要	12

在物质方面，政府要适当提高交流教师的待遇，吸引城市优质学校的教师到农村学校或城镇薄弱学校进行交流，要充分考虑到交流教师到离家较远的地区支教而额外增加的日常开销，要根据交流学校所在地的地理和经济条件，划定不同的津贴补助标准，要设立财政专项资金，为发放交流教师的生活补贴和交通补贴等费用提供保障。另外，派出学校和接收学校也应根据工作的需要在教师培训、教学研究、教学改革等方面提供必要的资金支持。

"教师和其他人才一样，在交流中相对效用的最大化同样是内在的动力。效用即主体对某事物的满意性，相对效用是同一社会群体内绝对效用的一种比较，反映人的心理平衡，相对效用是综合性的社会学概念，它不单纯是对经济收入的追求，还包括对社会地位和事业成就等方面的高层次追求"（谭清美，2000）。除了让交流教师在物质待遇方面有所补偿和提高外，交流教师还需要精神层面的激励，让他们通过跨校交流在社会荣誉、社会地位、专业化水平、事业成就等多方面获得提高的机会显著增加，通过提高交流教师的相对效用弥补农村学校和薄弱学校自然环境和人文社会条件等方面带来的困难，进而吸引优质学校的教师流向农村学校和城镇薄弱学校，最终达到跨校交流的目的。例如，对参加跨校交流的教师在职称评定、干部提拔、评优评先方面给予优先考虑，甚至可以酌情缩短职称评定的时限以及工资晋级的时限。在参加中级以上教师职务评选和劳动模范、优秀教师、拔尖人才等评选时，参评者必须具备在农村学校或薄弱学校从教的经历，并且确实在支教中对农村学校或薄弱学校的发展起到了实质性的促进作用，等等。同时，还要对到农村学校或薄弱学校交流的优秀教师搭建工作与学术研究的舞台，给他们提供充分展示自我的空间，使其不断获得成就感，最大限度地发挥他们在跨校交流过程中的示范、引领作用。

（四）创新和完善农村、边远、贫困学校的教师定向培养制度

各地教育局要做好当地农村、边远、贫困学校的教师数量结构、教师年龄结构、教师学历结构、教师职称结构、教师的流动等状况的统计和动态监督工作，根据当地的教师需求，申报定向培养计划。

政府要做好长期的教师定向培养计划，让更多的中学生报考师范院校，在大学期间培养定向生，实施定向生的学费全免和生活补助的措施，并且编制委员办公室、发展改革委员会等部门要切实落实定向生的编制问题，确定农村、边远、贫困学校的定向教师有岗有编，吸引广大教师骨干、大学生志愿者也积极参与到定向培养计划中，给教师稀缺的地区注入优秀的师资能源。

制定教师定向考核机制。教师的定量考核和定性考核要结合起来，各地教育局对定向教师实行动态管理，择优录用表现突出的教师，并给予奖励、表扬，为农村、边远、贫困学校输送德才兼备的教师队伍。

（五）修改完善义务教育教师编制标准和实施办法

制定科学的义务教育教师编制标准和实施办法及合理核定中小学教职工编制直接关系到义务教育的健康发展。目前，我国执行的还是2001年颁布的《关于制定中小学教职工编制标准的意见》。

随着时代变迁，政府要不断修改与完善义务教育教师编制标准和实施办法，在核编定编工作中，应以规范、优化、高效、精简为原则，同时应保证编制核定的灵活性。在制定编制核定办法时，政府应充分考虑到以下几个方面的问题：

1）核定编制应以义务教育教师的实际需求为依据，同时也应考虑到人才储备与梯队建设。

2）核定教师编制不能仅依据生师比，在考虑师生比例的基础上，还应考虑到教师实际的工作量和学科分布。

3）核定编制需考虑学校间的差异，区别对待。

4）核定编制要注意灵活性，为学校调整提供一定的自由度。

（六）进一步完善中小学教师职称制度

政府要坚持以邓小平理论和"三个代表"重要思想为指导，深入贯彻落实科

学发展观，遵循教育发展规律，按照深化职称制度改革的方向和总体要求，建立与事业单位聘用制度和岗位管理制度相衔接，符合教师职业特点，统一的中小学教师职称（职务）制度，充分调动广大中小学教师的积极性，为中小学聘用教师提供基础和依据，为全面实施素质教育提供制度保障和人才支持。

2009年，我国启动中小学教师职称制度改革试点，2011年起试点范围开始扩大。这项改革的重点是将原来独立的中学教师职务系列与小学教师职务系列统一并入新设置的中小学教师职称（职务）系列。职称等级设置从正高级职称到员级5个等级，依次为正高级教师、高级教师、一级教师、二级教师、三级教师，与职称的正高、副高、中级、助理、员级相对应，并完善与之相配套的评价标准和办法。

1. 健全制度体系

遵循中小学教师成长规律和职业特点，原中学教师职务系列与小学教师职务系列统一并入新设置的中小学教师职称（职务）系列。统一后职称（职务）等级和名称为：员级、助理级、中级、副高级、正高级，职称（职务）名称依次为三级教师、二级教师、一级教师、高级教师和正高级教师。原中学高级教师（含小学小中高）对应高级教师；原中学一级教师和小学高级教师对应一级教师；原中学二级教师和小学一级教师对应二级教师；原中学三级教师和小学二级教师对应三级教师。

2. 完善评价标准，创新评价机制

按照国家新制定的《中小学教师专业技术水平评价基本标准条件》，2017年上半年河南省人力资源和社会保障厅、河南省教育厅将新出台我省中小学教师中、高级专业技术职务评聘条件，重点是坚持育人为本、德育为先原则，注重师德素养、注重教育教学工作业绩、注重教育教学方法、注重教育教学一线实践经历，切实改变以往过分强调论文、学历的倾向，引导教师立德树人、爱岗敬业、积极进取，不断提高实施素质教育的能力和水平。

根据国家《中小学教师水平评价基本标准条件》第二条规定：中小学教师评聘各级专业技术职务须"具备相应的教师资格及专业知识和教育教学能力，在教育教学一线任教，切实履行教师岗位职责和义务"。2017年新出台的中小学教师中、高级专业技术职务评聘条件将注重教育教学一线任教的教师，对具备相应教师资格，已评聘相应岗位专业技术职务，长期未在教育教学一线任教，即长期未履行《中小学教师职务试行条例》所规定的岗位职责和义务的，今后将不再按专业技术岗位评聘相应专业技术职务和岗位等级。因此，各级各类中小学校"双肩挑"人员（指兼有学校中层以上领导工作的教师）和乡镇教办人员以及原专职从事行政管理工作已聘任专业技术职务岗位人员今后要评聘专业技术职务的，必须按照《中小学教师职务试行条例》的规定，应承担一门学科以上课程的教学任务，否则，将按职责分类规范聘任到管理人员岗位。

政府要建立以同行专家评审为基础的业内评价机制，改革和创新评价办法。今后中小学教师职务评审将采取说课讲课、面试答辩、专家评议等多种评价方式。

（七）建立健全教师资格准入制度

教师资格认证制度是国家从法律上对教师实施的职业许可制度，是各个国家和地区对专门从事教育教学人员最基本的要求，是公民获得教师工作岗位的法定前提条件，它规定了从事教师职业必须具备的基本条件。教师资格认证制度全面实施后，只有具有依法取得教师资格的人员才能在各级各类学校和其他教育机构中从事教育教学工作。实行教师资格制度是全社会尊师重教的标志，有利于体现教师的职业特点，提高教师社会地位和待遇，使教师地位、教师素质和教育质量形成良性循环。我国教师法规定：我国实行教师资格制度，中国公民凡遵守宪法和法律，热爱教育事业，具有良好的思想品德，具备本法规定的学历或者经国家教师资格考试合格，有教育教学能力，经认定合格的，都可以取得教师资格。

1. 提高教师资格准入标准

提高教师资格准入标准可以从两个方面入手：①在学历上，要提高教师的学历尤其提高义务教育教师的学历。与发达国家相比，我国义务教育发展较缓慢，教育质量有所欠缺。教师法规定：取得小学教师资格，应当具备中等师范学校毕业及其以上学历；取得初级中学教师、初级职业学校文化、专业课教师资格，应当具备高等师范专科学校或者其他大学专科毕业及其以上学历，这与发达国家相比存在巨大差距。例如，美国等西方发达国家早在20世纪50年代就实现了小学教师本科化，相邻的韩国、日本，以及我国的台湾地区早在20世纪80年代中期就规定小学教师任职资格必须具有本科学历或持有大学学士学位证书。②要提高教师的专业化素质。教师专业素质是制定教师资格认证标准的基本参照，没有对教师专业化水平及时、准确的检验，就没有教师专业综合素质、能力提高的可能。教师的入门考试应注重对教师专业知识、专业技能、专业信念的测评与考核。

2. 提高实习质量

我国规定师范类院校的学生要求进行教育实习，但从学生教育实习情况来看，结果并不令人满意。据笔者个人考察和访谈结果来看，很多师范类院校的学生都没有参加过学校要求的教育实习。有的学生利用教育实习时间忙着找工作，有的学生把教育实习时间用来考研，甚至有的学生欺骗学校老师说自己找到了实习单位实则虚度荒废这段时间。从进行教育实习学生的实习效果来看，结果也很不理想。很多学生虽然跟着学校进行统一实习，但实习学校并不认同这些实习生，总是让实习生干些杂活，如擦桌子、扫地、倒水、批改大量学生作业、代替实习指导老师监考或代替他们监督学生上自习，甚至实习结束时有很多实习生都没有讲过课，不知道如何讲课、如何与学生沟通，这使得学生教育实习的质量大打折扣。这就要求我国师范类院校要严格制定并执行学生教育实习制度，同时试点师范学校应尽学校所能充分尊重实习学生，也要提高试点师范学校对实习学生的尊重，尽学校所能。

通过比较，研究团队认为：教师资格选定应关注入选人员的教育实习状况，从实习时间期限、实习期间各方面的表现、所在实习学校对实习者的综合评定、学生的个人实习笔记与心得等方面严格把关，坚决杜绝没有参加过教育实习的人员入选教师队伍。

3. 关注申请教师资格人员的教育背景，注重健康心理素质

教师资格选拔不能仅从单张申请表上白纸黑字的简单描述来给出判定，更不能以资格考试中成绩的高低来选定，而要从多方面进行比较与分析得出结论，更应关注申请人个人档案中整个受教育过程中各个阶段的综合表现。除了对以前学习成绩、社会实践、个人不同阶段的在校表现等方面给予重视，更重要的是关注申请者不同时期的个人心理素质、道德行为、价值取向等心理健康程度给予评定。而这些正是今天对教师资格选拔"准入"过程中所缺少的。教师心理素质和心理健康水平至关重要，它不仅影响教师的整个教授过程，更重要的是它还直接影响所培养学生的心理状况、道德行为和价值取向。教师必须具备良好的心理素质。良好的心理素质主要包括良好的人际关系、稳定乐观的情绪、健全的人格、宽广的胸怀、自信、强烈的事业心和责任感。因此，在教师资格认证工作中应将心理健康作为一项独立的指标来考核，聘请心理学专家组成的心理健康审查小组对申请人进行审核，而不是简单地通过《心理学》课程的考试答题形式来考核。同时，还可以通过观察和调查访问的形式对申请者毕业的学校、所在班级同学、所住的小区、街道等各方面的调查确定心理健康水平和道德品质。只有在"入门"这一关上严格管理与选拔，才能保证教师队伍的高素质与高质量。

二、教育行政部门加大改革力度

教育行政部门在深化学校人事制度改革中，将教师纳入公务员编制实行动态管理、创新培训办法，构建适合教师需求的教师培训机制和推进学校合作平台搭建，实现优秀师资源共享方面要加大改革力度。

（一）深化学校人事制度改革，优化教师资源配置

教育行政部门要以实行聘用（聘任）制和岗位管理为重点，以合理配置人才资源，优化中小学教职工结构，全面提高教育质量和管理水平为核心，加快用人制度和分配制度改革，建立符合中小学特点的人事管理运行机制，建设一支高素质专业化的中小学教师队伍和管理人员队伍。

1. 加强编制管理，配齐配好教师队伍

教育行政部门要按当地学科教师短缺需求确定编制岗位。例如，当地学校任课门数、上课时数、生师比等因素要作为教师编制设立的重要依据，使教师编制的管理因地适宜，符合当地具体的情况，及时补充中小学新教师和学科紧缺教师，让教师队伍"年轻化"。

2. 进一步完善校长负责制，改进和完善校长选拔任用制度

学校领导班子的选拔要引入竞争机制，明确长期的责任制和聘任制度，严把聘任资格和条件，注重领导班子的思想道德水平、改革创新能力、专业素养、团结合作精神等，努力建设一支能力高、素质强，能大力促进教育工作发展的领导队伍，认真贯彻落实政府的决策、组织好教师的工作，提高学校的整体水平。

3. 教育引入竞争机制，全面推行教师聘任制

教育行政部门要着力实行资格准入、竞争上岗、全员聘任、科学考核、合同管理，集中解决"人员能进不能出、职务能上不能下、待遇能高不能低"等突出问题。学校和教师之间建立契约关系，实行合同管理，定期聘任，打破用人的终身制。

4. 完善中小学教职工工资保障机制

中小学教师工资全额纳入财政预算，按月及时足额拨付到个人工资账户，政府要落实中小学教师医疗保险、养老保险、工伤保险、住房公积金等待遇。

5. 建立健全分配激励机制，打破教师编制终身制

政府要增加对教师年度的教学质量考核和相关的教育学、心理学知识方面的

考核，掌握教师的专业发展动态，根据考核结果确定其奖惩、升迁、晋职等依据，提高教师工作的积极性和热情、提高教师专业发展水平和教学质量。

（二）创新培训办法，构建适合教师需求的教师培训机制

1. 提升已有培训机构的培训能力

提升培训机构的培训能力需要做到以下几点：①通过各种方式提高培训机构教师本身的水平和提供培训的能力；②引入竞争机制，打破原有培训机构的垄断局面。在现有培训力量的基础上，一部分教师培训任务交与市场，遴选具有一定资质的教育咨询与研究机构承担。

2. 调查教师培训需求，合理设置培训内容

培训内容要从当地实际情况出发，突出效率。培训内容只有符合教师的实际需求，才能提高教师参与培训的积极性。目前培训内容之所以不被教师接受，主要原因在于缺乏针对性，重理论而缺乏针对性和实效性。要提高教师参与培训的积极性就必须展开调查、分析教师的培训需求，培训内容才能做到针对性强，能够解决教师专业发展中的实际问题。就目前调查结果来看，当前教师最需要的培训内容依次是组织课堂教学技能、班级管理技能、多媒体使用技术、现代教育理念、教育与学科教学评价方法、国内外教学改革动态、师德修养。对这七项内容需要程度比较大或很大的教师比例依次是81.9%、79.2%、69.8%、63.8%、54.3%、54.3%、44.9%。

3. 实现培训方式多元化

教师培训方式的调查结果显示：各种培训方式对提高教师能力水平方面有积极作用，其中阅读教育类书籍、专家到校讲座及参与立项课题研究作用最为明显，认为这三种方式作用比较大或很大的教师比例分别是68.5%、67.7%和58.4%。目前，我国义务教育教师的在职培训采用的方式大多是让教师利用寒暑假时间到指定的培训机构接受培训，或者是利用周末时间接受讲座式培训。这种培训方式虽然不至于影响教师教学，但它挤占了教师的休息时间，使部分教师对培训持消极抵抗态度，致使培训效果大打折扣。研究团队认为应创新培训方式，实现多元化培训方式。具体做法：①义务教育学校特别是农村学校遴选一批教师作为骨干教师，让骨干教师前往高等师范院校接受定期培训，接受新的理念与知识，回到单位后作为校本培训力量对其他教师进行培训；②根据学科分布，教育研究机构、重点中小学和培训机构遴选具有丰富教学经验与成果，具有先进教学理念与创新

意识的优秀研究人员组成专家组，聘请高等学校教育专家作为顾问，专家组负责会同具体学校分析学校教师队伍状况，制订符合学校实际的培训计划与内容，实施有针对性的培训；③建立城乡教师交流与共同教研机制，缩小城乡教师素质差异。农村教师由于信息闭塞等原因，整体教育教学素质不高，可考虑利用城市优质教师资源培训农村教师，比如开展城乡教师共同教研，分期分批组织农村教师到城市听课、座谈交流等。

4. 加大对农村、边远、贫困学校地区教师培训力度

教育行政部门针对农村、边远、贫困学校地区，根据需求情况，要相应增加教师培训的数量和培训经费投入，使这些地区的教师有同样的机会参与到国家级、省级、县级的培训机构。获得提高教师自身的专业发展能力，学科教学能力，做好长远的职业生涯规划，使自己的发展和学校的发展结合起来，同时提高教师的职业道德修养，树立团队意识。针对农村教师实施有针对性的校本培训计划。制定农村教师培训计划时要注意以下几个方面：①建立有力的保障系统；②努力开发校本培训资源。学校要培养树立自己的"土专家"，并发挥引导带动作用，同时采取请进来的方式，发挥协同作战的力量，解决问题，共同提高；③加大培训的针对性。农村中小学教师由于理论水平、专业能力和知识层次差别大，所以在培训中尽量尊重教师的个性差异，实施分层培训策略。县镇教育行政部门提出统一基本要求，然后给教师选择的权利，自主选择学习内容和方法，确定自己的侧重点，自己确定培训目标，让每一个教师都学有所得、有所获。

（三）推进教育品牌创建，拓展名师资源

所谓教育品牌，是指在长期教育过程中逐步形成的、公众认可的、具有特定的文化底蕴和识别意义的教育资源。教育品牌不是重点学校的代名词，它们是两个各不相同而又相互联系的概念。重点学校反映的是学校在政府教育资源配置格局中的地位，是一种典型的行政干预的结果；而教育品牌反映的是学校在社会和公众中拥有的品质地位，是市场和公众选择的结果。前者折射出教育领域的计划经济模式；而后者则反射出社会主义市场经济条件下优质学校的本质特征。重点学校是产生于我国特定历史时期的一种特殊历史记录，既有其历史功绩，又有其历史局限性。面对新世纪、新形势，重点学校向优质教育品牌转型是一种历史的必然选择，也是寻求自身发展的必然选择。

事实上，"优质教育品牌"有一部分是在重点学校的基础上发展、打造出来的，

而有的是伴随着教育市场发育过程而产生的。如果以计划经济向社会主义市场经济转型为参考，重点学校向优质教育品牌转型就是一种历史的必然选择，也是学校自身发展的一种自然选择。教育品牌是一种理想、一种追求、一种态度。无论是重点学校，还是薄弱学校，或者是刚刚举办的新学校还是普通学校，教育行政部门都应该采取措施，让每个学校都从某种特色切入，并且把这种特色发展为一种办学优势而最终成为品牌。

1. 打开思路，创造丰富多彩的教育品牌

从组织形式上看，既可以有集体教育品牌，如品牌学校、品牌教研组、品牌年级组、品牌处室等，也可以有个体教育品牌，如品牌校长、品牌教师、品牌班主任、品牌教辅人员等。

从专业角度看，可以有富有创意、富有特色的教育教学活动品牌，如社会实践活动品牌、团队活动品牌、校园文化活动品牌等，也可以有学科教学品牌，如语文教学品牌、数学教学品牌等。

总之，凡是涉及教育工作的都可以打造成品牌。

2. 解放思想，打造富有原创性、草根性的教育品牌

这里所说的"解放思想"不仅包括从传统的教育思想中解放出来，还包括从脱离实际、贪大求详、刻意标新立异的形式主义的学风中解放出来。洋思中学创造的"先学后教，当堂训练"的教学模式，是在1948年提出来的，比2001年开始实施的新课程改革方案提前了12年，而洋思教学模式里所蕴含的教育思想比起国外的一些教育理论毫不逊色。洋思经验看不到故弄玄虚的引经据典，却散发着扎根于中国教育土壤的气息。有人说这就是中国原创。洋思教育品牌打造的过程告诉大家：只要解放思想、尊重实践、尊重实际效果、尊重教师的创造，开封教育就一定能够涌现出更多像当年县街小学张玉洁、张兆等这样的品牌教师。

3. 深入课堂，勤于扶植

实践告诉大家：经验来自实践，它可以自生，也可以自灭，因为有时候连教师自己也未必意识到成功的经验。如果大家都深入课堂，善于观察，及时发现，勤于扶持，巧于引导，这或者会成为一种教育的品牌。无论是开封的张玉洁，还是南通的李吉林，这些品牌教师的成功之路，都是经历了上述过程。

4. 为打造教育品牌宣传、包装、造势

从传播的过程看，洋思教育品牌的打造之所以声誉远播中国大陆、香港、台湾地区，乃至新加坡，应该说媒体对其宣传、造势功不可没。据不完全统计，从

1992年开始,《人民日报》《中国教育报》《新华日报》《中国信息报》等国家核心期刊对洋思中学所做的长篇报道达10篇之多,其中《中国教育报》就有6篇,由正规出版社出版介绍洋思经验的大部头书籍至少有8本以上,出版教学刻录光盘也至少有5个。

(四)建立健全教师交流监督管理机制,共享优质师资资源

1. 建立健全教师交流监督管理机制

监督对于一项政策或者措施的顺利推行具有重要的保障作用。"因为政策或者措施的执行主体的行为缺陷以及作为理性逐利人的执行者之间及其与政策制定者之间客观存在的利益矛盾或者利益冲突为政策执行出现阻滞提供了现实可能性,而正是这种可能性决定了加强有效监督的必要性"(丁煌,2002)。要使交流教师充分发挥预订的作用,使交流达到预期的目标,除了阶段性目标本身具有高度的适切性,实施方案具有较强的可行性,实施手段具有较强的针对性以外,为了防止教师交流的过程出现目标偏离或者阻滞现象,还要随时对实施过程进行监督。另外,由于教师在跨校交流过程中会出现很多不可预料的现象,这就更需要通过监督及时发现问题并予以调整。"在公共政策科学合理条件下,由于执行过程中各种因素的作用,影响政策价值的实现程度,公共政策执行中的监督就是要减弱以至消除这些因素,克服政策执行中的负面效应"(杨明军,2002)。对教师交流过程的监督其根本目的就是为了及时有效地发现教师交流过程中出现的问题以便及时采取相关措施保证教师交流的顺利推行。因此,教师交流的监督就是指按照教师交流的预定目标,有目的、有计划地收集教师交流的相关信息,及时了解其偏差并分析其原因,采取必要的措施,保证教师交流的顺利推进。

要保证教师交流的顺利推行,除了提高认识,制订完善的交流制度外,还要加强对教师交流过程的管理。具体可以从以下几个方面做起。

1)加强对教师交流工作的组织领导。市、县(区)教育行政部门组建教师交流领导小组,教育局的一把手要作为第一责任人,担任领导小组的组长,亲自部署,亲自落实。市、县(区)教育行政部门应抽调专人组建教师交流的工作小组,具体安排、实施、监督教师交流工作,并及时处理教师交流过程中出现的问题和矛盾。

2)加强统筹规划。市、县(区)教育行政部门要根据每年的具体情况,科学制订教师交流实施方案。不断改进、完善教师交流的相关政策,切实落实好每年

交流的学校和教师。检查、督促派出学校和接收学校制订好本校的交流规划，检查、督导接收学校流入教师的工作安排、日常管理和工作生活条件保障。落实好交流教师的工资福利、生活补贴、交通补助等问题。建立长期的对口关系。

3）营造良好氛围。定期召开交流教师经验座谈会，为交流教师创设一个敢想、敢说并能够得到积极应答和肯定的人际沟通环境。

4）加强督导评估。市、县（区）教育行政部门要根据每年教师交流的具体情况制订详细的督导评估方案，可与每年的年终督导评估一起进行。在督导过程中，要注重"五看"：一看工作实效；二看师生反映；三看活动记录；四看相关资料；五看实施方案。

2. 加大教师交流宣传力度

教育的均衡发展是"造峰扬谷"式的发展，而不是"削峰填谷"式的发展。教育行政管理者就是需要在均衡发展的思想指导下，采取积极措施切实扶持农村学校和薄弱学校的发展，同时鼓励不同类型的学校根据自己学校的实际情况，创造性地探索自己的特色化发展道路，最终达到教育的高位均衡。而当前义务教育均衡发展最需要解决的关键问题就是区域内师资的均衡配置，而教师的跨校交流则是达到师资均衡配置的重要措施。在这方面，教育行政部门不仅要提高自身对教师交流的认识，还要采取各种措施提高学校管理者对教师交流的认识，使其在思想上克服本位主义。

1）要加强对教师交流的理论研究。理论研究是所有工作开展的基础和前提，是能够增强管理者和教师认同和接受的重要依据。要想成功地解决问题就必须对教师交流进行深入系统的研究，明晰教师交流的功能与价值，明确教师交流的理论基础和现实依据，同时对国外教师交流的成功经验进行有选择的借用，剔除其情境化的成分，取其精华，使其与本地区的实际相结合，最终形成符合本地实际的理论体系。只有理论取得大的进展，实践起来才能避免盲目性，也才能更有理由让基层的教育者产生认同和接受。

2）要加大对教师交流的宣传力度。只有把理论研究得出的关于教师交流的正确认识向学校管理者、学校教师及全社会进行宣传，让全社会形成共识，才能提高学校管理者、教师、学生及全社会对教师交流的重视。大力宣传让学校管理者和教师了解教师交流政策制定的目标和意义，了解教师交流的具体要求和保障措施，避免因信息的误听误传而导致认识上的模糊与混淆。要通过宣传使各级教育行政部门、学校管理者、教师及学生家长在更大范围内充分认识到教师的跨校交流和他们之间的关系，引导教师积极参与跨校交流，调动学校管理者和社会积极地配合教师推行跨校交流。

3）要把握好宣传的重点，提升宣传的实效性。搞好宣传是实施好教师交流的前提，有效的宣传可以使广大教师在心理上产生共鸣，深刻体会到教师交流的必要性和紧迫性，充分肯定推行教师交流的价值，确保教师交流工作取得实效。①要选好宣传途径和方式。充分利用电视、广播、讲座、学校会议等各种媒介和方式对教师交流的相关内容在区域范围内广而告之，宣传的对象要包括与教师交流所相关的所有人员。②要选好宣传的内容。要重点宣传教师交流提出的社会背景，宣传教师进行跨校交流的理论意义与实践价值，以及实行跨校交流的紧迫性或必要性，征得教育工作者和广大民众的理解支持。

（五）提高区域教研活动的有效性，提升教师课堂教学水平

随着新课程的不断推进，教育行政部门应依托教研室充分发挥教学研究"指导"和"服务"等作用，改进和创新教研方式，提高区域教研活动的实效性。区域教研活动主要存在以下几种形式：主题教研（围绕学科教学中的热点、难点问题进行的研讨）、案例分析（对教师现场授课或说课进行分析点评）、教研共同体教研（根据学校教师水平组建"同组同质"教研联合体，或组建临近若干所学校为"同组异质"教研联合体，开展经常性的教学交流）。有效的区域教研活动有赖于活动内容、形式与效果的完美统一。有效区域教研活动需要从以下几个方面做起。

1. 活动内容要有现实性和针对性

活动内容的选择要基于区域学校的课堂教学实际水平和存在的主要问题来选择确定教研内容，是有效区域教研的第一考虑。因此，教育行政部门所依托的教研机构要对区域内学校课堂教学情况进行深入调研，了解区域课堂教学水平的优势、不足以及分析其原因，在此基础上，寻找适应教师需求、有利于新课程深入实施的活动内容进行教研，以保证教研活动具有较强的现实性、针对性和前瞻性。

2. 活动形式要具有适切性

活动形式是活动内容的载体。教育行政部门所依托的教研机构要从教师专业成长特点和心理发展特点出发，因地制宜，与时俱进，不断发展创新的活动形式，积极探讨新的工作思路，让广大教师从教研中得到成长的实惠和心情的愉悦，增强发展的动力和信心。

3. 活动效果要具有指导性

效果是活动内容与形式的最终体现与检验。教育行政部门所依托的教研机构要力求每开展一次区域教研活动都要具有一定的指导性：①有利于教师对课堂教学过程进行谋篇布局；②有利于教师改进教学方式和教学行为；③有利于促进校本教研的顺利开展。

（六）完善教育科研管理制度，提高教师教学研究水平

从调查的结果看，义务教育教师，特别是农村教师的教育科研意识及能力都并不高，这对于建立具有创新意识的教师队伍不利，同时也不利于教育的创新发展。

作为中学教育最主要的上级管理部门，地方教育行政部门是指引教师进行教育科研的航标，推动着中学教育科研发展的实际进程。实践证明：要振兴地方教育，当地的教育行政部门必须要重视教师的教育科研，要充分认识到教育科研的振兴对整个教育事业发展的重要作用，要充分发挥自己的宏观调控作用，充当好组织者和指导者的角色。同时，要在政策上给予倾斜，有效地实现为教师教育科研提供必要的外部环境保障。在具体的政策制定时可从以下几个方面做起。

1. 加大对教育科研的经费支持

没有科研经费的投入将会严重制约教师教育科研的开展。对教育教学中的重点、难点和热点问题，政府要给予一定的资金支持，让教师的科研结果真正服务于教育事业，真正服务于自己的教育教学实践，解决教师教育教学中存在的真问题，通过研究实现教育观念转变，更新知识，提升教师素质，提高教育教学质量。但地方教育行政部分的经费投入会受当地经济水平的制约，因此，上级主管部门应该多渠道筹集资金，除上层拨款外，还可以充分发挥自己的行政优势，鼓励企业及个人对教师教育科研进行资金捐助。

2. 加大对教育科研的培训支持

在教育科研的培训上，上级教育行政部门具有得天独厚的优势。不仅有能力请某一领域的专家对其进行培训，还可以联系教育科研部门、高校教师为其答疑解惑，在提供教育科研培训所必需的设备和场地的情况下，还可以为教师提供带薪外出学习的机会，这有利于助推教师的教育科研活动。上级教育行政部门要依托市教育科学研究所对教师进行教育科研方法培训，使教师切实掌握实施教育科研的基础知识和基本技能。

3. 建立并完善教师参与教育科研的激励机制

教育行政部门要加大教育科研成果在职称评审中的比重；把教育科研情况纳入

业绩考核与评价的标准中；设立教育科研奖励基金，对教师的科研成果给予奖励。

4. 加大对基层学校的技术支持策略

技术支持主要体现在科研部门对学校教育科研的指导。我国教育科研机构的全面建立与发展是20世纪70年代末才开始的，可以说这些机构的建立适应了当时经济与社会的发展，适应了当时教育改革与发展的实际需要。教育科研机构的建立与运营为当地的教育科学事业的繁荣提供了教育决策与咨询，提供了改进教学的相关意见与建议，从而使其成为一支非常重要的教育科研力量（窦才，等，2006）。教育科研部门是从事教育科学研究的学术机构，集聚了大量的专业研究人才，主要从事学术研究，具有较强的学术吸引力和凝聚力，并以一定的方式表现出来。"教育科研部门的核心工作是教育科学研究和以教育科学研究成果服务于社会，并以此来获得社会的认可和支持，得到可持续的发展"（文正，2000）。它的主攻方向是多出高质量的教育研究成果，并为当地的教育发展与改革服务。教育科研部门尤其是地方教育科研部门，与学校之间有密切的合作与联系，不仅是在教育科研部门的研究上，也体现在学校科研研究对其的需求上。因此，教育科研部门应该与学校继续保持良好的合作、沟通关系，明确一线教师在进行教育科研的不同阶段遇到的不同瓶颈，凭借自己的人员优势和研究优势，为一线教师的教育科研提供技术支持：积极到中小学进行专题讲座，举办学术研讨会、科研咨询会，以各种培训班、讲座等形式为一线教师答疑解惑，提高其科研能力。教育科研部门的专业研究人员具有较为系统的教育理论、研究方法素养，视野比较开阔，信息量比较大，而以实践知识见长的一线教师在理论联系实际的结合运用上具有明显的优势，二者可以在合作研究中共同进步。

（七）推动新课程课堂教学案例开发，提升教师课程能力

教师课程能力是指教师对课程这一特定领域的动作、驾驭过程中所表现出来的个性心理特征。它由课程组织与实施能力、课程评鉴与选择能力和课程的设计与开发能力构成。从调研的情况来看，教师的课程能力还有很大的提升空间。课堂教学案例开发是以推进新课程课堂教学改革为目标，以教师共同关注的教学实践问题为研究对象，通过组织教师撰写并交流课堂教学案例的方式，为教师进行研讨、实践和反思创设教学研究的情境，从而促进教师自身课程能力提升的过程。作为教育行政部门，推动课堂教学案例开发应从以下几个方面做起。

1. 组建一个能够统筹全局的课堂教学案例开发管理机构

这个管理机构由市教育局所属的人事科、教研室和教科所三个单位组成。这三个单位之所以能够联手统筹全局，是因为在课改新理念引领下应运而生的校本培训和校本教研与课堂教学案例开发一样，都以新课程目标为导向，以促进学生发展为宗旨，以教学过程中面对的各种问题为对象，都注重解决实际问题，注重教学经验的创生与积累，注重教师认识与实践能力的提高。正因为他们都具有这样一些共同的特点，这就为统筹全局奠定了坚实的工作基础。不仅如此，他们还具有各自的管理优势，教科所可以充分发挥其在课堂教学案例研究方面的优势，对教学管理者及教师进行通识性培训；教研室可以充分发挥其在学科教学方面的优势，对各学科的课堂教学案例开发进行具体的业务指导；人事科则可以凭借其在对教师的考核、奖惩、评聘等管理方面的优势，给予教科所和教研室的业务活动提供有效的激励手段。不难看出，这是一个集业务指导与行政管理于一体的管理机构。这样的机构为课堂教学案例开发提供了组织保障。

2. 搞好校本课堂教学案例开发的制度建设

这是为学校落实课堂教学案例开发提供的制度保障，具体内容如下：①建立课堂教学案例交流研讨制度。对于课堂教学案例，学校领导和教师原本是有所了解的，不少教师也从中得到不少启发。但普遍存在的问题是课堂教学案例往往被视为教师个体孤立的研究行为，而没有使其真正在教师群体中得到分享。这是当前课堂教学案例研究的"瓶颈"。因此，建立教学案例交流研讨制度就成了当前学校课堂教学案例开发中必须解决的问题。这项制度根据学校教学实际对校内课堂教学案例交流的范围、交流的方式和交流的内容等做出了明确的规定。比如备课组每两周交流一次，教研组每月一次，学校每半学期一次，全校范围的交流还应该同时包括课堂教学案例开发的总结和表彰等。②创新校内听课制度。目前各学校都建立有领导和教师听课的制度，但这种听课多限于传统意义上的观摩学习，很少有明确具体的研究目的。而课堂教学案例开发中的听课则是带着问题进入课堂，是课堂教学案例交流研讨后的延伸。在这样的课堂里，无论执教者还是观摩者都是研究者，而不是评议与被评议的关系。这就赋予听课制度以新的内容。因此，在坚持原有听课制度的基础上，学校要又做出了许多新的规定，例如，课堂教学案例交流的成果是什么，组织听课准备解决什么问题等。③创建课堂教学案例归档制度。从教师知识结构的角度看，课堂教学案例是隐性教学知识的载体，及时收集本校教师优秀的课堂教学案例，对于提高教师的教学实践能力，乃至形成学校的教学特色都是很有意义的。因此，收集课堂教学案例应作为一项制度纳入学校常规管理之中。制度规定所收案例仅限于本校教师的课堂教学案例，因为这样的课堂教学案例切合学校的实际，便于教师学习借鉴，还有利于激发教师的创新精神。制度还规定收集课堂教学案例的工作由校教科室负责，定期对经过筛选的课堂教学案例进行分类、整理、登记、归档。市教育局则将课堂教学案例归档作为检查评估学校教学质量的内容之一。

3. 任务驱动，促使教师变被动为主动

通常情况下，在课堂教学案例开发的起始阶段，多数教师往往是迫于任务的压力而开始行动的，但教师在任务的驱动下，经历了一段课堂教学案例开发的尝试并体验到成功的愉悦后，就会逐渐将完成任务变成自主自觉的行动。需要说明的是任务驱动成败的关键取决于任务的设计和驱动的效果。例如，在教师对课堂教学案例开发尚无感性认识的时候，所设计的任务应该是课改中大家普遍遇到的某一具体操作难题，对教师的能力具有挑战性，难度恰好处于教师能力的边缘。这时，如果编制一个与解决该难题相关的且能引起研究兴趣甚至引发争议的课堂教学案例，再加上主持人巧妙的组织和引导，就可能使教师切实地体验到课堂教学案例开发对增强自我实践能力的意义。这就取得了驱动的效果。假如是这样的任务驱动，既恰如其分地设计任务，又有良好的驱动效果，就能在课堂教学案例开发的过程中促使教师逐步变被动为主动，使其最终成为课堂教学案例开发的主人。

4. 强调实践，明确课堂教学案例开发的考评原则

考评是学校管理的杠杆，它的一个重要作用就是导向。课堂教学案例开发一经启动，研究团队就明确指出：它与当前流行于学校的教学大奖赛、论文评比等一些急功近利的价值取向是格格不入的，课堂教学案例开发的研究重点不在理论探讨上，而是指向具体的教学实践。换言之，它所回答的是"如何具体操作"的问题，是当前课堂教学改革中确实存在的具体问题。研究成果表现在以下两个方面：①文字成果，即教师本人撰写的课堂教学案例或者是蕴含于课堂教学案例中的教学经验；②非文字成果，即教师课堂教学实践的改进。

三、学校创设支持教师专业发展的环境

（一）引领教师加强学习与研究，为教师专业发展增添动力

学习和研究是教师教学实践和专业发展过程中必须投入更多注意力的方面。但是，实际情况常常令人遗憾，在繁重、周而复始的常规教学工作中，教师的学习和研究经常被教师本人和学校管理者拖延、忽视乃至搁置，或者开展了相关活

动，却经常是仓促上马，草草收场。开阔教师的视野就是引导教师关注自身、学校乃至教育之外的事情，要把教师从自己、学校的小圈子里带出来，带到更广阔的天地，让教师能够在更开阔的视野下、更宽广的平台上、更宏大的格局中追求更高、更好的发展。

学校在促进教师开展研究方面可以从以下几个方面做起。

1. 学校教育科研机构的建立与完善

教育科研机构对于确保教师教育科研的顺利进行有着重要的作用。教育科研机构的建立，并没有统一的标准，各学校可根据自己的情况进行设置，可以是校教研室（组）—教研组和课题组（实验组）的教育科研机构，也可以是学校教科室—学校评审组—课题组等其他形式的教育科研组织管理体系。学校无论采用哪一种教育科研机构形式，都必须要充分发挥其功能。教育科研机构的形式多种多样，但无论选择哪种适合本校的组织管理系统，都应注重并充分发挥其管理权限。

1）课题的管理。"课题管理里包括课题规划、立项论证、过程监督与管理、课题的鉴定与评价和课题的应用与推广等几方面，还包括对科研信息的搜集与整理工作的管理"（李冬梅，2002）。

2）队伍的管理。教师科研队伍管理包括对参与教育科研人员的基本信息及其配备情况、对参与教育科研的人员的培训与指导等方面的管理。在管理中，学校要合理调配教师资源，既不对日常教学活动造成影响，又有利于教育科研的顺利开展。

3）经费的管理。科研经费是教师进行教育科研必不可少的条件之一，教育科研机构要对经费进行合理分配，使每一分钱都花得物超所值。

开封市第二师范小学建立起了"教科研领导小组—教科室—专家团—课题组—教师"五级科研工作管理网络。在教科研管理上，他们主要采用分层负责制的管理办法：以校长为组长的教育科研领导小组，负责课题定向；以教科室主任为主的教科室具体实施指导教科研工作，负责定标；以各课题组组长为主的课题组具体落实教科研工作，负责定位。教科研专家团由各教研组组长组成，负责监督、指导课题选题、研究及结题。这种层层负责、责任到人的管理办法使学校教科研工作更为规范、扎实、有效。学校明确规定：课题组负责人必须负责制订好课题规划、组织开展课题研究活动等，课题组成员要有相应的任务落实，积极主动参加课题组各种研究活动，撰写好课题经验总结、研究论文及实验报告等。领导率先垂范。学校的冯校长非常重视学校教育科研工作，把教育科研作为"一把手"工程来抓，多项国家级、省级课题均由校长亲自挂帅主持。

2. 制定规范的教育科研制度

只靠学校成立的专门教育科研机构进行教育科研的管理是不够的，对教育科研的管理需要"有形的手"和"无形的手"同时发挥作用。所谓无形的手即是指规范的教育科研制度，"明文规定是教育科研正常、有效进行的强大后盾"（周立，2000），因此，规范、健全的规章制度是学校教育科研有效开展的重要保证。教育科研制度的建立要经过调查、分析、试行、修正和实施五个阶段。调查和分析是教育科研机构对本校及本校师生等具体情况进行深入了解的情况下，分析本校进行教育科研的有利条件和不利条件，确定有意愿、有能力参与教育科研的教师队伍，并制定适合本校教育科研的制度体系。试行、修正和实施是对已制定出的制度进行修正和再实施的一个过程，最终目的是拿出一套适合本校实际、为教师所接受的管理制度。"一套科研管理制度，应包括课题申报立项、经费管理、成果评审和奖励等"（周立，2000）。教育科研制度一旦制定并开始执行，就应发挥其制约的作用，以更好地保证科研工作走上制度化、规范化的道路。

教育科研管理制度可以与学校其他相关制度相融合。例如，开封市实验幼儿园在具体的科研过程管理中，整合了幼儿园量化考核制度和奖励制度，为教师每月参与科研活动的"质"和"量"进行统一的积分评价，透明公开的奖励机制激励老师们积极参与，相互鼓励，形成良好的科研氛围。

开封市金明中小学为保证科研与教学的扎实开展，成立了"学术委员会"，教科室与教务处密切配合，制定了《金明中小学星级教师评选方案》，并在全校"教代会"上一致通过，"评选"对"科研课题"做出了具体规定，明确提出评选星级教师没有科研课题要实行一票否决。这样，教育科研被纳入学校规章制度使科研工作做到有章可循、有法可依、有序可遵，全体教师搞科研、促课改已蔚然成风。目前，该校有国家级、省级、市级、校级科研课题64个，参与科研的教师达到268人，占专业教师总数的比例为73%；其中有校级、中层领导、段组长，还有各级骨干教师和尖子教师，在他们带领下，加大检查督导，各课题组每月必须开展课题活动并写一篇活动小结交到教科室。这样的检查力度，实践证明效果极好。

3. 创设良好的教育科研氛围

良好的教育科研氛围有助于激发教师进行教育科研的意愿能力，有利于推动教育科研的积极开展。繁重的日常教学任务和班级管理活动使教师处于巨大的压力场域之中，而教育科研是在此基础上的额外工作量。如果没有良好的教育科研氛围，教师教育科研的积极性会大大降低甚至出现消极怠工的现象。因此，学校应该营造良好的教育科研氛围，尽量减少教育科研给教师带来的额外压力（辉进宇，2006）。学校应做到以下几点：

1）关心教师。关心教师疾苦，尽力解决教师工作、生活中的基本问题。马斯洛的需求层次说对解决教师生活中的基本问题提出了要求，而解决教师工作中的基本问题是其进行教育科研的前提条件。

2）合理配置。合理调配教师资源，保证教师教育科研的充足时间。减少教师在规定教学任务之外的额外工作量，保证教师进行教育科研的时间和精力，进而保证教育科研的质量和效果。

3）拓展资源。为教师提供进行教育科研的尽量多的信息：包括图书资料、电子资源、专家指导等。教育科研的开展是建立在已有研究之上的，必须通过电子资源等了解该领域内最新的研究动态。同时，图书和专家指导是教师进行教育科研必不可少的条件。

为了营造科研氛围，开封市杞县教育局领导决定以身作则，做好榜样与示范带领作用。教育局带头申报两项市级课题，一边研究，一边学习，一边示范，让基层教师看杞县教育局是如何去做。但由于大多教师没有参与过课题研究工作，课题研究经验很少，课题开展难度很大。杞县教育局首先要求每一位课题组成员平时要主动从有关报刊杂志和网上收集一些相关课题研究方面的理论文章，并找专业人员绘制了课题研究宣传画报和相关课题研究用画报展板，以进一步指导和充实杞县教育局的课题研究，让杞县教育局的课题研究有形有声。同时，杞县教育局有目的地选择农村学校作为研究对象，以便宣传。杞县教育局每到一个学校，就像慰问演出一样，先展示各种画报，吸引学校领导、教师和学生的关注，让他们知道杞县教育局干什么来了，再加上杞县教育局的精彩讲座，让学校领导和教师对杞县教育局的课题研究和宣传认可，从而得到了基层学校的配合和支持，开辟了一个又一个的课题研究前沿阵地。在这一年的课题研究和宣传工作中，杞县教育局曾经下乡了50多次，其中课题《农村中小学生营养均衡状况调查与应对策略研究》研究成果还在我县农村学校得到推广，为我县农村学校食堂改革提供了借鉴。杞县教育局的做法既开展了业务活动，又进行了课题研究，更关键的是杞县教育局为基层单位树立了课题研究的榜样，让基层教师看到了杞县教育局课题研究的科学态度，从而规范了我县课题研究流程，让基层教师进行课题研究中找到了参照物。

4. 提高教师培训的针对性

问卷调查结果表明：教师进行教育科研的素养较低，因此，需要加强对教师的培训。从了解到的情况看，学校平时也对教师进行培训，但是往往流于形式，对教师没有实质性的帮助。究其原因是学校提供的培训脱离教师工作实际，缺乏针对性。教师进行教育科研活动需要有深厚的理论基础、正确的方法论知识和较强的学习能力。学校要对本校的教育科研教师队伍有清楚的了解，对教师教育科研的能力了如指掌，针对不同的教师提供不同的培训，同时，培训内容要贴合教师实际，能够为教师所接受。

1）注重理论知识培训。一线教师的实践知识丰富，但是理论知识的缺乏必然影响其实践知识的提升，在教育科研中也是如此。理论知识必不可少，但是针对一线教师的培训要注意理论知识的切合性，即进行培训的理论知识要有选择性、针对性。

2）加强研究方法培训。在培训时，学校要选择一线教师容易运用、易于操作的研究方法，如行动研究等。同时，在研究方法的培训上学校还要注重对一线教师进行教育科研全过程的培训，课题选择、研究方案设计、研究运作、资料收集与归纳及论文写作等，努力帮助教师尽快地掌握教育科研的一些基本操作方法。

3）明确能力培养的重要性。在教学工作中，因为教师不断地传授学生学习、思考的方法和技能，所以教师本身的学习能力也很重要。教育科研本身就是不断发现问题、提出问题、解决问题的过程，就是不断学习、反思、再学习的过程。教师的学习能力主要表现在对教育信息的提取和对实践知识的反思能力。有针对性的培训可以提高教师的学习能力，进而为教育科研的开展提供持续的发展源泉。

4）拓展培训的途径与策略。开展培训的形式应多种多样，可以是学校自己组织的校本培训，可以请专家、学者进行培训，也可以外出学习集中培训。培训方式的选择要因校而异，但必须秉持培训的针对性和有效性原则，切不可盲目而为，避免培训流于形式。

对于中小学广大教师特别是农村教师来说，课题研究还是一比较陌生的问题。杞县教育局要让全县教师知道什么是课题研究，怎样规范课题研究流程。为此，杞县教育局在课题申报前先集中培训，培养教师的正确的研究意识：课题研究不能单纯为了职称评定，要把课题研究与提高个人的教育教学结合起来。为了把好质量关，杞县教育局还专门成立了课题评审小组，对立项申报材料进行规范要求和操作，从选题（校本教研，命题规范）、材料结构（环节齐全）、设计论证（设计合理论证充分）、计划安排（有计划且符合实际）、预期成果等方面进行审查，择优推荐具有研究价值和可操作性的项目。

5. 增加教育科研评价的有效性

对教育科研进行评价是教师评价的重要内容之一。此评价具有诊断、导向、激励、鉴定的功能，有效的评价可以调动教师教育科研的积极性，促进教育科研更好地开展。因此，学校要充分发挥评价主体的主动性，在尊重评价客体的基础上，客观、公正地实施评价。在具体的评价过程中，学校应注重加强自评与外部评价相结合；加强对团队的区分性评价，降低对个人评价的区分度；对教师的科研成果按研究活动的类型和研究方式进行分类评价，如教育案例成果、课题论文著作成果等，要在教师的年度考核、职称晋升等中突出教育科研能力指标（杨士昌，等，2002）。开封市第二十五中学开展学校优秀教研组评选。教研组是学校从事教育科学研究工作的基层组织，是提高教师的思想、业务水平的教学研究组织，是学校管理系统中的基础业务组织。教研组在贯彻学校"文化立校、科研兴校、质量强校、特色亮校"的办学思路，提高学科教学质量，促进教师专业发展等方面起着重要的作用。为了加强学校学教研组的建设，不断提高课程改革研究与实验水平，学校决定每学期组织评选优秀教研组，要求各教研组学期末严格按照方案细则进行总结自评，按照教研组教研、教研组教学、教研组工作、教研组建设四个模块量化打分，最后由学校评审小组验收总评。优秀教研组评选促进了学校教研组的建设和完善，促进了各教研组校本教研的科学有序开展，营造了教师专业发展的量化机制，有效提高了学校教育科研管理的实效性。

教师进行教育科研是教师专业成长中必要的一环，是推动教育教学改革的重要抓手，是最终提升教学质量的保障。有效地组织教师进行教育科研工作不仅是学校教科研管理部门的工作，更是学校工作中的一个重要内容。中小学教育科研有别于"专业研究者的研究"和"中小学教师习惯性工作"，是创造性地解决教育实践情境问题的工作，强调情境性、创新性、遵循规律性和系统反思性（鲍远根，2013）。学校自身需要主动为教师搭建开展科研的平台，要多渠道、多模式、多元化地创建教师开展教育科研的外部保障。总之，教师的发展将促成学校的发展，教师的有效成长将促成教学质量的快速提高。

（二）变革和改进教师评价，提高教师工作的积极性

评价作为一种管理手段在很大程度上决定和影响着教师专业发展的内容和成效。每个学校的教师评价方案实际上也有一个价值取向，这种价值取向表现为评价的利益导向，也就是说既定的评价方案更能保证哪些人的利益？激发哪些人的积极性？在当前的改革背景下，进行教师评价的基本思路应该是什么样呢？

20世纪80年代以来,"发展性评价"的概念深入人心,获得教育理论工作者和实践工作者的一致认可。与"发展性评价"对应的概念是"鉴别性评价"。"鉴别性评价"更多的是一种注重发展结果的"鉴别性评价",只关注最后结果,在方向上注重过去,目的是进行奖惩。这不利于评价对象的发展。而"发展性评价"则注重发展过程,强调评价的诊断功能和改进功能,在评价方向上要重视未来,评价的目的不是为了鉴定或评比,而是重视评价对象立足当前现状的发展变化和积极改进。

按照"发展性评价"的思路进行教师评价就要将教师自身进步作为评价的标准,对教师在一段时期内的教学工作成就与过去状况进行比较,衡量其进步情况,以发展为导向,鼓励教师挖掘其教学潜能,不断提升其教学质量。这种评价方式既要考察教师当前的发展水平和状态,又集中关注其可持续发展能力和未来发展趋势。这种评价方式不是"一锤定音",而是立足教师的教学能力发展,能够激发教师的主观能动性。同时,这种评价方式还可以使学校在教师教学评价上变被动为主动,使教师由抵制转为参与,由消极转为积极,由面向过去转为面向未来,由外部评价转为内部评价。

1)学校要倡导教师评价的"团队利益导向"。在教师评价中,工作业绩是最核心的考量因素,因而很容易产生了评价上的"个体利益导向",就是按照教师个体的工作业绩来评价教师的工作,并给予相应的奖惩。按照这种导向,由于教师中的优势群体工作业绩突出,其利益能够最大限度地得到保障,而弱势群体的利益却往往被忽略或漠视。这种导向实际上起到了拉大两者之间的发展差距,同时形成两者之间的对立和矛盾。因此,学校要倡导教师评价的"团队利益导向"。在这种导向中,工作业绩仍然是最核心的考量因素,但是,这个工作业绩不是教师个体的工作业绩,而是教师工作团队的工作业绩。教师工作团队既可以是备课组、教研组、年级组,也可以是某个工作项目小组。每个团队中教师的发展水平是不一样的,这种评价导向能够促进教师团队的整体发展,从而促进教师队伍整体的建设。

2)学校要创新评价机制,注重教师的自我评价在评价中的重要作用。让教师参与到关于自身的业绩评价里,也是对教师主体地位的充分肯定。在传统的评价机制里,学校往往忽略教师在评价中的主体地位,只依靠领导评价、学生评价和同事评价,并不能从根本上反映出教师的业绩发展和自身发展的状况。教师自身的教学反思和评价具有不可替代的优越性。一个教师比其他人都更了解自己在教学过程中遇到的问题和困难。在新课程改革的浪潮下,注重教师在评价中的主体地位将有利于评价发挥其真正的作用。

3）评价要注重教师的个体差异性，坚持师德评价和业绩评价并重。因为每个教师在教学过程中所教学科、年级、学生特点、教学的风格和教学的背景都具有差异性，所以教师的评价不能片面追求统一、唯一的标准。事实上，每一个教师的自身经验都会用到教学过程中，但是同一种教学经验由于实施的学生对象不同，就会有不同的结果。评价要和教师的师德结合起来，片面地看重业绩有时候会挫伤教师的工作积极性。

4）注重评价结果的激励性和实效性。评价的结果主要不仅仅是促进教师业绩的提高和促进教师自身的发展。对于评价的结果，学校对业绩表现突出、进步较大的教师要给予奖励、表扬，让教师在心理上和精神上体会教学成果所带来的喜悦。教师评价的另一个作用就是为教师提供了一个认识自我、提升自我的机会。根据评价的结果，教师为以后的教学找到完善自我的方法，向优秀的教师学习，提高个人的教学质量。

（三）完善校本培训机制，提高教师培训的针对性和有效性

教师培训是教师专业发展的重要支持，有效的教师培训能够补充教师的知识、发展教师的能力，从而促进教师的专业发展水平。从一定角度看，教师每天的教育教学工作都是一种立足自身专业发展的教育服务的输出。要保证和不断提升这种教育服务输出的质量就要解决教师知识和能力发展的输入。而培训是一种提升知识和能力的重要的输入。学校除了组织教师参加上级教育行政部门组织的各种培训外，还要不断完善校本培训机制，提高教师培训的针对性与实效性。

校本培训是为了满足学校和教师的发展目标和需求，由学校组织发起，以学校为培训基地，以本校教师为培训对象，充分利用校内外的培训资源，组织教师在岗研修和学习的开放性培训方式。开展卓有成效的校本培训，需要做到以下几点：①制定校本培训的规章制度，防止培训的形式化。校本培训的条件、监督，培训效果的考核与评价都必须有章可循。②培训内容必须经由学校会同有关机构或专家依据学校发展需要，进行认真分析后选定；选定的培训内容采用什么方法实现、培训内容的完成情况等都必须给出明确说明。③实现培训模式的多样化。具体培训模式有案例研讨模式、行动研究模式、论坛分享模式、现场教学模式、课题研究模式、自我反思模式等。

1. 案例研讨模式

案例研讨模式是指教师以某位教师撰写的一个案例为认知框架，学校领导或

指定的负责人引导教师运用相关理论知识对中小学教育教学管理实践中的问题进行研究讨论，帮助教师不断实现内隐知识外显化与外显知识内化的思维过程，从而提高教师的专业化成长的模式。

案例研讨模式可分为以下几个环节：①选择案例：负责人必须精选教师专业成长的优秀案例，一般来说，挑选出来的案例应具有时代性、典型性等特点；②解读案例的：参与研讨的教师在拿到一则案例之后要初步思考案例的故事梗概、主要矛盾与解决方式；③品评案例：教师在案例所描述的特定情境中主动学习、积极思维，对案例中所提供的问题情境和解决办法结合有关教育教学理论进行分析，做出自己的判断和评价；④总结案例：负责人要对参训教师的研讨情况做出评价，指出课堂教学案例涉及的理论问题及讨论中存在的优点与不足，要对研讨中参训教师提出的讨论性思考进行归纳提升，形成新的理论观点，并可提炼出一些问题引导参与研讨的教师进一步地深入思考。

案例培训模式能够调动参训教师思考的积极性，使教育理论更好地贴近实践，从而在教育理论与教育实践这个长期以来不可逾越的鸿沟上面架起一座桥梁，有效降低或消除一线教师对教育理论产生的距离感与生疏感。另外，案例研讨的关键是一篇篇蕴含管理思想的文字稿件。负责人与教师不必深入学校就可以在短时间内接触到大量教育实践问题，在时间、空间上不受限制，又经济实惠。案例研讨模式可以用来对人数较多的教师进行培训。

案例研讨模式的局限性在于对负责人的素质能力要求较高，需要负责人付出更多的时间与精力去完成。案例研讨能否成功主要取决于两个因素：①案例本身，培训者要能够选择出来合适的案例进行研讨，这个过程要求培训者能够具有敏锐的眼光和深厚的理论素养；②对案例进行分析、研究、讨论的程度，这个过程要求负责人具有较强的组织能力、总结能力和理论归纳能力。

2. 行动研究模式

行动研究模式是指有计划、有步骤地应对教学实践中产生的问题，在专家的指导下，教师边研究边行动，以解决学校教学中的实际问题。其目的不在于建立理论、归纳规律，而在于针对教育活动和教育实践中的问题，教师在行动研究中不断地探索、改进和解决教育实际问题。

行动研究一般是在专家指导下通过"计划—行动—观察—思考—再行动—再思考"这样的环节进行循环反复的研究。针对教师的行动研究的循环过程的操作程序如下：①当我的教育、管理价值观遭到实践否定时，我碰到了问题（如教师的工作积极性不高，存在着比较严重的职业倦怠现象）；②我在专家指导下设想着解决这个问题（如为教师创造良好的工作环境，通过组织多种活动增强教师的适应能力）；③我在专家指导下实施这个想象中的解决方案；④我在专家指导下评价我行动的结果（我的教师积极性有所提高了，但是幸福指数还不高）；⑤我在专家指导下根据自己的评价系统重新阐明问题（我必须进一步采取措施提高教师的幸福指数，进一步提高教师的工作积极性）……

行动研究模式的优点也比较明显。它能够在较深层次促进教师的专业化发展，比较适用于具有一定知识经验积淀的教师。有关研究发现（陈向明，2006）：教师的专业发展依靠的不只是他们的"信奉理论"，更重要的是他们自己在实践和工作中积累起来的"使用理论"。

行动研究模式也具有比较明显的局限性。①此模式中需要专家学者投入相当多的精力与教师共同解决，但有经验、有指导能力的专家是有限的，一段时间内只能培训少数几位教师；②此模式耗时较长，如果中间出现学校领导调整等因素，则会随时中断。

3. 论坛分享模式

论坛分享模式以教育思想碰撞和工作交流为特色，定期组织教师围绕一个主题进行研讨和交流，实现思想上的交锋和观点上的碰撞，达成对问题的共识，找到解决问题的方案的一种有效使用模式。

论坛分享模式的实施过程是：①负责人提前定好论坛的时间、参与人员和主题，采取颁发文件或召开教师论坛工作会议等方式，做好论坛的发动工作；②教师结合论坛主题，联系工作实际，撰写发言稿；③组织会议，提供平台让教师畅所欲言、集思广益、互相交流、互受启发；④组织专家进行现场指导评析与答疑；⑤选出优秀的发言稿或推荐到 CN 杂志，或在内部刊物上进行汇编，以期在更大范围内进行交流。

在论坛分享活动中，教师一方面将他人的经验、智慧视为知识的可能性源泉，通过对话和共同的探索活动将公共知识转化为个人知识，另一方面又将自己在教育管理中的难题转化为公共难题，将自己教育管理中的智慧转化为公共智慧，从而构成了一种加速个人智慧学习和实践创新的良性循环。

论坛分享模式对时间、空间有一定的要求，因此组织起来不宜太频繁。

4. 现场教学模式

现场教学模式是负责人把教师带入课堂教学现场，通过参观、考察、主体报告等多种具体形式所进行的体验式的有效使用方式。

从具体的操作程序来看，现场教学模式包含以下几个步骤：①设计现场教学活动：负责人要选择好值得观摩的教学、科研、教研活动，并且制定好具体学习流程；②负责人带领教师到现场进行参观、学习，做好教师的组织工作；③教师集体讨论现场参观、学习情况，根据现场学习情况，畅谈自己的收获与思考，负责人对各种观点进行归纳整理。

现场教学模式注重教师的亲身体验，是教师比较喜爱的一种培训形式，但其对负责人现场活动的调节能力、时间调控能力、语言幽默感等都有较高的要求。

5. 课题研究模式

课题研究模式是指教师以课题研究为中心，负责人帮助教师在研究过程中，提高各种能力包括教育科研能力、分析和解决问题的能力，促使教师的专业化水平提高。随着"科研兴教""科研兴校"理念的广泛深入，这种模式逐渐受到广大教师的欢迎，并且在向常态化发展。

课题研究模式的操作程序为：①准确定位研究课题；②规划研究行动；③科学运用研究方法；④整理研究资料；⑤分析研究资料；⑥提炼研究成果；⑦转化研究成果。参训教师把研究结果运用到学校的管理实践中，不断研究问题，形成新的结论。

课题研究本身蕴含着改变和发展教师的积极因素和力量，教师可以从中体会和发现这种力量，从中体会教学工作的快乐和幸福。与一般实践活动比较，研究具有自觉目的性、设计系统性和改进持续性等特点。但此模式要求教师要具有较深的教育科研素养。

6. 自我反思模式

自我反思模式是指教师通过撰写个人成长报告、反思案例、反思日记等方式，批判地考察自我的主体行为表现及其行为依据，给予肯定、支持、强化或否定、思索、修正的思考模式。自我反思模式有利于参训教师总结教学经验。教师撰写案例是对自身管理实践的总结和反思，从实践中选择适当的实例进行描述和分析，可以更清楚地认识有些策略为什么取得了成功，有些为什么效果不够理想。通过反思，教师能够进一步明确有效的教学行为及其理论依据，从而更有效地指导今后的教学实践。但自我反思模式对教师的主动性要求较高，对于一些学习积极性不高的教师不太适用。

（四）建立教师的知识管理机制，为教师专业成长提供保障

知识管理是组织用来创造、储存与运用知识以促进组织绩效的一个过程，它

能有效地促进显性知识与隐性知识之间的相互转化，特别是促进内隐知识的外显化。知识管理关注知识的产生和拓展，重视增进个人或团体逐渐积累、增加的经验，使组织成员在完成一项工作任务时，能有效地将所获取的大量相关信息提升到知识层次，最后对知识进行内化并运用到实践中解决问题。知识管理能够促进人力资源的建设，将组织成员所拥有的个人化的知识资源转变为组织的基础资源，从而在组织成员中进行广泛的共享。知识管理的最终目标在于提升组织及组织成员的生产力和创新能力，进而提升组织的绩效。

学校中不同教师的专业发展水平不同，这种不同在很大程度上体现在教师拥有的、从事教育教学工作所需要的各种类型和方式的知识和能力。在这种知识和能力中，知识是根本，能力是由知识转化而来的。专业发展水平高的教师不但拥有丰富的知识，而且这些知识以合理的结构组合成一个完整的知识体系。在教育教学实践中，这个知识体系一方面转化为教育教学能力；另一方面转化获得新知识的能力。专业发展水平低的教师则相反，他们在知识和知识体系方面都存在缺陷和缺口，这些缺陷和缺口阻碍了他们教育教学新知识的获得和能力的提升。

常规的教师专业发展实践往往只注重对教师外在的工作行为的规范和管理，很少关注到教师内在的知识和能力，所以，教师一般都是自己在经营和管理自己的知识和能力。而不同专业发展水平的教师之间在经营和管理自己的知识和能力方面的意识与能力往往存在很大的差别。另外，因为教师的工作更多的是独自完成的，所以教师之间无法进行有效的知识和能力的共享，无法在共享的基础上生成。这就需要借助学校管理的组织平台解决这个问题。建立学校教师的知识管理机制就是把专业发展水平高的教师的知识优势与特长和专业。

发展水平低的教师的知识缺陷与缺口都纳入学校教师知识管理的体系，在两者之间建立联系，建立学校知识资源库，发挥整个教师队伍群体的知识资源优势，不断弥补专业发展水平低的教师的知识缺陷和缺口，并采用各种方式加以完善。

实现对知识的管理需要从以下三个方面加以重视。

1. 从教师群体中发现值得分享的想法、见解和经验

个体为解决教学实际问题，利用集体智慧跨越个体障碍是一种合作成长的有效途径，因此如何发现值得分享的想法、见解和经验，以现有的资源为起点就显得格外重要。上海团结路小学校长在学校的一次"关于现代教学技术实务"的培训活动中了解到：学校教师掌握现代教学技术的水平参差不齐，用同一的内容安排统一的培训，不但作用不大，而且容易造成部分教师的反感。校长巧妙地运用

了"信息卡"的方式解决了这个问题。①发布信息：校长请教师根据自己掌握多媒体、运用软件的情况，先填写一张"会"的信息卡，发布到公告栏上；②找老师，招伙伴：校长请全体教师浏览信息卡上的内容，选择自己需要的学习信息项目，在公告栏上签上自己的名字；③组织研修：校长组织教师，"会"的教师培训"不会"的教师；④组织信息超市：每次研修之后，鼓励教师用信息卡发布自身的困惑、经验。上海团结路小学的教师通过信息卡的方式，让信息流动起来，每个人运用现代信息技术的能力都得到了提升。当然，除了信息卡之外，学校还可以通过指定专门小组开发技术程序和标准、网络论坛等其他方法来实现。其关键是在坦率交流和相互帮助中，让教师个人的知识流淌出来，解决每个人面对的真正问题，进而在教师和教师之间建立起信任和互惠的关系。

2. 发现群体中个人特长的多样化途径

学习是教师群体共同进行的解决问题的活动，不但需要重视群体智慧，而且需要教师个体的个性发挥。没有个性，就意味着没有创造。没有创造的群体只有简单的复制功能，而不具备持续创新能力。一个群体、一个团队的精神实质是要充分利用和发挥团队所有成员的个体优势去做好工作。例如，针对学校确定了"骨干先行，带动全体，提升研修品质，促进专业发展"的工作思路，上海东方学校开展骨干教师校内开放课堂的实践与探索。开放课堂激发了骨干教师自主发展意识，让他们在实践中真正感悟新课程理念，提升实践智慧的同时，也为其他教师（尤其是新教师）搭建学习、观摩、研讨的平台，形成全校型、开放式的研修氛围。

3. 建立校内科研成果库

当前，基层学校教师的科研意识不断增强，科研能力不断提高，产生了许许多多的科研成果，其类型有研究报告、论文、教学案例等。这些科研成果对于改革和指导学校管理、教育教学起到了积极的推动作用，对于教师的专业成长和发展起到了很好的引导作用。同时，研究团队也发现：许多科研成果在鉴定验收或是评奖以后，没有得到进一步验证和推广，而是被束之高阁。心理学研究结果表明：情境的相似性更有利于知识与技能的迁移，因此，"土生土长"的校内科研成果对于本校其他教师进行教育教学更具有转化和推广的价值。鉴于此，学校要建立校内教育科研成果库。校内科研成果库的建立能够使校内的成果资源得到共享，提高教育科研成果的社会化水平，同时给每位教师提供更广阔的舞台和空间，使教育科研成果得到广泛应用，成为教育改革和发展，提高教育质量的"第一生产力"。校内科研成果库的建立要做好以下三方面的工作：①帮助指导教师进一步提炼归纳成果，增强成果的信度和效度；②通过网络资源库的形式分类整理成果，保证校内所有的教师都能够浏览到科研成果的具体内容；③指导教师用实践来检验教育科研成果，对教育科研成果进行修改、完善和丰富。

（五）做好校长的角色定位，为教师专业发展提供支持

校长应根据教师专业发展的不同需要，在各自不同场合里，应当有不同的角色定位。

1. 当好个性特长的促进者，让教师梦想成真

在加德纳的多元智能理论看来，作为个体，每个人都同时拥有相对独立的七种智力。这七种智力在每个人身上以不同方式、不同程度的组合使得每个人的智力各具特点，教师也是这样，有的精于逻辑思维，有的则在语言方面有天分。每个教师都是独特的，他们都有自己的特长，校长要为教师的专业发展铺路搭桥、鼓掌喝彩，当好让教师梦想成真的促进者。校长应该①帮助每个教师看到自己的个性特长，找到自己的梦想起点，进而设计自己的专业梦想；②通过构建研修共同体，组织教师集体说课，相互取长补短，群策群力，为各自的专业特长锦上添花。

2. 当好敢于破旧立新的组织者，让教师之间优势互补

教师的专业知识尤其是实践性的知识在封闭的个人世界里是很难建构出来的。因此，教师只有在良好的组织体内，才会获得更多的支持与鼓励，其本身的个性、特长才能得到更好的激发，才能够快速地成长起来；反之就会使教师的教育强项埋没，个性特长逐渐消退，丧失发展的动力。因此，在教师的个性化专业发展过程中，校长要搭建好让每个教师大放光彩、争相辉映的平台，即校长要做促进教师个性化专业发展活动的组织者。作为一个个性化专业发展活动的组织者，校长要敢于立足实际对现有的不合理的备课、上课、教研方式等不断进行变革与创新，要善于组织个性不同的教师形成良好的共同愿景，营造浓厚的合作文化氛围，确立合理的内部成员结构，掌握良性的循环学习方式，即组织教师形成诸如研修共同体等类型多样的学习共同体，为教师的个性化专业发展创造空间。

3. 当好亲历亲为的参与者，让教师感受职业的魅力

如果走访一下终身从事教育工作的教师，就不难发现他们生命中大量的时间和精力都是在课堂上和学生一起度过的。每堂课都是他们生命活动的一部分，课堂对他们而言，不只是为学生成长所作出的付出，同时也是自己生命价值和自身发展的体现。如果教师在课堂中充分展示了富有个性的创新能力，就能使他们从

中切身体验到自己所从事的职业的内在魅力。要想让教师认同这一观念,最有说服力的办法不是苍白无力的空洞说教,而是校长身先士卒,深入教研,深入教学,做一个亲力亲为的称职的参与者。

深入教研是促进教师个性化专业发展的一个重要途径。在这样的场合里,需要先行解决的一个关键问题就是校长应当将自己设定为一个怎样的角色。成功的经验是当好教学研究中的普通一员,与教师共同学习、共同思考、共同研究,面对教学活动中的种种困难,与教师一起寻根究底,与教师一起参与争论不休的研讨,既能以研究的态度直抒己见,又能服从真理敢于否定自己;既能选择出大家共同关注的话题,又能引领大家向更深处思考。这种民主、平等、和谐的氛围不但能让教师切身感受到校长对他们的尊重、信任和期待,体验到作为幼儿园主人的尊严,而且能激发起富于个性的创新欲望。

参与教学是促进教师个性化专业发展的又一重要途径。它能使教师认识到教学是一种艺术,是一个永无止境的创新过程。教师职业的魅力就在于它为孜孜不倦的美的探索者和创造者提供了广阔的时间和空间。在听课过程中,校长要能发现教师的闪光点,同时还要思考这节课还有哪些地方有欠缺?能不能让这节课上得更加完美?在与教师的研讨中校长能够给予指导,甚至能够亲自执教上课,为了一节好课共同研磨。

四、教师个人要积极为义务教育的发展贡献个人力量

义务教育视野下师资资源的均衡配置问题需要政府、教育行政部门和学校的努力,更离不开教师自身方面的努力,因为作为一个教育工作者,有责任和义务为义务教育的师资均衡配置贡献自己的力量。一支强劲有力的师资队伍需要教师自身具有崇高的职业道德、复合的知识结构和教学能力、积极配合相关政策、活动。

(一)树立牢固的职业理想

人们常说,教师是人类灵魂的工程师,教师职业是"太阳底下最崇高的职业"。对于教师专业成长的快慢,自身的认识和努力是至关重要的因素。教师只有充分认识到自己所承担的责任的重要性,树立崇高的职业理想和职业信念,爱岗敬业、关爱学生,以真情、真心、真诚教育和影响学生,才能成为学生的良师益友,成为学生健康成长的指导者和引路人;只有刻苦钻研、严谨笃学,树立终身学习理念,如饥似渴地学习新知识、新技能、新技术,拓宽知识视野,更新知识结构,

才能提高教学质量和教书育人本领；只有勇于创新、奋发进取，积极探索教育教学规律，更新教育观念，改革教学内容、方法、手段，注重培育学生的主动精神，鼓励学生的创造性思维，引导学生在发掘兴趣和潜能的基础上全面发展，才能培养适应社会主义现代化建设需要、具有创新精神和实践能力的一代新人。有专家说，教师要热爱两个职业，成为两个职业专家：一个是学科职业，一个是专业职业。专业职业涵盖了从事这个职业所需的特有的素质和能力。教师不仅要以渊博的知识工作，还要淡泊名利、志存高远，树立高尚的道德情操和精神追求，甘为人梯，乐于奉献，静下心来教书，潜下心来育人，努力做受学生爱戴、让人民满意的教师。当前的教育，面临的环境很复杂，受社会的影响大，这需要能守住心灵的宁静，要多改变自己，少埋怨环境，努力去适应现代社会的发展变化。

1. 教师要以崇高的职业责任坚守在工作岗位上

义务教育视野下师资资源配置不均衡的一个重要原因就是师资资源的流失，现在党中央和政府已经认识到义务教育师资配置不均衡的严重性，学校和行政部门也大力进行有效的举措，努力改善农村、边远、贫困地区的教育现状，作为教师自身要认识和理解我国义务教育中出现的问题，为薄弱地区、薄弱学校贡献自己的一份力量，这也是对教师这份职业最光辉的诠释。

2. 教师要树立新型的学生观

在当今新课程背景下，教师不再是传统意义上的角色，而开始成为学生的帮助者、学生的伙伴。现在师德败坏的现象时有发生，义务教育作为一个学生最重要的阶段，教师有责任和义务尊重学生、爱护学生、挖掘学生的潜能。

3. 教师要养成优良的职业作风

校本课程的研制和开发需要研究型的教师，这就对教师的教研能力提出了挑战，教师需要汲取教育理论的精华知识，建构在自身的知识体系下。但是，有的教师急功近利、学风浮躁而进行学术造假，这不仅败坏了师德，更不利于师资资源的有效使用。

（二）适应各发展阶段的要求

教师的专业发展可以分为五个阶段，即新手教师阶段、合格教师阶段、熟练教师阶段、骨干教师阶段、专家教师阶段。

1）新手教师阶段（1年）：这一阶段是师范生或刚进入教学领域的教师成长阶段。在这个阶段，教师的主要任务是学习一般的教学原理、教材内容知识和教学方法等，熟悉课堂教学的步骤和各类教学情景，初步获得教学经验，初步适应课堂教学的要求，是在三尺讲台上"初步摸索"阶段。

2）合格教师阶段（2～3年）：在这一阶段，教师的主要任务是在初步摸索课堂教学的过程中，逐渐熟悉备课、上课、辅导、批改作业、考试测验等教学常规性工作，通过课堂教学不断地把教学知识转化为教学技能。教师要对完成目标有较强的自信心，能明确自己的教学目标和内容，能确定课堂教学中各类事件的主次。这是在三尺讲台上"立住脚"的阶段。

3）熟练教师阶段（3～6年）：经过本阶段教学实践的磨炼，教师要逐步适应学校的工作节奏，形成较为过硬的基本功，具备独立的教育实践能力，成为胜任学科教学的教师。教师表现出对教师职业较为投入、情绪较为稳定的一种心态，对课堂教学情境和学生的反应有敏锐的观察力。这一阶段是教师形成正确的教育思想和良好的心理素质的关键阶段，是有可能成为骨干教师的苗子而初露端倪的阶段，是在三尺讲台上"站稳脚"的阶段。

4）骨干教师阶段（6～9年）：这一阶段，教师不但熟练掌握了教学基本功，积累了一定的教育科研经验，而且有了较好的认知结构，渴求学习教育理论及他人经验，不断进行教学反思，教学功底逐渐深厚，开始形成初步的教学风格，具备了较强教育科研能力，有教育教学论文发表或参评论文获较高奖项，并逐步成为学校的骨干、逐步被同行和学校领导认可，多数教师取得了中级职称。这个阶段是在三尺讲台上"阔步走"乃至"飞跃"的阶段。

5）专家教师阶段（10年以上）：这一阶段教师能轻松、流畅地完成教学任务，针对复杂程度各异的教学情境，能够采取不同的处理方式：当陌生的教学事件发生时，他们开始有意识地思考，采取审慎的解决方法；当教学事件进行十分流畅时，他们的课堂行为就成为一种自然而然的反射行为。少数教师能用现代教育理论指导自己的教学实践，对学科教学有独特见解，形成了自己的教学特色和风格，成为学科教育专家。这些教师具有较强的教科研能力、学科指导能力，取得的业绩突出，被评为省、市的学科带头人、教坛新星、特级教师，成为"名师"。这个阶段是在三尺讲台上"出成果"乃至"硕果累累"的阶段。

当然，教师各个发展阶段不是截然分开的，而是相互联系、紧密相连、层层递进的。教师在专业成长过程中，只有具备教材内容知识、一般教学法知识（含经典教育理论）、课程知识、教学法与教材内容结合的知识、学生及其特点的知识、教学情境的知识、有关教育宗旨、目的、价值和其哲学与历史背景的知识等知识结构，才能满足自己各个发展阶段的要求。同时，教师在各个阶段的发展中，不能沉湎于业已取得的成绩，不能止步不前，而要与时俱进，适应各阶段发展要求，适应教育改革的发展要求。

（三）善抓专业成长的机会

教师成长有多种途径，教师要善于抓住机会，不断地发展自己，迅速提高自己的专业水平。

1. 师徒结对，促进提升

广泛开展师徒结对、互帮互学活动可以使教师干有方向，学有榜样。35周岁以下的青年教师，在本学科中，要采取自由选择和学校指定结合的方式，确定拜师对象。老教师要积极热情地帮助青年教师，对青年教师要进行耐心细致地雕琢性地培养。从手把手、言传身教开始；再"扶上马，送一程"；最后是大胆放手，幕后点拨。老教师不但要毫无保留地把自己的教学经验和教学方法、教研方法传授给青年教师，培养他们独立工作的能力以及严谨治学的作风，而且应以自己的高尚师德和情操影响自己的"徒弟"，使他们能够迅速健康地成长，使他们当中的一大批人能够挑起教育教学的大梁，并具备一定的教科研能力。青年教师要主动虚心地向老教师学习，对不清楚或模糊的问题要及时请教，要学习老教师身上的优良的品质、爱岗敬业和奉献精神，同时要对个别教师陈旧的教育观念、教学方法进行抵制。

2. 利用平台，发展自己

教师的培养离不开课堂这一重要的舞台。新课程改革要聚焦课堂，充分发挥课堂的作用，教师要不断提高课堂教学的艺术和水平。①结对子的教师要坚持互相听课、评课制度。青年教师要做到每周至少听老教师一节课，并做好详细听课记录，教务处要定期检查记录，并张榜公布。老教师要有计划、有目的地听青年教师的课，必要时要进行"跟课"，并做好评析工作；②教师要主动参加一些"教学比武"竞赛、基本功竞赛等多种形式的活动，不断提高自己的课堂驾驭能力；③要积极参加各种类型的课堂教学练兵活动，如新教师汇报课，各种研讨课、示范课，省、市、区课堂教学评比等，通过活动提高自己的教学技能和教学艺术；④要积极参加各种形式的教育论坛，倾听别人谈观点和教育体会，善于吸取别人的优点，自己也要善于反思和总结，敢于发表自己的观点，敢于向专家挑战。

3. 积极学习，成就未来

教师的理论学习将以多种形式进行，有常规的"我与新课程共同成长"大家谈活动；有教师论坛、教师沙龙互动活动、案例分析、专题研讨，有立足校内的问题探讨式、经验交流式学习；有请名师专家到校，与名师专家面对面的观念播种，或学校将尽可能提供教师外出培训学习的机会，去聆听窗外的声音；有文本的自编学习材料、有信息广泛的正规教科研报刊杂志；有集体理论与实践相结合的各种电子材料；有借助网络的学习信息，学校将定期确定学习主题，为教师理论学习提供思路，更鼓励教师以自我需要为出发点，自主地寻找学习材料；有针对性地学习与消化。在理论上，教师要勤于学习，有学习的强烈意识和良好习惯；善于学习，有学习的有效方法和学习质量；学以致用，有学习的深度思考和实践行为。

4. 参加研究，适应改革

校本教研是教师成长的重要途径，它是以教师为主体，以解决发生在学校现场的教学问题为主的一种教研活动方式。有专家说，教师的成长＝实践＋反思。自我反思、同伴互助、专业引领是校本教研的三个基本要素。开展校本教研活动有利于推进新课程的顺利开展，有利于提升教师的专业水平，有利于提高课堂教学质量。社会的发展对教育的要求越来越高，教师必须不断地参加各种培训（包括职业道德培训、现代教育思想和教育观念的培训、专业知识的培训、合格型教师的培训、骨干教师的培训、教育科研能力的培训、现代教育技术的培训等），转变教育观念，更新自己的知识结构，提高自己的教学水平，适应新课程改革的要求。

5. 进行教研，积累经验

变经验型教师为科研型教师是优秀教师区别于一般教师的一个显著标志。教学水平要提高就必须积极投身于教科研实践中，勇于探索，勤于思索。在研究的过程中，养成探索的思维态势和创新的思想方法。教师在教学实践第一线，直接接触学生，参与各类教育活动，必然会遇到各种各样的疑难和问题。教师要善于分析各类问题，从中发现有价值的、其他人没有认真研究的或者研究结果有明显的问题，作为自己的研究对象和课题。教师要大胆承担校级、区级、市级、省级、国家级的教科研课题，在研究过程中，学习新理论、新方法，并运用新理论、新方法去了解、分析、研究教学中的疑难和问题，逐步探索、揭示、掌握其教学规律，不断提高自己的教学水平，并且要不断把研究得出的新认识、新观点、新方法，通过科研报告、论文、论著等文字形式表达出来，在提升自身的同时，进一步交流、推广教科研成果。

6. 善待制度，增强动力

每个学校都会制定各种制度来规范学校的管理和提高教师的专业水平。教师要以一种积极地态度来对待学校的各项规章制度，要把制度作为专业成长的动力和助推器，善于利用一切可以使自己成长的有效制度，提升自己，完善自己。每学年初，教师要结合自身实际和教学需要，确立自我成长目标，制订成长措施，增强工作的动力，提高自信心，自加压力，不断获得可持续发展的后劲。对学校布置的各项有益的工作，教师要积极主动地完成，在完成的过程中不断锻炼自己，力争在各项工作中有所进步，有所提高。

（四）处理好多方面的关系

1）教师自身与学生的关系。青年教师对待学生容易走极端，要么过于亲昵，管不住学生，要么过于严厉，容易导致师生之间的冲突。教师应做到宽严有度，既要有爱心，宽容，赏识学生，又要严格要求学生，善于做学生的思想工作，树立自己的威信；既要关注优秀学生培养，又要潜心学困生的教育。

2）课堂教学与管理的关系。青年教师要积极探讨多种方法激发学生的学习兴趣，不断提高自身的教学技能，提高自己的教学魅力。亲其师，信其道。教学中，教师要加强管理，很大程度上，可以说教学也在培养自己的管理艺术、提高自己的管理水平，通过管理来进一步提高课堂教学质量。

3）课堂教学与辅导的关系。教学质量的提高关键是看课堂四十五分钟的效率。这就需要教师不断改进教学方法，提高教学技能，因材施教，分层教学，提高教学质量。但课后辅导也是必需的。学生在学习中存在差异，辅导可以及时解决学生学习中存在的问题，可以给学生进行补缺补差。青年教师在注重课堂教学的同时，还要关注课后的辅导，不能只靠四十五分钟，要处理好两者之间的关系。

4）课堂教学与研究的关系。在平时教学过程中，有相当一部分青年教师忙于教学常规工作，对所遇到的问题和困惑没有注重反思，不善于去研究解决的办法，对平时的教学点滴经验或教训不善于积累总结，教育教学上留下自己的东西少，自身的专业成长不够快，这需要处理好教学和研究的关系，要在教学中研究，在研究中提高，不断创新，不断发展。

5）教师与教师之间的关系。教师要树立团队意识，发扬合作精神。校本教研的成功与否和教师的团结合作精神有重要联系。在实施开展校本教研的过程中，教师与教师之间、与其他教育者之间共同制定课题目标，选择课题内容，分析课题中存在的问题等等，这些没有团队的合作，只靠一个人的努力是无法实现的。

6）教师与学校之间的关系。教师要主动参与到评价机制中，提高自我反思和发展能力。教师积极主动的对自己业绩情况、思想态度进行评价，有利于教师提高自我的认识和反思能力，并且是改进自己的教学方法，规范教学行为，提高教学质量的重要依据。

7）教师与政府、教育行政部门之间的关系。教师要积极响应政府的教师流动政策和定向培养制度。发达地区和欠发达地区之间，城市和乡村之间会组织适当的教师流动制度，让城市的优秀教师和农村的教师轮换，教师要履行职责，服从安排，到相对落后的地区任教。

第六章

基本条件资源的科学配置与有效运用

在推进义务教育均衡发展过程中,基本条件资源的科学配置和有效运用是至关重要的。党的十八大报告明确提出了均衡发展九年义务教育,合理配置教育资源的目标。《国家中长期教育改革和发展规划纲要(2010—2020年)》明确提出"均衡发展是义务教育的战略性任务。推进义务教育学校标准化建设……均衡配置教师、设备、图书、校舍等各项资源"。现阶段人民群众对优质教育资源需求的增长与教育供给不足之间的矛盾日益凸显,"优质"和"均衡"成为义务教育发展的必然诉求,是当前急需关注的热点和难点问题。

本章以"义务教育均衡发展视域下基本条件资源的科学配置和有效运用"为主题展开论述,主要依据中国国家教育统计数据,并按照东部、中部和西部的分类方法,综合考虑东、中、西部各省份地区的人均 GDP、城镇化水平、地理环境及人口分布等因素,选择辽宁、上海、江苏、海南、山西、河南、重庆、新疆等 8 个省(自治区、直辖市)的 15 个区县的小学和初中进行调研,发放教师问卷 2500 份,收回教师问卷 2453 份,发放学生问卷 5500 份,收回学生问卷 5490 份。在数据统计分析的基础上,从均衡发展视域全面审视义务教育基本条件资源的科学配置和有效运用现状及主要问题,深入剖析其原因,尝试提出义务教育均衡发展视域下基本条件资源的科学配置和有效运用的可行性策略。

第一节 基本条件资源的科学配置与有效运用的现状及存在的主要问题

一、义务教育基本条件资源科学配置的现状及存在的主要问题

义务教育基本条件资源配置的现状及存在的主要问题从东、中、西三大区域间、区域内和城乡间进行分析，均表现为基本条件资源配置不均衡。

（一）区域间义务教育基本条件资源配置不均衡

区域间义务教育基本条件资源配置现状主要是基于东中西部的比较[①]。目前我国东、中、西三大区域间在基本条件资源配置方面仍存在着很大的差距，其不均衡主要表现为东部区域占明显的资源优势，中、西部区域资源则相对较少。具体从基础设施、教学设施和教学仪器与设备三大方面进行阐述。目前，我国义务教育学校在基础设施配置方面已基本完善，其区域差距相对较小，配置相对较为均衡，而区域间的差距更多地表现在功能教室等教学设施和计算机等教学仪器与设备的配置方面。

1. 基础设施方面

基础设施主要包括学校校舍、教学及辅助用房、行政办公用房、食堂与厕所、师生宿舍等方面的情况。整体上，三个区域的差距相对较小，但东部区域情况仍优于中西部区域，特别是危房面积情况。另外，与西部区域相比，东部区域师生人数较多，但其可用面积却有限，因此"僧多粥少"的态势在东部区域表现更为明显（如师生宿舍面积）。

1）学校校数方面：从横向区域比较，中部区域的学校校数（小学和初中）最多，西部区域其次，东部区域最少。从纵向年份比较，目前无论从总体看，还是从东中西区域看，我国学校数量都呈逐年下降趋势。另外，三个区域在全国总体学校数量中所占比例相对稳定。以小学阶段为例，2005 年，东、中、西三个区域

[①] 东中西区域划分依据源于中国统计年鉴，东部包括北京、天津、河北、辽宁、上海、江苏、浙江、福建、山东、广东、海南 11 个省市；中部包括山西、吉林、黑龙江、安徽、江西、河南、湖北、湖南 8 省；西部包括内蒙古、广西、重庆、四川、贵州、云南、西藏、陕西、甘肃、青海、宁夏、新疆 12 个省（自治区、直辖市）。

学校数量分别占全国学校总数的 26.33%、38.06%和 35.61%；2009 年，东、中、西三个区域学校数量分别占全国学校总数的 26.51%、38.31%和 35.18%；2014 年，东、中、西三个区域学校数量分别占全国学校总数的 27.44%、37.13%和 35.43%。如表 6-1 和图 6-1 所示，十年内我国东中西三个区域义务教育学校数量所占比例是相对比较稳定的。

表 6-1 义务教育分区域学校数统计表

阶段	年份	全国/所	东部 校数/所	东部 比例/%	中部 校数/所	中部 比例/%	西部 校数/所	西部 比例/%
小学	2005	366 213	96 436	26.33	139 361	38.06	130 416	35.61
	2006	341 639	90 006	26.35	129 084	37.78	122 549	35.87
	2007	320 061	84 602	26.43	120 983	37.80	114 476	35.77
	2008	300 854	79 790	26.52	114 210	37.96	106 854	35.52
	2009	280 184	74 271	26.51	107 330	38.31	98 583	35.18
	2010	257 410	68 897	26.77	100 916	39.20	87 597	34.03
	2011	241 249	64 615	26.78	93 164	38.62	83 470	34.60
	2012	228 585	60 607	26.51	88 013	38.51	79 965	34.98
	2013	213 529	57 221	26.80	80 569	37.73	75 739	35.47
	2014	201 377	55 251	27.44	74 768	37.13	71 358	35.43
初中	2011	54 117	17 178	31.74	20 115	37.17	16 824	31.09
	2012	53 216	16 917	31.79	19 805	37.22	16 494	30.99
	2013	52 804	16 837	31.89	19 646	37.20	16 321	30.91
	2014	52 623	16 840	32.00	19 606	37.26	16 177	30.74

注：表中数据由历年《中国统计年鉴》原始数据计算而得

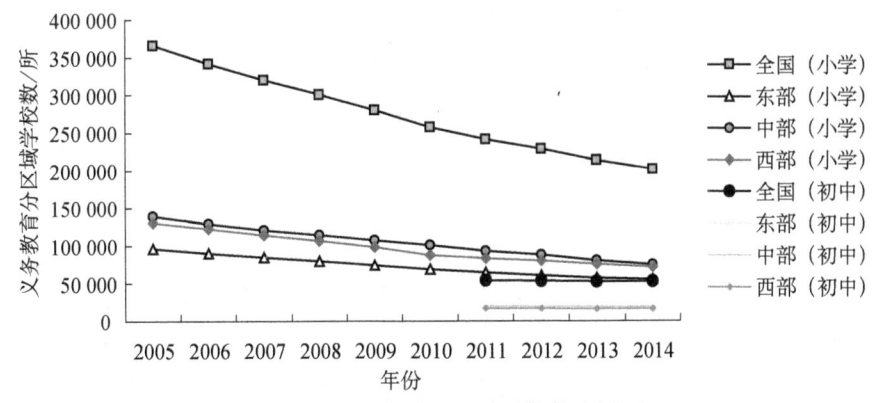

图 6-1 义务教育分区域学校数分析图

2）校舍方面：以 2014 年为例，①学校校舍建筑面积情况。在校舍建筑总面积方面，目前在义务教育阶段，东部区域面积最大，中部其次，西部面积最小；

在生均校舍建筑面积方面,小学阶段呈现出西部区域面积最大、东部其次、中部最少的态势,初中阶段则表现为东部区域面积最大、中部其次、西部最少。因此可以看出,初中阶段学校在校舍建筑面积方面的区域差距明显大于小学阶段,特别是西部区域与东中部区域的差距。②学校校舍面积中危房面积情况。危房总面积和生均危房面积都呈现出从东部到中部再到西部区域依次大幅递增的形态。从表6-2可以明显看出,西部区域的危房面积远远大于东中部区域,其中,小学阶段和初中阶段西部区域的生均危房面积分别高达东部区域的25倍和28倍。因此,目前,我国义务教育阶段在校舍方面还存在着很大的区域差距,特别是西部区域,虽然在校舍总面积方面与东中部区域的差距相对不大,但其危房面积情况仍不容乐观。

表6-2　2014年义务教育分区域学校校舍建筑面积与危房情况统计表

阶段	区域	在校生数/人	校舍建筑面积/m²	生均校舍建筑面积/m²	危房面积/m²	生均危房面积/m²
小学	全国	94 510 651	646 971 902	6.85	20 312 805	0.21
	东部	36 387 409	254 264 231	6.99	576 520	0.02
	中部	30 517 058	199 439 683	6.54	5 624 317	0.18
	西部	27 606 184	193 267 988	7.00	14 111 968	0.51
初中	全国	43 846 297	525 635 444	11.99	11 570 328	0.26
	东部	16 074 277	211 430 388	13.15	316 567	0.02
	中部	14 008 235	167 567 385	11.96	3 413 530	0.24
	西部	13 763 785	146 637 671	10.65	7 840 231	0.57

注:表中数据由教育部历年教育统计数据计算而得

3)学校教学及辅助用房方面:以2014年为例,如表6-3所示,①从教学及辅助用房面积和教室面积在校舍建筑总面积中所占比例看,虽然校舍建筑总面积、教学及辅助用房面积、教室面积都表现为东部最多、中部其次、西部最少的趋势,但三个区域教学及辅助用房面积在校舍建筑总面积中所占比例情况基本接近,相对于其他方面,此方面差距并不大。其中,在小学阶段,表现为中东西依次减少的略微差异;在初中阶段,表现为东部最大,西部其次,中部稍小。但整体来说,相对于其他方面,东中西部区域教学及辅助用房在校舍建筑总面积中所占比例差距并不是很大。②从校均面积看,与中西部区域相比,东部区域在校均教学及辅助用房面积和校均教室面积方面均占明显优势。小学阶段,校均教学及辅助用房面积和校均教室面积都是东部区域最多,中部其次,西部最少;初中阶段,则表现为东部区域最多,西部其次,中部最少。③从阶段看,虽然小学阶段教学及辅助用房面积和教室面积在数量上都多于初中阶段，但由于学校数量的巨大差距，校均教学及辅助用房面积和校均教室面积却远少于初中阶段。

表 6-3　2014 年义务教育分区域学校教学及辅助用房情况统计表

阶段	区域	校舍建筑总面积/m²	教学及辅助用房面积/m²	所占比例/%	学校数/所	校均教学及辅助用房面积/m²	教室面积/m²	校均教室面积/m²
小学	全国	646 971 902	358 659 222	55.44	201 377	1781.03	299 185 891	1485.70
	东部	254 264 231	141 889 776	55.80	55 251	2568.09	113 597 464	2056.03
	中部	199 439 683	113 068 046	56.69	74 768	1512.25	96 388 012	1289.16
	西部	193 267 988	103 701 400	53.66	71 358	1453.26	89 200 415	1250.04
初中	全国	525 635 444	219 107 284	41.68	52 623	4163.72	154 653 489	2938.90
	东部	211 430 388	93 780 687	44.36	16 840	5568.92	62 307 554	3699.97
	中部	167 567 385	66 341 314	39.59	19 606	3383.73	48 775 714	2487.80
	西部	146 637 671	58 985 283	40.23	16 177	3646.24	43 570 221	2693.34

注：表中数据由教育部历年教育统计数据计算而得

4）行政办公用房方面：以 2014 年为例，如表 6-4 所示，①从行政办公用房在校舍建筑总面积中所占比例看，义务教育阶段，校舍建筑总面积、行政办公室面积都表现为东部最多、中部其次、西部最少，因此在比例上西部区域要略低于东中部区域；②从校均面积看，义务教育阶段，校均行政办公用房面积和校均教师办公室面积都表现为东部区域最多、中部其次、西部最少，其中，东部区域基本相当于西部区域的 2 倍，由此可见，在行政办公用房方面，仍存着较大的区域差距；③从阶段看，虽然初中阶段行政办公用房和教师办公室面积总数小于小学阶段，但其学校数量也远少于小学阶段，因此初中阶段校均行政办公用房面积和校均教师办公室面积都多于小学阶段。

表 6-4　2014 年义务教育分区域学校行政办公用房情况统计表

阶段	区域	校舍建筑总面积/m²	行政办公用房面积/m²	所占比例/%	学校数/所	校均行政办公用房面积/m²	教师办公室面积/m²	校均教师办公室面积/m²
小学	全国	646 971 902	61 081 637	9.44	201 377	303.32	42 071 639	208.92
	东部	254 264 231	24 094 525	9.48	55 251	436.09	15 271 607	276.40
	中部	199 439 683	20 937 523	10.50	74 768	280.03	15 457 695	206.74
	西部	193 267 988	16 049 589	8.30	71 358	224.92	11 342 337	158.95
初中	全国	525 635 444	47 742 100	9.08	52 623	907.25	29 784 165	565.99
	东部	211 430 388	20 382 721	9.64	16 840	1210.38	11 868 537	704.78
	中部	167 567 385	15 878 740	9.48	19 606	809.89	10 512 075	536.17
	西部	146 637 671	11 480 639	7.83	16 177	709.69	7 403 553	457.66

注：表中数据由教育部历年教育统计数据计算而得

5) 学校食堂与厕所方面：以 2014 年为例，如表 6-5 所示，①从面积看，除了小学阶段中部区域在食堂面积方面略低于西部，义务教育阶段校舍建筑面积、食堂面积和厕所面积方面均表现出东中西逐渐减少的趋势。②从食堂和厕所在校舍建筑总面积中所占比例看，三个区域的差距相对较小，具体表现为小学阶段食堂和厕所在校舍建筑总面积中所占比例由高到低分别为西—中—东部、中—东—西部；初中阶段食堂和厕所在校舍建筑总面积中所占比例由高到低分别为中—西—东部、东—中—西部。③从校均面积看，基本表现为东部最多，西部其次，中部最少。其中，东部与中西部区域的差距较为明显，而中西部区域间的差距相对不大。④从阶段看，初中阶段学校食堂面积总数要多于小学阶段，但其厕所面积总数却少于小学阶段，初中阶段校均食堂面积和校均厕所面积都多于小学阶段。

表 6-5　2014 年义务教育分区域学校食堂与厕所情况统计表

阶段	区域	学校数/所	校舍建筑总面积/m²	食堂面积/m²	食堂所占比例/%	校均食堂面积/m²	厕所面积/m²	厕所所占比例/%	校均厕所面积/m²
小学	全国	201 377	646 971 902	31 356 713	4.85	155.71	27 277 422	4.22	135.45
	东部	55 251	254 264 231	10 641 056	4.19	192.59	10 434 747	4.10	188.86
	中部	74 768	199 439 683	9 442 595	4.73	126.29	8 942 882	4.48	119.61
	西部	71 358	193 267 988	11 273 062	5.83	157.98	7 899 793	4.09	110.71
初中	全国	52 623	525 635 444	39 725 291	7.56	754.90	15 399 633	2.93	292.64
	东部	16 840	211 430 388	15 679 339	7.42	931.08	6 426 179	3.04	381.60
	中部	19 606	167 567 385	13 119 638	7.83	669.16	4 802 342	2.87	244.94
	西部	16 177	146 637 671	10 926 314	7.45	675.42	4 171 112	2.84	257.84

注：表中数据由教育部历年教育统计数据计算而得

6) 学校教工宿舍与学生宿舍方面：虽然在东中西三个区域中，西部区域教工数和学生数最少，但其教工宿舍面积较多、学生宿舍面积最多，因此，西部区域师均宿舍面积较多、生均宿舍面积最多。与之相反，东部区域虽然教工数和学生数最多，但其教工宿舍、学生宿舍面积最少（除小学阶段中部区域教工宿舍面积稍低于东部区域），因此，东部区域师均宿舍面积、生均宿舍面积最少。由此可见，目前我国仍存在着师生人数东多西少、宿舍面积西多东少的区域差距，这是造成东部区域教工和学生人均宿舍面积紧张，西部区域资源被浪费的东中西不均衡局面的重要原因（表 6-6）。

表 6-6　2014 年义务教育分区域学校教工宿舍与学生宿舍面积统计表

阶段	区域	教工数/人	教工宿舍面积/m²	师均宿舍面积/m²	在校生数/人	学生宿舍面积/m²	生均宿舍面积/m²
小学	全国	5 488 941	51 208 395	9.33	94 510 651	33 427 449	0.35
	东部	2 073 321	15 754 850	7.60	36 387 409	7 080 770	0.19
	中部	1 768 901	15 044 517	8.51	30 517 058	9 982 666	0.33
	西部	1 646 719	20 409 028	12.39	27 606 184	16 364 013	0.59
初中	全国	3 488 430	52 613 800	15.08	43 846 297	95 283 631	2.17
	东部	1 325 754	16 083 760	12.13	16 074 277	30 006 199	1.87
	中部	1 142 083	19 738 047	17.28	14 008 235	31 481 358	2.25
	西部	1 020 593	16 791 993	16.45	13 763 785	33 796 074	2.46

注：表中数据由教育部历年教育统计数据计算而得

2. 教学设施方面

教学设施主要包括体育运动场馆、图书和功能教室等方面的情况。整体上，东中西三区域间存在着很大的差距，具体表现为东部区域明显优于中西部区域，特别是在体育馆、图书馆、实验室、微机室和语音室等功能教室上，而中西部区域情况差距相对不大。

1）体育运动场馆方面：以 2014 年为例，如表 6-7 所示，①从面积看，东部区域在体育馆面积和运动场地面积上远远多于中西部区域。②从体育馆和运动场地在教学及辅助用房和学校占地总面积中的所占比例看，相对于中西部区域，义务教育阶段东部区域处于明显优势。而中西部区域其所占比例差距不大。另外，相比于运动场地，体育馆的比例很小。③从校均面积看，东部区域的校均体育馆和校均运动场地面积要远远高于全国平均水平和中西部区域水平。如，小学阶段东部区域校均体育馆面积将近是西部区域的 6 倍，初中阶段东部区域校均体育馆面积是西部区域的 4 倍多。④从阶段看，初中阶段各区域体育馆面积整体多于小学阶段，而运动场地面积整体少于小学阶段。由此可以发现，体育运动场馆方面资源配置上仍不均衡，东部区域具有明显的优势，而中西部区域仍相对落后。

表 6-7　2014 年义务教育分区域学校体育运动场馆面积统计表

阶段	区域	学校数/所	教学及辅助用房 总面积/m²	体育馆 面积/m²	体育馆 所占比例/%	学校占地 总面积/m²	运动场地 面积/m²	运动场地 所占比例/%	校均体育馆/m²	校均运动场地面积/m²
小学	全国	201 377	358 659 222	7 252 940	2.02	2262 293 479	677 506 045	29.95	36.02	3 364.37
	东部	55 251	141 889 776	5 042 887	3.55	827 087 134	286 260 996	34.61	91.27	5 181.10
	中部	74 768	113 068 046	1 121 993	0.99	745 328 686	206 003 545	27.64	15.01	2 755.24
	西部	71 358	103 701 400	1 088 060	1.05%	689 877 659	185 241 504	26.85	15.25	2 595.95

续表

阶段	区域	学校数/所	教学及辅助用房 总面积/m²	体育馆 面积/m²	体育馆 所占比例/%	学校占地 总面积/m²	运动场地 面积/m²	运动场地 所占比例/%	校均体育馆/m²	校均运动场地面积/m²
初中	全国	52 623	219 107 284	8 107 268	3.70	1522 383 677	412 496 271	27.10	154.06	7 838.71
	东部	16 840	93 780 687	5 413 531	5.77	585 465 445	177 824 021	30.37	321.47	10 559.62
	中部	19 606	66 341 314	1 475 192	2.22	519 439 850	126 019 427	24.26	75.24	6 427.59
	西部	16 177	58 985 283	1 218 545	2.07	417 478 382	108 652 823	26.03	75.33	6 716.50

注：表中数据由教育部历年教育统计数据计算而得

2）学校图书馆及图书方面：以2014年为例，如表6-8所示，①在学校图书馆面积方面，图书馆面积、图书馆在教学及辅助用房总面积中所占比例及校均图书馆面积均呈现出东中西部依次减少的趋势，且东部区域图书馆面积远多于中西部区域，中西部区域差距相对较小。②在图书数量方面，虽然东部区域在学校数量上相对较少，但其图书资源量却远远多于中西部区域，因此，东部区域平均每所学校所拥有的图书量要远远多于中西部区域，表现出了明显的区域差距。另外，从区域所涵盖的各省市情况来看，东部区域各省市情况整体上要明显优于中西部区域。如，在小学阶段，东部区域校均图书量最多的上海市是31 129.14册，也是全国最高的省市，最少的海南省是7 360.07册，其中只有海南省低于全国平均水平；中部区域校均图书量最多的湖北省是15 290.05册，最少的江西省是5 079.17册，其中只有湖北和湖南两个省市高于全国平均水平；西部区域校均图书量最多的四川省是12 083.06册，最少的甘肃省是3 912.60册，其中只有内蒙古、四川和陕西三个省市高于全国平均水平。在初中阶段，东部区域校均图书量最多的上海市是45 168.27册，也是全国最高的省市，最少的海南省是20 285.11册，其中只有福建和海南两个省市低于全国平均水平；中部区域校均图书量最多的湖北省是28 531.67册，最少的黑龙江省是12 523.38册，其中只有湖北省高于全国平均水平；西部区域校均图书量最多的宁夏回族自治区是30 011.15册，最少的重庆市是15 286.57册，其中只有五个省（自治区、直辖市）高于全国平均水平。

表6-8 2014年义务教育分区域学校图书资源统计表

阶段	区域	学校数/所	教学及辅助用房总面积/m²	图书馆面积/m²	图书馆所占比例/%	图书/册	校均图书馆面积/m²	校均图书量/册
小学	全国	201 377	358 659 222	16 472 075	4.59	1 862 770 154	81.80	9250.16
	东部	55 251	141 889 776	7 259 841	5.12	855 443 932	131.40	15482.87
	中部	74 768	113 068 046	4 983 756	4.41	529 760 058	66.66	7085.38
	西部	71 358	103 701 400	4 228 478	4.08	477 566 164	59.26	6692.54

续表

阶段	区域	学校数/所	教学及辅助用房总面积/m²	图书馆面积/m²	图书馆所占比例/%	图书/册	校均图书馆面积/m²	校均图书量/册
初中	全国	52 623	219 107 284	11 878 721	5.42	1 323 709 763	225.73	25154.59
	东部	16 840	93 780 687	5 728 861	6.11	582 359 578	340.19	34581.92
	中部	19 606	66 341 314	3 319 819	5.00	382 952 524	169.33	19532.41
	西部	16 177	58 985 283	2 830 041	4.80	358 397 661	174.94	22154.77

注：表中数据由教育部历年教育统计数据计算而得

3）功能教室方面：以2014年为例，①虽然东部区域在学校数量上相对较少，但其实验室、微机室和语音室资源量却远远多于中西部区域，因此，东部区域平均每所学校所拥有的实验室、微机室和语音室面积要远远多于中西部区域，表现出了明显的区域差距。而中西部区域差距相对不大，但由于中部区域学校数量多于西部区域，因此虽然中部区域在实验室、微机室和语音室总面积上要多于西部，但平均到每所学校后的面积反而与西部区域基本持平，甚至略少于西部区域，如在初中阶段校均实验室面积与校均微机室面积上。②从表6-9中可以看出，目前我国实验室面积最多，微机室其次，语音室面积要远远少于实验室和微机室面积。可见，目前我国在语音室资源的配置上还存在较大缺口。③以小学阶段为例，校均实验室面积方面，东部区域面积最大的上海市是350.34m²，也是全国最高的省市，最小的海南省是52.25m²，其中只有辽宁省和海南省低于全国平均水平；中部区域面积最大的湖北省是170.88m²，最小的江西省是48.35m²，其中只有黑龙江、湖北和湖南三个省市高于全国平均水平；西部区域面积最大的内蒙古自治区是128.35m²，最小的甘肃省是35.07m²，也是全国最小的省市，其中只有内蒙古、四川和新疆三个省市高于全国平均水平。校均微机室面积方面，东部区域面积最大的江苏省是234.05m²，也是全国最高的省市，最小的海南省是41.22m²，其中只有海南省低于全国平均水平；中部区域面积最大的湖北省是108.44m²，最小的江西省是34.33m²，其中只有黑龙江和湖北两个省市高于全国平均水平；西部区域面积最大的内蒙古自治区是92.42m²，最小的广西壮族自治区是21.32m²，也是全国最小的省市，其中有六个省市均低于全国平均水平。校均语音室面积方面，东部区域面积最大的江苏省是48.98m²，也是全国最高的省市，最小的海南省是12.75m²，其中只有北京和海南两个省市低于全国平均水平；中部区域面积最大的湖北省是33.39m²，最小的河南省是8.26m²，其中只有黑龙江、湖北和湖南三个省市高于全国平均水平；西部区域面积最大的陕西省是38.58m²，最小的甘肃省是3.42m²，也是全国最小的省市，其中有八个省市均低于全国平均水平。

表 6-9　2014 年义务教育分区域学校功能教室资源统计表

阶段	区域	学校数/所	实验室/m²	校均实验室/m²	微机室/m²	校均微机室/m²	语音室/m²	校均语音室/m²
小学	全国	201 377	19 041 501	94.56	13 021 434	64.66	3 685 381	18.30
	东部	55 251	8 464 238	153.20	5 845 119	105.79	1 680 227	30.41
	中部	74 768	5 684 640	76.03	3 797 474	50.79	1 092 171	14.61
	西部	71 358	4 892 623	68.56	3 378 841	47.35	912 983	12.79
初中	全国	52 623	31 550 020	599.55	9 653 448	183.45	3 264 338	62.03
	东部	16 840	14 931 462	886.67	4 015 236	238.43	1 384 043	82.19
	中部	19 606	8 738 641	445.71	2 936 263	149.76	1 095 685	55.89
	西部	16 177	7 879 917	487.11	2 701 949	167.02	784 610	48.50

注：表中数据由教育部历年教育统计数据计算而得

3. 教学仪器与设备方面

教学仪器与设备主要包括计算机数量和资产值等方面的情况。整体上东部区域，特别是北京、上海的情况，明显优于中西部区域，而中西部区域间的差距相对不大。

1) 计算机数量方面：以 2014 年为例，①整体来看学校计算机资源配置仍存在很大缺口，从表 6-10 可以看出，一个学生拥有计算机数远远小于一台，甚至在计算机资源量最多的东部区域也未达到生均一台。②东部区域虽然学生数量最多，但其计算机资源量也远远多于中西部区域，甚至是中西部区域的两倍之多，因此，东部区域生均计算机数也远远多于中西部区域。由此可以看出，我国计算机资源的配置仍存在着总量不多，东部与中西部区域差较大的状况。③在小学阶段，东部区域生均计算机数最多的北京市是 0.27 台，也是全国最高的省市，最少的海南省是 0.07 台，其中只有海南省低于全国平均水平；中部区域生均计算机数最多的湖北省是 0.10 台，最少的江西省和河南省是 0.04 台，其中只有湖北省高于全国平均水平；西部区域生均计算机数最多的西藏自治区是 0.13 台，最少的广西壮族自治区是 0.04 台，其中有七个省市低于全国平均水平。在初中阶段，东部区域生均计算机数最多的上海市是 0.35 台，也是全国最高的省市，最少的海南省是 0.10 台，其中只有河北、福建和海南三个省市低于全国平均水平；中部区域生均计算机数最多的吉林省和湖北省是 0.15 台，最少的江西省和河南省是 0.08 台，其中只有吉林和湖北两个省市高于全国平均水平；西部区域生均计算机数最多的青海省和宁夏回族自治区是 0.17 台，最少的广西壮族自治区是 0.07 台，其中只有四个省市高于全国平均水平。

表 6-10 2014 年义务教育分区域学校计算机资源统计表

阶段	区域	学生数/人	计算机数/台	生均计算机数/台
小学	全国	94 510 651	8 466 690	0.09
	东部	36 387 409	4 679 219	0.13
	中部	30 517 058	1 840 661	0.06
	西部	27 606 184	1 946 810	0.07
初中	全国	43 846 297	5 950 176	0.14
	东部	16 074 277	3 009 525	0.19
	中部	14 008 235	1 471 715	0.11
	西部	13 763 785	1 468 936	0.11

注：表中数据由教育部历年教育统计数据计算而得。

2）资产值方面：以 2014 年为例，如表 6-11 所示，东部区域虽然学校数量最少，但其固定资产总值、教学仪器设备资产值和实验设备资产值却远远多于中西部区域，因此，东部区域校均固定资产值、校均教学仪器设备资产值和校均实验设备资产值也远远多于中西部区域。由此可以看出，目前我国东部与中西部区域在资产值上仍存在着很大差距。

以小学阶段为例，校均固定资产值方面，东部区域最多的省市是上海，其校均固定资产值高达 1512.24 万元，也是全国最高的省市，是全国水平的将近 5 倍，最少的省市是河北，其校均固定资产值为 259.53 万元，其中只有河北和辽宁两个省份低于全国平均水平；中部区域最多的省市是湖北，其校均固定资产值为 434.30 万元，最少的省市是河南，其校均固定资产值为 157.44 万元，其中只有湖北省高于全国平均水平；西部区域最多的省市是西藏，其校均固定资产值为 771.69 万元，最少的省市是甘肃，其校均固定资产值为 147.39 万元，也是全国最低的省市，其中有七个省市低于全国平均水平。

3）校均教学仪器设备资产值方面：东部区域最多的省市是北京，其校均教学仪器设备资产值高达 485.97 万元，也是全国最高的省市，是全国水平的将近 12 倍，最少的省市是河北，其校均教学仪器设备资产值为 29.33 万元，其中只有河北省低于全国平均水平；中部区域最多的省市是湖北，其校均教学仪器设备资产值为 59.78 万元，最少的省市是河南，其校均教学仪器设备资产值为 15.69 万元，其中只有湖北省高于全国平均水平；西部区域最多的省市是四川，其校均教学仪器设备资产值为 67.64 万元，最少的省市是甘肃，其校均教学仪器设备资产值为 15.21 万元，也是全国最低的省市，其中有八个省市低于全国平均水平。

4）校均实验设备资产值方面：东部区域最多的省市是上海，其校均实验设备资产值高达 57.39 万元，也是全国最高的省市，是全国水平的六倍多，最少的省市是山东，其校均实验设备资产值为 9.87 万元，其中只有山东省低于全国平均水平；中部区域最多的省市是湖北，其校均实验设备资产值为 20.22 万元，最少的省市是江西，其校均实验设备资产值为 4.70 万元，其中只有黑龙江、湖北和湖南三个省市高于全国平均水平；西部区域最多的省市是四川，其校均实验设备资产值为 15.76 万元，最少的省市是甘肃，其校均实验设备资产值为 3.84 万元，也是全国最低的省市，其中只有四个省市高于全国平均水平。由此可见，东部区域，特别是北京、上海的义务教育学校资产值要远远优于全国其他地区，仍存在着显著的资源配置区域差距。

表 6-11　2014 年义务教育分区域学校资产值统计表

阶段	区域	学校数/所	固定资产总值/万元	校均固定资产值/万元	教学仪器设备资产值/万元	校均教学仪器设备资产值/万元	实验设备资产值/万元	校均实验设备资产值/万元
小学	全国	201 377	69 001 782.79	342.65	8 628 911.86	42.85	2 013 445.13	10.00
	东部	55 251	31 898 833.55	577.34	4 639 948.49	83.98	930 986.67	16.85
	中部	74 768	16 997 417.80	227.34	1 861 194.45	24.89	558 700.73	7.47
	西部	71 358	20 105 531.44	281.76	2 127 768.93	29.82	523 757.74	7.34
初中	全国	52 623	58 833 723.17	1118.02	6 628 829.38	125.97	2 265 157.54	43.05
	东部	16 840	27 323 262.93	1622.52	3 385 725.03	201.05	1 017 061.45	60.40
	中部	19 606	15 592 416.73	795.29	1 577 322.70	80.45	642 596.07	32.78
	西部	16 177	15 918 043.51	983.99	1 665 781.65	102.97	605 500.02	37.43

注：表中数据由教育部历年教育统计数据计算而得

（二）区域内义务教育基本条件资源配置不均衡

目前我国义务教育基本条件资源配置不均衡不仅体现在东中西部三大区域的差异，在东中西区域内部，也存在着同样的问题。在每个区域内各选取两个最具代表性的省市做比较，以进一步分析区域内义务教育基本条件资源配置不均衡现状。

1. 东部区域内义务教育基本条件资源配置不均衡

虽然目前东部区域整体上义务教育基本条件资源要优于中西部区域，但其内部也存在着较大的发展差距。其中，具有义务教育基本条件资源优势的省市主要有北京、上海、江苏、浙江等，而较为薄弱的省市主要有海南、辽宁、河北等地。以 2014 年上海市和海南省的义务教育基本条件资源情况为例，从表 6-12 中可以看出,上海市在义务教育学校各方面基本条件上都明显优于海南省。从阶段看,小学阶段,上海市与海南省虽然在各类基本条件资源总量上相差不大,但上海市学校数量要远远少于海南省,因此,上海市平均每所学校的基本条件资源拥有量要远远多于海南省;初中阶段,虽然上海市学校数量多于海南省,但其各类基本条件资源总量也远多于海南省,因此,上海市平均每所学校的基本条件资源拥有量仍是远远多于海南省。从基本条件资源看,上海市与海南省最大的差距体现在教学设施方面,尤其是体育馆面积方面。在基础设施方面,上海市校均教学及辅助用房与教室面积、校均行政办公室面积与教师办公室面积、校均食堂与厕所面积都多于海南省,但海南省师均和生均宿舍面积却远远多于上海市。在教学设施方面,校均运动场面积的差距相对不大,但上海市校均体育馆、校均图书馆面积与图书数量、校均实验室、微机室与语音室面积都远远多于海南省。如表 6-12 所示,在教学仪器与设备方面,上海市拥有资源情况亦是优于海南省。

表 6-12 2014 年上海市与海南省义务教育基本条件资源情况统计表

资源情况		小学			初中		
		上海市	海南省	比例/%	上海市	海南省	比例/%
基本情况	学校校数/所	757	1 619	0.47	522	392	1.33
	在校生数/人	802 960	752 643	1.07	426 789	337 350	1.27
	教职工数/人	50 618	46 938	1.08			
基础设施	校舍方面	校舍建筑面积/m²	5 265 729	5 233 381	1.01	6 620 945	3 791 571	1.75
		生均校舍建筑面积/m²	6.56	6.95	0.94	15.51	11.24	1.38
		危房面积/m²		133 330			63 267	
		生均危房面积/m²		0.18			0.19	
	教学及辅助用房情况	教学及辅助用房面积/m²	2 760 004	2 750 930	1.00	3 232 427	1 439 707	2.25
		校均教学及辅助用房面积/m²	3 645.98	1 699.15	2.15	6 192.39	3 672.72	1.69
		教室面积/m²	1 901 778	2 458 065	0.77	1 802 312	1 073 225	1.68
		校均教室面积/m²	2 512.26	1 518.26	1.65	3 452.70	2 737.82	1.26
	行政办公用房情况	行政办公室面积/m²	704 081	315 550	2.23	853 708	188 059	4.54
		校均行政办公室面积/m²	930.09	194.90	4.77	1 635.46	479.74	3.41
		教师办公室面积/m²	370 833	225 257	1.65	426 450	112 891	3.78
		校均教师办公室面积/m²	489.87	139.13	3.52	816.95	287.99	2.84
	食堂与厕所情况	食堂面积/m²	3 49614	129 751	2.69	464 887	244 437	1.90
		校均食堂面积/m²	461.84	80.14	5.76	890.59	623.56	1.43
		厕所面积/m²	236 905	145 083	1.63	266 027	92 060	2.89
		校均厕所面积/m²	312.95	89.61	3.49	509.63	234.85	2.17

续表

资源情况			小学			初中		
			上海市	海南省	比例/%	上海市	海南省	比例/%
基础设施	师生宿舍情况	教工宿舍面积/m²	16 847	1 210 656	0.01	38 054	798989	0.05
		师均教工宿舍面积/m²	0.33	25.79	0.01			
		学生宿舍面积/m²	13 152	326 418	0.04	133 537	819 820	0.16
		生均宿舍面积/m²	0.02	0.43	0.05	0.31	2.43	0.13
教学设施	体育与运动场地情况	体育馆面积/m²	263 827	15 656	16.85	402 507	34 405	11.70
		校均体育馆面积/m²	348.52	9.67	36.04	771.09	87.77	8.79
		运动场地面积/m²	30 52626	6 593 604	0.46	3 612 874	3 272 740	1.10
		校均运动场地面积/m²	4 032.53	4 072.64	0.99	6 921.21	8 348.83	0.83
	图书情况	图书馆面积/m²	174 366	105 241	1.66	214 751	73 181	2.93
		校均图书馆面积/m²	230.34	65.00	3.54	411.40	186.69	2.20
		图书数量/册	23 564 759	11 915 956	1.98	23 577 836	7 951 764	2.97
		校均图书数量/册	31 129.14	7 360.07	4.23	45 168.27	20 285.11	2.23
	功能教室情况	实验室面积/m²	265 204	84 592	3.14	619 016	182 434	3.39
		校均实验室面积/m²	350.34	52.25	6.71	1 185.85	465.39	2.55
		微机室面积/m²	119 489	66 741	1.79	147 468	55 478	2.66
		校均微机室面积/m²	157.85	41.22	3.83	282.51	141.53	2.00
		语音室面积/m²	35 340	20 635	1.71	46 373	20 984	2.21
		校均语音室面积/m²	46.68	12.75	3.66	88.84	53.53	1.66
	计算机情况	计算机数量/台	151 236	53 505	2.83	151 277	35 112	4.31
		生均计算机数量/台	0.19	0.07	2.71	0.35	0.10	3.50
教学仪器与设备	资产值情况	固定资产总值/万元	1 144 763.93	701 603.30	1.63	1 367 056.00	532 341.30	2.57
		校均固定资产总值/万元	1 512.24	433.36	3.49	2 618.88	1 358.01	1.93
		教学仪器设备资产值/万元	229 382.28	72 639.50	3.16	242 849.80	54 992.63	4.42
		校均教学仪器设备资产值/万元	303.01	44.87	6.75	465.23	140.29	3.32
		实验设备资产值/万元	43 447.40	16 673.77	2.61	58 455.44	21 551.27	2.71
		校均实验设备资产值/万元	57.39	10.30	5.57	111.98	54.98	2.04

注：表中数据由教育部历年教育统计数据计算而得

2. 中部区域内义务教育基本条件资源配置不均衡

中部区域内，湖北省在整体上拥有绝对的义务教育基本条件资源优势，江西、河南等省地则较为薄弱。以 2014 年湖北省和江西省的义务教育基本条件资源情况为例，从表 6-13 可以看出，湖北省在义务教育学校各方面基本条件资源都明显优于江西省。从阶段看，初中阶段基本条件资源整体上要优于小学阶段，且相对于小学阶段，初中阶段两省间的差距也较小。从基本条件资源看，湖北省与江西省在教学设施和教学仪器与设备方面的差距较大，其中，两省最大的差距体现在实验设备资产值方面。在基础设施方面，湖北省整体情况优于江西省，但相对于其他方面，两省在基础设施方面的差距较小。其中，小学阶段，虽然江西省的教学及辅助用房面积、教室面积和厕所面积稍多于湖北省，但由于其学校和学生数量也多于湖北省，因此，江西省的校均教学及辅助用房面积、校均教室面积和校均厕所面积仍少于湖北省。在教学设施方面，特别是小学阶段，湖北省校均体育馆、校均图书馆面积与图书数量、校均实验室、校均微机室与校均语音室面积都远远多于江西省。如表6-13在教学仪器与设备方面，湖北省与江西省之间的资源差距也是较大的。

表 6-13 2014 年湖北省与江西省义务教育基本条件资源情况统计表

资源情况		小学			初中		
		湖北省	江西省	比例	湖北省	江西省	比例
基本情况	学校校数/所	5 513	9 764	0.56	2 011	2 127	0.95
	在校生数/人	3 211 598	4 129 817	0.78	1 375 940	1 750 083	0.79
	教职工数/人	199 033	196 817	1.01			
基础设施	校舍方面						
	校舍建筑面积/m^2	27 523 900	23 581 373	1.17	23 322 692	17 835 994	1.31
	生均校舍建筑面积/m^2	8.57	5.71	1.50	16.95	10.19	1.66
	危房面积/m^2	520 275	2 144 521	0.24	299 749	1 239 294	0.24
	生均危房面积/m^2	0.16	0.52	0.31	0.22	0.71	0.31
	教学及辅助用房情况						
	教学及辅助用房面积/m^2	13 696 738	14 410 408	0.95	8 122 536	7 185 272	1.13
	校均教学及辅助用房面积/m^2	2 484.44	1 475.87	1.68	4 039.05	3 378.13	1.20
	教室面积/m^2	11 053 674	12 870 678	0.86	5 727 027	5 423 472	1.06
	校均教室面积/m^2	2 005.02	1 318.18	1.52	2 847.85	2 549.82	1.12
	行政办公用房情况						
	行政办公室面积/m^2	2 099 853	1 898 496	1.11	1 820 825	1 325 982	1.37
	校均行政办公室面积/m^2	380.89	194.44	1.96	905.43	623.40	1.45
	教师办公室面积/m^2	1 399 557	1 265 715	1.11	1 119 920	760 993	1.47
	校均教师办公室面积/m^2	253.86	129.63	1.96	556.90	357.78	1.56
	食堂与厕所情况						
	食堂面积/m^2	1 740 217	1 091 095	1.59	1 660 219	1 354 290	1.23
	校均食堂面积/m^2	315.66	111.75	2.82	825.57	636.71	1.30
	厕所面积/m^2	927 482	985 797	0.94	536 431	428 315	1.25
	校均厕所面积/m^2	168.24	100.96	1.67	266.75	201.37	1.32
	师生宿舍情况						
	教工宿舍面积/m^2	4 054 639	2 375 264	1.71	4 939 927	2 472 508	2.00
	师均教工宿舍面积/m^2	20.37	12.07	1.69			
	学生宿舍面积/m^2	1 993 630	928 084	2.15	4 012 050	3 636 580	1.10
	生均宿舍面积/m^2	0.62	0.22	2.82	2.92	2.08	1.40

续表

资源情况			小学			初中		
			湖北省	江西省	比例	湖北省	江西省	比例
教学设施	体育与运动场地情况	体育馆面积/m²	221 345	114 664	1.93	201 297	151 681	1.33
		校均体育馆面积/m²	40.15	11.74	3.42	100.10	71.31	1.40
		运动场地面积/m²	22 983 626	23 755 995	0.97	14 069 013	13 477 186	1.04
		校均运动场地面积/m²	4 168.99	2 433.02	1.71	6 996.03	6 336.24	1.10
	图书情况	图书馆面积/m²	697 744	485 850	1.44	437 141	360 904	1.21
		校均图书馆面积/m²	126.56	49.76	2.54	217.37	169.68	1.28
		图书数量/册	84 294 058	49 593 026	1.70	57 377 181	36 390 259	1.58
		校均图书数量/册	15 290.05	5 079.17	3.01	28 531.67	17 108.73	1.67
	功能教室情况	实验室面积/m²	942 067	472 120	2.00	1 198 543	828 049	1.45
		校均实验室面积/m²	170.88	48.35	3.53	595.99	389.30	1.53
		微机室面积/m²	597 838	335 229	1.78	400 186	292 245	1.37
		校均微机室面积/m²	108.44	34.33	3.16	199.00	137.40	1.45
		语音室面积/m²	184 070	131 867	1.40	158 342	128 921	1.23
		校均语音室面积/m²	33.39	13.51	2.47	78.74	60.61	1.30
教学仪器与设备	计算机情况	计算机数量/台	322 066	169 472	1.90	201 033	135 425	1.48
		生均计算机数量/台	0.10	0.04	2.50	0.15	0.08	1.88
	资产值情况	固定资产总值/万元	2 394 273.55	1 734 119.95	1.38	2 091 151.00	1 390 679.00	1.50
		校均固定资产总值/万元	434.30	177.60	2.45	1 039.86	653.82	1.59
		教学仪器设备资产值/万元	329 562.15	161 252.77	2.04	265 652.20	136 391.50	1.95
		校均教学仪器设备资产值/万元	59.78	16.52	3.62	132.10	64.12	2.06
		实验设备资产值/万元	111 495.40	45 931.06	2.43	107 179.80	51 252.15	2.09
		校均实验设备资产值/万元	20.22	4.70	4.30	53.30	24.10	2.21

注：表中数据由教育部历年教育统计数据计算而得

3. 西部区域内义务教育基本条件资源配置不均衡

整体上看，目前在西部区域内，甘肃省义务教育基本条件资源较为薄弱，而内蒙古、四川、陕西等地则拥有较多的义务教育基本条件资源。以2014年内蒙古自治区和甘肃省的义务教育基本条件资源情况为例，从表6-14中可以看出，内蒙古自治区在义务教育学校各方面基本条件上明显优于甘肃省。从阶段看，相对于小学阶段，初中阶段两地的差距较小。从基本条件资源维度看，内蒙古自治区和甘肃省在教学设施方面的差距较大。其中，体育馆方面的差距是最大的。在基础设施方面，虽然甘肃省在各方面整体情况都多于内蒙古自治区，但由于其学校数量和师生数量较多，因此平均到每个学校后甘肃省并不占优势。在教学设施方面，内蒙古自治区与甘肃省在体育馆和语音室方面的差距较大。如表 6-14 中所示，教学仪器与设备方面，内蒙古自治区拥有资源情况亦是优于甘肃省。

表 6-14　2014 年内蒙古自治区与甘肃省义务教育基本条件资源情况统计表

资源情况		小学			初中		
		内蒙古	甘肃省	比例	内蒙古	甘肃省	比例
基本情况	学校校数/所	2 174	8 979	0.24	725	1 538	0.47
	在校生数/人	1 296 454	1 802 371	0.72	669 657	970 919	0.69
	教职工数/人	122 202	133 281	0.92			
基础设施	校舍方面						
	校舍建筑面积/m²	11 073 829	13 477 288	0.82	8 886 971	9 806 430	0.91
	生均校舍建筑面积/m²	8.54	7.48	1.14	13.27	10.10	1.31
	危房面积/m²		3 435 380	0.00		1 816 799	0.00
	生均危房面积/m²		1.91	0.00		1.87	0.00
	教学及辅助用房情况						
	教学及辅助用房面积/m²	5 294 664	7 873 795	0.67	3 785 729	4 462 854	0.85
	校均教学及辅助用房面积/m²	2 435.45	876.91	2.78	5 221.70	2 901.73	1.80
	教室面积/m²	4 246 435	6 903 941	0.62	2 581 207	3 380 153	0.76
	校均教室面积/m²	1 953.28	768.90	2.54	3 560.29	2 197.76	1.62
	行政办公用房情况						
	行政办公室面积/m²	1 332 695	1 615 268	0.83	1 041 046	994 275	1.05
	校均行政办公室面积/m²	613.02	179.89	3.41	1 435.93	646.47	2.22
	教师办公室面积/m²	968 438	1 345 778	0.72	703 637	761 586	0.92
	校均教师办公室面积/m²	445.46	149.88	2.97	970.53	495.18	1.96
	食堂与厕所情况						
	食堂面积/m²	690 440	560 704	1.23	696 975	658 041	1.06
	校均食堂面积/m²	317.59	62.45	5.09	961.34	427.86	2.25
	厕所面积/m²	497 906	784 766	0.63	305 371	355 295	0.86
	校均厕所面积/m²	229.03	87.40	2.62	421.20	231.01	1.82
	师生宿舍情况						
	教工宿舍面积/m²	197 462	1 066 283	0.19	171 284	740 653	0.23
	师均教工宿舍面积/m²	1.62	8.00	0.20			
	学生宿舍面积/m²	1 468 541	510 800	2.87	1 760 872	1 815 809	0.97
	生均宿舍面积/m²	1.13	0.28	4.04	2.63	1.87	1.41
教学设施	体育与运动场地情况						
	体育馆面积/m²	235 784	30 477	7.74	265 120	48 248	5.49
	校均体育馆面积/m²	108.46	3.39	31.99	365.68	31.37	11.66
	运动场地面积/m²	16 165 176	18 693 230	0.86	9 572 990	8 616 961	1.11
	校均运动场地面积/m²	7 435.68	2 081.88	3.57	13 204.12	5 602.71	2.36
	图书情况						
	图书馆面积/m²	250 284	326 245	0.77	210 816	208 464	1.01
	校均图书馆面积/m²	115.13	36.33	3.17	290.78	135.54	2.15
	图书数量/册	23 414 550	35 131 261	0.67	17 130 366	27 247 784	0.63
	校均图书数量/册	10 770.26	3 912.60	2.75	23 628.09	17 716.37	1.33

续表

资源情况		小学			初中		
		内蒙古	甘肃省	比例	内蒙古	甘肃省	比例
教学设施	功能教室情况						
	实验室面积/m²	279 024	314 865	0.89	498 412	577 290	0.86
	校均实验室面积/m²	128.35	35.07	3.66	687.46	375.35	1.83
	微机室面积/m²	200 914	267 600	0.75	1 59 430	216 296	0.74
	校均微机室面积/m²	92.42	29.80	3.10	219.90	140.63	1.56
	语音室面积/m²	82 223	30 667	2.68	70 744	32 403	2.18
	校均语音室面积/m²	37.82	3.42	11.06	97.58	21.07	4.63
教学仪器与设备	计算机情况						
	计算机数量/台	113 510	150 091	0.76	80 342	121 215	0.66
	生均计算机数量/台	0.09	0.08	1.13	0.12	0.12	1.00
	资产值情况						
	固定资产总值/万元	1 473 007.77	1 323 407.67	1.11	1 222 363.00	1 193 177.00	1.02
	校均固定资产总值/万元	677.56	147.39	4.60	1 686.02	775.80	2.17
	教学仪器设备资产值/万元	125 677.64	136 540.49	0.92	96 321.71	114 458.60	0.84
	校均教学仪器设备资产值/万元	57.81	15.21	3.80	132.86	74.42	1.79
	实验设备资产值/万元	26 783.86	34 474.92	0.78	34 060.93	41 881.92	0.81
	校均实验设备资产值/万元	12.32	3.84	3.21	46.98	27.23	1.73

注：表中数据由教育部历年教育统计数据计算而得

（三）城乡间基本条件资源配置不均衡

目前我国义务教育基本条件资源存在着很大的城乡差距，具体表现为城区基本条件资源最多，镇区其次，乡村最少。主要从基础设施、教学设施和教学仪器与设备方面进行分析。

1. 基础设施方面

1）校舍方面：以 2014 年为例，①学校校舍建筑面积方面，目前义务教育阶段，城区校舍面积较少，但其学校数量也最少，因此城区校均校舍面积最大；②学校校舍面积中危房面积方面，从表 6-15 可看到，城区危房面积要远远少于乡镇，同样，其校均危房面积也远少于乡镇中的校均危房面积。从表 6-15 可以看出，城区在校舍建筑上条件要优于乡镇。

表 6-15　2014 年义务教育城乡学校校舍情况统计表

阶段	地区	学校数/所	校舍总面积/m²	校均校舍面积/m²	危房面积/m²	校均危房面积/m²
小学	城区	26 260	170 915 431	6 508.58	1 738 842	66.22
	其中，城乡结合区	8 029	35 156 989	4 378.75	402 297	50.11
	镇区	46 414	210 470 703	4 534.64	5 188 375	111.78

续表

阶段	地区	学校数/所	校舍总面积/m²	校均校舍面积/m²	危房面积/m²	校均危房面积/m²
小学	其中，镇乡结合区	21 498	69 961 672	3 254.33	1 965 419	91.42
	乡村	128 703	265 585 768	2 063.56	13 385 588	104.00
	合计	201 377	646 971 902	3 212.74	20 312 805	100.87
初中	城区	11 487	154 443 419	13 445.06	1 208 731	105.23
	其中，城乡结合区	2 517	32 521 814	12 920.86	227 262	90.29
	镇区	23 429	257 181 801	10 977.07	5 797 625	247.46
	其中，镇乡结合区	6 156	68 472 198	11 122.84	1 311 951	213.12
	乡村	17 707	114 010 224	6 438.71	4 563 972	257.75
	合计	52 623	525 635 444	9 988.70	11 570 328	219.87

注：表中数据由教育部历年教育统计数据计算而得

2）教学及辅助用房方面：以 2014 年为例，如表 6-16 所示，义务教育阶段，校均教学及辅助用房面积和校均教室面积都是城区最多，镇区其次，乡村最少。虽然初中阶段教学及辅助用房和教室面积少于小学阶段，但由于其在学校数量上也远少于小学阶段，因此初中阶段校均教学及辅助用房和校均教室面积都多于小学阶段。

表 6-16　2014 年义务教育城乡学校教学及辅助用房情况统计表

阶段	地区	学校数/所	教学及辅助用房/m²	校均教学及辅助用房/m²	教室/m²	校均教室/m²
小学	城区	26 260	95 121 652	3 622.30	76 164 665	2 900.41
	其中，城乡结合区	8 029	19 294 407	2 403.09	15 490 833	1 929.36
	镇区	46 414	114 559 733	2 468.22	95 998 807	2 068.32
	其中，镇乡结合区	21 498	39 684 753	1 845.97	33 198 038	1 544.24
	乡村	128 703	148 977 837	1 157.53	127 022 419	986.94
	合计	201 377	358 659 222	1 781.03	299 185 891	1 485.70
初中	城区	11 487	72 551 948	6 316.00	48 328 380	4 207.22
	其中，城乡结合区	2 517	14 559 206	5 784.35	9 949 959	3 953.10
	镇区	23 429	101 561 245	4 334.85	73 198 901	3 124.29
	其中，镇乡结合区	6 156	27 103 090	4 402.71	19 453 921	3 160.16
	乡村	17 707	44 994 091	2 541.03	33 126 208	1 870.80
	合计	52 623	219 107 284	4 163.72	154 653 489	2 938.90

注：表中数据由教育部历年教育统计数据计算而得

3）行政办公用房方面：以 2014 年为例，如表 6-17 所示，①义务教育阶段，校均行政办公用房面积和校均教师办公室面积都是城区最多，镇区其次，乡村最少。②虽然初中阶段行政办公用房和教师办公室面积总数小于小学阶段，但其学校数量也远少于小学阶段，因此初中阶段校均行政办公用房面积和校均教师办公室面积都多于小学阶段。③相对于城区与镇区，城乡结合区与镇乡结合区的校均行政办公用房面积和校均教师办公室面积较少，但其水平还是明显高于乡村地区。

表6-17　2014年义务教育城乡学校行政办公用房情况统计表

阶段	地区	学校数/所	行政办公用房/m²	校均行政办公用房/m²	教师办公室/m²	校均教师办公室/m²
小学	城区	26 260	18 614 085	708.84	11 545 958	439.68
	其中，城乡结合区	8 029	3 400 041	423.47	2 159 960	269.02
	镇区	46 414	19 838 936	427.43	13 463 972	290.08
	其中，镇乡结合区	21 498	6 582 765	306.20	4 629 959	215.37
	乡村	128 703	22 628 616	175.82	17 061 709	132.57
	合计	201 377	61 081 637	303.32	42 071 639	208.92
初中	城区	11 487	17 367 306	1 511.91	10 186 404	886.78
	其中，城乡结合区	2 517	3 065 277	1 217.83	1 799 535	714.95
	镇区	23 429	21 378 668	912.49	13 581 295	579.68
	其中，镇乡结合区	6 156	5 816 485	944.85	3 635 108	590.50
	乡村	17 707	8 996 126	508.05	6 016 466	339.78
	合计	52 623	47 742 100	907.25	29 784 165	565.99

注：表中数据由教育部历年教育统计数据计算而得。

4）学校食堂与厕所面积方面：以2014年为例，如表6-18所示，①小学阶段校均食堂面积和校均厕所面积都为城区最多，镇区其次，乡村最少；初中阶段校均食堂面积呈现出镇区最多，城区其次，乡村最少的趋势，校均厕所面积则表现为城区最多，镇区其次，乡村最少。②初中阶段学校食堂面积总数要多于小学阶段，但其厕所面积总数却小于小学阶段，而且，初中阶段校均食堂面积和校均厕所面积都多于小学阶段。③小学阶段城乡结合区和镇乡结合区的校均食堂面积和校均厕所面积都少于城区和镇区的平均水平，但初中阶段城乡结合区和镇乡结合区的校均食堂面积和校均厕所面积与城区和镇区的平均水平基本持平，甚至出现高于城区和镇区平均水平的情况。

表6-18　2014年义务教育城乡学校食堂和厕所情况统计表

阶段	地区	学校数/所	食堂/m²	校均食堂面积/m²	厕所/m²	校均厕所面积/m²
小学	城区	26 260	6 570 836	250.22	6 925 574	263.73
	其中，城乡结合区	8 029	1 487 249	185.23	1 492 750	185.92

续表

阶段	地区	学校数/所	食堂/m²	校均食堂面积/m²	厕所/m²	校均厕所面积/m²
小学	镇区	46 414	11 299 106	243.44	8 008 781	172.55
	其中，镇乡结合区	21 498	3 504 062	162.99	2 962 777	137.82
	乡村	128 703	13 486 771	104.79	12 343 067	95.90
	合计	201 377	31 356 713	155.71	27 277 422	135.45
初中	城区	11 487	9 629 271	838.28	5 082 576	442.46
	其中，城乡结合区	2 517	2 365 629	939.86	1 020 274	405.35
	镇区	23 429	20 935 033	893.55	7 032 207	300.15
	其中，镇乡结合区	6 156	5 799 339	942.06	1 951 378	316.99
	乡村	17 707	9 160 987	517.37	3 284 850	185.51
	合计	52 623	39 725 291	754.90	15 399 633	292.64

注：表中数据由教育部历年教育统计数据计算而得

5）学校教职工与学生宿舍面积方面：以 2014 年为例，目前师均宿舍面积和生均宿舍面积都是乡村最多，镇区其次，城区最少。如表 6-19 所示，在小学阶段，乡村教工宿舍面积和学生宿舍面积都是最多，镇区其次，城区最少。在初中阶段，镇区教工宿舍面积和学生宿舍面积都是最多，乡村其次，城区最少。

表 6-19　2014 年义务教育城乡学校教工宿舍和学生宿舍情况统计表

阶段	地区	教职工数/人	教工宿舍面积/m²	师均宿舍面积/m²	学生数/人	学生宿舍面积/m²	生均宿舍面积/m²
小学	城区	1 480 642	6 033 341	4.07	29 432 481	3 731 180	0.13
	其中，城乡结合区	274 732	1 962 339	7.14	5 567 273	1 001 667	0.18
	镇区	1 911 229	18 525 788	9.69	34 579 558	14 449 931	0.42
	其中，镇乡结合区	596 349	5 505 879	9.23	10 257 679	3 555 130	0.35
	乡村	2 097 070	26 649 266	12.71	30 498 612	15 246 338	0.50
	合计	5 488 941	51 208 395	9.33	94 510 651	33 427 449	0.35
初中	城区		7 760 058		14 686 960	16 724 410	1.14
	其中，城乡结合区		2 177 619		2 458 419	4 842 456	1.97
	镇区		29 495 495		21 674 750	55 435 151	2.56
	其中，镇乡结合区		7 327 780		5 525 546	14 639 438	2.65
	乡村		15 358 247		7 484 587	23 124 070	3.09
	合计		52 613 800		43 846 297	95 283 631	2.17

注：表中数据由教育部历年教育统计数据计算而得

2. 教学设施方面

1）体育运动资源方面：以 2014 年为例，在运动场地面积方面，虽然镇区和乡村在总面积上要多于城区，但由于城区的学校数量远少于镇区和乡村，因此，城区的校均运动场地面积要多于镇区和乡村；在体育馆面积上，城区要远多于镇区和乡村，因此，城区的校均体育馆面积也远多于镇区和乡村。如表 6-20 所示，在小学阶段，城区校均体育馆面积是乡村的近 33 倍。由此可见，乡村和镇区虽然配备了基础设施，但在功能教室资源配置上与城区还存在着极大的差距，因此，城乡的办学条件差距更多地体现在功能教室等新型资源的配置方面。

表 6-20　2014 年义务教育城乡学校体育运动资源情况统计表

阶段	地区	学校数/所	运动场地面积/m²	校均运动场地面积/m²	体育馆/m²	校均体育馆/m²
小学	城区	26 260	134 960 587	5 139.40	4 699 181	178.95
	其中，城乡结合区	8 029	35 832 361	4 462.87	757 880	94.39
	镇区	46 414	203 411 697	4 382.55	1 851 326	39.89
	其中，镇乡结合区	21 498	75 188 854	3 497.48	573 137	26.66
	乡村	128 703	339 133 761	2 635.01	702 433	5.46
	合计	201 377	677 506 045	3 364.37	7 252 940	36.02
初中	城区	11 487	107 149 644	9 327.90	5 161 949	449.37
	其中，城乡结合区	2 517	23 794 776	9 453.63	890 007	353.60
	镇区	23 429	202 650 553	8 649.56	2 417 368	103.18
	其中，镇乡结合区	6 156	52 445 877	8 519.47	692 858	112.55
	乡村	17 707	102 696 074	5 799.74	527 951	29.82
	合计	52 623	412 496 271	7 838.71	8 107 268	154.06

注：表中数据由教育部历年教育统计数据计算而得

2）图书资源方面：以 2014 年为例，城区在校均图书室和校均图书量方面都是最多，其次是镇区，乡村最少。从表 6-21 中可以看出，在校均图书室方面，城区面积是乡村面积的近 3 倍，而在小学阶段，城区的校均图书量是乡村的近 5 倍。因此，在图书资源方面，城乡仍存在着较大的差距。从义务教育阶段看，虽然小学阶段的图书室面积和图书量比初中阶段多，但由于其学校数量也远多于初中阶段，因此，小学阶段的校均图书室面积和校均图书量并没有初中阶段多。

表 6-21　2014 年义务教育城乡学校图书资源情况统计表

阶段	地区	学校数/所	图书室/m²	校均图书室/m²	图书量/册	校均图书量/册
小学	城区	26 260	4 343 013	165.39	601 644 134	22 911.05
	其中，城乡结合区	8 029	915 053	113.97	108 711 420	13 539.85
	镇区	46 414	4 949 731	106.64	638 083 328	13 747.65

续表

阶段	地区	学校数/所	图书室/m²	校均图书室/m²	图书量/册	校均图书量/册
小学	其中，镇乡结合区	21 498	1 827 712	85.02	201 511 368	9 373.49
	乡村	128 703	7 179 331	55.78	623 042 692	4 840.93
	合计	201 377	16 472 075	81.80	1 862 770 154	9 250.16
初中	城区	11 487	4 366 178	380.10	413 952 868	36 036.64
	其中，城乡结合区	2 517	810 914	322.17	80 693 659	32 059.46
	镇区	23 429	5 228 348	223.16	624 326 860	26 647.61
	其中，镇乡结合区	6 156	1 405 313	228.28	164 990 983	26 801.65
	乡村	17 707	2 284 195	129.00	285 430 035	16 119.62
	合计	52 623	11 878 721	225.73	1 323 709 763	25 154.59

注：表中数据由教育部历年教育统计数据计算而得

3）功能教室方面：以 2014 年为例，从校均实验室、校均微机室和校均语音室面积情况看，目前均表现为城区最多，镇区其次，乡村最少。从表 6-22 中可以看出，城区校均实验室、校均微机室和校均语音室的面积基本上可以达到乡村的两倍多，尤其是在小学阶段，城区的校均语音室面积更是高达乡村的五倍之多。而乡村的校均功能教室面积均少于全国的平均水平。由此看出，城乡之间在功能教室资源，特别是语音室资源方面还存在很大的差距。从义务教育阶段上看，小学阶段的功能教室资源要普遍少于初中阶段。

表 6-22　2014 年义务教育城乡学校功能教室情况统计表

阶段	地区	学校数/所	实验室/m²	校均实验室/m²	微机室/m²	校均微机室/m²	语音室/m²	校均语音室/m²
小学	城区	26 260	5 091 467	193.89	3 648 048	138.92	1 175 278	44.76
	其中，城乡结合区	8 029	1 135 311	141.40	760 986	94.78	234 344	29.19
	镇区	46 414	6 081 540	131.03	4 273 603	92.08	1 404 726	30.27
	其中，镇乡结合区	21 498	2 158 541	100.41	1 496 475	69.61	430 850	20.04
	乡村	128 703	7 868 494	61.14	5 099 783	39.62	1 105 377	8.59
	合计	201 377	19 041 501	94.56	13 021 434	64.66	3 685 381	18.30
初中	城区	11 487	10 639 081	926.18	2 995 087	260.74	1 061 273	92.39
	其中，城乡结合区	2 517	2 107 366	837.25	591 825	235.13	209 135	83.09
	镇区	23 429	14 622 194	624.11	4 501 072	192.12	1 593 362	68.01
	其中，镇乡结合区	6 156	3 956 683	642.74	1 174 699	190.82	419 616	68.16
	乡村	17 707	6 288 745	355.16	2 157 289	121.83	609 703	34.43
	合计	52 623	31 550 020	599.55	9 653 448	183.45	3 264 338	62.03

注：表中数据由教育部历年教育统计数据计算而得

3. 教学仪器与设备方面

1）计算机数量方面：以 2014 年为例，如表 6-23 所示，①小学阶段，城区拥有的计算机数最多，其次是镇区，最少的是乡村，与之相对应，在生均计算机数上也表现为城区最多，镇区其次，乡村最少。另外，虽然城区学生数量最少，但其拥有的计算机数量却是最多，因此，其生均计算机数也是最多，由此可见，城区在计算机资源的配置上占有很大的优势。②初中阶段，城区和乡村生均计算机拥有数量相同，镇区相对较少。其中，虽然镇区拥有的计算机数量最多，但其学生数也是最多的，因此在生均计算机数上镇区并不占优势。③总体来看，计算机资源仍处于欠缺状态，无论城区还是镇区或乡村，都远未达到人均一台计算机的数量。

表 6-23　2014 年义务教育城乡学校计算机资源情况统计表

阶段	地区	学生数/人	计算机数/台	生均计算机数/台
小学	城区	29 432 481	3 304 693	0.11
	其中，城乡结合区	5 567 273	588 839	0.11
	镇区	34 579 558	2 752 334	0.08
	其中，镇乡结合区	10 257 679	877 649	0.09
	乡村	30 498 612	2 409 663	0.08
	合计	94 510 651	8 466 690	0.09
初中	城区	14 686 960	2 257 863	0.15
	其中，城乡结合区	2 458 419	411 389	0.17
	镇区	21 674 750	2 590 033	0.12
	其中，镇乡结合区	5 525 546	686 117	0.12
	乡村	7 484 587	1 102 280	0.15
	合计	43 846 297	5 950 176	0.14

注：表中数据由教育部历年教育统计数据计算而得

2）资产值方面：以 2014 年为例，如表 6-24 所示，城区在校均固定资产值、校均教学仪器设备资产值和校均实验设备资产值方面要远远多于镇区和乡村。如，小学阶段城区校均固定资产值将近达到乡村的六倍，城区校均教学仪器设备资产值将近达到乡村的九倍，城区校均实验设备资产值是乡村的五倍多。由此可以看出，目前我国资产值配置上仍存在着很大的城乡差距。

表 6-24　2014 年义务教育城乡学校资产值情况统计表

阶段	地区	学校数/所	固定资产总值/万元	校均固定资产值/万元	教学仪器设备资产值/万元	校均教学仪器设备资产值/万元	实验设备资产值/万元	校均实验设备资产值/万元
小学	城区	26 260	24 096 562.24	917.61	3 923 491.27	149.41	694 288.16	26.44
	其中，城乡结合区	8 029	4 614 928.44	574.78	607 310	75.64	137 117.95	17.08
	镇区	46 414	22 763 310.61	490.44	2 545 674.25	54.85	661 094.74	14.24
	其中，镇乡结合区	21 498	6 999 977.96	325.61	777 977.11	36.19	208 604.42	9.70
	乡村	128 703	22 141 909.94	172.04	2 159 746.34	16.78	658 062.22	5.11
	合计	201 377	69 001 782.79	342.65	8 628 911.86	42.85	2 013 445.13	10.00
初中	城区	11 487	21 913 410.39	1 907.67	2 845 341.35	247.70	795 637.29	69.26
	其中，城乡结合区	2 517	4 605 269.03	1 829.67	497 974.69	197.84	169 396.21	67.30
	镇区	23 429	26 801 475.56	1 143.94	2 691 664.66	114.89	1 011 043.53	43.15
	其中，镇乡结合区	6 156	7 253 012.2	1 178.20	703 136.53	114.22	261 612.54	42.50
	乡村	17 707	10 118 837.22	571.46	1 091 823.37	61.66	458 476.73	25.89
	合计	52 623	58 833 723.17	1 118.02	6 628 829.38	125.97	2 265 157.54	43.05

注：表中数据由教育部历年教育统计数据计算而得

3) 学科仪器与设备达标数量方面：以 2014 年为例，如表 6-25 所示，城区在体育运动场（馆）面积、体育器械配备、音乐器械配备、美术器械配备和教学自然（小学）/理科（初中）实验仪器的达标校数比例都是最多，其次为镇区，乡村最少。由此可见，城乡在学科器械配备方面还存在很大的差距。城乡结合区的器材配备达标校数比例要少于城区，多于镇区；镇乡结合区的器材配备达标校数比例要少于镇区，多于乡村。

表 6-25　2014 年义务教育城乡学校学科仪器与设备情况统计表

阶段	地区	学校数/所	体育运动场（馆）面积 达标校数/所	体育运动场（馆）面积 所占比例/%	体育器械配备 达标校数/所	体育器械配备 所占比例/%	音乐器械配备 达标校数/所	音乐器械配备 所占比例/%	美术器械配备 达标校数/所	美术器械配备 所占比例/%	教学自然/理科实验仪器 达标校数/所	教学自然/理科实验仪器 所占比例/%
小学	城区	26 260	19 780	75.32	22 039	83.93	21 935	83.53	21 886	83.34	21 906	83.42
	其中，城乡结合区	8 029	5 825	72.55	6 222	77.49	6 125	76.29	6 104	76.02	6 184	77.02
	镇区	46 414	29 379	63.30	31 803	68.52	31 267	67.37	31 080	66.96	32 210	69.40
	其中，镇乡结合区	21 498	12 634	58.77	13 374	62.21	13 107	60.97	13 047	60.69	13 612	63.32
	乡村	128 703	65 270	50.71	66 765	51.88	64 652	50.23	64 688	50.26	68 841	53.49
	合计	201 377	114 429	56.82	120 607	59.89	117 854	58.52	117 654	58.42	122 957	61.06

续表

阶段	地区	学校数/所	体育运动场（馆）面积 达标校数/所	所占比例/%	体育器械配备 达标校数/所	所占比例/%	音乐器械配备 达标校数/所	所占比例/%	美术器械配备 达标校数/所	所占比例/%	教学自然/理科实验仪器 达标校数/所	所占比例/%
初中	城区	11 487	9 359	81.47	9 935	86.49	9 796	85.28	9 767	85.03	10 000	87.05
	其中，城乡结合区	2 517	2 041	81.09	2 140	85.02	2 088	82.96	2 073	82.36	2 150	85.42
	镇区	23 429	17 676	75.44	18 592	79.35	18 245	77.87	18 182	77.60	19 586	83.60
	其中，镇乡结合区	6 156	4 656	75.63	4 879	79.26	4 776	77.58	4 749	77.14	5 106	82.94
	乡村	17 707	11 552	65.24	12 371	69.87	11 983	67.67	11 976	67.63	13 213	74.62
	合计	52 623	38 587	73.33	40 898	77.72	40 024	76.06	39 925	75.87	42 799	81.33

注：表中数据由教育部历年教育统计数据计算而得

4）网络资源方面：以 2014 年为例，如表 6-26 所示，城区的校园网建立校数和互联网接入校数比例都是最多，其次为镇区，乡村最少。由此可见，城乡在网络资源配置上还存在很大的差距。城乡结合区的器材配备达标校数比例要少于城区，多于镇区；镇乡结合区的器材配备达标校数比例要少于镇区，多于乡村。

表 6-26　2014 年义务教育城乡学校网络资源情况统计表

阶段	地区	学校数/所	校园网 建立校数/所	所占比例/%	互联网 接入校数/所	所占比例/%
小学	城区	26 260	19 182	73.05	24 995	95.18
	其中，城乡结合区	8 029	4 756	59.24	7 361	91.68
	镇区	46 414	23 518	50.67	40 837	87.98
	其中，镇乡结合区	21 498	78 732	366.23	155 933	725.34
	乡村	128 703	19 182	14.90	24 995	19.42
	合计	201 377	78 732	39.10	155 933	77.43
初中	城区	11 487	9 378	81.64	11 133	96.92
	其中，城乡结合区	2 517	1 912	75.96	2 435	96.74
	镇区	23 429	16 342	69.75	22 610	96.50
	其中，镇乡结合区	6 156	4 319	70.16	5 898	95.81
	乡村	17 707	9 976	56.34	16 508	93.23
	合计	52 623	35 696	67.83	50 251	95.49

注：表中数据由教育部历年教育统计数据计算而得

二、义务教育基本条件资源有效运用的现状及存在的主要问题

义务教育基本条件资源有效运用的现状及存在的主要问题从学校基础设施、教学设施、教学仪器与设备有效运用情况进行分析。

(一)学校基础设施有效运用情况

1. 学校建设用地、规模情况

从整体上看,中小学的建设用地、规模情况基本上较为合理。但是,农村学校,特别是小学阶段,与城市学校相比仍存在着差距,如图6-2所示,认为城市小学建设用地和规模情况合理的比例达到了76.6%,而认为农村小学建设用地和规模情况合理的比例只有67.0%,由此可见,在学校的建设用地和规模方面,虽然城乡差别不是特别大,但仍存在着一定的差距。

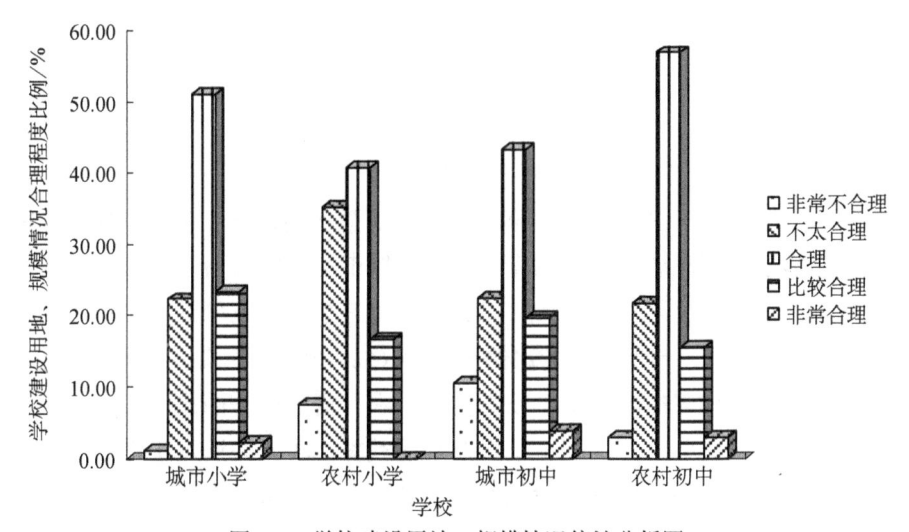

图6-2 学校建设用地、规模情况统计分析图

2. 教室拥挤情况

城市小学的教室将近一半是拥挤状况,相反,农村学校超过一半比较宽松如图6-3所示。另外,在城市小学中认为"教室拥挤"的比例高达48.8%,而在城市初中认为"教室拥挤"的比例只有22.9%,由此可见,城市小学的教室相较于城市初中拥挤程度更明显(图6-3)。

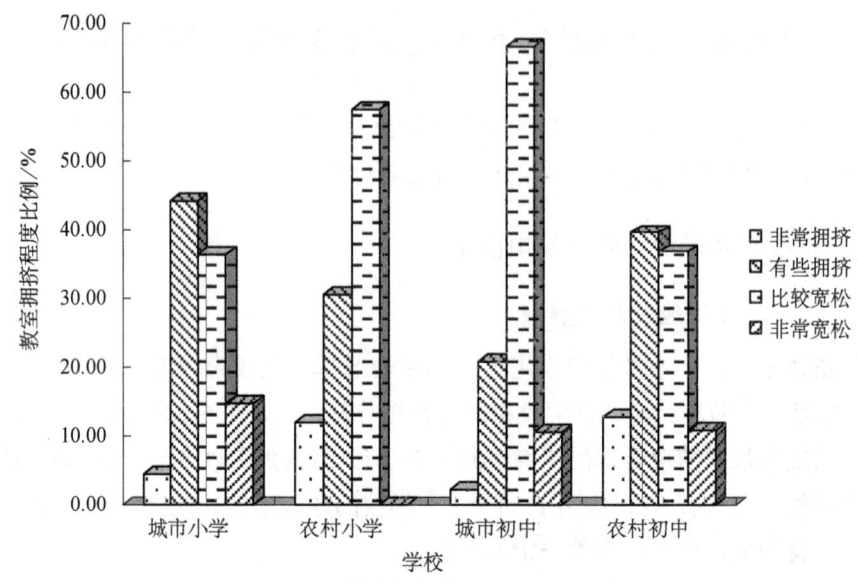

图 6-3　教室拥挤情况统计分析图

（二）学校教学设施建设使用情况

1. 音乐、美术、多功能室有效运用情况

图 6-4、图 6-5 反映的是教师对多功能室的有效运用情况。从学校功能教室满足正常教学需求的情况看，根据调查结果，在城市小学中认为"学校功能教室满足正常教学需求"情况不好的比例只有 1.1%，而在农村小学中认为"学校功能教室满足正常教学需求"情况不好的比例高达 18.6%。另外，由图 6-4 可以看出，农村小学中认为"学校功能教室满足正常教学需求"情况很差的比例最高，城市小学中的比例最低。由此可见，城市小学的功能教室能较好地满足正常教学需求，而城市初中和农村中小学都是一般状况。从教室在专用教室上课情况看，城市小学相对农村小学来说教师对专用教室的使用频率要高，农村小学和初中则正好相反。调查表明，32.90% 的城市小学没有使用专用教室上课，而在农村小学中此类现象高达 46.2%。另外，由图 6-5 可以看出，城市小学中"教师经常在专用教室上课"所占比例最高，为 23.4%，农村小学中"教师经常在专用教室上课"所占比例最低，为 9.6%。

图 6-6、图 6-7 分别反映的是学生音乐课和美术课的上课情况。可以看出，在音乐教室和美术教室，特别是音乐教室的使用方面，城市和农村还存在着很大的差距。调查发现，学生音乐课的上课情况：城市小学和城市初中在音乐教室上课

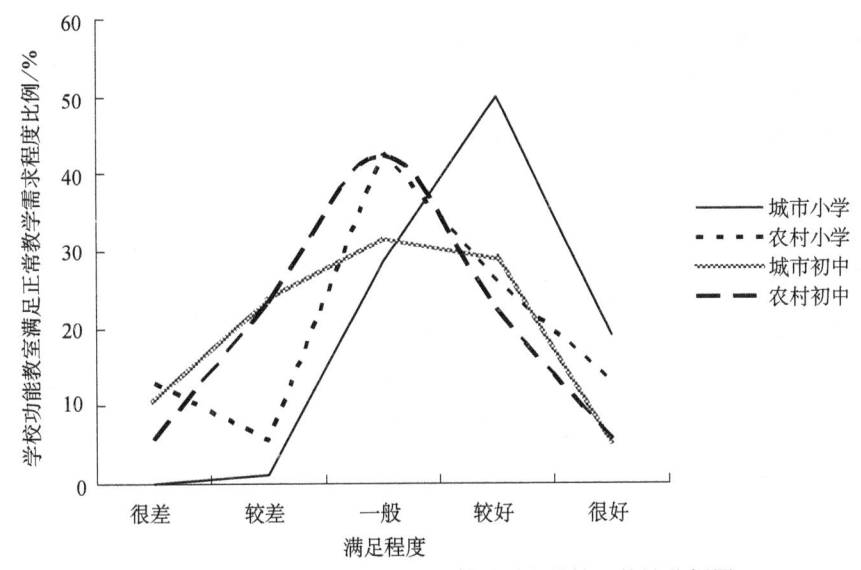

图 6-4 学校功能教室满足正常教学需求的情况统计分析图

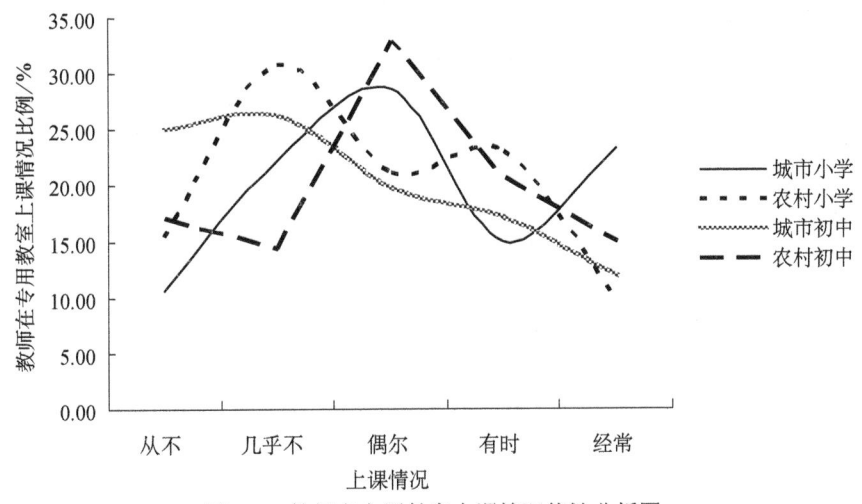

图 6-5 教师在专用教室上课情况统计分析图

的比例达到了 70.0% 和 60.4%，而农村小学和农村初中在音乐教室上课的比例只有 15.3% 和 30.8%。结合图 6-6 可以看出，小学阶段，城市学校大部分都有自己的音乐教室，并在音乐教室上课，而农村的音乐课大部分则在普通教室上课；初中阶段，城市和农村都还存在着没有音乐课的情况，但城市初中在音乐教室上课的比例要大于农村初中的情况。由此可见，虽然在阶段方面，初中音乐课的上课情况普遍没有小学阶段的情况好，但在城乡区别方面，城市情况还是要优于农村情况。学生美术课的上课情况：与音乐教室上课情况相比，美术教室上课情况差距较小，但其整体情况却较差。城市小学生在美术教室上课的比例最大,但也只有20.2%,农村初中学生在美术教室上课的比例最小,只有6.4%。另外,农村小学和初中、城市初中都存在着一些学校"没有美术课"的情况。

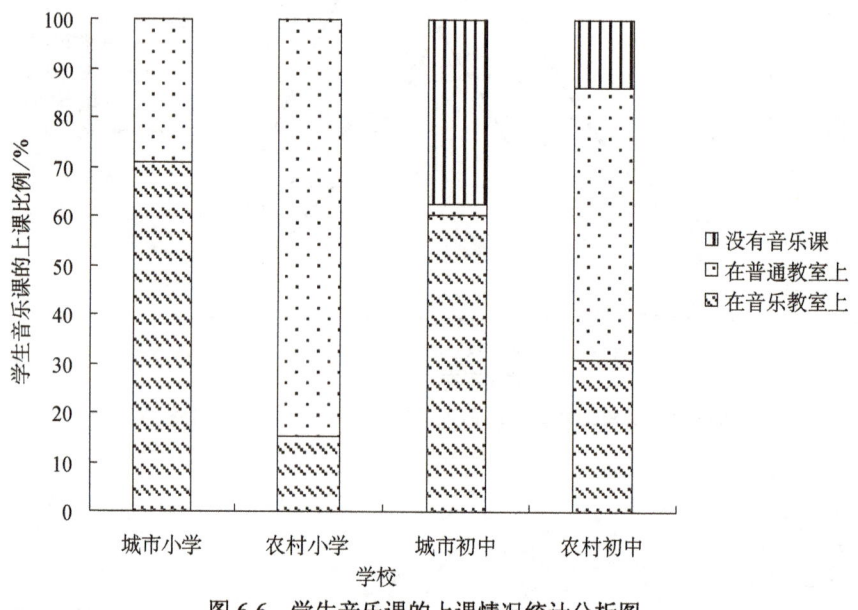

图6-6 学生音乐课的上课情况统计分析图

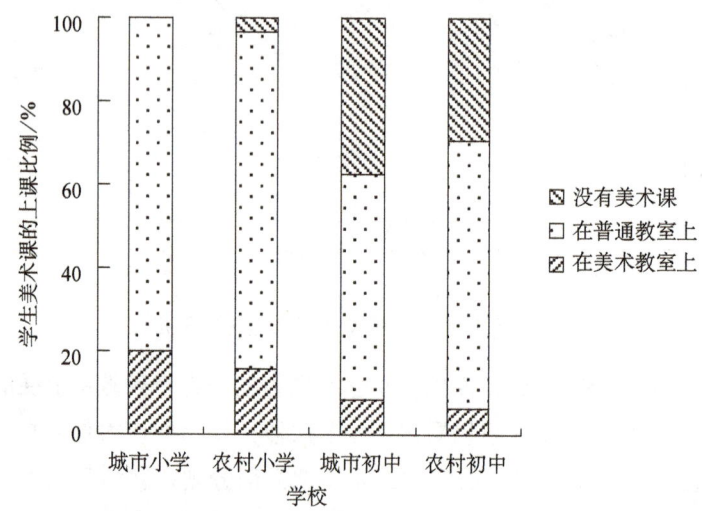

图6-7 学生美术课的上课情况统计分析图

2. 运动设施有效运用情况

图6-8反映的是学校运动设施满足教师正常教学需求的情况。调查显示,小学

阶段城市和农村在"学校运动设施满足教师正常教学需求"的情况上差距显著，初中阶段城市和农村在"学校运动设施满足教师正常教学需求"的情况上差距较小。其中，城市小学中"学校运动设施满足教师正常教学需求"的情况好的比例达到60.7%，而农村小学"学校运动设施满足教师正常教学需求"的情况好的比例只有27.8%。

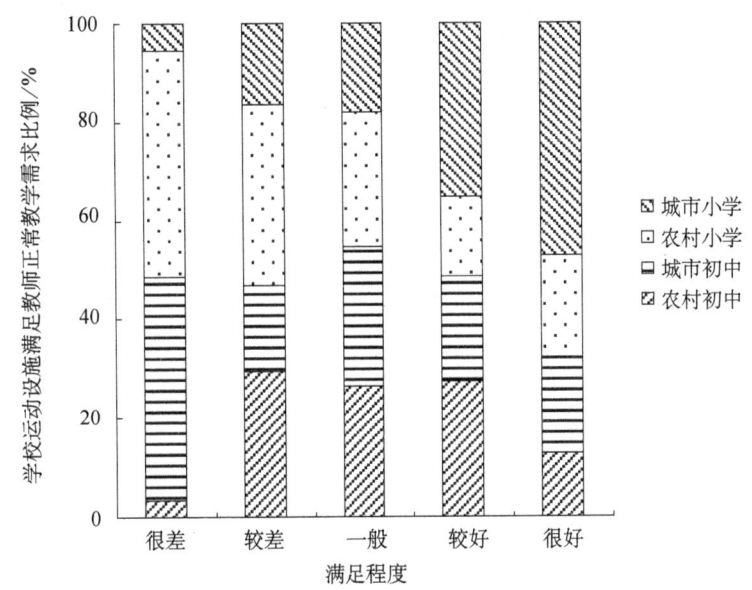

图6-8 学校运动设施满足教师正常教学需求的情况统计分析图

图6-9、图6-10反映的是学生上体育课的情况及课上体育器材满足学生锻炼需求的情况。调查发现，城市小学和初中都开设有体育课，但农村小学和初中则有一些学校未开设体育课。同时，体育课多为教师安排进行体育活动，有一定的设计性和计划性，但城市学校在这方面的比例还是要稍高于农村学校。可以看出，在体育课开设情况和体育器材使用情况上城乡还是存在着一定的差距。

3. 图书资源有效运用情况

图6-11反映的是学校图书资料满足教师正常教学需求的情况。调查发现，整体上城市学校情况要优于农村学校情况。其中，城市小学和城市初中认为"图书资料满足教师正常教学需求"情况好的比例分别达到了52.1%和34.2%，而农村小学和农村初中认为"图书资料满足教师正常教学需求"情况好的比例只有44.4%和26.0%。

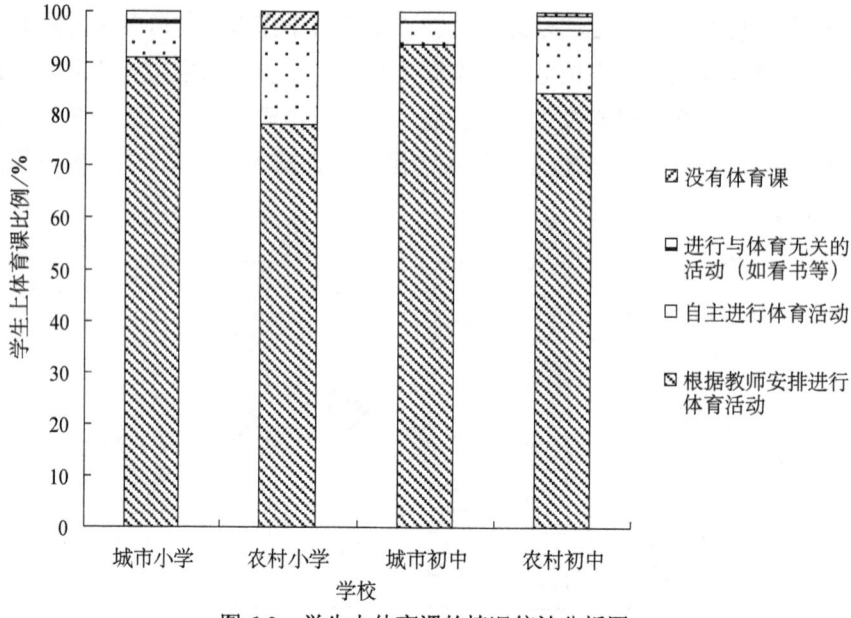

图 6-9　学生上体育课的情况统计分析图

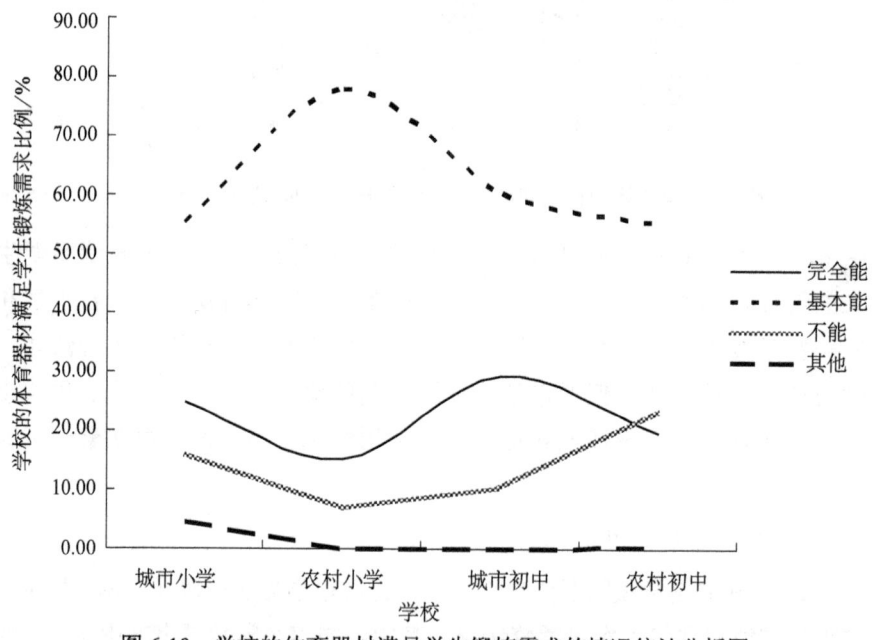

图 6-10　学校的体育器材满足学生锻炼需求的情况统计分析图

图 6-12～图 6-14 反映的是学生对图书资源的有效使用情况。可以看出，无论城市还是农村，小学还是初中，都认为阅读图书对学生学习帮助很大，认为"有帮助"的比例都达到了 70%以上。但是，小学生一周内去图书馆或者阅览室的频

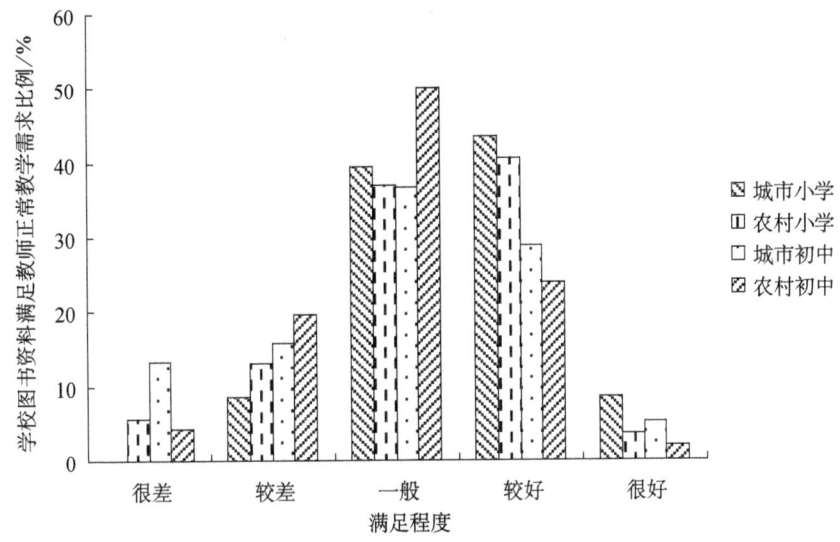

图 6-11 学校图书资料满足教师正常教学需求的情况统计分析图

次要高于初中，如，城市小学生一周去图书馆或阅览室次数达到三次以上的比例占 21.4，而城市初中生一周去图书馆或阅览室次数达到三次以上的比例只有 4.2%。另外，农村学校的图书更新速度最快，城市学校则相对较慢。

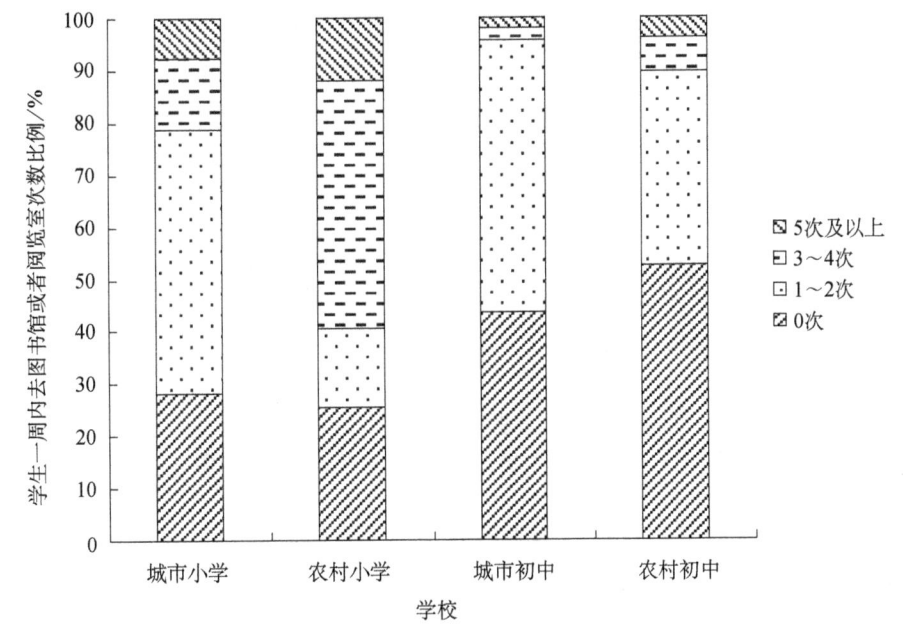

图 6-12 学生一周内去图书馆或者阅览室的情况统计分析图

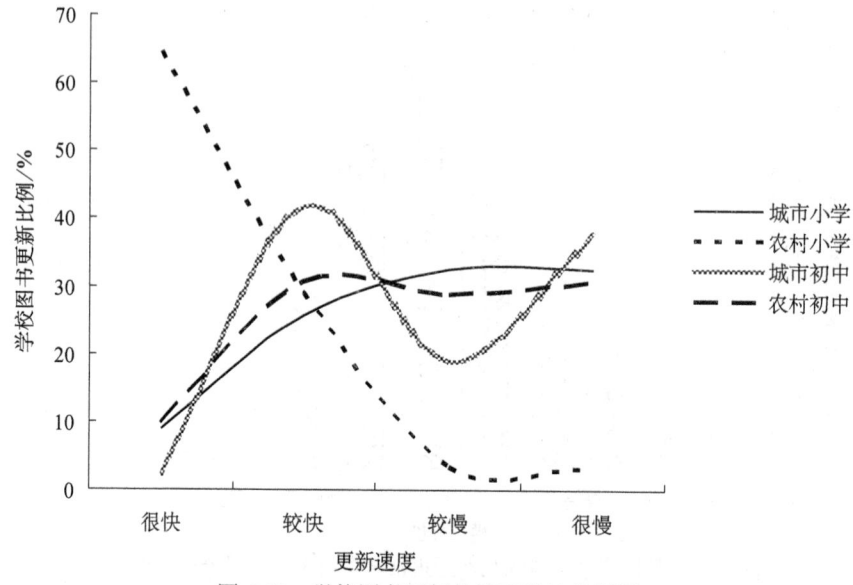

图 6-13　学校图书更新的情况统计分析图

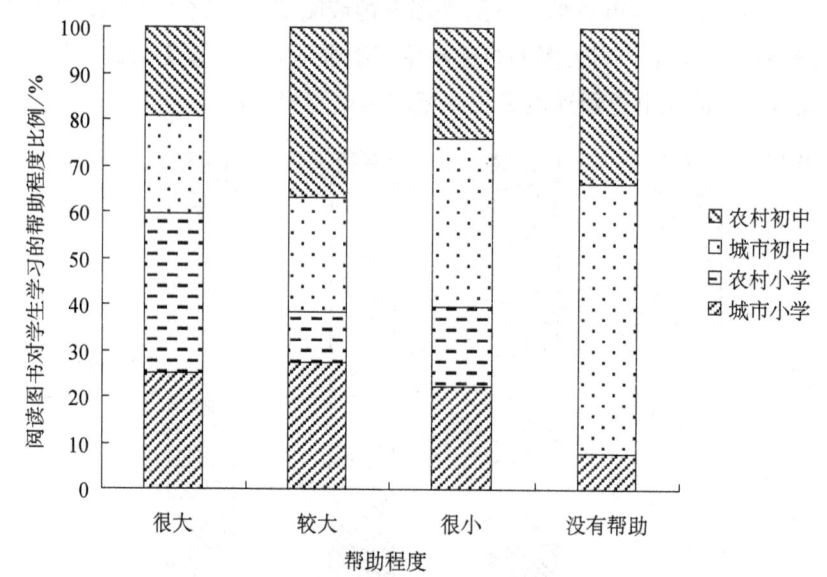

图 6-14　阅读图书对学生学习的帮助情况统计分析图

（三）教学仪器与设备有效运用情况

1. 实验设备有效运用情况

图 6-15、图 6-16 分别反映了学校实验设备满足教师正常教学需求的情况及学生科学课的实验操作部分的上课情况。可以看出，在实验设备满足教师正常教学

需求的情况方面,城市和农村学校在初中阶段的差距不是很明显,但在小学阶段的差距相对较大。其中,城市小学和初中认为"学校实验设备满足教师正常教学需求的情况"好的比例分别达到60.7%和37.0%,而农村小学和初中认为"学校实验设备满足教师正常教学需求的情况"好的比例只有40.8%和38.0%。在学生科学(或物理、化学、生物)课实验操作部分上课过程中,城市初中学生大部分可以在实验室小组合作,而城市小学、农村小学和农村初中的学生在普通教室中上课的比例均达到了70.0%以上。

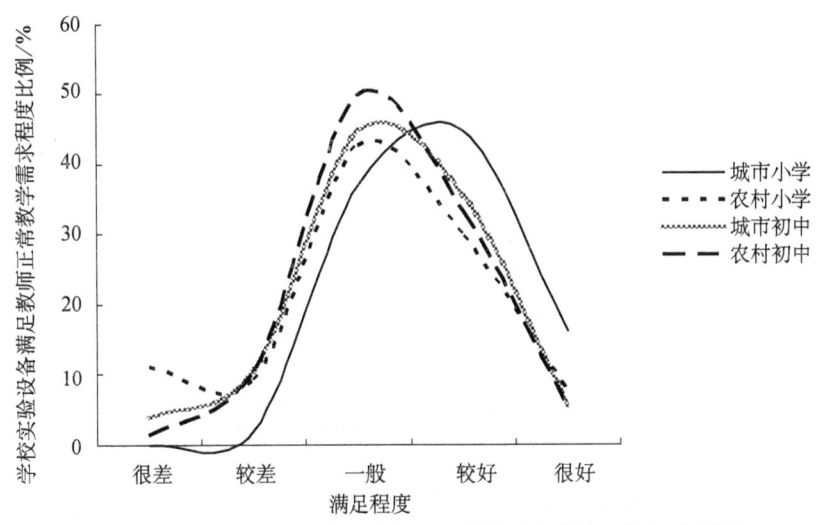

图 6-15 学校实验设备满足教师正常教学需求的情况统计分析图

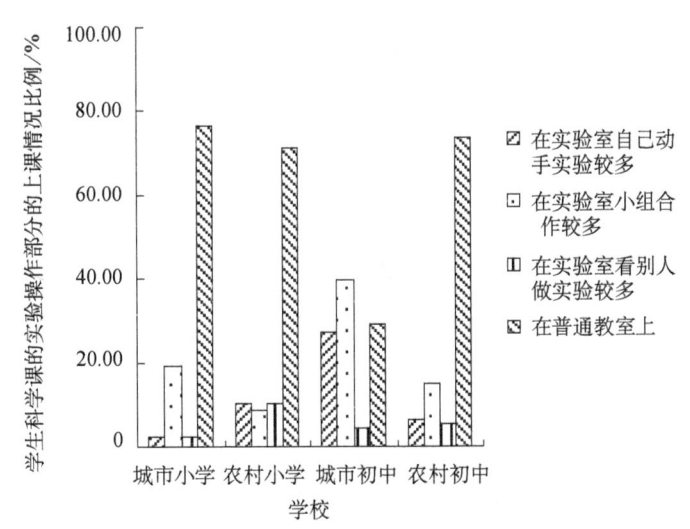

图 6-16 学生科学(或物理、化学、生物)课的实验操作部分的上课情况统计分析图

2. 计算机、多媒体有效运用情况

图 6-17～图 6-21 反映的是教师对多媒体技术教学资源的有效运用情况。调查发现，在学校多媒体设备满足教师正常教学需求的情况方面，城市和农村学校在初中阶段的差距不是很明显，但在小学阶段的差距相对较大，但整体上看，城市学校情况还是要优于农村学校。其中，在城市小学和城市初中学校，学校的多媒

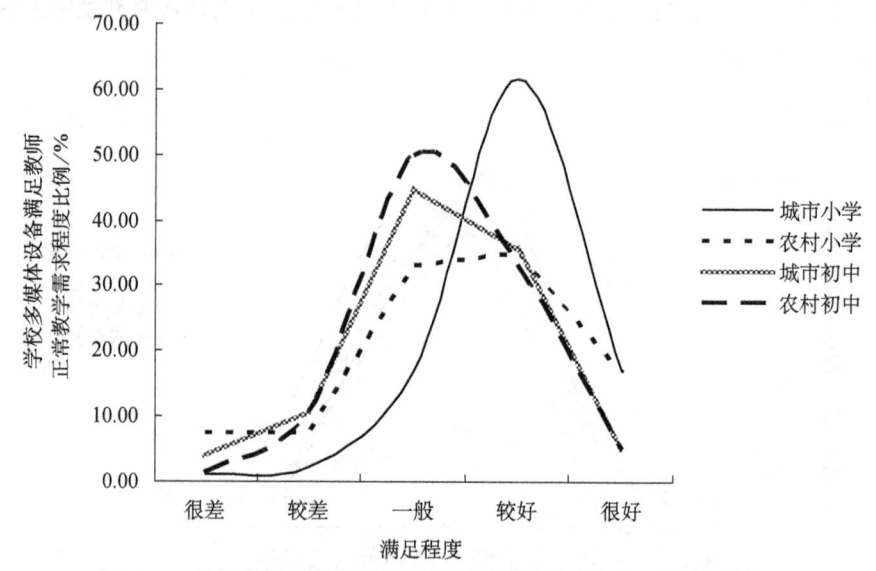

图 6-17　学校多媒体设备满足教师正常教学需求的情况统计分析图

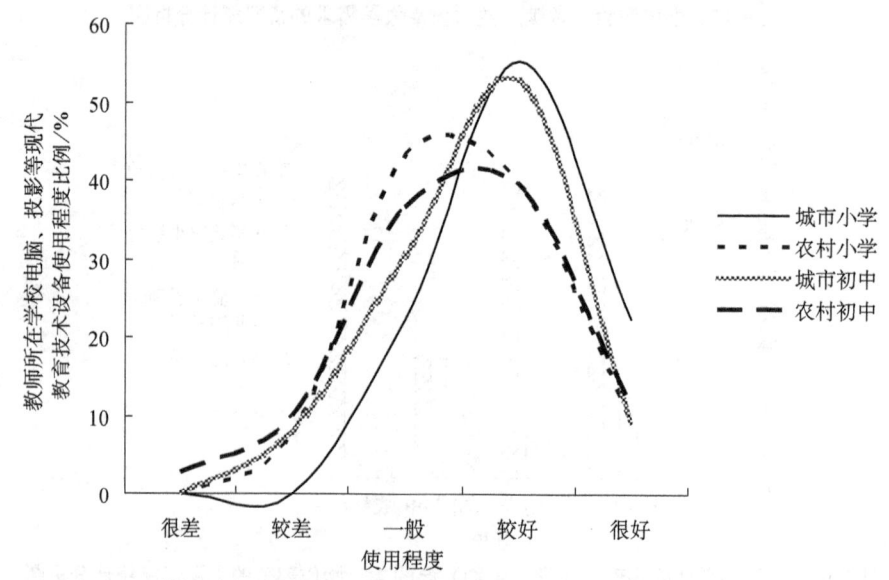

图 6-18　教师所在学校电脑、投影等现代教育技术设备使用情况统计分析图

体设备能满足教师的正常教学需求的比例分别为 78.7%和 51.9%,而在农村小学和城市初中,学校的多媒体设备能满足教师的正常教学需求的比例只有 40.8%和38.0%。学校电脑、投影等现代教育技术设备使用情况与学校多媒体设备满足教师正常教学需求的情况基本相同。另外,小学教师使用设备的熟练程度较高,初中则一般。在使用的频率上,所有类型的学校都较高,且教师都能经常上网查阅教学资源。

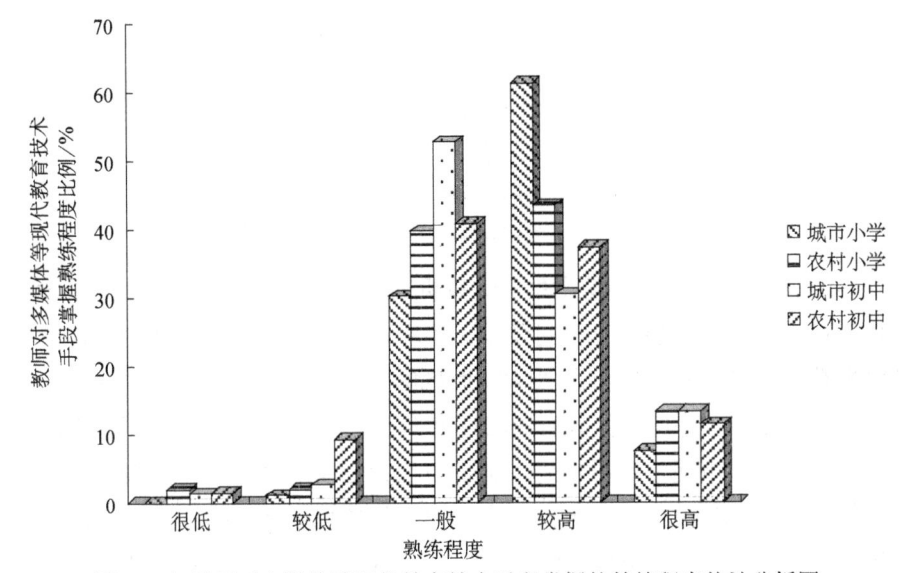

图 6-19 教师对多媒体等现代教育技术手段掌握的熟练程度统计分析图

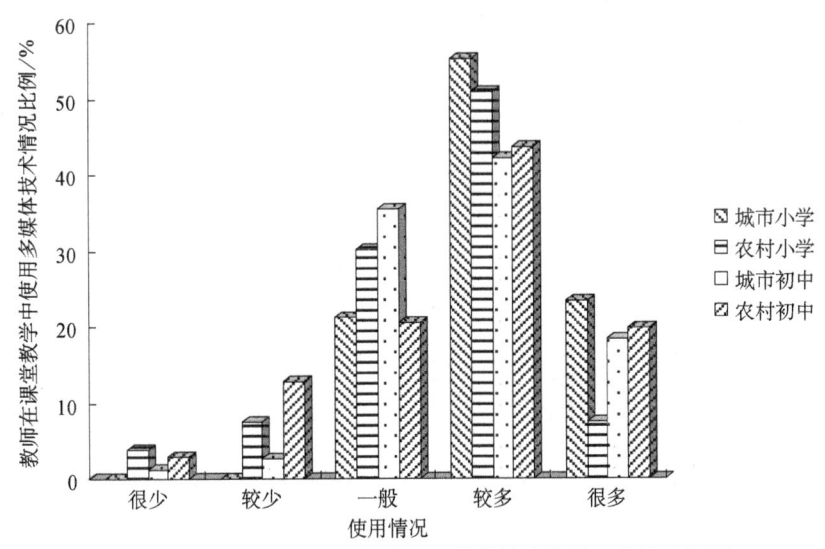

图 6-20 教师在课堂教学中使用多媒体技术的情况统计分析图

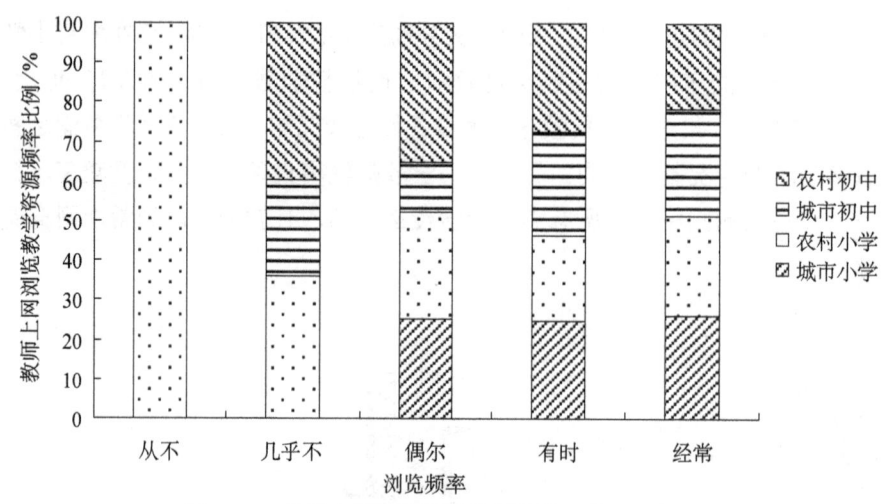

图 6-21 教师上网浏览教学资源的情况统计分析图

图 6-22~图 6-24 反映的是学生对计算机的使用情况。可以看出，城市学校在计算机教室上课的比例要大于农村学校。其中，城市小学和城市初中学校的学生在计算机教室上课的比例分别为 70.8% 和 95.8%，而在农村小学和农村初中学校的学生在计算机教室上课的比例只有 69.5% 和 51.4%。从学生上网搜集学习资料情况来看，虽然不论城市还是农村学生，都认为认为上网对学习的帮助较大，但与城市学校相比，农村学校的学生上网搜集学习资料的机会还是较少，如，城市学校的学生从不上网搜集学习资料的比例只有 2% 左右，而农村学校的学生从不上网搜集学习资料的比例仍有 10% 左右。

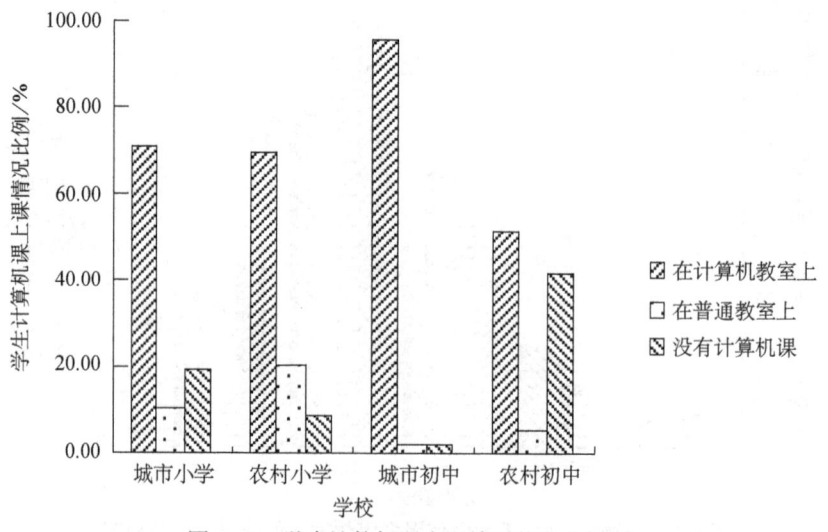

图 6-22 学生计算机课上课情况统计分析图

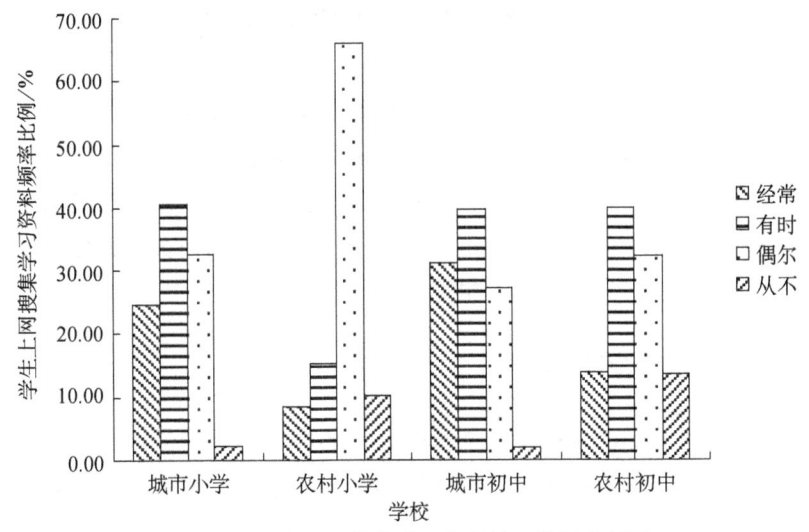

图 6-23 学生上网搜集学习资料情况统计分析图

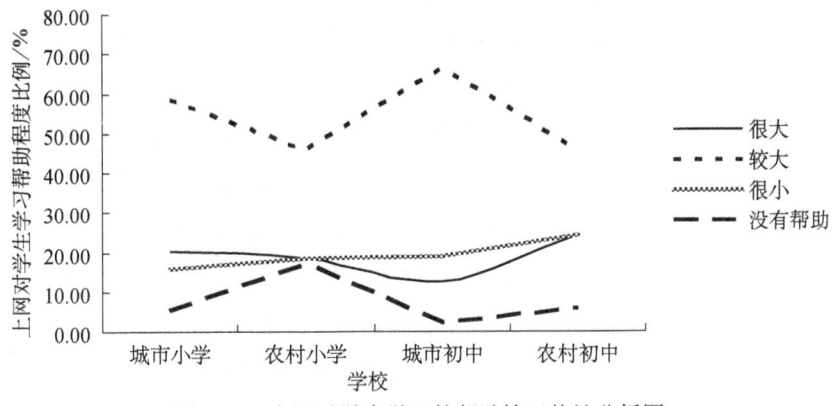

图 6-24 上网对学生学习的帮助情况统计分析图

第二节 基本条件资源的科学配置与有效运用存在问题的原因分析

本节主要结合我国义务教育基本条件资源的科学配置和有效运用的现状及存在的主要问题，分外部、内部两个维度，从社会经济发展不平衡、教育文化差异影响、教育投入差异、教育政策执行偏差、教育制度不健全、政府及教育管理人员的理念与主动作为等方面进行深入、具体的原因剖析。

一、区域经济发展水平差异是义务教育资源配置不均衡的根源

经济是社会发展的基础，更是教育均衡发展的物质保障。我国经济发展的差异性和不均衡性使区域间用于义务教育的资源配置在规模和结构上也呈现出明显的差异。我国幅员辽阔，人口众多，各地区生存发展的自然条件和社会条件差异很大，这些导致各区域间的经济发展水平和综合实力差别巨大，即使在同一区域内部各省之间经济和财力状况也存在较大差异。

（一）区位条件和自然环境

区位条件是区域经济发展的物质基础，它影响着区域的初始资本积累。优越的自然条件和自然资源是地区经济快速发展的先决条件，恶劣的自然条件和自然资源则不利于地区经济的快速发展。

由于自然地理条件不同，东、中、西部区域经济发展差距仍然很大。从地理区位上看，我国东部区域的地理位置十分优越。①东部区域属于我国地势最低的第三级阶梯，气候湿润，雨热同期，优越的地形和气候条件有利于工农业的生产开发和交通运输的发展；②东部区域省份大多位于沿海地区，海岸线长，具有开放性，靠海的能源开发利用、便利的海运、得天独厚的对外交流条件、开阔的产业发展市场都为东部区域经济社会的快速发展提供了优越的区位条件；③东部区域城市规模和城镇密度大，人口集中，劳动力丰富，劳动者的素质较高，丰富的人力资源有利于吸引大量的外资投入；④东部区域国际化程度高，与外界保持着密切的社会、经济、技术联系，发达的科学文化和雄厚的技术力量，有利于吸引资本进行战略性产业投资（如电子、通信和高新技术产业）。

因此，从基础设施到制造业、教育、服务业、和高新技术产业，东部区域都有较好的资源积累基础、极大的发展空间和市场潜力。而我国中西部区域虽然具有丰富的能源和矿产资源，但历史上的"三线"建设所形成的产业结构和深居内陆的区位劣势，使得中西部区域的经济发展存在有许多不利因素。西部区域深居内陆，交通不便，信息不灵，对外贸易十分不便，市场化程度低，产业结构升级换代慢，导致了中西部区域经济发展缓慢。

（二）区域经济发展

区域经济发展不平衡是我国经济发展的现实问题，也是影响义务教育资源（如人力资源、物力资源、财力资源、信息资源等）分布不均衡的根本原因。为了更

深入地揭示我国各区域经济梯次发展状况,下面将以国内生产总值为例,如表6-27和图6-25所示,对我国东、中、西三个区域的经济发展状况进行比较分析,进而说明我国区域经济发展的不平衡性。

表6-27 东、中、西部年度GDP平均值比较 （单位：亿元）

年份	东部	中部	西部
2001	5 782.75	3 275.98	1 561.26
2002	6 470.61	3 585.07	1 726.53
2003	7 542.49	4 073.80	1 974.69
2004	9 044.97	4 936.12	2 383.62
2005	10 779.59	5 818.14	2 840.48
2006	12 591.10	6 745.94	3 362.14
2007	15 017.64	8 169.97	4 098.54
2008	17 644.10	9 847.63	5 037.31
2009	19 262.45	10 805.41	5 581.12
2010	22 771.63	13 143.20	6 784.04
2011	26 689.22	15 953.09	8 352.91
2012	29 158.04	17 738.57	9 492.07
2013	31 757.87	19 333.75	10 500.23

注：表中数据由2013年《中国统计年鉴》原始数据计算而得

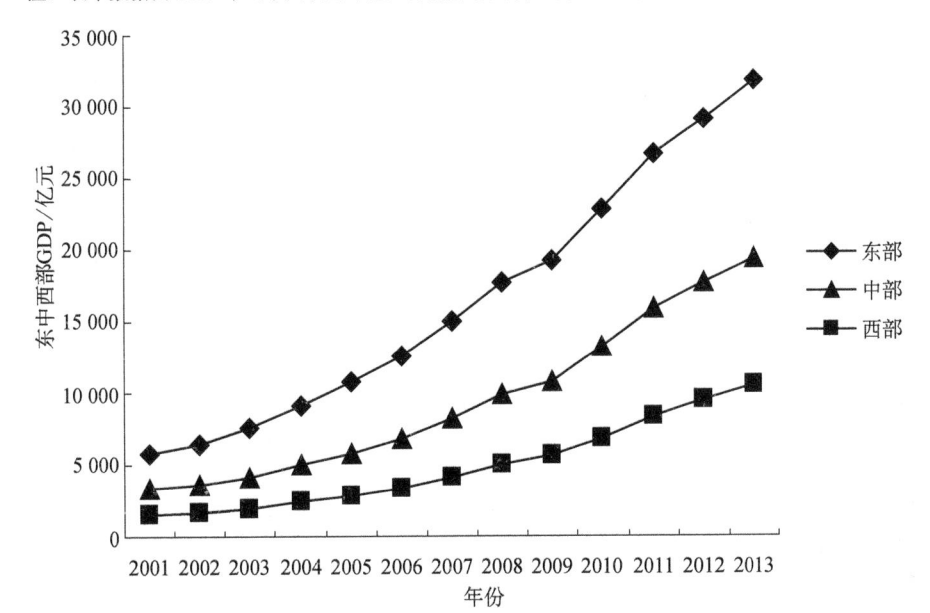

图6-25 东、中、西部GDP比较

从表6-27及图6-25中可以看出,2001—2013年,东、中、西部三个区域的GDP平均值在逐年增加,但同时还应看到,三个区域的GDP随着年份的增加,彼此间的差距也在不断拉大,尤其是东部区域,GDP总量明显高于其他两个区域。中部区域的GDP总量处在中间的水平,而西部区域的GDP总量逐年上升的幅度非常小,并且同其他两个区域的差距在逐渐拉大,尤其与东部区域相比几乎相差了4倍,差距较大。我国东、中、西部在经济发展中呈现出明显的梯次特征。

在以上分析的基础上,下面选取2013年的经济数据,对2013年东中西部各省份的主要经济指标进行一个简单的比较,以便更直观地反映全国各地区之间经济发展水平的差异。如表6-28所示,选取的主要经济指标有地区生产总值、地区人均生产总值、居民人均可支配收入、城镇居民人均可支配收入和农村居民人均纯收入。

表6-28 2013年各地区主要经济指标比较

地区	生产总值/亿元	人均生产总值/元	居民人均可支配收入/元	城镇居民人均可支配收入/元	农村居民人均纯收入/元
北京	19 500.56	93 213	40 830.0	40 321.0	18 337.5
天津	14 370.16	99 607	26 359.2	32 293.6	15 841.0
河北	28 301.41	38 716	15 189.6	22 580.3	9 101.9
辽宁	27 077.65	61 686	20 817.8	25 578.2	10 522.7
上海	21 602.12	90 092	42 173.6	43 851.4	19 595.0
江苏	59 161.75	74 607	24 775.5	32 537.5	13 597.8
浙江	37 568.49	68 462	29 775.0	37 850.8	16 106.0
福建	21 759.64	57 856	21 217.9	30 816.4	11 184.2
山东	54 684.33	56 323	19 008.3	28 264.1	10 619.9
广东	62 163.97	58 540	23 420.7	33 090.0	11 669.3
海南	3 146.46	35 317	15 733.3	22 928.9	8 342.6
山西	12 602.24	34 813	15 119.7	22 455.6	7 153.5
吉林	12 981.46	47 191	15 998.1	22 274.6	9 621.2
黑龙江	14 382.93	37 509	15 903.4	19 597.0	9 634.1
安徽	19 038.87	31 684	15 154.3	23 114.2	8 097.9
江西	14 338.50	31 771	15 099.7	21 872.7	8 781.5
河南	32 155.86	34 174	14 203.7	22 398.0	8 475.3
湖北	24 668.49	42 613	16 472.5	22 906.4	8 867.0
湖南	24 501.67	36 763	16 004.9	23 414.0	8 372.1
内蒙古	16 832.38	67 498	18 692.9	25 496.7	8 595.7
广西	14 378.00	30 588	14 082.3	23 305.4	6 790.9
重庆	12 656.69	42 795	16 568.7	25 216.1	8 332.0
四川	26 260.77	32 454	14 231.0	22 367.6	7 895.3
贵州	8 006.79	22 922	11 083.1	20 667.1	5 434.0
云南	11 720.91	25 083	12 577.9	23 235.5	6 141.3

续表

地区	生产总值/亿元	人均生产总值/元	居民人均可支配收入/元	城镇居民人均可支配收入/元	农村居民人均纯收入/元
西藏	807.67	26 068	9 746.8	20 023.4	6 578.2
陕西	16 045.21	42 692	14 371.5	22 858.4	6 502.6
甘肃	6 268.01	24 296	10 954.4	18 964.8	5 107.8
青海	2 101.05	36 510	12 947.8	19 498.5	6 196.4
宁夏	2 565.06	39 420	14 565.8	21 833.3	6 931.0
新疆	8 360.24	37 181	13 669.6	19 873.8	7 296.5

注：数据来源于2014年《中国统计年鉴》

如表 6-28 所示，2013 年各区域各省份经济发展水平存在较大差距，东部省份与中西部省份之间差距更为明显，东部区域各省（除海南省外）在地区生产总值、地方人均生产总值、地区居民人均可支配收入、城镇居民人均可支配收入、农村居民人均纯收入等方面普遍超出中西部省份，西部地区省份的上述经济指标大都处于最低水平。以江苏省和贵州省为例，如表 6-29 所示，从贵州省和江苏省的主要经济指标比较中可以看出，2013 年江苏省 GDP 明显高于贵州省。如表 6-30 所示，在经济发展差异巨大和现有财政制度背景下，两省义务教育在校舍建筑、设备资源、固定资产方面等办学条件方面必然存在较大差距。可以看出，在表 6-30 所列的办学条件指标中，贵州省在校舍建筑、设备资源、固定资产等方面都远远落后于江苏省。

表 6-29 2013 年贵州省与江苏省主要经济指标比较

经济指标		省市	贵州省	江苏省	贵州省—江苏省	贵州省/江苏省（比例/%）
生产总值方面	生产总值/亿元		8 006.79	59 161.75	-51 154.96	13.53
	人均生产总值/元		22 922.00	74 607.00	-51 685.00	30.72
居民收入方面	居民人均可支配收入/元		11 083.10	24 775.50	-13 692.40	44.73
	城镇居民人均可支配收入/元		20 667.10	32 537.50	-11 870.40	63.52
	农村居民人均纯收入/元		5 434.00	13 597.80	-8 163.80	39.96

注：数据来源于2014年《中国统计年鉴》

表 6-30 2013 年贵州省与江苏省办学条件比较

经济指标		省市	贵州省	江苏省	贵州省—江苏省	贵州省/江苏省（比例/%）
小学	校舍建筑方面	校舍建筑面积/m²	20 122 996.00	31 836 729.00	-11 713 733.00	63.21
		实验室/m²	596 726.00	1 091 974.00	-495 248.00	54.65
		微机室/m²	339 114.00	858 171.00	-519 057.00	38.52

续表

经济指标		省市	贵州省	江苏省	贵州省—江苏省	贵州省/江苏省（比例/%）
小学	校舍建筑方面	语音室/m²	49 975.00	176 081.00	-126 106.00	28.38
		体育馆/m²	41 559.00	919 919.00	-878 360.00	4.52
	设备资源方面	图书数量/册	54 236 367.00	97 926 847.00	-43 690 480.00	55.38
		计算机数/台	147 846.00	613 192.00	-465 346.00	24.11
	固定资产方面	固定资产总值/万元	1 561 424.75	4 648 624.69	-3 087 199.94	33.59
		教学仪器设备资产值/万元	143 275.70	595 291.16	-452 015.46	24.07
初中	校舍建筑方面	校舍建筑面积/m²	15 663 628.00	31 154 721.00	-15 491 093.00	50.28
		实验室/m²	802 398.00	2 367 149.00	-1 564 751.00	33.90
		微机室/m²	271 333.00	718 191.00	-446 858.00	37.78
		语音室/m²	53 649.00	177 222.00	-123 573.00	30.27
		体育馆/m²	52 375.00	784 655.00	-732 280.00	6.67
	设备资源方面	图书数量/册	46 870 554.00	75 243 103.00	-28 372 549.00	62.29
		计算机数/台	137 743.00	444 375.00	-306 632.00	31.00
	固定资产方面	固定资产总值/万元	1 387 286.90	4 475 723.40	-3 088 436.50	31.00
		教学仪器设备资产值/万元	127 460.49	493 825.63	-366 365.14	25.81

注：数据来源于2014年《中国统计年鉴》

（三）教育投入差异

国家教育投入的城乡差异和区域差异是造成我国义务教育资源配置不均衡的直接原因。缺乏经费投入，校舍建设及图书设备的添置等所需要的资金就无法得到保障；缺乏技术投入，学校设备资源的有效使用就得不到保障。我国长期以来实行的"在国务院领导下，由地方政府负责、分级管理、以县为主"的教育投资体制，使地方政府或较低一级的政府成为义务教育投资的主体，负责教育投入资金的筹措和分配。但是由于地方经济发展水平和财政收入的不均衡，使得区域间、城乡之间的教育投入也有所差异，而教育投入的差异也就导致了教育资源配置的差距。教育投入的城乡差异表现为重视对城市教育的投入，而弱化了对农村教育的投入。

区域差异表现为我国东中西部三大区域的教育投入仍存在较大差异。2003—2013年，虽然总投资和教育投资资金一直都在增长，但教育投资在总投资中所占比重却在逐年下降，如表6-31所示。同时，总投资和教育投资金额最多的省份是东部区域的山东和江苏，最少的省份是西部区域的青海和西藏。虽然相对中东部地区，西部地区教育投资在总投资中所占比重较大，但在总投资和教育投资金额数量上，西部地区仍落后于中东部地区，如表 6-32 所示。薄弱地区和贫困农村学校本身大部分的实验设施、教学仪器已经不适应目前新课程改革的要求和新的"两基"验收标准，但由于教育经费紧张，来源单一，有限的教育财政拨款主要用于教育工作人员的工资、福利和维持学校的正常运转，根本无法满足配置仪器设备和基础设施建设的资金开支。

表 6-31　全社会固定资产投资情况

年份	总投资/亿元	教育/亿元	教育投资占总投资比例/%
2003	55 566.6	1 671.1	3.01
2004	70 477.4	2 024.8	2.87
2005	88 773.6	2 209.2	2.49
2006	109 998.2	2 270.2	2.06
2007	137 323.9	2 375.6	1.73
2008	172 828.4	2 523.8	1.46
2009	224 598.8	3 521.2	1.57
2010	278 121.9	4 033.6	1.45
2011	311 485.1	3 894.6	1.25
2012	374 694.7	4 613.0	1.23
2013	446 294.1	5 433.0	1.22
北京	6 847.1	142.7	2.08
天津	9 130.2	90.8	0.99
河北	23 194.2	206.1	0.89
辽宁	25 107.7	236.2	0.94
上海	5 647.8	71.9	1.27
江苏	36 373.3	330.1	0.91
浙江	20 782.1	253.3	1.22
福建	15 327.4	185.9	1.21
山东	36 789.1	452.9	1.23
广东	22 308.4	308.8	1.38
海南	2 697.9	23.1	0.86
山西	11 031.9	152.2	1.38
吉林	9 979.3	76.0	0.76
黑龙江	11 453.1	186.0	1.62
安徽	18 621.9	229.9	1.23
江西	12 850.3	176.4	1.37
河南	26 087.5	290.4	1.11
湖北	19 307.3	136.7	0.71
湖南	17 841.4	262.9	1.47
内蒙古	14 217.4	93.9	0.66
广西	11 907.7	251.0	2.11
重庆	10 435.2	134.6	1.29
四川	20 326.1	301.9	1.49
贵州	7 373.6	123.6	1.68

续表

年份	总投资/亿元	教育/亿元	教育投资占总投资比例/%
云南	9 968.3	208.8	2.09
西藏	876.0	30.6	3.49
陕西	14 884.1	201.8	1.36
甘肃	6 527.9	92.6	1.42
青海	2 361.1	49.6	2.10
宁夏	2 651.1	28.9	1.09
新疆	7 732.3	96.3	1.25

注：数据来源于2014年《中国统计年鉴》

表6-32　东中西部2013年全社会固定资产投资情况

区域	总投资/亿元	平均总投资/亿元	教育投资/亿元	平均教育投资/亿元	比例/%
东部	204 205.20	18 564.11	2 301.80	209.25	1.13
中部	127 172.70	15 896.59	1 510.50	188.81	1.19
西部	109 260.80	9 105.07	1 613.60	134.47	1.48

注：表中数据由2014年《中国统计年鉴》原始数据计算而得

（四）缺乏融资渠道

缺乏融资渠道是教育资源配置失衡的客观因素。目前，我国义务教育阶段以政府的资源投入为主要的融资渠道，办学体制较为单一。虽然政府对义务教育资源的投入在逐年增长，但受教育群体数量也在大幅度地增长，有限的政府财力无法满足庞大的教育资源需求群体的实际需要。这严重困扰并阻滞了教育资源的均衡配置和使用效率，影响了义务教育的均衡发展。因此，解决义务教育资源不均衡不仅要加大政府投入，还要积极寻求政府以外的其他融资渠道，如吸收民间资本、增加社会融资等。发动社会力量，调动个人、企业和社会团体的助学积极性等多渠道筹集教育经费能够增加全社会对义务教育的投入，提高教育经费的使用效率和效益，促进义务教育的均衡发展。

二、教育政策执行偏差是义务教育资源配置不均衡的关键原因

（一）教育收费政策

长期以来，我国义务教育实行的是一种多渠道筹措教育经费的管理体制，其中家庭投入在义务教育经费总量中一直占据相当大的比例，这对于缓解政府投入不足所导致的义务教育经费短缺来说起到了至关重要的作用，对于义务教育的普

及来说也是功不可没。然而，义务教育是一项社会公益事业，它具有强制性、免费性和普及性。在社会客观存在经济、社会地位等方面巨大不平等的情况下，教育能够给人提供公平竞争和向上流动的机会，能帮助弱势群体摆脱他们出身的各种限制，同时也能够显著地改善人的生存状态，进而减少社会性的不公平。零点调查显示：中国城市、小城镇、农村的贫困人群中均有 40%～50%的人提到家里贫穷是因为"家里孩子要读书"，特别是农村家庭，教育花费是他们的头号家庭开支（张素蓉，2008）。义务教育收费管理政策的不清晰及执行过程的混乱造成了教育机会更加不均等，教育资源更加不均衡，严重地损害了受教育者，特别是农村贫困地区孩子和弱势群体受教育的权利。

（二）城市优先政策

随着城市化进程的加快和市场经济体制的逐渐建立，"城市中心"价值取向显然已不合时宜。但作为一种思维定势，它仍有很大的惯性，依然潜存于教育决策和教育行为之中，成为影响义务教育资源不均衡的重要因素之一。义务教育资源的配置很大程度上依赖于政府的决策，而"城市公益事业国家办，农村公益事业农民办"的城市优先政策使教育资源配置出现了"先城市后农村，先重点再普通，先市民子弟后农村子弟，以城市和市民为中心，以农村和农民为外围"的特点。在这种教育政策和教育行为的影响下，城市和农村被整体分割成城市教育和农村教育，各教育阶段被内部分割成重点学校和普通学校，从而导致农村和城市在师生比、教育资源配置、教学条件、教师的工资待遇、津补贴、学生的文化资本等方面的显著差别。

（三）教师流动政策不完善

教育资源配置是否均衡一方面取决于教育资源的丰富程度，另一方面也取决于教育资源的开发和利用水平。优质的教师资源在教育资源中处于紧缺的状态，教师流动是提高优质教师资源利用率、缩小城乡义务教育发展差距、推进义务教育均衡发展的重要手段。然而，在实施过程中，由于城乡本身的客观资源条件差距和学校、教师传统意识的长期影响，教师流动和支教政策演变成"有其名无其实"的行为，偏离了政策制定的本意。优质学校或城市学校不愿让本校骨干教师或优秀教师参与支教、交流活动，被派参加支教的教师大多是新聘任教师、不影响本校正常教学的教师，甚至是那些校长认为难以管理的"刺头"教师。城市学校的流动政策执行教师迫于流动指标压力，敷衍了事，换人不换心。农村学校或薄弱学校，尤其是农村小学和教学点，因在教师待遇、编制、条件、资源等方面与城市学校存在明显差距，使得农村很难吸引并留住年轻教师、优秀教师，普遍面临着教师总量不足问题与结构性短缺问题；农村学校的新任教师和特岗教师在政策规定的年限期满后，总会有很多人想尽一切办法调往城里。新教师在3~5年成长为一名优秀教师、骨干教师，然后再调往城里，为城市学校所用，农村学校再次补充新任教师，使得农村学校成为城市学校的"教师培养机构"。城乡之间教师交流和优质资源共享推广的缺失使大量学校缺少优质的教育资源，而部分学校的优质教育资源却处于闲置状态，从而使得学校间、城乡间、区域间的差距越来越大。

（四）教育法规执行不积极

目前，一些教育法规的执行仍存在漏洞，这是我国义务教育基本条件资源配置不均衡的另一个重要原因。例如，部分职能部门执行教育法规不积极，部分小区配套建设的学校移交手续不完备，少数老城区的老学校占地面积不足，建筑面积不达标，教育投入没有完全达到依法足额等，这些资源配置实施过程中的问题，严重影响了义务教育资源的利用效率。

三、教育文化的差异性是义务教育资源配置不均衡的价值原因

教育历来与文化紧密相连。文化是教育发展的肥沃土壤和源泉，教育又是文化丰富和完善的重要手段。教育文化即一个民族、一个国家在其长期历史发展进程中教育观、学习观、人才观等方面形成的一种思维模式与价值取向。教育文化的区域、城乡差异性是导致目前城乡教育公平问题的历史文化根源，也是导致义务教育基本条件资源配置不均衡的价值原因。

（一）传统文化的持久影响

从经济发展、社会制度变革视角看，我国已步入现代社会，完成了从传统向现代的转型。但具有五千年悠久历史的传统文化对人们的影响还在很大程度上、相当长时期内存在着。文化不是一时形成的，也不是一时可以改变的。传统文化在以一种无形的状态影响着人们的思想、认识、行为，也在影响着区域义务教育均衡发展。不良倾向的教育文化传统和思想观念对义务教育的均衡与公平也有着重要的影响作用。

1）重等级轻民主的教育文化使公平、正义的思想和实践很难得以认同与推广。这在很大程度上影响了义务教育均衡发展的理论研究和实践探索。例如，大量农村教师涌向城市、教育政策和实践中的城市化倾向、贫困地区和农村学校基本办学条件的缺乏等，这些都与我国文化传统中的重等级轻民主的思想有着不可分割的联系。无论大学还是小学，无论城市还是农村，所有的教师都在用不同的方式为人才的成长和社会的发展做贡献，所有的学生都有机会成为未来社会发展的中坚力量，他们在地位、待遇、人格上是平等的，都应同等地享有优质学校环境、学习条件和学习资源的权利，都应受到应有的、平等的尊重，政府、社会、每个人都应当树立这样的意识并付诸行动。

2）重学轻术的官本位考试文化很大程度上影响了教育资源的合理分配。"政治本位""官本位"是我国社会的核心价值观。虽然"科举取士"已经消逝一百多年，但惊人一致的"学而优则仕""望子成龙""望女成凤"的成才观并未从根本上得以改变，而是以新的形式表现出来，并且仍占据着绝对的主流地位。在"学而优则仕"的文化模式和教育价值追求影响下，城市教育成为农村教育的发展方向，但长期以来形成的巨大差异使城市教育远远优于农村教育，以自身的劣势与城市教育的优势进行竞争，注定了农村教育在很大程度上成为了教育竞争的陪衬和牺牲品。因此，城乡教育的差距越来越大，城乡义务教育均衡发展问题也越来越凸显。

（二）城乡文化差异

城乡文化的差异性是导致城乡教育资源分配不均、城乡教育发展失衡的重要原因。城乡文化的不同特性对优秀人才吸引、优秀资源汇聚、城乡教育发展等方面的差距有着明显的影响。城市文化具有一定的开放性、丰富性，这种文化特性在文化创新、汇聚资源、吸引人才方面有着先天的优势，更容易形成良性循环，打造城市的文化高地与人才高地；而乡村文化具有一定的保守性和贫乏性，这种文化特性难以满足教师的精神需要和文化渴望，没有高素质人才展示自我、发展自我的平台，使农村在吸引、留守优秀教师与人才等教育资源方面处于明显的劣势。农村与城市在教师文化资源拥有量上的差异直接影响到教育理念、教育方式、教育资源利用的差距，这种差距导致农村教育发展一直处于弱势地位，这种弱势地位不断得以复制，造成城乡教育差距越来越大。

（三）倾斜东南沿海地区的非均衡发展价值取向

改革开放后，我国开始实施向东南沿海倾斜的非均衡发展战略，其中"梯度发展战略"最为典型。"梯度发展战略"是以非均衡理论为基础，以效率优先为基本指导思想的区域发展战略。强调遵循由非均衡到均衡的发展规律，并以此作为制定经济发展战略的首要出发点；同时强调集中资金和资源推进重点发展，在地区间形成产业结构转换关系，使产业空间分布与地区经济相互联系、产业结构与产业布局相结合、经济发展与产业政策相适应（贺晋秀，2007）。随着非均衡梯度发展战略的实施，优质的教育资源基本被城市所占有，在当前优质教育资源还比较紧缺的情况下，倾斜东南沿海地区的非均衡发展价值取向使得农村与城市在竞争优质教育资源的能力方面明显处于弱势，影响了城乡教育的均衡发展。

（四）重城市教育轻农村教育的二元化发展取向

20世纪50年代后期，由于计划经济体制的确立，户籍分为城市户籍和农村户籍，城乡二元体制自此形成。在二元结构的影响下，城乡之间的经济发展水平和社会结构也呈现出明显的二元特征，在经济上城市远远高于农村经济发展水平，在社会生活中城市拥有和享受到更多的物质文化资源。我国义务教育主要由地方政府负责，义务教育的财政投入主要依靠地方政府的财政收入水平。长期以来，由于二元结构所形成的城乡经济差距，使城乡政府的财政能力存在很大差异，这种差异将导致城乡义务教育资源配置的严重不均衡。同时，在二元结构的影响下，国家在义务教育方面采取效率优先、城市优先、差异发展的教育政策，义务教育资源的投入与分配，尤其是优质教育资源的配置存在着明显的城市倾斜现象。即使是同一类别同一层次的教育，城市与农村所享有的资源也有很大差异，这使得教育配置存在着差距。此外，城乡二元经济结构导致城乡人口的教育意识以及教育观念存在差异。教育资源的短缺加上社会舆论对城乡学校的差异化观念，使得人们普遍认为政府在对优质教育资源进行配置时先考虑城市是理所当然的事情，这种心态就更加剧了义务教育阶段城乡优质教育资源的不均衡配置。

（五）农村文化价值的迷失

多元文化并存是文化得以延续繁荣的前提。农村文化的式微不仅是我国整体文化建设的巨大损失，还是导致城乡教育发展不均衡的重要文化因素。对农村文化理解与尊重的缺失、农村教育发展目标与方向的偏差使农村教育失去了自己的特色，没有充分发挥自身的优势，而是一味地追赶城市教育，以自己的弱势来与城市教育竞争，最终导致农村教育和城市教育的差距越来越大。

这正如在《乡土重建》一书中，费孝通先生痛心地指出：在传统中国，出身乡土的儒家士大夫即使中了科举，在外任职多年，最后还是会叶落归根，兴办乡学，会在某种程度回报乡村，维护了传统乡土中国的生态平衡；而现代文字下乡的结果却是一个"损蚀冲洗下的乡土"：虽然便利了一批批农家子弟进入城市，但数年之后，他/她们就成了"回不了家的乡村子弟"（费孝通，1948）。而这种情况依然在农村上演。知识也许改变了他们个人的命运，但没有改变乡土的命运。因此，农村文化价值的迷失是研究与推进城乡教育均衡发展时不可忽视的重要文化影响因素，也是造成城乡二元结构、城乡教育巨大差距的不可忽视的重要文化根源之一。

四、教育制度的不健全是义务教育资源配置不均衡与运用低效的重要原因

（一）转移支付制度不规范

财政转移支付制度是促使义务教育均衡发展的重要制度。近年来，为弥补地方财政对义务教育投入的不足，中央加大了对农村义务教育财政转移支付的力度。但是，转移支付制度还不够规范，影响了资金的使用效益。义务教育转移支付制度的不规范，是义务教育资源配置不均衡和运用低效的重要原因之一。

1）转移支付依据不合理。在中央和省级政府对县级进行公用经费转移支付时，通常考虑三个因素：学生数、杂费标准、分担比例，学生数较少的农村学校或薄弱学校的公用经费转移支付额度就比较少，无法满足学校正常运转和办学条件的改善。

2）转移支付力度不够，形式不灵活。虽然中央财政转移支付总量在逐年增长，但仍无法满足中西部偏远农村学校或薄弱学校义务教育基本条件资源的真正改善。再加上转移支付大多是专项形式，有时与学校的需求不吻合，没有真正满足学校对基本条件资源改善的需求。

3）转移支付缺乏有力监督。整个拨付过程要经过省、市、县教育、财政部门，人为、权力干预的因素过多，由于监督力度不到位，出现了挪用、克扣转移支付经费的现象，学校用来改善基本条件资源的费用就很少。

（二）教育督导问责制度不完善

监督和问责是政府决策、规划、政策得以落实的关键保障因素。教育督导问

责制建立在公民享有平等权利基础上，为义务教育资源的有效配置提供了一套有效的控制与激励机制，是我国政府一项重要的教育监督制度。实施义务教育督导问责制有效地监督责任主体，改进教育政策，让每个义务教育阶段的学生都能享受到无差别教育资源。然而在实施过程中，教育督导问责制度还不够完善，督导与问责的作用还没有得以充分有效的发挥。

尽管自上而下各级政府都设立督导机构，但是各级督导机构体系还不够完善，各级政府特别是地方政府对教育督导机构的地位和作用认识不充分，对职能、权责界定不明确，综合和专项的督导计划和内容不具体，问责和整改监督办法不完善，影响了教育督导的效果。

（三）教育投资体制的弊端

教育投资体制的弊端是教育资源配置不合理的根源。1986年，《中华人民共和国义务教育法》规定："义务教育实行国务院领导，省、自治区、直辖市人民政府统筹规划实施，县级人民政府为主管理的体制"，义务教育的经费主要由地方政府负责筹集和提供。由于各地区的经济发展不均衡，其财政收入水平和对义务教育的投资能力也必然存在着一定甚至是比较悬殊的差距，落后和欠发达地区的教育得不到有效的投资保障，这从根本上导致了教育资源配置的不合理和不均衡（李艳，2012）。现行的教育投资体制没有明确规定各级政府的责任，容易出现各级政府互相推脱责任的现象，再加上很多县级政府财政支付能力有限，社会多渠道投资制度不完善，导致义务教育经费得不到保障，也直接影响了义务教育基本条件资源的科学配置。

（四）管理制度不健全

管理制度的不健全直接影响了义务教育基本条件资源的科学配置和有效运用，造成基本条件资源的不均衡配置和低效运用。①具体管理办法缺失或不完善。"以县为主"的教育管理体制没有明确规定各级政府的具体管理职责，一些政府、教育行政部门和学校没有设立专门的管理部门或人员，对义务教育基本条件资源科学配置和有效运用进行管理和督查；而且管理部门和人员的职责不明确，导致基本条件资源配置资金被一些领导随意支配或挪用，资源使用情况没有得到科学监管。②管理人员培训制度缺失或不完善。有些管理人员不明确自己的职责，缺乏科学的管理理念，对基本条件资源科学配置和有效运用不能起到很好的监管和指导作用。③各级监管体系的不完善。监管体系的不完善，问责机制的缺失，都会导致资源的不均衡配置和不当、低效运用甚至浪费，导致基本条件资源不能发挥最大化的效用。例如，一些学校为了迎接上级验收购买了大量图书资料，师生借阅却很少，图书室成了"藏书室"；一些学校购买了计算机资源却不开设或形式化开设微机课（冯文全，等，2006）。

五、教育理念的偏差是义务教育资源配置不均衡与运用低效的内在原因

（一）决策与管理层

教育行政部门，特别是贫困地区的教育行政部门管理者对教育先进理念、教育创新形式的缺乏使区域的有限资源得不到有效利用。①教育行政部门管理者缺少统筹意识。由于教育资源配置不均衡的客观存在，教育行政部门需在有限资源配置的基础上，对所辖地区教育资源进行合理有效统筹。立足实际，建立图书馆、体育场所等资源共享平台，实施区域的资源共享，是一种提高资源使用效率的有效手段，有利于促进教育资源在区域内合理流动。②教育行政部门管理者缺少根据实际情况管理意识。在教育资源的开发利用与管理上，要关注城乡差异，在教学仪器设备类型上应体现一定的特色，与农村经济社会发展实际相匹配，避免资源配备后无法使用而造成浪费。为了避免资源的重复浪费，应建立和完善优质学校教育资源共享机制。

学校决策与管理者，特别是农村学校管理者思想的滞后，使学校的有限资源得不到有效利用。①缺乏科学的管理理念。教育资源设备购置不调查，入库不记账，借出不登记，只用不维修，损失不追究等，造成了教育资源的极大浪费。例如，调查发现：一些学校实验仪器设备虽然按标准配齐，但由于没有足够的与之配套的实验室，致使部分教学仪器设备不能发挥应有的效用；一些学校实验室建好却因没有实验仪器设备或实验材料不足而闲置，造成资源的浪费。②推崇封闭式教育资源管理。对教育资源设备管的较多、较死，如有的学校规定谁在使用过程中出现了问题谁负责等，使得教师不敢使用、不方便使用或者管理人员不愿让教师使用，学校的教育资源由于大部分时间被过度"保护"而闲置，由于未能得到有效利用而成为了摆设。以学校的计算机资源为例，由于学校怕学生因为操作不当而用坏，加上维修成本过高，往往不让学生使用，但这类资源更新速度极快，如果不充分利用，随着机器性能的下降和高配置新产品的出现，原有计算机的价值也就微乎其微了。③服务意识不强。日常教学期间，学校物资管理人员对设备管理能力、操作水平的限制，及对设备服务意识的缺乏，不愿让教师或学生使用，教育资源设备的使用率很低；放学或者放假期间实行封闭式管理，不对外开放，教师或学生的使用受限，教育资源与设施没有得到充分的利用，从而导致了学校教育资源的浪费。④缺少培训指导意识。与城市相比，农村学校通常只注重设施是否完备，不重视对教师与学生在设备使用和维护方面的相关培训与指导，在实际教学过程中，教师对设备的使用水平低下和维护不善导致了设备利用率低、效果不佳。

（二）实施与执行层

教师，特别是农村教师在教学质量观和教学资源观方面的理解偏差，是学校有限资源得不到有效利用的重要原因。①教师专业素养不够。学校教学实验设备的使用要求教师具备一定的专业技术，而在调查中发现，与城市学校相比，农村学校更多教师不具备专业技术素质，不会使用教学设备、实验仪器，实验设备只能被闲置，造成资源浪费。以多媒体的使用为例，一些学校虽然购置了多媒体设备，但是由于相关专业教师的缺少而无法开展相关课程，一些学校虽然勉强开课，但是由于非专业教师对信息技术的一知半解，只能勉强应付。②教师重视程度不够。以实验教学为例，一些教师基于"有没有教学仪器设备、做不做实验对教学影响不大"、"在教学中做实验很麻烦，不愿自己动手"、"对教学内容驾轻就熟，使用教具是负担或多余之事"的认识，使仅有的一点教学仪器设备处于闲置状态，对教学资源的使用效率并不高，造成了教学资源的巨大浪费。教师对教育资源的使用意识与使用习惯缺乏，使用能力与使用满意度不强，使得有限的教育资源设备也被限制。

学生，特别是农村学生对教育资源使用的了解度和认识度不够，是学校资源使用效率低下的重要原因。①学生没有拥有教育资源使用权利的意识。在农村，学生作为学校被动的弱势群体，更多地扮演着被管理、被教育的角色，缺少主动性。②学生没有有效利用教育资源促进学习的意识。在农村，由于学校、教师等对教育资源设备有效使用意识的偏差，缺少有效使用教育资源设备，通过各类活动促进学生综合能力发展的学校学习文化，学生仍是仅仅通过传统的课堂教学、教材教学形式学习，没有有效使用教育资源提高学习效果的意识。

第三节　基本条件资源的科学配置与有效运用的对策

一、义务教育基本条件资源科学配置与有效运用的根本

(一) 树立义务教育均衡发展的理念

教育均衡发展是一种新的教育发展观和教育发展理念。义务教育能否实现均衡发展，正确的教育发展观起着十分重要的作用，如果教育观念得不到及时有效地更新和突破，义务教育均衡发展的实现只能是空中楼阁。各级政府在观念上认同教育均衡发展理念，才会高度重视义务教育均衡发展问题。要引导全社会树立义务教育均衡发展的理念，共同推进义务教育基本条件资源的科学配置，推动教育均衡发展。

义务教育均衡发展理念可以从以下四个方面入手：①推进不同地区之间的义务教育均衡发展，主要是加大东中西部中的欠发达地区或者薄弱地区的教育投入和扶持力度；②推进区域内学校之间的义务教育均衡发展，主要是同一个地区或同一个城市的区域内学校之间的义务教育均衡发展，均衡配置义务教育资源尤其是改造薄弱学校，尽力转变目前的择校热现象；③推进城乡之间的义务教育均衡发展，主要是破解城乡二元结构，缩小城乡差距，尤其是加快农村教育的发展；④推进接受义务教育的不同群体之间的教育均衡发展，重点关照社会上残疾儿童、外来务工子女、家庭困难的孩子等社会上的弱势群体，使他们享有均等的受教育机会。

(二) 树立区域、城乡文化特色和谐、生态共荣理念

从范围或层次上讲，义务教育均衡发展包括我国不同地区之间、城乡之间，同一地区不同学校之间，同一学校不同群体之间的均衡发展。从一定意义上说，义务教育均衡发展是人们在教育均衡发展理论指导下，针对目前现实中广泛存在的义务教育需求与供给不均衡状况而提出的教育理念。为确保义务教育均衡发展得到正确理解和科学实施，必须特别强调以下两点：①"均衡发展"并非"平均发展"。真正的均衡发展强调的是全面、协调、可持续的科学发展。因为均衡是动

态而非静态的，是相对而非绝对的。促进义务教育均衡发展是一个长期的、动态的历史过程，均衡发展注重的是过程，而不是结果，其主要目的是要打破目前教育发展中的严重失衡现象，缩小学校间过大的差距，努力办好每一所学校。②"均衡发展"并非"同步发展"。均衡发展不是低水平、低层次上的整齐划一、步调一致，而是高水平、高层次上的多样化、特色化发展。正所谓"一花独秀不是春，百花齐放春满园"。义务教育均衡发展的具体实施，要与各个地区的特色发展结合起来，应该着力追求区域、城乡之间的错位发展，以便充分激发学校的办学活力，促进学校的特色发展，最终实现优势互补、整体提升。

就全国而言，要促进东中西三个区域义务教育协调、均衡发展，重点加快西部地区"两基"建设，努力推动东北等老工业基地的教育，推动中部教育崛起，并加快东部发达地区率先实现教育现代化、国际化步伐。就区域内部而言，要促进区域内学校、城乡学校特色、和谐、生态发展，实现共赢共荣。

（三）政府要强化义务教育均衡发展的责任意识

义务教育的免费性、普及性和教育公平的原则要求必须把推进义务教育均衡发展列入政府职责，政府是义务教育均衡发展的责任主体，既要加快教育发展，又要推进义务教育均衡发展。政府在校舍、教学设施设备、教育经费分配等硬件及软件建设等方面要体现义务教育均衡发展理念，均衡配置义务教育资源，并加大对薄弱学校和农村学校的改造力度，办好每所学校，保证每个孩子享受到相对平等的义务教育，使义务教育重新成为纯公共物品。然而，政府在配置义务教育资源的过程中，由于政府人员的主观不作为行为及程序或者规则约束的缺乏，使得义务教育资源配置的随意性较大，人为扭曲了教育资源配置，导致与公共利益目标背道而驰。因此，政府要强化义务教育均衡发展的责任意识，主动作为，避免资源配置的随意性，推动义务教育均衡发展。

（四）教育行政部门要有统筹教育资源优化配置与运用的意识

教育的发展既离不开丰富的教育资源，又离不开教育资源的有效配置与使用。因此，杜绝教育资源浪费，使有限的投入得到最有效的使用，在教育经费短缺的情况下，对于中国办好教育，具有非常重要的战略意义。教育行政部门务必确立这样一种意识：提高教育效益不但要致力提高教育质量，而且要致力于提高教育资源使用的有效性。大家应该进一步强化这种意识，形成一种人人都关心办学效益的局面，使效益原则成为各级教育行政部门和学校的重要行为准则。只有这样，教育系统才能挖掘自身的潜力，充分利用现有的人力、物力、财力，减少教育资源浪费。

（五）学校要树立教育资源效用最大化意识

多年来，人们讨论教育经费问题时，关心的焦点是教育经费是否充足，很少涉及教育经费投入的效益，一般都存在着"多想要钱，少讲挖潜""只知花钱，少讲效益"的倾向。不少学校管理者的管理水平差，管理制度不够健全，在教育资源的管理上，缺乏科学的管理，存在物资设备购置不调查、入库不记账、借出不登记、只用不维修、损失不追究等问题，造成了教育资源的极大浪费。近几年来，人们也开始讨论教育资源效用最大化的问题，这说明有些学校管理者正逐步认识到了效用问题的重要性。学校管理者、教师和学生要树立教育资源效用最大化意识，充分发挥现有教育资源的效用，杜绝教育资源的浪费，使教育资源得到最大化的使用。

二、义务教育基本条件资源科学配置与有效运用的关键

（一）加强教育立法

义务教育基本条件资源科学配置与有效运用存在的问题，一些是由于教育经费无法保证，所以借助于政策和法律来规范和保证教育投入非常必要。随着我国义务教育法体系的日渐完善，义务教育财政投入初步有了法律保障；宪法对教育经费投入的界定也经历了一个从无到有、从粗放到细化的漫长发展过程，对政府教育财政责任的规定也越来越明确，为教育投入提供了强有力的保障。国家立法机构要把《中国教育改革和发展纲要》中关于国家财政性教育经费支出占国民生产总值 4%的比例，各级地方政府财政支出中教育经费所占的比例不低于 15%的规定在教育投资法律中予以体现；明确规定教育投资的增长率应超前于至少是不低于国民经济的增长率。为了保障学龄儿童得到尽可能平等的教育，政府应考虑设立义务教育的基本投资水准作为举办义务教育的"基准线"，从而保证区域内学生能享有相对均衡的教育。同时，国家立法机构要出台教育捐赠法，通过法律规范引导和促进个人教育投资、民间资本进入教育市场，共同推动义务教育均衡发展。

(二)实行"弱势补偿"和"优先扶持"的积极差别政策

当经济发展到一定程度,就可能会出现供给和需求不协调的现象,教育发展也是如此。目前出现了优质教育资源短缺和人民群众对优质教育资源的需求不断增长的矛盾,区域间、城乡间也出现发展不均衡的现象。此时,就需要政府或者市场及时进行调节和控制,以保证不同地域教育再生产的协调持续发展。无论是政府的调控还是市场的调控,都需要通过制定和执行有一定区别的地方政策,来调节不同区域间或区域内不同学校间教育的不均衡发展。因此,要实行"弱势补偿"和"优先扶持"的积极差别政策,一方面要支持一部分地区或学校加快发展教育,另一方面不限制另一部分地区或学校教育的发展速度,促进区域间或城乡间教育的均衡发展。具体来说,各级政府要为教育发展薄弱地区或学校提供物质援助或政策扶持。尤其是要加大对农村学校、薄弱学校的政策倾斜力度,设立农村贫困地区教育发展基金或专项基金等,真正把发展和扶持农村、薄弱学校作为中心工作和重要任务,扩大优质教育资源覆盖面,缩小区域、学校之间的差距,尽可能为适龄儿童提供相对均衡的教育。

(三)实行义务教育学校标准化建设政策

在一定区域范围内,政府为人民群众提供相对均衡的办学条件,使每所中小学都能按照规定标准,拥有大体均等的物质条件和师资队伍,无论是农村学校还是城市学校,学校的基本条件教育资源配置都逐步实现整体均衡发展。标准化建设不是要打造豪华学校,不是要把学校校舍建设绝对平均化,而是国家对义务教育学校从校舍条件、生均经费、实验室仪器配置、图书馆藏书等方面有统一的配备标准,规范每一所学校按照法定标准办学。

教育部印发的《关于进一步推进义务教育资源配置的若干意见》中要求制定出台各地义务教育学校办学条件的"最低保障线",凡是低于标准的学校都要尽快达到要求。各级政府要根据国家有关规定及当地的实际情况,制定当地义务教育阶段学校办学条件的基本要求,对于薄弱学校和农村学校要有具体的改造计划,尽快改善其基本条件资源。通过实行义务教育学校标准化建设政策,保障农村、薄弱学校的标准化建设,进而推动义务教育均衡发展。

(四)完善教育资源配置与优化政策

教育资源是促进义务教育均衡发展的重要保障,其配置是否得当直接关系到义务教育均衡发展的质量。政府首先应该通过制定相关政策来保障其顺利发展，立足省情，抓住关键，找准切入点，以推进区域内义务教育均衡发展为突破口，进一步优化义务教育资源配置，将其纳入法制化渠道，明确政府在城乡义务教育均衡发展中的职能定位，充分发挥政府的各种职能，通过完善义务教育资源均衡配置的相关政策法规来缩小城乡之间、学校之间的差距。

三、义务教育基本条件资源科学配置与有效运用的动力

（一）建立以政府为主体、社会人士为辅助的教育投资渠道

投资体制是普及九年义务教育的关键。随着我国由计划经济向市场经济的逐步转型，教育资源配置政策逐渐呈现出"市场化"发展趋势，最明显的表现就是教育投资的多元化。我国义务教育投资体制先后经历了"两条腿走路"办学、"多渠道筹措教育经费"办学、"地方政府负责，以县为主"办学、"中央和地方分项目，按比例分担"办学四个阶段。虽然政府加大了财政性教育经费投入和义务教育财政转移支付力度，重点扶持农村义务教育发展，逐渐缩小地区差距，但是，义务教育基本条件资源均衡与科学配置单纯依靠中央和地方政府的经费投入是远远不够的，要建立以政府为主体、社会人士为辅助的教育投资渠道，鼓励全社会的共同参与和支持，调动个人、企业和社会团体的积极性，寻求政府以外的其他融资渠道，如吸收民间资本、增加社会融资等，形成义务教育均衡发展的合力。

（二）合理规划调整学校布局

长期以来，义务教育体制是县、乡、村三级布点模式，使用的是"地方负责，三级办学，分级管理"体制，这样的办学体制对解决入学机会均等发挥过重要的作用。但当前情况下，由于社会生活环境的变化，三级布点机制已经出现诸多问题，村办小学的生存堪忧，主要表现在：①村办小学的生存空间被严重挤压，生源往往不足。这是因为 20 世纪 90 年代以来，越来越多的农村人到城里打工，甚至在城里生活，孩子随父母前往城市，进入城市的小学读书；另外，即使不随父母进城的学龄儿童，因为父母经济条件逐渐改善，为了让孩子接受更好的教育，为其以后的人生发展奠定基础，父母往往把孩子送往县城或乡镇中心学校就读。②村办小学的资金及师资匮乏。调查发现，村办小学往往接受乡镇中心学校的领导，缺少独立的法人资格，其资金是通过中心学校下拨的，由各种原因导致村办

小学难以获得足够的资金支持。另外，由于住房、待遇、婚姻和发展机会等，大中专毕业生极少愿意去村办小学长期任教，师资的匮乏难以保证教学质量。③管理难以到位，很难进入合格学校行列。由于过去村办小学较多，县级管理部门只能委托乡镇中心学校管理，乡镇中心学校又难以真正实施管理或干脆不愿意管理。这样一来，村办小学教育教学质量难以得到保障。因此，合理进行布局调整应该是优化基本条件资源配置的一条重要途径。

（三）实施多项工程推动义务教育资源均衡配置

长期以来，以县乡财政为投资主体的义务教育学校在校舍、运动场地、学生宿舍、食堂等设施建设资金上常常捉襟见肘，不少县区把有限的资金投入到了个别的重点学校，而忽视大多数农村学校及乡镇学校的建设。这造成了县域内各学校在校舍条件方面极不均衡，也是家长择校、社会对义务教育办学条件不满的重要原因之一。因此，在明确中央、省、县分级投入、灵活分摊比例的基础上，要积极引导社会资金或慈善资金投入义务教育学校的建设。实现建设资金来源多元化和保证建设资金的来源全面、稳定也可以推动学校建设由初级达标向更高水平迈进。除此之外，还要明确义务教育学校标准化建设标准，实施学校标准化建设工程和薄弱学校改造工程、教学设备更新工程、教育信息化工程等推动义务教育资源均衡配置。

（四）提高教育行政部门与学校整体管理水平

科学有效的管理可以充分调动人的积极性，使人力、物力、财力得到最优化的分配和使用。因此，提高教育行政部门和学校整体管理水平是义务教育基本条件资源科学配置和有效运用的重要途径。①教育行政部门和学校要出台义务教育基本条件资源科学配置和有效运用的管理制度。从规章制度上明确资源配置和使用的办法和准则，逐步科学合理地配置计算机、图书、功能教室等资源，监督学校师生有效使用基本条件资源。②设立专人负责管理。教育行政部门要设立专人负责义务教育基本条件资源的配置和管理工作，在科学配置资源和监督有效使用的基础上，搭建资源共建共享平台，促进基本条件资源发挥最大化的使用效果。③提高基本条件资源管理人员的水平。定期开展培训，促进基本条件资源管理人员水平的提升，使其严格按照相关管理制度进行资源的配置和使用登记，并充分利用信息技术手段做好管理工作，逐步规范教学仪器与设备、图书、计算机、功能教室等资源的管理和使用，减少资源浪费，提高资源使用效果。

（五）加强对师生基本条件资源有效运用的培训指导

调查发现城乡学校都存在基本条件资源被闲置或浪费的现象。与城市学校相比，农村学校很多教师不具备专业技术素质，不会使用教学设备、实验仪器，实验设备只能被闲置，造成资源浪费。与城市相比，农村学校通常只注重设施是否完备，不重视对教师与学生在设备使用和维护方面的相关培训与指导，在实际教学过程中，教师对设备的使用水平低下和维护不善导致了设备利用率低、效果不佳。因此，学校要对师生进行具体、有针对性的培训指导，使其掌握基本条件资源有效运用的方法、策略，进而提高资源的有效利用率，减少资源浪费。

四、义务教育基本条件资源科学配置与有效运用的保障

（一）完善义务教育经费保障机制

完善义务教育经费保障机制是义务教育基本条件资源科学配置和有效运用的基础保障。自2006年实施农村义务教育经费保障机制改革以来，城乡免费义务教育全面实现，但是在资源配置上还不够均衡。①明确各级政府的责任。政府是义务教育均衡发展的责任主体，应严格按照"明确政府责任、中央地方共担、加大财政投入、提高保障水平、分担组织实施"的基本原则来履行责任，共同保障义务教育经费的充足。"经费省级统筹、管理以县为主"要求省级政府根据各地财政收入的不同，合理实行分项目、按比例分担教育经费，对县级财政比较薄弱的地区，应积极为其分担一定的财政责任；县级政府要依法确保教育经费的"三个增长"。②建立城乡统一、重在农村的义务教育经费保障机制。由于东、中、西部经济发展不平衡，以及区域内城乡经济发展水平有差距，中央和地方分担的比例、省级和县级分担的比例应有所不同，向财政薄弱的地区倾斜。只有建立城乡统一、重在农村的义务教育经费保障机制，才能更好地改善薄弱地区或农村、薄弱学校的义务教育经费情况，保障义务教育基本条件资源的均衡配置和有效运用。

（二）规范教育财政转移支付制度

一直以来，我国义务教育投资以地方政府为主，中央和省级通过转移专项基金形式进行补助。我国经济发展严重不平衡，中央和省级政府在教育经费负担中的责任过小是目前我国政府教育投入不足和公共教育资源分布不均的重要制度根源。那种从中央到省、省到市县有关义务教育的专项拨款形式，往往是"中央请

客、地方买单"（熊晓花，2007）。因此，要规范义务教育财政转移支付制度。①完善义务教育财政转移支付依据。目前，义务教育财政转移支付是参考教育费附加，考虑学生数和分担比例，对学校规模等考虑较少，没有真正以教育发展的需要为依据。因此，要在调研的基础上，根据各地方的财政负担能力和学校的实际教育发展需要，进行义务教育财政转移支付。②完善义务教育财政转移支付形式。在加大义务教育财政转移支付力度的同时，根据学校的实际教育发展需要灵活确定转移支付的形式，保障义务教育基本条件资源的科学配置和有效运用。③加强对义务教育财政转移支付的监督。对于挪用、克扣转移支付经费的现象，要及时采取相应措施，保障转移支付经费到位，促进义务教育基本条件均衡。

（三）建立各级基本条件资源有效运用管理机制

科学的管理机制能够保障义务教育基本条件资源的有效运用，各级政府、教育行政部门和学校要建立健全基本条件资源有效运用管理机制。①出台基本条件资源有效运用管理办法，规定各级政府、教育行政部门和学校要设立专门的部门或管理人员负责基本条件资源有效运用情况的管理，明确政府、教育行政部门、学校管理人员、学校师生在义务教育基本条件资源有效运用方面的职责，制定学校教学仪器设备、功能教室、图书馆、计算机等基本条件资源有效运用的具体制度，使基本条件资源有效运用有章可循。②建立各级基本条件资源管理、使用人员定期培训制度，使其明确基本条件资源有效运用的管理办法和自己的职责，掌握信息技术管理平台的使用方法，提高管理和使用人员的素质，减少人为因素导致的资源浪费现象。③建立各级基本条件资源有效运用监督机制。在督查基本条件资源科学配置的基础上，定期督查下一级政府和教育行政部门对基本条件资源有效运用的管理情况，教育行政部门要定期督查所管学校在基本条件资源有效运用方面的情况，学校要督查师生对基本条件资源的有效运用情况，督查的内容包括管理情况、是否使用、是否有效运用等情况，进而避免基本条件资源的浪费，发挥基本条件资源的最大化效果。

（四）建立区域教育发展共同体联动机制

教育的发展能促进经济的发展，同时经济的发展又反作用于教育。城乡间的贫富差距导致城乡二元结构的长期存在，这种城乡二元结构模式是义务教育资源难以均衡发展的一个重要原因。要实现义务教育资源均衡配置就要缩小城乡教育资源分配的差距，统筹城乡、学校之间教育协调发展，从根本上改革城乡二元结构体制。要想形成一个平等的发展局面可以采用"构建四个统筹"的发展模式，即统筹城乡教育发展规划、统筹城乡教育经费投入标准、统筹城乡学校建设标准、统筹城乡教师管理标准。全力推进城乡教育"起点公平"，缩小城乡学校差距，实现优质教育资源全覆盖。要建立区域教育发展共同体联动机制，在教育发展共同体内整合区域、城乡、校际资源，搭建基本条件资源共建共享平台，共用教学仪器设备、塑胶跑道、体育馆、图书馆、功能教室等基本条件资源，促进其发挥最大化效用，使所有学生都能享有优质教育资源，推动义务教育均衡发展。

（五）建立健全各级教育督导评估机制

评价是一根指挥棒，科学合理的教育督导评估机制能够保障义务教育基本条件资源的科学配置和有效运用。国家、省市、区（县）要建立义务教育基本条件和资源科学配置和有效运用督导评估问责机制，完善各级教育督导机构体系，明确督导的职能和权责，制定综合或专项的督导计划，监督各级政府履行义务教育的主体职责，保障义务教育经费投入，监督相关部门对基本条件资源的科学配置和有效运用情况，真正让义务教育基本条件资源在区域、城乡、学校、群体间科学均衡配置，并提高义务教育基本条件资源使用的有效性，让义务教育阶段的孩子能够享受到公平、优质的教育。国家、省市、区（县）要建立和完善监督举报制度，设立并公布监督举报电话，主动接受社会和舆论监督。

第七章

信息化教育资源科学配置与有效应用

信息化教育资源是指以计算机技术为基础设计、形成、存储的支持教育教学活动的数字化资源（杨改学，2009b）。信息化教育资源配置主要包括硬件资源、软件资源和信息化专业人员的配置。硬件资源的配置主要指学校内部的多媒体（计算机、投影仪等）及相关的外部设备、计算机网络及相关设备、有关建筑物和相关辅助资源等硬件设施的配置；软件资源的配置主要是指学校电子图书、课件、案例、软件等数字化资源的配置；信息化专业人员的配置主要指信息化教育的管理人员、教学人员、技术或者理论的支持人员等的配置。

本章以促进义务教育均衡发展为目标，以"义务教育阶段信息化教育资源科学配置及有效应用"为研究对象，从"横向和纵向"两个维度，"硬件、软件、信息化专业人员"三个方面来研究我国义务教育阶段信息化资源配置情况，剖析我国义务教育阶段信息化资源配置中存在的均衡问题，为后续的义务教育信息化资源建设提供依据。①纵向上，从历史的视角分析我国义务教育阶段教育信息化资源配置情况。本研究数据的时间跨度为 2010—2015 年。将时间起点定于 2010 年，是因为该年度《国家中长期教育发展与规划纲要（2010—2020 年）》正式颁布，在该描绘我国教育未来十年发展蓝图的国家文本中，用整整一个章节的篇幅来论述教育信息化，并将教育信息化作为重要的保障措施，标志着我国教育信息化步入发展的快车道，对我国义务教育信息化资源配置也产生影响。选取2010年之后的数据，更能把握我国义务教育信息化资源配置现阶段存在的问题，具有时代感。②横向上，从地区的角度分析我国义务教育阶段信息化资源区域配置情况。我国义务教育阶段教育资源配置不均衡，在区域间存有差异。区域划分以经济发展水平为标准，将我国划分为东部、中部和西部，此种划分方法与我国义务教育阶段信息化资源建设的区域格局相吻合。东部是指最早实行沿海开放政策并且经济发展水平较高的省市，包括北京、天津、河北、辽宁、上海、江苏、浙江、福建、山东、广东和海南11个省（市）；中部是指经济次发达地区，包括山西、吉林、黑龙江、安徽、江西、河南、湖北、湖南8个省；而西部则是指经济欠发达的西部地区，包括四川、贵州、云南、重庆、西藏、陕西、甘肃、青海、宁夏、新疆、内蒙古、广西12个省（自治区、直辖市）。通过对东、中、西部三大区域内义务教育信息化资源配置情况对比，来分析我国义务教育阶段信息化资源配置的整体分布和区域差异情况。③从城乡的角度来分析我国义务教育阶段信息化资源配置情况。我国信息化建设整体上存在着城乡差异，义务教育阶段信息化资源建设也不例外。为了更全面了解我国义务教育阶段信息化资源均衡配置情况，城乡角度的选取不可或缺。

本章以学校为基本统计单元。结合义务教育阶段信息化资源配置的内容和《中国教育统计年鉴》（2010—2013）中的数据统计指标，形成本研究的信息化资源配置指标体系，如表7-1所示。

表7-1 义务教育阶段信息化资源配置指标

统计指标	生成指标
教学用计算机数/台	生机比
多媒体教室座位数/个	生均拥有的多媒体教室座位数/个
建设校园网学校数/所	建设校园网学校的比例/%
接入互联网学校数/所	接入互联网学校的比例/%
教室中网络多媒体教室数/间	教室中网络多媒体教室的比例/%
语音实验室/m²	生均语音教室的面积/m²
微机实验室/m²	生均微机教室的面积/m²
电子图书资源或者数字资源量/GB	拥有的电子图书资源或者生均拥有的电子图书资源
接受过信息技术相关培训的教师数/人	校均接受过信息技术相关培训的专任教师的比例/%
信息化工作人员数/人	每所学校信息化工作人员数/人
上学年信息化经费投入/万元	上学年信息化经费投入/万元
硬件设施/万元	硬件设施/万元
数字资源建设/万元	数字资源建设/万元
信息技术培训建设/万元	信息技术培训建设/万元
	信息化经费的投入比例（硬件：软件：人员培训）

本章的数据来源为《中国教育统计年鉴》（2010—2013）、河南省《教育统计年鉴》，以及本团队实地调研的数据和已公开发表的文献中的数据。通过对统计指标中代表信息化资源硬件配置数量的生机比，代表信息化资源软件配置数量的生均电子图书量（GB），代表信息化资源硬件配置范围的校园网建设百分比、接入互联网学校百分比和网络多媒体教室的百分比，代表信息化资源配置外部条件的生均语音教室、微机教室、生均多媒体教室座位数，代表信息化资源经费投入的上学年信息化经费投入等的分析，多维度解析我国义务教育阶段信息化资源配置情况。

为了更好地表征义务教育阶段信息化资源配置的不均衡性，本研究采用统计学中的"离散程度"来反映义务教育阶段信息化资源配置水平差异程度。一般情况下，测算数值型数据离散程度的方法主要包括平均差、极差、标准差、极差率、变异系数、洛伦茨曲线等。在这些指标中，平均差、极差、标准差等反映的是数据分散程度的绝对差异，而极差率、变异系数、洛伦茨曲线等反映的是数据分散程度的相对差异（翟博，2006）。为对比分析我国义务教育阶段信息化资源配置区域变量数列之间标志值的差异程度，就必须消除各区域水平高低的影响，这测量的是各个区域之间的相对差异，所以本研究主要运用统计学中常用的极差和变异系数来测算信息化资源配置的离散程度。极差是一组数据中的最大数据与最小数据的差，用于测量信息化资源配置中水平最高的地区的某一指标与信息化资源配置中水平最低地区的同项资源配置指标的绝对差异。变异系数反映单位均值上的离散程度，可以消除单位和平均数不同对两个或多个资料变异程度比较的影响。不同水平的总体之间、不同量纲的总体之间，需要采用变异系数来比较标志值变动程度的大小（周平红，等，2012）。本研究中离散系数用于测定全国总体水平的差异、各个区域、城乡之间的标志值之间的离散程度，变异系数越小，说明标志值离散程度越小，总体各单位的差距越小（周平红，等，2012）。根据统计学原理，一般认为变异系数低于 0.15，数据分布比较均衡，介于 0.1~0.5，数据分布不均衡，高于 0.5 则数据分布明显不均衡（刘成新，等，2007）。

第一节 信息化资源配置上区域内部存在不均衡现象

一、硬件资源配置数量存在着不均衡现象

（一）教学用计算机配置存在不均衡

通过对《中国教育统计年鉴》（2010—2013）中的数据分析，得到东、中、西部区域和全国教学用计算机的生机比，图 7-1 所示。

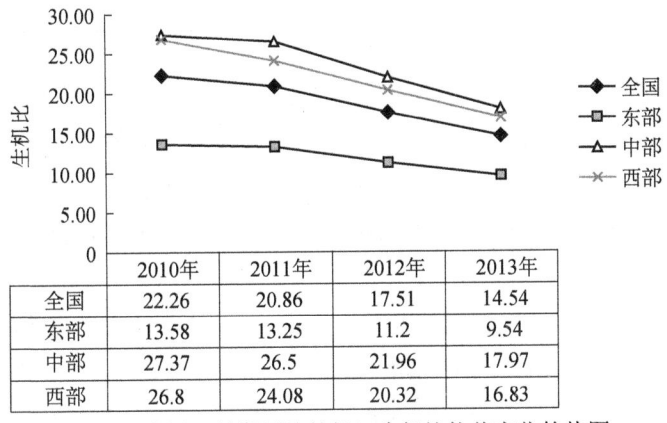

	2010年	2011年	2012年	2013年
全国	22.26	20.86	17.51	14.54
东部	13.58	13.25	11.2	9.54
中部	27.37	26.5	21.96	17.97
西部	26.8	24.08	20.32	16.83

图 7-1　我国（教学用计算机）生机比均值变化趋势图

资料来源：《中国教育统计年鉴》（2010—2013）

生机比是信息化资源配置的重要指标。生机比与生均计算机的配置成反比，即生机比越高生均计算机配置越低，反之亦然。从图 7-1 可知，我国义务教育阶段学校的生均教学用计算机地区配置水平存在明显差异，配置水平由高到低排序为：东部>全国（平均）>西部>中部，东部配置比例最高，高于全国平均配置水平，西部次之，中部配置水平最低。均值差值、极差和变异系数能更好地反映教学用计算机配置情况，均值差值如表 7-2 所示，生机比极差和变异系数如表 7-3 所示。

表 7-2　我国义务教育生均（教学用计算机）均值差值表

年份	生机比差距		
	中部—东部	中部—西部	西部—东部
2010	13.79	0.57	13.22
2011	13.25	2.42	10.83

续表

年份	生机比差距		
	中部—东部	中部—西部	西部—东部
2012	10.76	1.64	9.12
2013	8.43	1.14	7.29

表 7-3 我国义务教育阶段（教学用计算机）生机比极差和变异系数表

年份	极差	变异系数			
		全国	东部	中部	西部
2010	41.19	0.48	0.50	0.35	0.35
2011	39.22	0.48	0.48	0.34	0.40
2012	31.08	0.47	0.45	0.36	0.37
2013	28.52	0.46	0.42	0.35	0.39

由表 7-3 可知，在 2013 年的相关数据中，我国义务教育阶段（教学用计算机）生机比极差最低为 28.52，最高达到 41.19，表明我国义务教育阶段信息化配置水平最低的区域与最高的区域之间存在较大差距。该年度全国总体的变异系数最低为 0.46，大于 0.15，接近于 0.5，表明我国义务教育信息化资源配置总体存在较为严重的不均衡现象。

区域间的数据比较更能说明此种不均衡现象。表 7-2 中的数据为 2010-2013 年区域间教学用计算机生机比均值的两两比较，生机比均值差值的绝对值均大于 0，说明区域间教学用计算机生机比均存在差距。其中，东部与中部生机比均值的差距最低为 8.43（2013 年），最高达到 13.79（2010 年），差距较大；东部与西部生机比均值的差距最低差距为 7.29（2013 年），最高达到 13.22（2010 年），差距较大；中部与西部生机比均值的差距最低为 0.57，最高为 2.42，存在较小差距。从表 7-3 各个区域内部的变异系数来看，东部地区的变异系数最低为 0.42，最高为 0.50，变异系数分布于 0.5 左右，表明虽然东部地区教学用计算机配置水平整体较高，但东部地区内不同区域教学用计算机配置也存在明显不均衡现象。中部义务教育（教学用计算机）生机比变异系数最高为 0.36，最低为 0.34，西部义务教育阶段（教学用计算机）生机比变异系数最高为 0.40，最低为 0.35，变异系数均界于 0.15~0.5，表明中西部地区内教学用计算机配置均存在不均衡现象，同时也表明不均衡发展是普遍存在的，不仅仅存在于区域间，也存在于区域内部，只是不均衡程度略有差异。

（二）网络多媒体教室配置不均衡

通过对《中国教育统计年鉴》中的网络多媒体教室的数据进行分析，得到东部、中部、西部区域和全国网络多媒体教室统计图。由于《中国教育统计年鉴》（2010—2012）无该类数据的统计，这里仅分析 2013 年网络多媒体教室的数据，如图 7-2 所示。

网络多媒体教室的百分比是指"网络多媒体教室数量与学校教室总数的比值"，用以表征教室的信息化程度。从图 7-2 可以看出，2013 年网络多媒体教室比例中全国为 33.3%、东部为 50.9%、中部为 24.2%、西部为 23.7%。东部网络多媒体教室比例是全国均值的 1.5 倍左右，是中部、西部的 2 倍以上，网络多媒体教室的均值东部>全国>中部>西部，说明我国东部地区网络多媒体教室的配置明显高于中部和西部，在网络多媒体教室配置方面，东部最高，中部次之，西部配置最低。

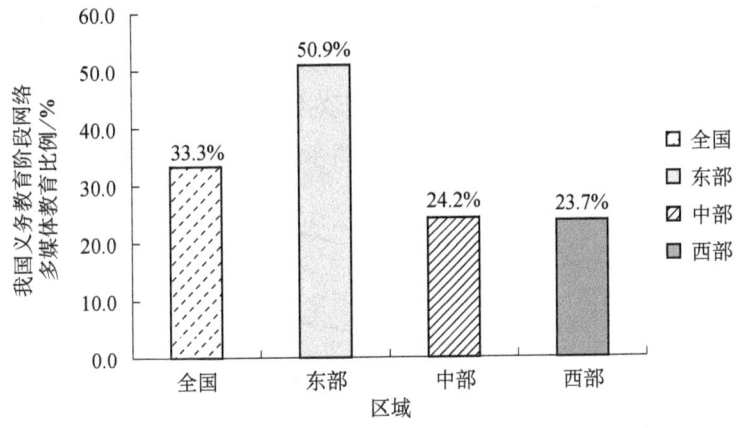

图 7-2 我国义务教育阶段网络多媒体教室比例统计图

资料来源：《中国教育统计年鉴》（2013）

表 7-4 为网络多媒体教室的变异系数统计情况，从中可以看出，2013 年全国网络多媒体教室的变异系数为 0.625，大于 0.5，说明我国总体网络多媒体教室的配置存在明显不均衡现象。其中，东、中部区域内部的变异系数为 0.15～0.5，说明东、中部网络多媒体教室的配置均存在不均衡现象；西部区域网络多媒体教室的变异系数为 0.502，大于 0.5，说明西部网络多媒体教室的配置存在明显不均衡现象。各区域的变异系数大小关系为：全国（0.625）>西部（0.502）>东部（0.477）>中部（0.367），说明从全国范围内，网络多媒体教室的配置在东、西、部，以及城乡之间差距非常明显；而在西部区域内部，此种不均衡现象也是非常明显。

表 7-4 我国义务教育阶段网络多媒体教室的变异系数

年份	变异系数			
	全国	东部	中部	西部
2013	0.625	0.477	0.367	0.502

（三）生均多媒体教室座位配置不均衡

通过对《中国教育统计年鉴》中的多媒体教室座位数进行分析，得到东、中、西部区域和全国生均多媒体教室座位统计图。由于《中国教育统计年鉴》（2010、2013）无该数据的统计，这里仅分析2011年、2012年多媒体教室座位的数据，如图7-3所示。表7-5为义务教育生均多媒体教室座位数的变异系数表。

从图7-3可以看出，2011—2012年，全国义务教育阶段生均多媒体教室座位配置年度均值均为东部>全国>西部>中部，表明我国总体的生均多媒体教室座位配置存在差距，水平由高到低依次为：东部>全国>西部>中部。表7-5中，总体（全国）生均多媒体教室座位的变异系数最小为1.05，最高为1.09，均大于0.5，表明我国总体生均多媒体教室座位存在明显的不均衡现象。东部生均多媒体教室座位的变异系数最小为0.82，大于0.5，表明虽然东部地区生均多媒体教室座位数高于

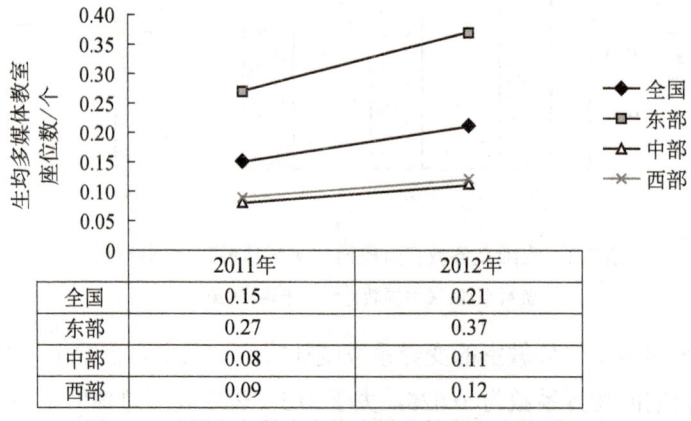

	2011年	2012年
全国	0.15	0.21
东部	0.27	0.37
中部	0.08	0.11
西部	0.09	0.12

图 7-3 我国义务教育生均多媒体教室座位数统计图

资料来源：《中国教育统计年鉴》（2011—2012）

表 7-5 我国义务教育生均多媒体教室座位数的变异系数表

年份	变异系数			
	总体	东部	中部	西部
2011	1.09	0.87	0.25	0.33
2012	1.05	0.82	0.32	0.41

中部和西部，但其内部亦存在配置不均衡的问题。中部生均多媒体教室座位的变异系数最小为 0.25，最大为 0.32，西部地区该项变异系数的最小为 0.33，最大为 0.41，均介于 0.15～0.5，虽然数据表明中部、西部区域内生均多媒体教室座位配置不均衡现象好于东部地区和全国平均水平，但并不能说明该地区发展相对理想，究其原因在于，中、西部地区在多媒体教室方面仍处于低位发展水平。

（四）生均微机教室总体存在配置差异

通过对《中国教育统计年鉴》（2010—2013）中的数据分析，得到东、中、西部区域和全国生均微机室面积，如图 7-4 所示。均值差如表 7-6 所示，变异系数如表 7-7 所示。

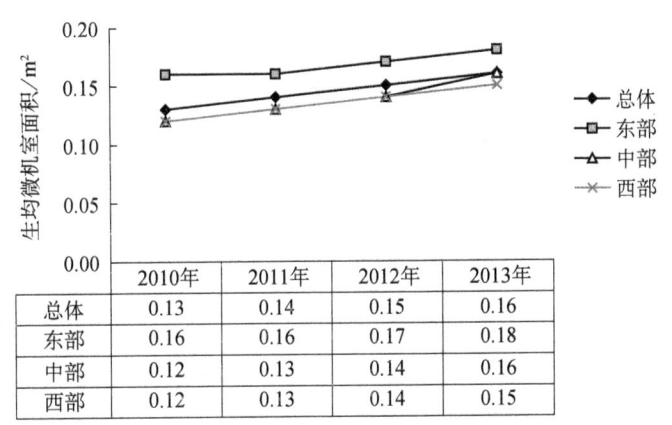

	2010年	2011年	2012年	2013年
总体	0.13	0.14	0.15	0.16
东部	0.16	0.16	0.17	0.18
中部	0.12	0.13	0.14	0.16
西部	0.12	0.13	0.14	0.15

图 7-4 我国义务教育阶段生均微机室面积趋势图

资料来源：《中国教育统计年鉴》（2010—2013）

表 7-6 我国义务教育阶段生均微机室面积均值差统计表

年份	生物微机室均值差		
	东部—中部	东部—西部	中部—西部
2010	0.031	0.039	0.009
2011	0.033	0.036	0.003
2012	0.028	0.032	0.004
2013	0.019	0.026	0.007

从图 7-4 可以看出，2010—2013 年，各区域生均微机室均值绝对值差异不大，但东部地区的生均微机室好于中部地区和西部地区。结合图 7-4 和表 7-6 可以看出，东部—中部、东部—西部的生均微机室均值差值的绝对值均明显大于 0，表明东部

—中部、东部—西部的微机室配置存在一定不均衡现象,中部—西部的生均微机室均值差值接近为 0,可以说在此项指标上,中部—西部的差距不明显。而从表 7-7 中可以看出,我国生均微机教室的极差均不等于 0,且生均微机教室总体的变异系数介于 0.15~0.5,表明我国总体生均微机教室的配置存在一定差异,而东部、中部、西部各区域每年的变异变异系数均界于 0.15~0.5,则表明各区域内部亦存在一定不均衡现象。

表 7-7 我国义务教育阶段生均微机室面积变异系数表

年份	极差	变异系数			
		总体	东部	中部	西部
2010	0.12	0.27	0.23	0.25	0.27
2011	0.13	0.26	0.23	0.27	0.24
2012	0.15	0.25	0.22	0.25	0.26
2013	0.17	0.24	0.22	0.25	0.26

(五)生均语音室总体存在配置差异,各区域内部之间亦存在不均衡现象

通过对《中国教育统计年鉴》(2010—2013)中的数据分析,得到东、中、西部区域和全国生均语音室面积如图 7-5 所示,表 7-8 为其变异系数表。

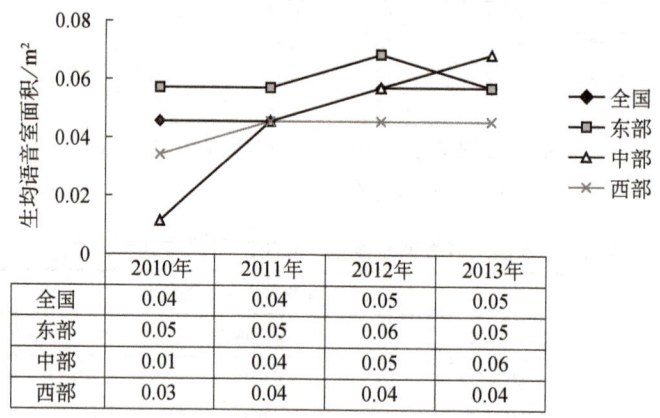

	2010年	2011年	2012年	2013年
全国	0.04	0.04	0.05	0.05
东部	0.05	0.05	0.06	0.05
中部	0.01	0.04	0.05	0.06
西部	0.03	0.04	0.04	0.04

图 7-5 我国义务教育阶段生均语音室面积趋势图

资料来源:《中国教育统计年鉴》(2010—2013)

与生均微机教室相似,生均语音室也是一个比较小的值,仅仅从图 7-5 来看,各区域差异不明显。但从表 7-8 可以看出,全国总体的变异系数大于 0.4,接近 0.5,而东部、中部生均语音室的变异系数均介于 0.15~0.5,西部多个年份的变异系数超过 0.5,说明总体上语音室配置存在不均衡现象,而东部、中部区域内的语音室

配置亦存在不均衡现象，其中西部区域内的不均衡更为明显。在该项配置上，东部、中部的不均衡现象逐年趋好，但西部的不均衡现象有加剧的趋势。

表 7-8 我国义务教育阶段生均语音室面积变异系数表

年份	极差	变异系数			
		总体	东部	中部	西部
2010	0.06	0.44	0.30	0.42	0.49
2011	0.06	0.43	0.31	0.46	0.50
2012	0.07	0.41	0.30	0.39	0.53
2013	0.07	0.41	0.29	0.38	0.54

二、信息化软件资源（电子图书）配置存在着不均衡现象

在《中国教育统计年鉴》中，用来表征信息化软件资源的为"电子图书藏量"。通过对《中国教育统计年鉴》中电子图书藏量数据分析，可得到东、中、西部区域和全国生均电子图书藏量（GB）统计图。由于《中国教育统计年鉴》（2011—2013）无该数据的统计，此处仅以 2010 年电子图书藏量为数据源，具体如图 7-6 所示，变异系数如表 7-9 所示。

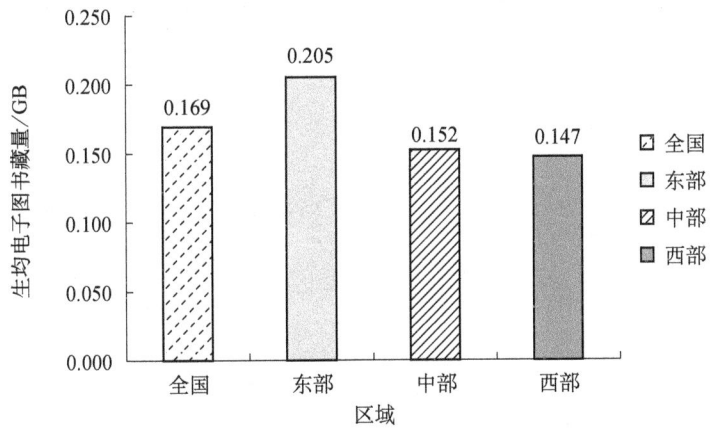

图 7-6 我国义务教育阶段生均电子图书藏量统计图

资料来源：《中国教育统计年鉴》（2010）

表 7-9 我国义务教育阶段生均电子图书藏量变异系数

年份	变异系数			
	全国	东部	中部	西部
2010	0.78	0.75	0.78	0.81

从图 7-6 可以看出，2010 年我国义务教育阶段的生均电子图书藏量的均值为 0.169GB，东部生均电子图书藏量的均值为 0.205GB，中部该项均值为 0.152，西部该项均值则为 0.147，各区域之间生均电子图书藏量存在差异，这在一定的程度上反映了我国义务教育阶段生均电子图书配置的不均衡。再看表 7-9 中的变异系数，全国、东部、中部、西部的变异系数均远远大于 0.5，说明在电子图书配置方面，全国范围内存在明显不均衡，而在东部、中部、西部的区域内亦存在明显的不均衡。

第二节 信息化资源配置城乡差异显著

一、信息化硬件资源城乡配置存在差异

（一）城市、县镇、农村教学用计算机资源配置总体上存在差距

通过对《中国教育统计年鉴》（2011—2013）中的数据分析，得到城市、县镇、农村中小学教学用计算机的生机比、差异变化、变异系数，分别如图 7-7、表 7-10 所示。

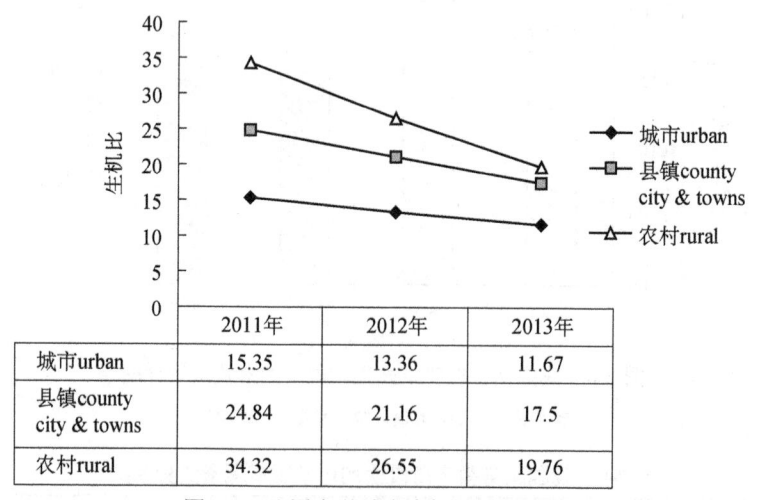

	2011年	2012年	2013年
城市urban	15.35	13.36	11.67
县镇county city & towns	24.84	21.16	17.5
农村rural	34.32	26.55	19.76

图 7-7 我国小学城乡生机比情况统计

资料来源：《中国教育统计年鉴》（2011—2013）

表 7-10　我国小学城市、县镇、农村总体的变异系数统计表

年份	变异系数
2011	0.382
2012	0.326
2013	0.256

教学用计算机的生机比越大，表明学生个体可利用计算机资源越低。从图 7-7 中可以看出，尽管城市、县镇、农村的"小学生生机比"逐年递减，但城市、县镇、农村三类地区间的"小学生机比"还是存有明显差距的，且城市小学生可利用计算机资源大于县镇，县镇小学生可利用计算机资源则好于农村小学生。在表 7-10 中，小学城市、县镇、农村总体之间生均教学用计算机的配置数量均值的变异系数最高为 0.382，最低为 0.256，变异系数均大于 0.15，均说明小学阶段城市、县镇、农村之间生均教学用计算机的配置数量存在着不均衡的现象。

城市、县镇、农村三类地区初中生机比亦存在差异，但却有不一样的差异方式。初中生机比统计情况如图 7-8 所示，变异系数如表 7-11 所示。

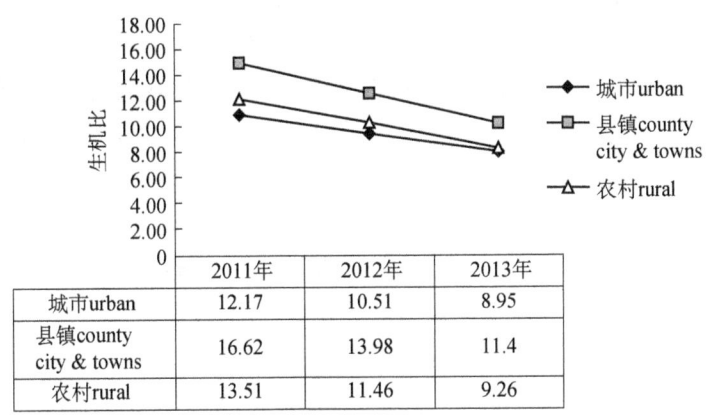

	2011年	2012年	2013年
城市urban	12.17	10.51	8.95
县镇county city & towns	16.62	13.98	11.4
农村rural	13.51	11.46	9.26

图 7-8　我国初中城乡生机比情况统计

资料来源：《中国教育统计年鉴》(2011—2013)

表 7-11　我国初中城市、县镇、农村总体变异系数统计表

年份	变异系数
2011	0.162
2012	0.149
2013	0.135

从图 7-8 中可以看出，县镇初中教学用计算机的生机比大于农村初中教学用计算机的生机比，而农村初中教学用计算机生机比则大于城市初中教学用计算机的

生机比，说明城市初中的生均可用计算机资源好于农村初中，而农村初中则好于县镇初中。之所以出现农村初中生机比好于县镇初中的反常结论，与初中学校多分布在县镇、人口基数大有关，也与通过"支教、对口支援、捐助"等帮扶措施已较好地改善了农村初中信息化环境有关。

由表 7-11 可知，初中城市、县镇、农村总体之间生均教学用计算机的配置数量均值的变异系数最高为 0.162，大于 0.15，最低为 0.135，接近 0.15，说明初中城市、县镇、农村总体之间生均教学用计算机的配置数量存在一定不均衡现象，但不均衡程度不如小学那么突出。

（二）城市、县镇、农村总体上网络多媒体教室配置明显不均衡

前文已指出，网络多媒体教室的百分比是指"网络多媒体教室数量与学校教室总数的比例"，该比值反映了学校网络多媒体教室的覆盖率，它比网络多媒体教室的绝对数量更易于反映学校的信息化程度。我国 2013 年义务教育阶段网络多媒体教室的比例情况如图 7-9 所示，变异系数如表 7-12 所示。从图 7-9 可以看出，2013 年城市小学教室中网络多媒体教室的比例为 57.79%，是县镇小学教室中网络多媒体教室的百分比的 1.9 倍，是农村教室中网络多媒体教室的百分比的 4.8 倍，数据表明城市、县镇、农村小学教室中网络多媒体教室配置存有明显差距，城市小学的网络多媒体教室覆盖率明显好于县镇和农村，而城市、县镇、农村小学网络多媒体教室配置的变异系数为 0.6843，大于 0.5，资源配置明显不均衡。对于初中的网络多媒体教室的百分比，2013 年城市初中的该项指标为 59.35%，是县镇的

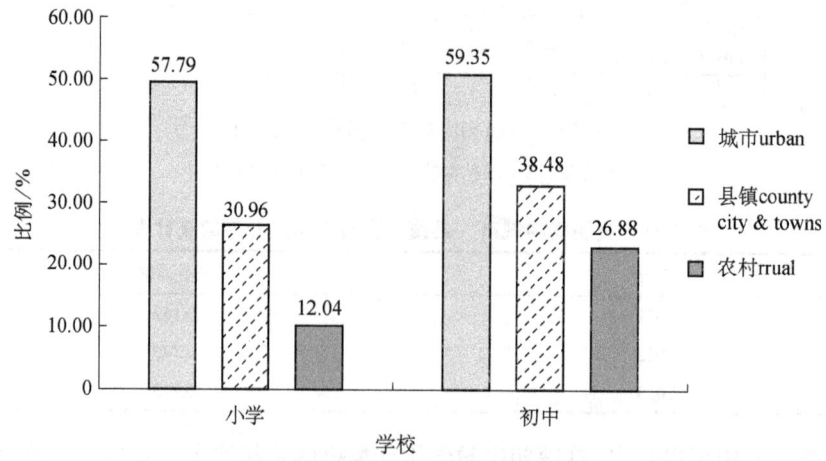

图 7-9 我国义务教育教室中网络多媒体的百分比统计
资料来源：《中国教育统计年鉴》（2013）

表 7-12　我国义务教育教室中网络多媒体的比例变异系数统计表

年份	小学	初中
2013	0.6843	0.3959

1.5 倍，是农村的 2.2 倍，其变异系数为 0.3959，介于 0.15～0.5，说明三者之间亦存在不均衡现象，但不均衡程度低于小学。

（三）城市、县镇、农村校园网配置总体上存在明显差距

校园网是教育信息化建设的基本内容。因《中国教育统计年鉴》（2010）中无校园网配置数据，故本部分的分析以 2011 年、2012 年、2013 年《中国教育统计年鉴》上的数据为依据。图 7-10 为城市、县镇、农村小学建立校园网学校的比例，表 7-13 为该项的均值差异统计表，表 7-14 为其变异系数统计表。

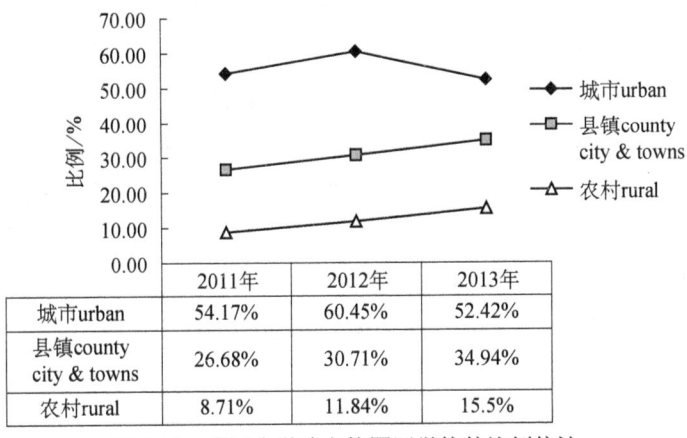

	2011年	2012年	2013年
城市urban	54.17%	60.45%	52.42%
县镇county city & towns	26.68%	30.71%	34.94%
农村rural	8.71%	11.84%	15.5%

图 7-10　我国小学建立校园网学校的比例统计

资料来源：《中国教育统计年鉴》（2011—2013）

表 7-13　我国小学建立校园网学校的比例均值差异统计表

年份	城市—县镇	城市—农村	县镇—农村
2011	0.2749	0.4546	0.1797
2012	0.2974	0.4861	0.1887
2013	0.2748	0.4692	0.1944

由图 7-10 可知，对于校园网小学建设，城市、县镇、农村存在者明显差距；2011—2013 年，城市依次是农村的 6.22 倍、5.11 倍、3.38 倍，是县镇的 2.03、1.97、1.50 倍，差距虽然逐年缩小，但不均衡现象仍明显存在。由表 7-13 可知，城市与农村、城市与县镇之间建立校园网的小学比例均值的差距的绝对值均大于 0，表明

城市、县镇、农村之间的小学建立校园网配置存在差异。而变异系数更能说明问题，由表7-14可知，2011—2013年，城市、县镇、农村小学总体之间生均教学用计算机的配置数量均值的变异系数依次为0.7669、0.7138、0.6266，变异系数虽略有下降，但均大于0.5，说明城市、县镇、农村小学总体校园网配置存在明显的不均衡。

表7-14 我国小学城市、县镇、农村总体变异系数统计表

年份	变异系数
2011	0.7669
2012	0.7138
2013	0.6266

较之小学阶段，初中阶段校园网建设的不均衡现象有较大好转。图7-11、表7-15、表7-16依次为城市、县镇、农村初中学校建立校园网的比例、均值差及变异系数。由图7-11可以看出，城市初中建立校园网学校的比例好于县镇初中，县镇初中建立校园网学校的比例好于农村初中。而城市与农村、城市与县镇之间初中建立校园网学校的比例均值的差距的绝对值均大于0，表明表明城市、县镇、农村之间的初中建立校园网配置存在差异，如表7-15所示。而三类地区初中学校建立校园网的变异系数最高为0.345，最低为0.289，介于0.15~0.5，说明初中城市、县镇、农村总体之间建立校园网的配置数量存在的不均衡现象。

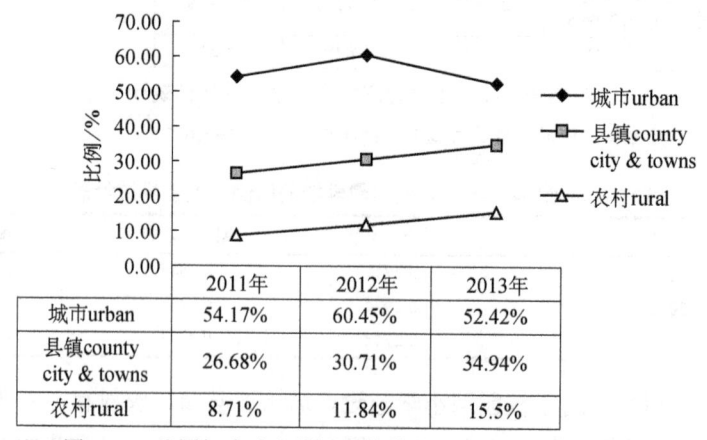

	2011年	2012年	2013年
城市urban	54.17%	60.45%	52.42%
县镇county city & towns	26.68%	30.71%	34.94%
农村rural	8.71%	11.84%	15.5%

图7-11 我国初中建立校园网校数占所有学校的比例情况

资料来源：《中国教育统计年鉴》（2011—2013）

表 7-15　我国初中建立校园网学校的比例均值差异情况表

年份	城市—县镇	城市—农村	县镇—农村
2010	19.64%	35.06%	15.42%
2011	19.50%	34.53%	15.03%
2012	18.41%	34.81%	16.40%
2013	17.38%	33.67%	16.29%

表 7-16　我国初中农村、城市、县镇总体变异系数情况表

年份	变异系数
2010	0.330
2011	0.345
2012	0.312
2013	0.289

（四）小学城市、县镇、农村接入互联网情况整体存在不均衡

随着教育信息化的推进和互联网的普及，互联网接入情况已成为学校教育信息化的重要评价指标。在 2010—2013 年四年的统计年鉴中，仅 2013 年的《中国教育统计年鉴》有该项数据统计。图 7-12 为 2013 年城市、县镇、农村小学接入互联网校数占所有学校的百分比情况，表 7-17 为其变异系数统计表。

从图 7-12 可以看出，初中学校整体接网率比较高，城市初中达到 95.36%，比例最低的农村初中入网率也达到 89.41%，城市、县镇、农村差异不大。而小学入

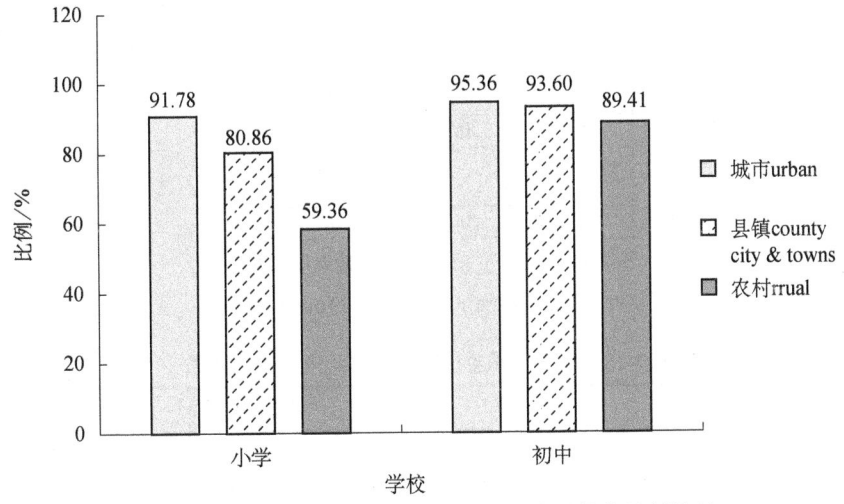

图 7-12　我国城乡接入互联网校数占所有学校的比例统计

资料来源：《中国教育统计年鉴》（2013）

表 7-17 我国城乡接入互联网学校的比例变异系数统计表

年份	小学	初中
2013	0.213	0.033

网率则相对较低,城市小学接网率尚可,达到 91.78%,而县镇接网率仅为 80.86%,农村小学的接网率仅为 59.36%,差异非常明显。从变异系数更能说明问题,城市、县镇、农村小学接入互联网学校比例的变异系数为 0.213,介于 0.15～0.5,而初中的该项值为 0.033,小于 0.15,可以看出城市、县镇、农村小学互联网接入率存在不均衡,而城市、县镇、农村初中互联网接入率则相对均衡。

(五)信息化资源外部条件城乡配置存在一定差异

信息化资源外部条件主要包括微机教室和语音室。图 7-13 为小学生生均微机教室统计表,表 7-18 为其差距统计表,表 7-19 为其变异系数统计表。由图 7-13、表 7-18、表 7-19 可知,小学生生均微机教室配置情况为,农村小学略好于城市小学,城市小学略好于县镇小学,但整体差异不大。之所以出现此种统计结果,与小学生规模分布,以及小学阶段信息化建设特点、微机教室建设需求相对较低有关。

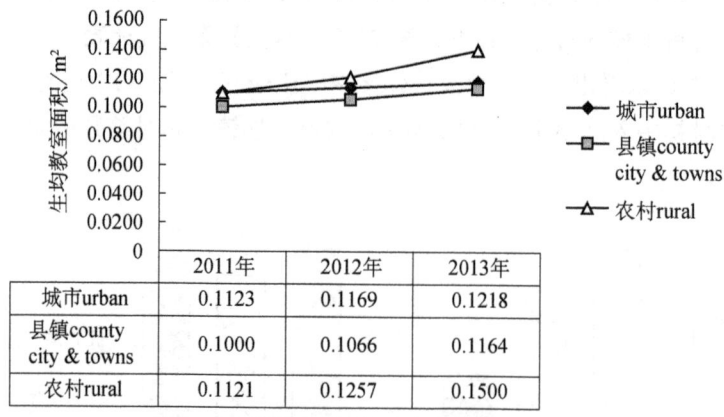

	2011年	2012年	2013年
城市urban	0.1123	0.1169	0.1218
县镇county city & towns	0.1000	0.1066	0.1164
农村rural	0.1121	0.1257	0.1500

图 7-13 我国小学生均微机教室面积统计

资料来源:《中国教育统计年鉴》(2011—2013)

表 7-18 我国小学生均微机教室均值差距统计表

年份	城市—县镇	城市—农村	县镇—农村
2011	0.0123	0.0002	-0.0122
2012	0.0103	-0.0087	-0.0190
2013	0.0054	-0.0281	-0.0335

表 7-19　我国小学总体生均微机教室变异系数统计表

年份	变异系数
2011	0.0654
2012	0.0819
2013	0.1391

图 7-14 为初中生均微机教室面积统计表，表 7-20 为其变异系数统计表。由表 7-20 可知，2011—2013 年，城市、县镇、农村初中总体生均微机教室配置均值的变异系数依次为 0.1585、0.1813、0.2106，均介于 0.15～0.5，说明初中城市、县镇、农村总体之间生均微机教室配置存在一定的不均衡现象，不均衡程度且有增大的趋势。

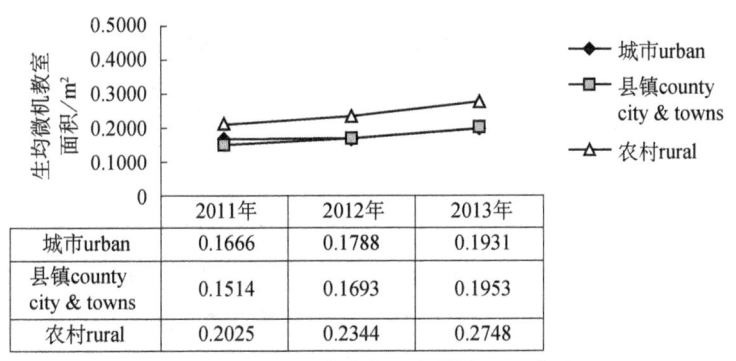

	2011年	2012年	2013年
城市urban	0.1666	0.1788	0.1931
县镇county city & towns	0.1514	0.1693	0.1953
农村rural	0.2025	0.2344	0.2748

图 7-14　我国初中生均微机教室面积统计

资料来源：《中国教育统计年鉴》(2011—2013)

表 7-20　我国初中总体生均微机教室变异系数统计表

年份	变异系数
2011	0.1585
2012	0.1813
2013	0.2106

图 7-15 为小学生均语音教室统计情况，表 7-21 为其变异系数统计表。由表 7-21 可知，2011—2013 年，该值依次为 0.2862、0.2275、0.1307，由此可知，2011、2012 年城市、县镇、农村小学总体之间语音教室的配置存在一定的不均衡现象，而到了 2013 年，小学生语音教室均衡配置问题有所好转。

图 7-16 为初中生均语音教室统计情况，表 7-22 为其变异系数统计表。由图 7-16 可知，城市初中生均语音教室好于农村初中生均语音教室，而农村初中生均语音教室则好于县镇初中。该项指标农村初中好于县镇初中的原因同样在于初中学校

图 7-15　我国小学生均语音教室面积统计

	2011年	2012年	2013年
城市urban	0.1666	0.1788	0.1931
县镇county city & towns	0.1514	0.1693	0.1953
农村rural	0.2050	0.2344	0.2748

资料来源：《中国教育统计年鉴》(2011—2013)

表 7-21　我国小学总体生均语音教室变异系数统计表

年份	变异系数
2011	0.2862
2012	0.2275
2013	0.1307

的地域分布和规模因素（多集中在县镇，而农村初中相对较少）。由表 7-22 可知，2011—2013 年，初中生均语音教室的变异系数依次为 0.0884、0.0554、0.0624，均小于 0.15，该统计结果一方面表明城市、县镇、农村初中学校总体之间生均语音教室的配置较为均衡，另一方面也表明，随着班班通设备的普及，支持语言学习的语音教室建设日渐式微。

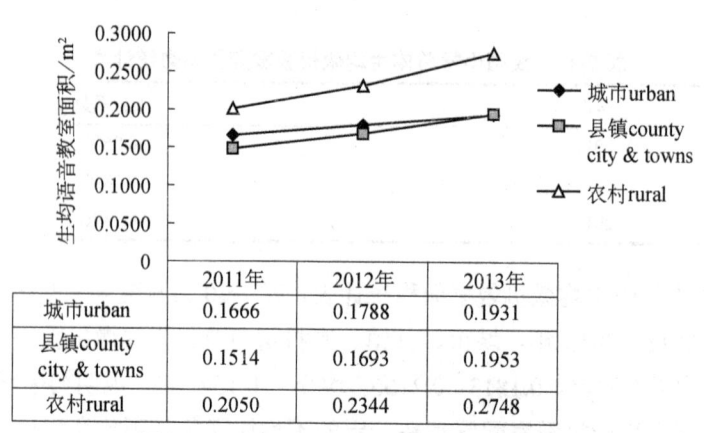

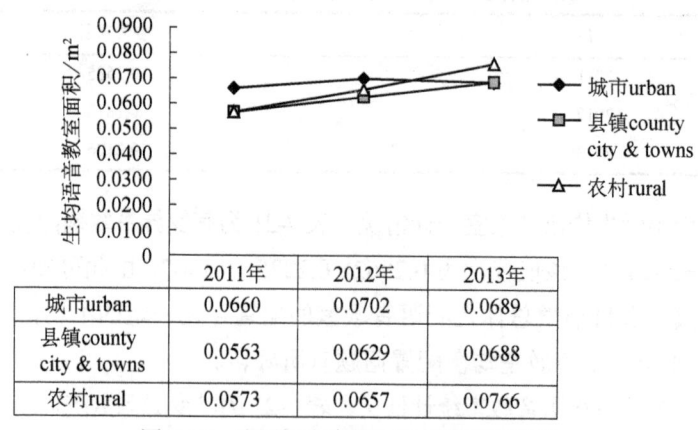

	2011年	2012年	2013年
城市urban	0.0660	0.0702	0.0689
县镇county city & towns	0.0563	0.0629	0.0688
农村rural	0.0573	0.0657	0.0766

图 7-16　我国初中生均语音教室面积统计

资料来源：《中国教育统计年鉴》(2011—2013)

表 7-22　我国初中总体生均语音教室变异系数统计表

年份	变异系数
2011	0.0884
2012	0.0554
2013	0.0624

二、信息化软件资源城乡配置存在差异

前文已指出，在《中国教育统计年鉴》中，用来表征信息化软件资源的为"电子图书藏量"。而"电子图书藏量"不仅存在区域差异，也存在城乡差异。在2010—2013四年间的统计年鉴中，仅2010年的《中国教育统计年鉴》统计有该项数据。依据该数据，形成生均电子图书量（GB）统计情况及其变异系数统计表，分别见图 7-17 和表 7-23。

从图 7-17 和表 7-23 可以看出，2010 年城市小学生均电子图书量为 0.308GB，是县镇小学生均电子图书量的 2.2 倍，是农村小学生均电子图书量的 1.9 倍，其变异系数为 0.4497，介于 0.15～0.5，可以说小学阶段，城乡电子图书藏量配置不均衡相当明显。而对于初中，2010 年城市初中生均电子图书量为 0.2394GB，是县镇初中学生均电子图书量的 1.7 倍，是农村初中学生均电子图书量的 1.2 倍，而其变异系数则为 0.2668，表明城市、县镇、农村小学生均电子图书量之间存有差距。

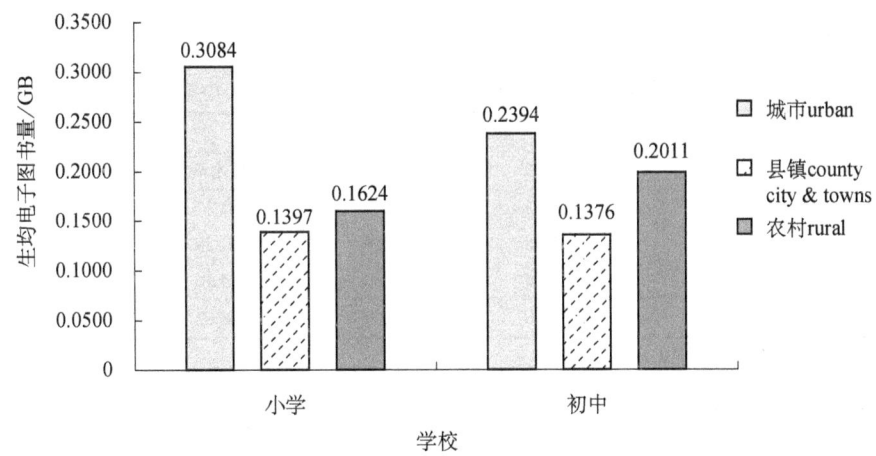

图 7-17　2010 年生均电子图书量统计

资料来源：《中国教育统计年鉴》（2010）

表 7-23 生均电子图书量变异系数统计表

年份	小学	初中
2010	0.4497	0.2668

第三节 信息化经费投入比例不合理

教育信息化资源包括硬件、软件和信息化专业人员建设，教育信息化要想取得最大效益，硬件、软件、信息化专业人员必须三方联动、协调发展，仅仅突出建设某一方面，都无法最大程度上发挥教育信息化的功能。因此，在信息化资源建设的过程中，必须注重软件、硬件、信息化专业人员的合理配置问题。信息化资源均衡配置与教育信息化的经费投入有很大的关系。从具体机构来看，教育信息化经费投入，涉及硬件、软件、教学资源、教学技术的培训、管理模式和制度的建设、应用的推进等。对于教育信息化经费投入比例，国外的经验是，投资比例一般是 4∶3∶3，即 40%是硬件，30%是软件和资源，30%是人才培训（解月光，等，2008）。但目前我国的信息化资源投入比例却存有不均衡现象。

以河南省为例，2012 年河南省小学信息化建设经费投入情况如表 7-24 所示，其经费投入分布情况如图 7-18 所示。从图 7-18 可知，小学硬件、软件、人员培训的经费投入比例为 65∶13∶15，硬件比例远远超过 40%，而软件和信息技术培训经费均又小于 30%，经费投入不合理现象可窥豹一斑。

表 7-24 2012 年河南省小学学校信息化建设经费投入情况（小学、教学点）

项目	上学年度信息化经费投入/万元			
	硬件设施	数字资源建设	信息技术培训	其他
城区	10 673.75	8 619.64	937.63	692.37	424.11
镇区	12 904.09	8 287.46	1 712.16	1 861.89	1 042.58
乡村	17 447.16	9 706.56	2 800.20	3 594.36	1 346.04
总计	41 025.00	26 613.66	5 449.99	6 148.62	2 812.73

数据来源：《河南省教育年鉴》（2012）

表 7-25 为 2012 年河南省初中学校信息化建设经费投入情况，图 7-19 为河南省初中学校信息化建设投入分布图。由图 7-19 所示，初中硬件、软件、人员培训的经费投入比例为 67∶15∶10。硬件投入比例远远高于 40%，而软件、人员培训的经费投入比例又远远低于 30%。初中阶段，河南省教育信息化建设硬件、软件、

人员培训亦存在经费投入不合理现象。

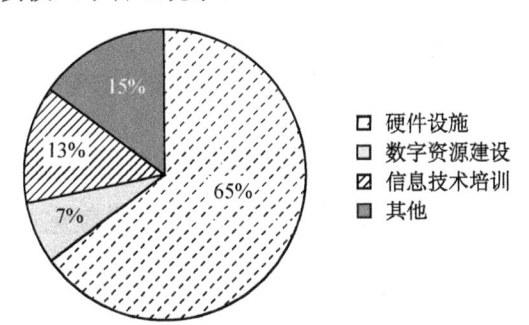

图 7-18　2012 年河南省小学学校信息化经费投入情况总体分布图

表 7-25　2012 年河南省初中学学校信息化建设情况

项目	上学年度信息化经费投入/万元			
	硬件设施	数字资源建设	信息技术培训	其他
城区	17 466.34	12 940.07	2 071.25	1 071.46	1 383.56
镇区	20 748.64	13 301.42	3 491.31	2 384.75	1 571.16
乡村	7 413.26	4 517.84	1 185.90	1 159.10	550.42
总计	45 628.24	30 759.33	6 748.46	4 615.31	3 505.14

数据来源：《河南省教育年鉴》（2012）

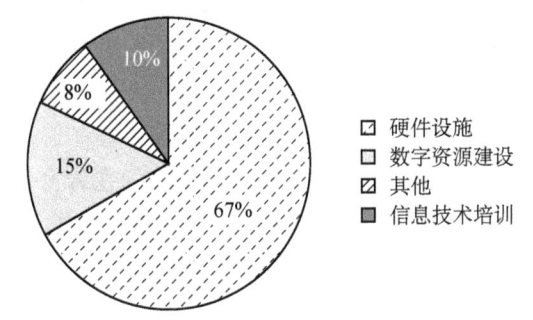

图 7-19　2012 年河南省初中学校信息化建设投入情况

第四节　信息化教育资源配置不均衡的归因分析

基于《中国教育统计年鉴》的数据分析可知，义务教育阶段信息化教育资源配置不均衡现象在城乡之间、区域之间、区域内部普遍存在，这种差异不仅体现在硬件环境、基础设施建设的差异上，更体现在信息化教师资源配置、信息资源建设与共享等软件环境方面（祁玉娟，2013）。信息化教育资源的配置失衡是教育公平在教育信息化领域中的问题表征，是教育不公平的一种外在表现，也是制约教育公平实现的关键要素之一。造成信息化教育资源配置失衡的原因包括以下几个方面：

一、教育信息化经费投入的不均衡导致了信息化资源配置的不均衡

造成信息化教育资源配置不均衡发展的原因是多方面的，而在众多原因之中首要因素是，我国社会经济发展长期受梯度推移经济发展理论的影响，造成了区域间经济发展的失衡，而区域间经济发展的失衡直接导致了教育投入的不均衡，进而导致了义务教育信息化资源配置的不均衡。

梯度推移理论的基本观点是：经济的发展趋势是由发达地区向次发达地区，再向落后地区推进，处于高梯度地区的产业会自发地向处于较低梯度上的地区转移。在经济发展过程中，首先让有条件的高梯度地区引进、掌握先进生产技术，然后逐步向处于二、三级梯度的地区推移。受梯度推移理论的影响，我国资本和产业结构未能实现自东部向西部、自城市向农村的顺利转移，造成了地区经济差距的逐步拉大，主要体现在落后地区的人均国内生产总值远远低于发达的地区，从而导致了我国区域之间、城乡之间经济发展存在严重不均衡性。区域经济发展的不均衡一方面会导致义务教育投资直接受区域经济发展的制约，发达地区教育信息化基础设施完备、先进，而贫穷地区的学校教师基本工资问题尚不能解决，遑论"高大上的教育信息化"；另一方面教育行政部门在教育信息化投资时，套用梯度推移经济发展理论，在发达城市地区建立各种教育信息化试点学校或信息技术教育示范学校，将试点学校设在城市，而这往往会拉大城乡教育信息化的差异程度。

前文已经指出，教育财政投入差异是影响我国义务教育信息化资源均衡配置的主要因素。我国义务教育投入是在国务院领导下，地方政府负责、分级管理、以县为主的投入体制。这对调动地方办学的积极性有作用，但客观上却削弱了中央财政在义务教育投资上的责任，未顾及我国地方经济发展不均衡的国情，反而促进义务教育事业发展的不均衡。据相关调查数据显示，在义务教育拨款中，省市财政拨款占20%左右，中央财政拨款所占比重更少，其余均由县乡级财政承担。这就导致经济发达地区的教育经费投入远远高于经济落后地区的经费投入，用来支撑教育信息化的经费在东部—中部—西部区域间乃至区域内存在很大差异，在

城市—县镇—农村之间存在很大差异。此种现象从由地方财政支撑建设的"班班通工程"可窥豹一斑。山东省烟台市福山区早在2008年就投资600多万元，完成了一中、格中、实验中学、城关中学、实验小学、西关小学、东华小学等10余所学校"班班通"工程，使城区学校每个班级都通互联网、通多媒体、通远程教育，基本实现"教师人手一机"；河南省省会郑州市则到2010年方开始建设"班班通工程"，而开封市通许县则到了2014年才开始建设"班班通"，区域间差异很大，区域经济发展严重影响着信息化教育资源的建设。

二、认知上的偏差影响着信息化资源的均衡发展

对教育信息化建设认知上的偏差是影响信息化教育资源均衡发展的重要因素之一。

1）落后的教育观念制约着教育信息化的发展，影响信息化教育资源的均衡配置。我国当前义务教育实施"以县为主"的投资体制，由于县级财力的区别，直接导致了义务教育发展上的差异。不少地方政府、教育行政部门和学校只重视传统办学模式和教学条件的改善，而相对忽视义务教育学校信息化建设工作，尤其是对农村学校教育信息化发展的意义缺乏足够的认识，等待、观望和畏难不行的建设态度，不仅导致农村教育信息化建设行动迟缓，甚至错失了学校发展的良好机遇，加上教育信息化投资额度大，设备维护和更新成本高，教育信息化带动教育现代化的观念在中西部地区和农村地区还需要时间和不断实践才能获得广泛的认可，这些因素都直接或者间接导致了教育信息化在区域和城乡间存在的较大差距（李葆萍，2012）。

2）对教育信息化建设认识不到位。一些地方和学校仍然没有认识到信息社会对教育的新要求和新挑战，没有认识到教育信息化对国家转型发展和国际竞争的巨大作用，推进教育信息化的力度和积极性不足，信息化与教育教学两张皮的现象依然存在。例如，一些教师和学生尚未认识到信息技术在日常教学与学习中所起的重要作用，很多数字化教学设备工具没有被充分应用到教学中。在校园网络的使用方面，部分教师和学生仅用来聊天、看电视、浏览网页、发帖子等，未能充分发挥校园网革新教学方式、优化教育管理、促进教师专业发展等功能优势，令校园网的作用大打折扣。尤其是地处偏远的教学点，尽管也购置了一些先进的信息设备，教育信息化建设已经起步，取得了一点成效，但对不少学校来讲，先进的信息化教学设施利用率很低，成了应付检查的"摆设"。

3）在教育信息化工作中普遍存在"重硬件，轻软件""重投入，轻管理""重配备、轻培训""重建设、轻应用"等现象。事物的发展是内外因共同作用的结果：内因是事物发展的根据，外因是事物发展的外部条件。外部推动力量作为外因是促进均衡的基本推动力量，内部驱动作为内因是促进教育均衡发展的本质推动力量（王星，2015）。同样，在信息化教育资源配置过程中，内因与外因同等重要。但是，由于存在认知上的偏差，教育信息化建设主体在工作中往往过分重视外因而忽视了内因。加大信息化基础设施、硬件建设等属于促进信息化均衡发展的外部推动力量，属于外因，虽然在短期内可以缩小城乡之间基础设施的差距，但是从长期效果上来看，外部推动效益并没有与均衡发展的需求相匹配，随着教育发展水平的提升，差异化程度逐渐呈现不降反升的趋势。例如，在教育信息化建设过程中，普遍存在"重硬件、轻软件""重投入，轻管理""重建设、轻应用"等现象，尤其在经费不足情况下，这种情况会更甚，一般只考虑硬件设备的投入，无专人管理，形同虚设，昂贵的信息化设备往往变成上级考评的对象及供领导参观的现代化摆设，信息化设施未能有效利用，应用成效与预期目标存在很大差距（苗莹，2014）。人们对信息化资金投入也存在不科学的认知。据相关问卷调查显示，在信息化资金分配时，有17.33%的调查对象认为，信息化资金要投入到软件的建设，有82.67%的调查对象则认为资金要投入到硬件设施建设中来（王婧，2013）。"重硬轻软"的认知偏差依然严重存在。

三、共建共享机制的不完善制约着信息化教育资源的均衡发展

信息化教育资源作为我国义务教育信息化发展的关键，其对解决我国教育公平问题具有举足轻重的作用。信息化教育资源的有效共享问题已经成为制约我国教育资源均衡发展的瓶颈。对此，教育部副部长杜占元在2011年全国数字化教育资源建设与共享座谈会上专门指出："数字化教育资源建设和共享是科学推进教育信息化加速发展的基础工程和关键环节。"2015年李克强总理在十八届五中全会中强调："要运用现代通信技术，让贫困地区和农村的孩子共享优质的教育资源，构建利用信息化手段实现教育资源的有效共享机制，逐步缩小区域、城乡学校的差距。"在第二次全国教育信息化工作电视电话会议上，刘延东副总理指出："要充分运用信息化手段，大力促进教育公平，让优质教育资源能够更加便捷、高效的向农村、边远、贫困、民族地区推送，来缩小教育的差距和数字鸿沟。"

然而，当前数字化资源共建共享却存在多种问题。有学者通过对河南省义务教育数字资源的共享现状进行分析发现，许多学校和教师对资源共享的态度被动消极，未能达到促进教师教学的主要目的。同一项调查切实的描述了当前的资源共建共享现状——"仅有12%的学校已经实现了教育数字资源的共享，另有37%的学校目前正在建设教育数字资源的共享平台，剩余51%的学校还没有进行共享的行动"。造成数字化资源共建共享问题的原因在于，"缺乏共享意识，共享意愿被动""缺乏系统规划，资源属性描述不统一，资源库、基础平台互联互通性较差""缺乏有效的激励表彰措施"（颜荆京，等，2014）。

资源建设主体缺乏"共享意识，共享意愿被动"大大降低了资源共享程度。一项关于共享意愿的调查中发现，"愿意与其他学校分享数字资源的校长"仅占1/3；迫于"上级教育部门的要求"而共享的校长亦占到1/3；而其他带有明显功利倾向的选项，如"提高学校知名度"与"有一定的奖励"所占比例分别为21.3%与4.6%。可以看出，各中小学校在基础教育教学资源共享方面的意愿总体上是被动的（颜荆京，等，2014）。在缺乏共享意识、共享意愿被动的思想主导下，资源建设各自为政，除去导致可能的"低水平重复建设"外，还直接诱发了信息教育资源的区域差异和城乡差异。

"资源属性描述不统一，资源库、基础平台互联互通性较差"，从技术层面限制了信息化教育资源的共建共享。从资源属性来说，数字化教育资源具有内容丰富多元、形式多样的特点，对其属性进行统一的描述不仅有利于用户检索、获取和应用，而且能为不同资源管理系统之间实现数据的共享和互操作提供支持。经相关调查发现，当前各地数字化教育资源建设在整体上普遍存在资源属性描述不统一，资源库的互联互通性较差的问题。各级数据库系统、数据结构等技术标准不一致，导致资源兼容性差，形成多个"资源孤岛"。

共享是要以互利互惠为基础的。只有当各共享主体都能获得相对合理的利益时，共享合作才能顺利展开。如果在共享中几乎只有一方提供资源，而且得不到相应的利益补偿，则共享就可能得不到有效实现（汤巨霞，2007）。由于缺乏对资源共享主体的有效激励和表彰措施，导致有些地方或学校的优秀资源独立使用或者是开发的创新优秀课程封锁保存，不与外部进行交流分享；由于缺乏对老师劳动成果的激励或保障，导致一些教师不愿意将自己的教学信息资源进行分享，从而影响资源的共享和交流。

除上述原因之外，知识产权问题也是影响信息化资源共享的一个非常重要的问题。尽管世界各国都发起了旨在有效保护网络著作权和技术专利的立法行动,我国政府和各行业也在积极探讨互联网知识产权相关法案的制定,但知识产权问题还仍存在。如何客观的协调和平衡知识产权的专有性和信息化资源共享的开放性之间的矛盾问题,对解决我国目前信息化教育资源共享问题具有重要指导意义。

共建共享机制的不完善致使信息化资源"各自为政、低水平重复建设",致使"信息孤岛"大量存在,致使"信息化资源"无法实现区域间、区域内的广泛共享,是影响信息化教育资源均衡配置的重要原因之一。

四、信息化资源配置自身的不均衡性导致了新的不均衡

教育信息化是教育发展的催化剂,在教育发展具有很强的能动作用。信息化资源配置的不均衡,可能会导致更深层次的不均衡,影响到学校的发展。在教育信息获取方面,区域优势较为明显的地区,基础设施建设比较完善,学校可以获得多方面的信息化教育资源,教育行政部门也可全面、及时地把握教育发展的前沿动向,驱动区域教育快速发展;在区域优势不明显的地区,基础信息化设备匮乏、落后,学校不能及时了解教育发展的前沿动态,缺乏对教育方针政策的及时把握,从而导致该地区城乡义务教育发展愈发落后的状况。在教师资源配置方面,发达地区的教师能够获得更多更好的信息化教学资源,有更多的教育培训和学习机会,专业能力提升会更高、更快、更强;而对于偏远地区学校的教师而言,能够获得的教学资源非常有限,有的地区连基本的图书馆、资料室、教学参考书都不具备,遑论信息化资源,在这样的环境下,教师素质的提升非常受限(王缘缘,等,2013)。另外,教师是一个流动的群体,优秀教师不断地从中西部地区向东部地区流动、从农村向城市流动、从非重点学校向名校流动,条件好的学校能吸引人、留住人,条件差的学校留不住人,如此陷入了一种恶性循环,致使教师资源配置不均衡程度在加大。

如今,教育基础设施建设重点已经由传统的校舍转移到信息化设备配置与环境构建上来。城乡之间、区域之间信息化资源配置存在不均衡性,造成了数字化配备环境与数字化教育资源的差异化,这对教学活动的展开及教学效果的影响日益凸显。信息化教育资源不均衡配置直接导致"强者越强,弱者越弱"的马太效应,可能会令教育信息化的均衡发展陷入新的困境(苗莹,2014)。

第五节　义务教育阶段信息化教育资源科学配置策略

一、加强教育行政部门对信息化资源配置与调控的力度

（一）中央设立教育信息化发展专项资金，对中西部地区实施转移支付

中央政府在义务教育信息化发展过程中应起到主体地位的作用，将教育信息化经费进行单独预算，在一定程度上尽可能地减少其他部门的干预，力求做到专款专用。政府应在确定生均教育信息化经费最低标准和明确学校基本办学条件的情况下，认真核实地方财政投资能力，加大中央和省对县级政府财政进行转移的力度，使中部、西部欠发达地区信息化教学条件得到保证，经济困难学生得到资助（熊才平，等，2004）。教育信息化财政转移支付应做到：减少一般性教育转移支付的数额，从教育公平角度出发，以满足全国最低教育信息化水平的需要为准；增加教育信息化专项补助的份额，保证能投向欠发达地区，改善处境不利人群受教育的条件；鼓励各级地方政府间开展对口支援活动；在义务教育信息化经费分配上，应坚持"公平优先，兼顾效率"的原则，即贯彻机会均等原则，合理规划中小学布局结构，确保三通两平台的建设和人人接受信息素养教育。

（二）地方政府设立教育信息化发展专项资金，对欠发达区县农村实施转移支付

西部地区、农村学校信息化资源匮乏的因素主要表现在资金投入不足，因此，为缩小区域间教育信息化资源配置的差距，政府的财政性资金要发挥其应具有的导向作用，在资金及资源的分配上要对落后区域进行倾斜帮扶。首先，各级地方政府及教育行政部门应承担教育信息化资源分配的主体责任，统筹规划城乡教育信息化建设，设置教育信息化专项资金，用于奖励按时完成信息化建设的农村义务教育阶段的学校，调动和激励农村中小学推进信息化建设的积极性，缩小东西部间和城市、区县、农村间教育信息化资源配置的差距（熊才平，等，2004）。其次，调查学校对于信息化资源及配置的需求，有针对性地对落后区域进行资源分配，加快落后地区教育信息化资源及配置建设。为了区域教育信息化建设得到均衡的发展，就必须充分考虑各区县农村的经济发展水平教育发展水平的差距，加

大对经济基础薄弱地区资金的投入力度，并准确把握信息化资源配置与调控，使欠发达区县农村在信息化教育资金方面得到保证。

二、多渠道筹集教育信息化建设资金

教育信息化建设需要大量的资金投入，资金一直是困扰教育信息化发展的主要问题，无论是基础环境建设还是软件环境建设都离不开大量的资金投入。因此，在经济基础薄弱的农村中小学，开展信息化建设难度很大。当前教育信息化的建设资金来源多以政府投入和自筹资金为主要手段，引入资金的范围比较窄，再加上地区经济状况差异使得有些欠发达地区的资金投入更是捉襟见肘。为此，除去前文提到的中央财政、地方财政的专项经费外，还必须想方设法多渠道筹集资金，确保教育信息化均衡发展。

1）运用市场化手段筹集教育信息化建设资金。促进城乡教育信息化的均衡发展不仅需要政府的投入，也需要社会企业的推动。各县市区以买方信贷、分期付款等多种方式吸引资金投入教育信息化建设，破解教育信息化建设中的资金瓶颈。教育主管部门作为义务教育信息化的建设主体，应从政策上鼓励、引导社会企业加入到教育信息化的建设中来。各级主管政府可以根据经济发展和教育信息化的发展实际同企业建立相关的合作项目，通过企业来促进教育资源向区县农村等欠发达地区渗透，形成农村地区和欠发达地区教育信息化与企业共赢的局面，充分发挥社会企业在义务教育信息化均衡发展中的推动作用。当然，政府募集资金也要相应的进行公开透明化，通过一些宣传措施鼓励更多的社会人士为农村教育信息化投资。

2）积极引入教育捐赠、开展结对帮扶等活动。①倡导信息化设备的捐赠。信息技术发展迅猛，信息化设备更新周期短，高校及教育信息化发展较快地区会不定期淘汰一部分信息化设备，此部分设备多还性能良好、具有一定的使用价值。此部分设备若不是被报废，而是被捐赠到农村等经济欠发达地区，既避免了设备资金的浪费，又对农村等经济欠发达地区的信息化建设有所帮助，是对"建设节约型社会理念"的合理践行。②开展结对帮扶活动。经济发达地区、信息化发展好的中小学校，高等院校可与经济欠发达地区、信息化发展薄弱的中小学校结成"对子"，前者帮助后者进行教育信息化建设指导，信息化人才联合培养等，实施定向帮扶、精准扶贫，缩小区域之间和城乡之间义务教育阶段教育信息化资源配置的差距。

三、提高认识水平，调整硬件、软件、人员投入比例

（一）应提高对教育信息化建设的认知，明确教育信息化资源配置均衡发展的重要性

信息化是当今世界发展潮流，是国家社会发展的趋势，信息化水平已成为衡量一个国家现代化水平和综合国力的重要指标。积极推进国家信息化是我国国民经济和社会发展的重要战略举措。提高国民的信息素养，培养信息化人才是国家信息化建设的根本，教育信息化是国家信息化建设的重要基础，教育信息化作为实现教育现代化的原动力。

落后的教育观念已经成为制约教育均衡发展的关键因素。长期以来，不少地方政府、教育部门和学校都只重视传统办学模式和教学条件的改善，而相对忽视了义务教育学校信息化建设工作，尤其是对农村学校教育信息化发展的意义缺乏足够的认识，等待、观望和畏难不行的建设态度，不仅导致农村教育信息化建设行动迟缓，甚至错失了学校发展的良好机遇。信息化资源配置不均衡，不但会加剧义务教育发展的城乡差异、区域差异，而且会造成新的教育不公平。

教育信息化建设各级主体必须对教育信息化的重要性有清醒的认识，必须对教育信息化建设发展规律有清醒的认识，必须对教育信息化资源配置均衡发展重大意义有清醒的认识。知是行之始，行是知之成。只有全面把握教育信息化均衡发展的价值、问题、规律、方法，才能够积极采取行动，尽快缩小教育信息化发展的城乡差异和区域差异，才能够在行动中少走弯路、走错路，实现义务教育信息化发展的均衡与和谐。

（二）发挥教育行政部门在教育信息化建设中的主体作用，调整对城乡地区学校教育信息化基础设施建设投入比例

前文已指出，教育信息化的投入涉及硬件、软件、教学资源、信息技术应用能力的培训等，在国外的信息化投资比例一般上为4∶3∶3，即硬件占40%，软件和资源占30%，人才培训占30%（解月光，等，2008）。而在我国教育信息化建设过程中，普遍存在"重硬件，轻软件""重投入，轻管理""重配备、轻培训""重建设、轻应用"等不良现象，尤其在经费不足情况下，此种倾向更甚。后果则是信息化设备被闲置不用，甚至被放坏，造成资源的极大浪费。

各级教育行政部门必须承担主体责任，借鉴国际经验，统筹城乡建设规划，

科学统筹硬件、软件、人员培训的投入关系，加大对义务教育学校信息化资源配置与调控力度。教育信息化均衡发展必须坚持软件、硬件同步规划设计、同步配备、人员培训协调发展的原则，提高教育教学信息化投资效益。根据发展目标，合理配备硬件、软件，实现硬件、软件协调发展，良性运作，注重专业人员信息技术应用能力培训，发挥资金整体效益。避免只注重硬件投资，忽视软件、资源、培训、推广应用、管理维护等配套举措，硬件设备到位后无法正常运转，在教学中不能发挥其应有作用等现象的发生。

（三）教育行政部门应合理配置城乡教育信息化专业人员，适当向农村、中西部地区倾斜

教育信息化建设与应用，专业人员是关键，教育信息化专业人员缺乏也是制约中西部地区、农村学校教育信息化发展的关键因素。受工作条件、工资待遇等多种因素的影响，农村学校教育信息化专业人员极其缺乏，现有信息化工作人员多为兼职人员和转型人员。由于其非信息化的专业基础，以及其对原学科"偏爱"，大大影响了农村学校教育信息化建设成效和层次。若要破解专业人员匮乏问题，需教育行政部门出台相应政策，增大对农村、贫困地区信息化专业人员专业能力的提升培训，增加农村贫困地区教育信息化人员编制数量，在职称评定、评优奖先等方面予以政策倾斜，通过"编制留人、待遇留人、事业留人"等多种方式，促进信息化师资力量的均衡配置。

四、革新区域信息化教育资源建设模式，完善共建共享机制

（一）教育行政部门发挥管理能力，统筹资源建设，促进优质资源共建共享

数字教育资源共建共享是一个涉及多元主体、周期长、复杂的系统工程，它的持续健康发展需要系统规划、引导和推进。教育行政部门需发挥政府部门统筹管理能力，将数字教育资源的共建共享纳入到教育信息化发展规划之中，分阶段、分步骤地推进各项工作。教育行政部门要做好宏观调控与引导，建立激励表彰机制，以招标、项目、学科竞赛等形式统筹资源建设，鼓励教师参与到资源建设与共享中，调动教师制作资源的积极性和创造性。在此，佛山市的优秀经验值得借鉴，佛山市将原创资源投稿录用机制、资源项目（课题）申报机制和资源定期表彰奖励机制等纳入到激励表彰机制中。如对原创资源投稿者予以奖励和补贴；对

经过一段时间的教学实践检验、作用显著的优秀资源颁发荣誉证书，并作为职称评定、评优评先的重要依据之一；定期表彰优秀资源提供者、单位、学校学科网站及其建设团队；建立"项目驱动、专家引领、课题管理"的研究机制，并予以项目经费支持和专业引领，进而带动教师参与到资源建设与共享中来（颜荆京，等，2014）。教育行政部门的统筹规划，共建共享成为一种常态化的资源生成方式，不仅能汇聚优质资源、提高资源建设效率，更能优化信息化资源配置，促进义务教育均衡发展。

（二）建设县域信息化教育资源共建共享共同体，完善激励机制

信息化教育资源的区域共建共享是教育技术领域内讨论的热门话题，区域是一个弹性概念，共建共享时"区域"限定在多大范围最为合适，仍是悬而未决的问题。对此，笔者认为将"区域"限定在"县域"较为合适，即在"县域"范围内实现区域共建共享。众所周知，县是一级最基本和最完善的行政区域，县域经济在国民经济中处于十分重要的地位，县域义务教育均衡发展也被视为实现教育均衡发展的有效途径。在义务教育阶段，县域范围内信息化资源共建共享为共建共享裁定了合理的疆界，有利于"共同体"的形成，有利于政策的制定和调整，有利于总结经验、形成模式为更大范围的共建共享提供参考。开展以"县域"为单位共建共享的理论研究和实证研究，是当前此类研究应着重关注的问题。

当然，共建共享要以互利互惠为基础，只有当各共建共享主体都能获得相对合理的利益时，共建共享合作才能顺利展开，如果在共建共享中几乎只有一方提供资源，而且得不到相应的利益补偿，则共建共享就可能得不到有效的实现（汤巨霞，2007）。鉴于上述分析，在信息化资源建设过程中，无论是"建"还是"享"，都需要有相应的激励机制提供动力支持。通常这可通过完善资源评价机制，给予优质资源共享者以物质奖励和荣誉，将其共建共享的资源作为评优奖先、职称评定的参考因素等方式，来调动资源建设者共建共享的积极性。

五、利用信息技术手段促进教育均衡发展

（一）运用网络共享名师教学资源，促进教育均衡发展

名师是教育中的宝贵资源。各级教育信息化建设主体应充分利用信息技术手段促进信息化教育资源的共享，实现优质名师教学资源共享。例如将名师教学过

程制作成微课、公开课等数字资源，利用信息技术手段，让农村地区、偏远落后地区的教师、学生共同学习，教师借此实现专业发展，学生借此提升学业成绩。通过此种方法，突破时空限制，拓展名师资源的受益范围，扩大名师资源的受众群体，破解了名师资源短缺之难题，促进教育均衡发展，在一定程度上促进教育公平。

（二）实行"网络远程支教"，优化教师资源配置

现阶段，我国对偏远地区优质教师资源短缺问题的主要解决办法是实地支教。实地支教虽能一定程度上缓解优质教师资源的配置问题，但仍不能很好地解决该问题。充分利用信息技术手段，实行"网络远程支教"，可有效解决偏远地区优质资源短缺问题。在"网络远程支教"模式下，需要帮扶的学校之间安装有异地同步互动教学网络视频会议系统的专用教室，支教教师授课、提问和解答问题的视频会通过网络同步投影在农村学校教室前的屏幕上，同时，农村学校的学生听课、提问和回答问题的视频，也可以通过网络同步投影到支教教师所在教室后端的屏幕上，异地的两个教室之间声画同步（熊才平，等，2012）。这样，支教教师在对本班级教师授课的同时，也能对农村学校的学生进行"面对面"同步授课。通过视频会议系统，教师可以对异地学校的学生进行随时提问，以起到良好的异地网络支教互动效果。

相比于实地支教，网络远程支教能激发支教教师的积极性和创新性。优秀教师既不用背井离乡离开家庭，又可避免丢下自己正在教授的学生。利用信息技术和网络开阔了网络时代培训人才的新模式，支教教师在给两个地区的学生上课时，会自然地将两个班的学生组合在一起，学生们可在一起协助学习，有助于学生开阔视野，增进友谊，协同进步。这一点远比网络支教传授知识本身更有意义、有价值。另外，利用网络支教，同样有助于农村地区对口教师的专业发展，优化其专业结构、能力结构，达到"授人以渔"的效果。

（三）利用信息技术优化专业发展途径，让教师们站在"同一起跑线上"

追求专业发展是教师的立身之本，"终身学习、行动研究、教学反思"是教师专业发展的三大途径。传统教师专业发展受区域资源和环境影响较大。条件好的学校一般具有良好的支持教师开展专业发展的环境，条件差的学校在此方面往往也比较薄弱，置身于不同学校的教师拥有不同的专业发展环境，专业发展途径、速度也颇为不同。利用现代信息技术，则可突破传统专业发展环境的局限，让教

师们站在"同一起跑线上"。在信息化环境下,慕课、微课、精品开放课等在线教育资源对所有人都开放,网络学习空间为每一位教师开通,农村、贫困、落后地区的教师和城市、发达地区教师拥有同样的机会去接触优质资源,也拥有同样的机会去开通"虚拟书房"(网络空间)。利用信息技术,优化教师专业发展途径,突破了教师专业发展传统方式对区域资源的依赖,减小师资水平间的城乡差异、区域差异。

(四)利用信息技术对贫困地区教育进行精准扶贫

精准扶贫原指针对不同贫困区域环境、不同贫困农户状况,运用科学有效程序对扶贫对象实施精确识别、精确帮扶、精确管理的治贫方式。而利用教育信息化的手段,则改变原有的一刀切的治理方式,对中西部贫困地区的教育进行精准扶贫。华中师范大学在此方面开展了卓有成效的探索。如针对农村教学点因师资严重短缺导致英语、音乐、美术等课程无法开齐、开足的难题,利用信息技术手段,该校研究人员在中西部农村偏远地区建设"教学点双轨混成数字学校",中心学校和农村教学点结对合作,中心学校承担对教学点教学任务,教学点教师配合中心学校开展课前准备、课堂纪律的维持、自主学习活动的组织及课下作业的安排和督促,通过建立中心学校和农村教学点共同成立实践共同体,聚合优秀教师资源和数字化信息资源,可以实现优质教育资源配送与共享。同时,教育行政部门还可联合相关企业、学校通过"多媒体实体课堂""同步互动专递课堂""基于数字资源的教学"等多种方式为农村教学点提供优质教育资源,有效地填补农村教学点教师人才洼地,实现"开齐课,开好课"的核心目标,整体提升农村教学点的教育质量(马敏,2016)。总之,利用信息技术手段,可以在精确识别教育资源短板的基础上,给予有针对性的帮扶和支持,靶向治疗,促进信息化教育资源的均衡配置。

第六节 信息化教育资源的有效应用研究

信息化资源建好之后,应用是关键。西北师范大学杨改学教授说:"有效应用是指产生教学效益、提高教学质量、优化教学过程、深化教学内容,只有使用产生了好作用才叫有效应用"(杨改学,2009b)。本节从义务教育阶段信息化教育资源应用上存在的问题、归因、策略与建议三个方面进行论述。

一、义务教育阶段信息化教育资源应用上存在的问题

（一）重拥有，轻应用

近年来，国家投入了大量的经费支持义务教育阶段教育信息化建设，给学校配备了大量的现代化的电子设备、建设了大量的数字化教育资源，教育信息化水平有了长足的发展。但现在面临的一个重要的问题，就是对信息化教育资源的应用问题。很多学校重建设、轻应用，投入大量经费购置的各种信息化设备被闲置、搁置，造成极大的浪费。对此，研究者开展了丰富的调查研究。郑州师范学院李正超对13所中小学的班班通使用情况调查发现，部分教师对班班通有抵触情绪，认为自己教学时用不着或没必要使用班班通（李正超，2012）。奚天玉曾对鲁西南地区（我国经济欠发达地区）的部分中小学调查发现，大多数学校将本校的软硬件设施设备或"束之高阁"，或"弃之一旁"，只有在上级来检查时才拿来使用。调查还发现，很多学校将多媒体教室作为教师优质课和公开课讲授的专用场所，而平时的教学中极少使用。机房平时更是阀门禁闭，而且有好多计算机连操作系统都没有安装，更别提常用的教育软件了（奚天玉，2011）。曾水兵等曾指出，由于在日常教学中采用信息技术不能直接带来提高分数的高效益，也因为原有的信息存储、传播方式的惯性，加上教学观念陈旧，很多教师不能或不愿意使用信息技术（曾水兵，等，2007）。类似的调查有很多，反映出义务教育阶段信息化教育资源建设后存在的共性问题，也是急需改善和解决的关键问题。

（二）粗狂式使用

对义务教育阶段，信息化教育资源应用还面临粗狂式使用的问题。所谓粗狂式使用就是不考虑媒体优势，不考虑学科特征，不考虑学习者认知水平，一味追求媒体的新颖，一味追求技术的堆砌，为了使用而使用。诚如上海闸北区现代教育技术中心主任王一鸰所言，"课堂上，我们经常可以看到，老师把教学内容、例题、解答过程、练习题，甚至作业都通过屏幕显示出来。借助信息技术，老师的讲解速度明显加快。表面上看，教学的容量大了，但实际上学生的思维时间却短了。"在王一鸰看来，这样的课堂比传统的"满堂灌"更有甚之，"人灌"升级成了"机灌"。江苏省南通西藏民族中学教师左光银说，一些老师课件制作追求完美，

课堂上声、形、色俱全，文本的相关重点、难点在各种链接中都能迅速得到答案，学生上课就像在欣赏计算机高手的精美设计，这样的教学很容易演变为新技术支持下的"满堂灌"。光明日报曾刊发文章指出："走在教学楼里，仿佛置身电影院"。由于有了"课件"，部分教师的教学从原来的"照本宣科"变成了"照屏宣科"，或者"整堂教学课只有'课件'在不停播放，教师在一边只是手里点着鼠标，很少另外加以讲解，教师成了整个课堂教学的'局外人'"。粗犷式使用会导致教师的技术依赖，会让应用突兀、违和，无法达成良好的使用效果。

（三）使用效果差

信息化教育资源的最终目的是产生良好的教学效果、提高教育质量。然而，当前的各种应用现状却无法产生好的应用效果。效果是在使用中产生的，不使用自然无法产生效果，粗犷式使用同样无法产生好的效果。如李正超在调研中发现，教师们在使用班班通设备时，忘记了电子白板的交互功能，将交互式电子白板等同于幕布，未能发挥白板的交互作用，学生仍是被动接受，缺少课堂的参与感，教学效果差（李正超，2012）。而在"机灌"的课堂上，"老师基本就是照着 PPT 念，老师的 PPT 准备得倒是很充分，除了一般 PPT 上会有的大纲、概念外，连详细的公式推导都列全了。上课时，她从不跳出 PPT 内容，随着屏幕转换，她飞快的语速让不少跟不上节奏的学生都昏昏欲睡。或者学生变成'速记员'"上课'看片子'虽然过瘾，下课后却一无所获……"。信息化教育资源的使用效果差，是当前教育信息化必须直面的一个问题。

二、义务教育阶段信息化教育资源应用问题的归因

（一）认知上的偏差

1. 认为有了设备就有了信息化

西北师范大学杨改学教授指出："设备放在那里，没有使用的条件，就会造成硬件资源的极大浪费，所以资源拥有和资源应用同等重要；没有资源的拥有就不可能在教育教学过程中应用，但任何教学资源不在人为作用下是不会产生效果的，只有将其进行有效传播，才有可能产生效益与效果，因此'拥有'和'应用'相比较，应用更重要。"义务教育阶段信息化教育资源亦是如此，当学校拥有了现代化教学设备与资源之后，一定要最大限度地使用，使其在教学中发挥作用。但现

实情况是，一些学校在没有信息化的时候，特别想有，别人有的他们要有，别人没有的，想办法也要有。但当拥有之后，一些学校却出现"不用或轻应用"的现象，认为有了设备资源，就有了信息化。这是"重建设、轻应用"的思想根源。

2. 认为只要应用就能产生好的效果

对于信息化资源的应用，目前还有存在一种错误认识，认为只要应用了就能产生好的效果。基于此种认识，便有了"人人用、班班用、堂堂用"、媒体的堆砌和技术的追逐、粗犷式应用、设备"使用率"、教师"授课时数"等信息化评价指标。此种认知无视良好教学效果产生的复杂条件，单纯夸大了技术的作用，简单粗暴地将技术应用等同于教学效果。事实上，信息技术与教育教学融合效果是教师、学生、教学内容、教学环境、教学模式、教学策略等多重因素合力的结果，单纯从技术的视角研判教学效果，有技术乐观主义、形式主义、机械主义之嫌。

（二）使用主体的信息技术应用能力差

1. 教师的信息技术与教育教学深度融合能力较低

信息化教育资源本身不会发挥作用，其作用效果取决于使用主体的信息技术应用能力。当前信息化教育资源使用效果差，其中一个重要的原因是教师的信息技术与教育教学融合能力不高。不少学者对此做过相关调查。2013年颁布的《中小学教师信息技术应用能力标准》将其分为技术素养、计划与准备、组织与管理、评价与诊断、学习与发展五个维度。张屹等人对795位中小学教师开展调查，调查结果显示，教师在学习与发展、技术素养两方面具有较好的发展现状，但在使用信息化教学设备，应对系统中常见错误的能力方面有所欠缺，在使用多种信息化评价方式进行评价的能力处于最弱的现状，应该给予较高的重视（张屹，等2014）。杨永贤对宁夏南部地区教育信息化资源应用现状调查发现，在影响信息技术在课堂教学中应用的诸多因素中，63%的教师选择信息技术应用技术能力不足，并进一步解释，"由于宁南山区教师信息技术教学能力普遍不高，导致课堂应用手忙脚乱、力不从心，信息技术在课堂教学的应用还处于非常落后的水平"（杨永贤，2012）。奚天玉对鲁西南地区部分中小学的调查发现，计算机技能太低是影响学科教师在教学中尚未使用信息技术的最主要原因（奚天玉，2011）。因此，信息化教育资源若要具有良好的应用效果，首当其冲的便是提高教师的信息技术应用能力。

2. 学生信息技术应用能力参差不齐

学生信息技术应用能力是制约信息化教育资源使用效果的另一关键因素。一般而言，有什么样的教学方式，就需要相应的学习方式。教师充分利用信息教育资源开展的基于项目的教学、基于任务的教学、基于问题的教学乃至翻转教学，需要学生具有基于信息化环境下的自主学习能力、探究学习能力、合作学习能力等。而当前学生的信息技术应用能力可谓参差不齐，有的学生通过自学等渠道，已经具备了扎实的信息技术应用能力，而有的学生甚至连基本的搜索引擎都没掌握好，基于信息技术开展数字化学习能力更低。袁丽对浙江省的三个市区和一个县区的四所中学调查发现：初中生对日常生活中应用到的信息技术比较熟悉，基本具备常用工具的操作能力，基本具备数字化娱乐行为能力，技术通晓能力基本较好，也基本能应用信息技术解决实际问题；但是对新技术工具不够敏感，对信息技术系统知识掌握不够，初中生不太适应数字化学习方式，60%的初中生不具备数字化交互行为能力。（袁丽，2012）。

3. 优质资源匮乏

开展信息化教与学，优质教育资源是基础。然而，余胜泉教授认为，当前的教育资源已走过初期建设阶段，如今要以"深度应用为主导"，当前主要的问题是资源的多而泛、杂无序，真正适合教师使用的优质资源却很缺乏，这一现象被称为"优质资源的结构性匮乏"。广东省电化教育馆房雨林指出，花费了大量的人力、物力和财力所建起来的信息化教育资源未能在日常教学和学习"无缝融合"，资源与教育实践相脱节、资源游离于教学实践边缘的现象存在，现有资源难以满足实际教学的需要，即使市场上和网上有着海量的资源，但教师仍感到有效资源缺乏，上一节信息技术与课程整合的课，常常需要花费几个小时甚至更长的时间查找资料、制作课件（房雨林，2006）。杨改学教授指出，有的学校不是没有资源，而是拥有的资源与学校选用的文字教材、教科书不配套。拥有的资源不系统、不成体系，只是某一学科课程教材中的某几节、某几章的资源，造成"吃了上顿没下顿"的现象。因此，为使国家投入的巨额教学设备能在教育教学中发挥作用，促进教育教学的改革，在当今不仅要拥有资源，更重要的是要拥有好的、优质的教育教学资源，系统的教育教学资源（杨改学，2009a）。西北师范大学杨永贤在对宁夏南部所做的调查分析后指出，区域公共教育资源匮乏，功能简单，可用资源数量不多，质量不高。区域优质教育资源的共享机制缺乏，许多学校还处于自建自用、教师自制自用的状态（杨永贤，2012）。哈尔滨医科大学图书馆研究馆员张海燕指出，目前大量教学资源缺乏针对性，形同"资源垃圾"或"资源鸡肋"（张海燕，等，2007）。郑州师范学院李正超对郑州市13所中小学的班班通使用情况调查发现，班班通中资源较少，满足教师实际教学需求的资源更少（李正超，2012）。优质资源的匮乏，制约着信息化教育资源的应用，更制约着其应用效果。

4. 信息化教育资源有效应用评价机制不健全

教学评价具有诊断、调节、导向、激励、管理等功能。而当前信息化教学应用的评价机制，尤其是有效应用的评价机制并不完善，直接影响着信息化教育资源的高效使用。有效教学的核心就是效益。所谓有效，主要是指通过教师在一段时间的教学后，学生所获得的具体进步或发展。有效应用评价要关注学习者的状态、体验、学习方式、参与程度、收获等，而这些因素多是难以量化、测量的。基于信息化教育资源的有效应用面临同样的困难。评价制度的不健全，反过来会影响着信息化教育资源的有效应用。

三、提升义务教育阶段信息化教育资源应用绩效的策略与建议

（一）转变师生思想，提高应用意识

师生是信息化教育资源应用的主体。以知为行，知决定行。要想提升信息化教育资源的应用绩效，必须先转变师生对教育信息化建设的偏颇认知，提高其认识水平，唤起其应用意识，促进其教育观念的改变，使他们从内心深处体会到信息化教育资源给现代化教育教学带来的无穷魅力，激发他们的应用兴趣和热情，使他们自觉的投入到信息技术与教育教学融合的实践中来，逐步提高信息化教育资源的应用绩效。

（二）形成区域化的信息化教师智力支持团队

一线教师具有丰富的学科教学经验，但面对着复杂的技术、新的理念和方法，难免会感到束手无策和压力重重，而且很容易会受到技术的束缚，忽视课程、忽视学生。在信息化教学实践中，他们需要及时的帮助和智力支持。因此，打造一支现代教育理论功底扎实，信息技术应用能力过硬，信息技术与教育教学融合水平高的智力支持团队非常必要。为鼓励教师建立信息化教师智力支持团队，西北师范大学教育技术与传播学院王妍莉等倡导信息化教师智力支持团队带动年轻教师，年轻教师带动年老教师，骨干教师与普通教师之间多进行学术交流（王妍莉，等，2009），例如，对于网络中慕课、微课、公开课等优秀课堂实录，学校可以组织教师观摩学习讨论，总结相关经验；除此之外，学校还应该组织拍摄精品课程、公开课、微课，构建校本资源库，为教师学习共同体

的构建创设条件。

（三）切实提高教师的信息技术应用能力

教师的信息技术应用能力是制约信息化教育资源应用的瓶颈。切实提高教师的信息化教育资源的应用能力，是解决资源有效应用的途径。当前，中小学教师信息技术应用能力提升工程正如火如荼地开展，教育行政部门、培训机构、学校三方主体，多方联动，切实提高教师的信息技术应用能力。为提升培训绩效，各级教育行政部门要做好监督、测评工作；培训机构要提供高质量的、凸显学科特色的培训课程，要做好网络研修平台的设计与网络研修活动的组织，要做好诊断性测评，同时做好培训测评和发展性测评的数据收集与整理工作；学校要做好监督、校本研修、发展性测评的数据与收集工作。本轮实施的中小学教师信息技术应用能力提升工程属于国培，要求全员参与。广大中小学教师应以此为契机，切实提高自身的信息技术应用能力，这是"提升工程"的要求，更是提高义务教育阶段信息化教育资源应用绩效的有效策略。

（四）加强优质资源建设

当今教育不缺乏数字化资源，但却缺乏优质的数字化资源，这是对当前信息化教育资源客观真实的描述和研判，加强优质资源建设已成为教育信息化的现实诉求。对于优质资源建设，华南师范大学胡小勇博士提出了资源的质量准入机制。他认为，资源准入机制分两条主线实施：一个是针对资源开发主体进行的，建立资源建设骨干教师评审制度，每两年评审一次，颁发资源建设骨干教师聘书；另一个是针对资源自身质量进行的，所开发的资源必须达到一定的标准和条件，严格控制入库资源质量。此外，借助多种评价方式对入库资源进行全程动态评价，根据应用情况实行筛选、流动，最终淘汰使用价值低的资源，确保资源的优质性（胡小勇，等，2010）。有了优质教育资源，教师好用、易用，应用积极性和应用绩效均可大幅度提升。

（五）完善信息化教育资源应用的激励机制

心理学家坎贝尔指出个人成就的大小是能力和激励的函数。激励机制是指激励主体系统运用多种激励手段并使之规范化和相对固定化，而与激励客体相互作用、相互制约的结构、方式、关系及演变规律的总和。激励的方式有多种，包括精神激励、薪酬激励、荣誉激励、工作激励等。要想提高信息化教育资源的应用绩效，需要完善信息化教育资源应用的激励机制。廊坊市教育局电教馆沙凤林指出，要想有效应用信息化教育资源，充分发挥资源的价值，必须制定出科学的量化考核标准，建立并完善相应的制约激励机制，加强监督、检查和指导，加大平复考核管理工作的力度，并有效应用评估考核结果，赏罚分明，鼓励先进，鞭策落后，以此推进信息化教育资源的应用工作（沙凤林，2006）。为鼓励一线教师积极参与信息化教育资源的应用，华南师范大学胡小勇等提出资源应用激励表彰机制。对于原创资源被采用的颁发"原创资源发表证明"，对于经过长期教学实践检验、作用显著的优秀资源颁发"原创精品资源荣誉证书"，并作为评优评先、职称评定、绩效评估、年终考核的参考依据之一（胡小勇，等，2010）。

（六）发挥资源有效应用的示范效应

好的范例、典范能够提供可借鉴的方式与方法，能产生一种吸引力和认同感，起到引领、带头的作用，从而提高信息化教育资源的使用效率。因此，为了形成资源有效应用的示范，杨永贤提出，选择一批基础条件好、有热情、积极性高的学校，建立信息化教育教学示范校、样板间，将示范校作为教学应用示范基地，开展教育教学交流观摩活动，以点带面，带动当地其他学校开展信息化教育教学应用工作（杨永贤，2012）。祝智庭指出，组织力量开发具有革新意义的培训项目，对领导人员和教师进行切实有效的培训；发掘先进典型和筛选优秀案例进行示范和引导；各地要有计划地建好一批"示范校"和"实验区"，使其在当地中小学信息技术教育工作中起到实验性和示范性作用，促进各地如期实现中小学普及信息技术教育的目标（祝智庭，2003）。中山大学现代教育技术研究所副所长王竹立在他的一篇博客中提到，通过深入持久的试验（例如，教育部2012年11月推出的教育信息化试点工作）、研究和常态化培训（集中培训、网络远程培训和校本培训相结合），给予一线教师不间断的引领、示范、激励和支持，帮助教师完成"尝试—采用—适应—内化—创新"的多次循环，将新媒体新技术新理念真正融入日常教育教学之中。榜样的作用是无穷的，从先驱者那里汲取经验和教训，才能让信息化教学实践少走弯路、规避风险，提高应用绩效。

（七）加强信息化教育资源有效应用的学术研究

学术研究是指借助已有的理论、知识、经验对科学问题的假设、分析、探讨和推出结论，其结果力求符合事物客观规律，对未知科学问题的某种程度的揭示。

当前教育信息化发展进入深水区和转型区，为了早日达成信息技术与教育教学的深入融合，必须做好信息化教育资源有效应用的学术研究，发现其规律、方法和问题，为信息技术与教育教学融合实践提供超经验支撑。诚如沙凤林所言，在信息化资源建设后期及其在应用过程中，应以科研工作为先导，用科研促应用。教育科研工作者及广大中小学教师，要以应有的热情和精力投入到教育资源应用研究与实践中去，边研究，边实践，边受益，努力把握信息化教育资源的特点、应用策略，改变传统教育教学模式与教育教学方法，充分发挥信息化教育资源优势，深化教育教学改革，提高教育教学质量（沙凤林，2006）。

第八章

义务教育均衡发展视域下的学校文化建设

第一节 概 述

1986年公布实施的义务教育法提出我国实行九年义务教育制度，2011年所有省（自治区、直辖市）通过了国家"普九"验收，全面普及了城乡免费义务教育，为提高全体国民素质奠定了坚实基础。深入推进义务教育均衡发展，着力提升农村学校和薄弱学校办学水平，全面提高义务教育质量，努力实现所有学龄儿童少年"上好学"，对于坚持以人为本、促进人的全面发展，解决义务教育深层次矛盾、推动教育事业科学发展，促进教育公平、构建社会主义和谐社会，进一步提升国民素质、建设人力资源强国，具有重大的现实意义和深远的历史意义。

目前，经过近十年来的研究与实践，我国义务教育均衡发展在硬件设施配备、规章制度等方面都有了长足进步，各个地区在促进义务教育均衡发展方面也取得了一些阶段性成果。但是也应该看到，我国的义务教育均衡发展水平还很低，自上而下的命令执行成分还很大。学校之间的均衡还仅仅局限于校舍改善、设备添置、经费增加和师资增量等外部扶持性举措上，没有真正将其上升为一种学校内部发展的自觉。义务教育的均衡发展不应仅仅是外部资源投入的均衡，更应该是学校内部教育教学质量的提升与均衡，从发展学校的内涵建设入手，从开展校园精神文化建设出发，凸显学校特色、打造学校品牌，努力提高学校在竞争中的"软实力"，充分发挥学校文化建设的引领作用则是义务教育内部均衡发展的重要途径。

义务教育均衡发展，当硬件建设达到一定程度时，内涵建设才是促进教育均衡发展的现实途径。内涵式发展是义务教育均衡发展的高级阶段，在这个阶段，关注的重心必将从外部条件的均衡转移到学校内部发展上来，从"给予"转向"内生"。这个阶段不再苛求外部资源投入的多寡，而是专注于学校自身建设，专注于教育思想的转变、教育教学方法的改进，专注于每位学生的认知水平，以及他们作为一个社会形态的人应具备的各种综合素质的提升。由于内涵式发展更加关注学校内部的实际运行情况，更加着眼于微观层面上的校长、教师和学生行为，因而弥补了外延式发展中经费利用不合理，学校发展动力不足，发展无特色，教育教学质量不高等缺陷。

当下，进行内涵式义务教育均衡发展的途径从根本上讲就是学校的文化建设。这是因为在教育系统中，人是核心要素。在学校中校长如何领导，教师如何教学，学生如何学习，他们之间以及与环境之间如何相互作用等等，都是获得优质教育质量的关键。而人又是各自独立的，怎样将他们凝聚在一起，将各种力量拧成一股绳，保证获得高品质的教育质量，关键就在于学校的文化建设。

义务教育在应试的禁锢中，长久以来已经丧失了宝贵的思想活力，已经形成的以等级和分数为特征的学校文化与如今所倡导的以民主和能力为特征的学校文化发生了冲突。解决冲突、适应新形势，就需要改革学校文化建设，即要对学校文化进行重塑和再造，在校长、教师和学生中树立正确的价值取向、培养良好的情感倾向以及塑造适宜的行为方式，纠正以往观念、行为上的偏差，使学校文化成为推进义务教育均衡发展的有效手段，真正实现"教好每一名学生、成就每一位教师、办好每一所学校"的承诺。因此，基于义务教育均衡发展的视角来研究校园文化建设具有强烈的现实意义与实践价值。

我国学者从 20 世纪 90 年代开始关注义务教育均衡发展问题，并取得了一系列的学术成果。但这些研究大都集中于制度层面和物质层面等外部供给方面的研究，而对于学校的内生式发展——校园文化的建设对义务教育均衡发展的促进作用的研究较少。在中国期刊网"学术期刊全文数据库"使用主题词"校园文化建设"和"义务教育均衡发展"进行高级检索，2006—2015 年，笔者共检索到相关论文 127 篇，其中只有 2 篇是最相关的研究：就是顾沁麟，易连云的"义务教育均衡发展视域下校园精神文化建设探析"（钱玲，等，2012）。顾沁麟和易连云提出：义务教育均衡发展需要从学校的内涵发展入手，从开展校园精神文化建设出发，凸显学校特色、打造学校品牌，努力提高学校在竞争中的软实力。特别是物质条件相对薄弱的地区，更应注重校园精神文化建设，将学校的发展聚焦在有利于学生发展的根本点上，通过学校精神的富足战胜学校物质的匮乏，从而达到一种"精神均衡"的状态（顾沁麟，等，2012）。两位学者在分析义务教育非均衡发展的表现及归因分析、当前义务教育均衡发展的研究倾向、校园精神文化建设对促进义务教育均衡发展的意义的基础之上，提出校园精神文化建设促进义务教育均衡发展的路径探析：①加强教风建设：以师德为基础，教学与科研为两翼；②加强学风建设：习惯与兴趣为先导，知识与技能为途径；③加强校风建设：德育是关键，校纪校规是保障；四是打造学校特色：开设特色鲜明的校本课程，开展丰富多彩的文化活动。钱玲、王锐提出"均衡发展不应仅仅是外部资源投入的均衡，更应该是学校内部教育教学质量的提升与均衡。以学校文化视角引领则是义务教育内部均衡发展的重要途径，聚焦学校教育的内涵要素，从学校文化的价值、情感、行为、个性维度出发，剖析内涵式义务教育均衡发展。指出应用文化凝聚学校中的各种力量，在校长、教师和学生中树立正确的价值取向、培养良好的情感倾向以及塑造适宜的行为方式，以此用文化引领内涵式义务教育均衡发展"（钱玲，等，2012）。

另外，顾沁麟、易连云两位学者还对当前义务教育均衡发展的研究倾向进行了梳理：①注重教育政策的研究。教育政策的研究与制定，为义务教育的均衡发展提供了制度保障，特别是"两免一补"政策的逐步实施、"西部计划"和"三支一扶"计划的施行，对于义务教育普及率的提高、义务教育阶段的师资队伍建设起到了积极的推动作用。但学校的发展除了依靠政府政策的保障与支持外，提高学校在发展中的竞争力同样重要。学校发展与学校精神息息相关，加强校园精神文化建设有助于提高学校的核心竞争力。②注重量的均衡研究。当前我国学者对义务教育的均衡发展主要集中于量的研究，更多地关注义务教育阶段的入学率、升学率，城乡之间生均教育经费，生均预算内教育经费的投入比例，以及学校教师的合格率、学校设施、设备的达标率等。量的研究为义务教育均衡发展奠定了坚实的基础，因为量变是质变的必要条件。随着时代的发展，我国经济实力的不断增强，教育政策的日渐完善，"普九"任务的基本完成，教育者应将目光转向精神层面的发展，因为精神的力量是无穷的，它不仅能够引导师生充分发挥自己的潜能，还能帮助他们探索人生最大限度的丰富性和可能性。

总之，我国校园文化建设从促进义务教育均衡发展的研究比较薄弱，在理论和实践上都处于初级阶段，个别是在阐述学校内涵式发展，没有明确校园文化建设在义务教育均衡中的主导地位，也没有把校园文化作为一种具有独特功能的教育资源来认识。

第二节　义务教育均衡发展视域下的学校文化建设的基本理论

一、核心概念内涵

（一）文化

何为"文化"？定义很多，顾明远先生认为张岱年和程宜山先生著的《中国文化与文化论争》一书中所下的定义最科学、最全面："文化是人类在处理人与世界关系中所采取的精神活动与实践活动的方式及其所创造出来的物质和精神成果的总和，是活动方式与活动成果的辩证统一"（张岱年，等，1990）。它既包含静态的，也包含动态的，是静态和动态的统一；既包括实践活动，又包括精神活动两个方面，是外显活动与内在活动的统一；活动成果也是多方面的，既包含着物质成果，又包含着精神成果。文化是随着时代的进步而不断发展，不断积累，同时不断创造着新的文化。文化分类根据不同的依据可以包含着多个层面，有二分法、三分法、四分法。二分法指物质层面和精神层面；三分法指物质层面、制度层面、精神层面；四分法则是在三个层面之后再加上行为习俗层面。无论几分法，可以看出，文化的核心都是精神层面的价值观念和心理意识。

（二）学校文化

1. 学校文化概念

学校文化是学校特有的文化，它不同于校园文化，学校文化是上位概念，校园文化是下位概念，校园文化是学校文化的一部分，学校文化有更丰富的内涵。学校文化是指"以学校价值观念为核心的学校生活中一整套的观念体系（教育观、教学观、学生观、评价观等）、制度安排（正式的和非正式的制度）、行为方式（工作方式、交往方式等）、语言符号（标语、口头语、教学用语及一切可识别的符号）、风俗习惯（包括各种学校仪式）以及环境建设（校园自然环境、人工环境和建筑物的利用方式等）的有机体"（石中英，2009）。学校价值观念是学校文化的核心，它是关于"什么是好的教育""什么是理想的学校""学校有什么目的和用途"等学校价值和目的问题的系统性认识。学校价值观念支配整个学校生活，是生成学校秩序的关键因素，也是反思和评价学校行为的基本依据。学校的制度安排、行为方式、语言符号、风俗习惯和环境建设都应该体现学校的价值观念，是学校价值观念的制度化、具体化、物化和客观化的结果。从这个角度来说，学校价值观念是整个学校文化的核心和灵魂，是学校文化不同部分之间呈现出整体性联系的纽带，同时也赋予学校文化以内涵上的独特性和外观上的可区分性。

2. 学校文化特点

学校文化有如下特点：①精神性：体现学校的精神内涵，具有精神感召力；②独特性：独特的历史、独特的环境、独特的人群等决定了其特有的、属于学校自身个性的东西；③恒久性：不是一时形成，也不会一时改变；④变动性：虽保守，却变动不居，随内、外界环境等的变化而变化；⑤潜在性：学校文化对师生的思维方式与行为方式具有巨大的约束力，而这种约束力通常以潜在的、无形的方式存在着；⑥历史传承性：作为保存、传递、发展文化的组织，学校文化更容易传承传统文化。

3. 学校文化内涵

学校文化至少有以下内涵：①校园文化的形成，是校园内全体师生员工在长期的教学、科研、管理、生活等实践活动中共同创造的物质和精神成果的总和，是集体共同拥有的成果。②校园文化既是意识形态的，又是物质的；既有精神文明的综合效应，又有物质形态显现出来的校园风貌；既有教育内容，又有教学内容；既有现实的存在，又有历史的积淀。在具体内容上，既包括物质文化，也包括精神文化和制度文化。③校园文化的主体是生龙活虎的学生，主导是诲人不倦的教师，主要目标是促进学生的成人成才。④校园文化一定要体现社会主义的时代特色，不能偏离社会主义方向和原则，要在全面贯彻党的教育方针，全面培养人才素质的过程中发挥积极作用。⑤校园文化应牢牢植根于中国的校园文化土壤。由于学校规模、教育类型、办学历史、专业设置、归属关系、地域特征、财力状况等各不相同，校园文化除有共性特征外，还须有本校的个性特色，以显示其旺盛的生命力。

（三）学校文化建设

学校文化建设是学校文化形成或不断重构的过程。对于一所新的学校来说，"学校文化建设就是形成一所学校文化的系列活动"；对于一所原有的学校来说，学校文化建设是"学校自主地、理性地对已有学校文化的总结概括、分析反思，在此基础上根据学校改革和发展的新目标引入新的文化要素对已有学校文化进行改造和重组，以弘扬学校优秀文化传统，创建学校的新文化的过程"（石中英，2009）

具体来说，学校文化建设意味着：①形成或重构学校的价值观念特别是核心价值观念，使得学校的核心价值观念能够更好地反映学校组织的特点，更好地体现社会发展和青少年学生身心发展的客观要求；②以新的学校核心价值观念为指导，系统地反思或检讨学校流行的各种观念、颁布的各项制度、实行的各项活动（教育、教学、管理与一般交往）、提出的各项要求、举行的各种仪式等等，肯定它们当中正确的、积极的和良好的东西，辨认它们当中不正确的、消极的和错误的东西；③根据新的学校核心价值观所要求及反思与检讨的结果，通过各种途径，运用各种方式，更新教育教学和管理观念，革新学校的各项制度，变革教育、教学、管理和一般交往模式，提出新的更加具有教育意义的要求，完善各种学校仪式等；④全体教职员凝聚共识，持之以恒地开展以上各项活动，促进新的理念、制度和行为的有机联系，形成学校鲜明的、有特色的和整体性的文化氛围（school climate），营造更加良好的学校育人环境，提高整个学校的生机、活力、魅力和社会影响力。

学校文化建设过程中需要反复思考和讨论的两个基本问题就是："办什么样的学校？培养什么样的人？"这两个问题在学校文化建设过程中处于核心地位，对这两个问题的思考和回答是更好地思考与回答其他问题的前提。在学校文化建设过程中，不管是教育教学和管理观念的更新，还是教育教学和管理制度的革新，乃至日常教育教学和管理行为的转变，无不是以对这两个问题的回答为前提或基础的。如果对这两个问题没有什么新的、更加丰富和更加深入的认识，那么学校文化建设的其他各项工作就很难展开，而且即便展开了，也往往是流于形式，变成昙花一现的学校"文化秀"，不能真正地沉淀并融合到整个学校文化体系中去。从这个角度来看，学校文化建设是就是提升学校内涵发展的最关键因素之一。

学校文化建设内容包括学校精神文化建设、学生观与师生观的建设、课程与教学的态度、制度建设以及物质文化的建设。

（四）义务教育均衡发展视域下的学校文化建设

义务教育作为政府提供的基本公共服务，具有强制性、免费性和普及性，是最应体现教育公平的领域。抓好义务教育均衡发展，就抓住了促进教育公平的关键。近年来，在推动义务教育全面普及的同时，党和政府积极推进义务教育均衡发展。2005年，教育部专门印发《关于进一步推进义务教育均衡发展的若干意见》，明确要求把义务教育工作重心转到均衡发展上来。2006年修订的《中华人民共和国义务教育法》将均衡发展纳入法制化轨道，强调各级政府的法定义务。2010年国务院出台的《国家中长期教育改革和发展规划纲要（2010—2020年）》明确将义务教育均衡发展上升为战略性任务的高度，提出了"2012年要实现义务教育初步均衡，到2020年达到义务教育的基本均衡"的目标。在此期间，教育部与首批15个省级政府签署了义务教育均衡发展备忘录，共同推进义务教育均衡发展。可见，义务教育均衡发展已经成为当前教育工作的重要任务。

我国九年义务教育全面普及并全面实现免费，标志着义务教育进入了"后普九时代"。国民受教育权有了最基本保障，义务教育体系结构日益健全，普及率与巩固率的硬性指标在多数地区都已得到实现。教育机会与学校办学条件都有了基本保障后，教育均衡发展的重心不再只是学校规模的发展与受教育群体的扩展，而是真正意义上的同等受教育权的实现，也就是对教育内涵、对各类学校办学质量的关注。由于每所学校的文化传统、师资力量不尽相同，学校间的教育理念、办学行为、质量体系都有较大差异，这就要求义务教育均衡发展既要适应地方经济社会需要，满足国民的基本受教育权利，还要不断超越原有的外延性扩张的发展模式，倡导义务教育全面质量观，重视中小学校的内涵发展，从而将受教育机会与基本办学条件上的较低层级的外部均衡，提升为教育质量与内涵上的真正意义上的内在均衡（刘新成，等，2010）。学校教育的内涵性发展是义务教育均衡发展的核心价值，以学校文化建设为抓手，实现了真正意义上的义务教育优质均衡。

二、学校文化建设与教育均衡发展的关系

义务教育均衡发展方式主要有两种，一种是外延式扩张，另一种是内涵式发展。"外延式扩张是指单纯依靠增加外部资源的投入而实现的义务教育均衡发展。即在校舍、设备、经费、师资上予以倾斜性的扶持，其发展指标大都体现为有形的、可外显的，多半也是数量上的增长。内涵式发展则更关注学校教育内部，更

关注人的需求与发展。内涵式发展是指在现有资源和条件下，着重从"人"和"质"上入手，通过校长正确的牵引、指导作用，在教师提供的优质教育教学服务下，促进学生全面素质的提高"（钱玲，等，2012）。

在义务教育均衡发展的初级阶段主要进行的是外延式发展，诸如，建立健全教育经费保障机制，免除义务教育阶段学杂费，保障学生入学机会的均等；推行公办学校的办学条件标准化建设，加快改造薄弱学校，对区域内学校的校园面积、设施标准、班额设置、师资配备等做出统一具体规定，保障学生享有均等的学习条件；对区域内学校进行科学合理的布局，实施城镇学校教师对口支援农村学校、优质学校对口支援薄弱学校政策及实行校长、教师跨校跨区定期交流机制等。这些举措在义务教育均衡发展的早期阶段确实发挥了重要作用，它保证了学校在资源投入、硬件建设等外部条件上的相对均衡，为义务教育均衡发展提供了外部保证，创造了发展条件。但当义务教育以此发展方式发展了一段时间后，该方式就会显现出发展的不足与弊端，如学校方面不能合理利用拨给的教育经费，没有切实、有效地用在学校建设和学生发展上；按照标准化办学条件的要求，千校一面，学校极易丧失自己的特色，模糊发展方向，失去发展活力；校长、教师轮换交流机制虽说可以为落后学校带来新鲜血液，但因为交流时间短暂，也就不能从根本上解决学校发展的问题。在新的历史时期，在义务教育均衡发展的新阶段，为了进一步促进义务教育均衡发展，就要不断超越原有的外延性扩张的发展模式，倡导义务教育全面质量观，重视义务教育校的内涵发展，从而将受教育机会与基本办学条件上的较低层级的外部均衡，提升为教育质量与内涵上的真正意义上的内在均衡（刘新成，等，2010）。

内涵式发展是义务教育均衡发展的高级阶段，在这个阶段，关注的重心必将从外部条件的均衡转移到学校内部发展上来，从"给予"转向"内生"。这个阶段不再苛求外部资源投入的多寡，而是专注于学校自身建设，专注于教育思想的转变、教育教学方法的改进，专注于每位学生的认知水平以及他们作为一个社会形态的人应具备的各种其他素质（如：工作态度、合作意识、道德修养、环境适应能力和心理承受能力等）的提升。由于内涵式发展更加关注学校内部的实际情况，更加着眼于微观层面上的校长、教师和学生行为，因而弥补了外延式发展中经费利用不充分，学校发展动力不足，发展无特色，教育教学质量不高等缺陷。义务教育均衡发展的核心是均衡，目标是发展，具体则体现在质量上。从外延式发展转变为内涵式发展其目的就是要让学校"从被动的生存状态，走向主动的发展之路"（李帆，2010），切实提高教育教学质量，实现学生素质的均衡。当下，从根本上讲进行内涵式义务教育均衡发展的途径就是要进行学校文化建设。通过学校文化建设，在校长、教师和学生中树立正确的价值取向、培养良好的情感倾向以及塑造适宜的行为方式，纠正以往观念、行为上的偏差，使学校文化成为推进义务教育均衡发展的有效手段，真正实现"教好每一名学生、成就每一位教师、办好每一所学校"的承诺。

学校文化是一所学校的灵魂之所在，对学校的办学行为起着巨大的精神推动作用。学校文化虽然对学校成员的行为活动没有明文规定的硬性要求，但是却能从价值观念上提出一种理性的韧性约束，它构成了学校生存、发展中最稳固且最有活力的基础。学校文化作为一种"隐性课程"会影响学校规章制度的制定，影响校长的管理和决策，影响教师的教学行为以及学生的发展，它是以一种无形胜有形的力量影响和制约着学校中的每一个成员，最终影响到学校的教育发展。义务教育均衡发展的核心是均衡，目标是发展。只有创设良好的学校文化，改变学校文化系统内各行为主体在价值取向、情感倾向和行为方式上不符合时代要求、不利于教育均衡发展要求的方方面面，并在校长正确价值观的统领下，经各方力量同心同力，共同营造有利于学校发展、师生发展的文化软环境，激发学校发展的活力，走义务教育均衡的内涵发展之路，才能够真正促进均衡与发展的实现。

三、学校文化建设的理论基础

（一）文化资本理论

文化资本是自 20 世纪 90 年代以后，继舒尔茨的人力资本之后管理学家和经济学家正在研究的一个新的资本理论研究范式，是对传统资本理论的重大突破。文化资本（capital culture）概念是法国社会学家布迪厄（P. Bourdieu）最早提出，他运用文化资本理论，深刻分析了教育中的再生产机制和表现，阐明学校教育对社会文化再生产过程中发挥的不可替代的重要作用。他将马克思的资本理论划分为文化资本、社会资本和经济资本等不同类型，是对马克思的资本概念进行扩展后提出的一个社会学概念。布迪厄以文化资本概念为核心，主要研究了文化资本在社会再生产过程中的重要作用和价值。布迪厄深入研究了学校教育通过将统治阶级的文化合法化，通过教育权威使其灌输的文化专断得以再生产，从而实现再生产现存的社会结构和社会秩序，实现文化再生产的社会再生产功能。布迪厄认为文化资本是以"再生产"的方式世代相传，将文化资本划分为三种状态，即"具体的形态""客观的形态""体制的形态",并认为不同形态的文化资本可相互转化(布迪厄,1997a)。所谓文化资本乃是"不同的家庭教育行动所传递的文化财产"(布迪厄,2002)。布迪厄指出,文化资本具有资本的累积性和继承性,是不同的家庭教育所传递的一种文化财产,无论是具体形态的文化资本、客观形态的文化资本还是体制形态的文化资本,都具有代际的继承性和遗传性,都需要较长时间的投入累积。与人力资本理论不同的是,在布迪厄看来,家庭和学校是个体获得文化资本积累的主要场所,学生在学校教育中获得的学术收益,极大地依赖于家庭预先投资的文化资本,是学生在时间与文化资本上进行投资的产物。也就是说,布迪厄在衡量学术投资的产出时,除了考虑到金钱和时间等方面的投资与产出外,指出因文化资本的继承和累积差异所导致的受教育机会等不公平,强调了家庭所输送的文化资本,这是一种最具社会决定性的教育投资。除此以外,文化资本在学校教育中又以教育资格的形式被制度化,教育制度通过承认文化资本的世袭性传递而为社会结构的再生产做贡献(布迪厄,1997b)。

值得关注的是布迪厄建立在文化资本理论上的教育公平观强调的是平等的教育公平理论(徐瑞,2013)。在布迪厄看来,不同阶层由于家庭文化资本的累积不同,其所接受教育的机会也相差悬殊,由此造成教育的不公平体现在入学率、学业成就甚至接受教育的主观意愿、校园文化等隐性特征。他提出造成教育不平等的原因除了社会资本和经济资本等因素外,主要体现在不同社会阶层所继承和累积的文化资本的差异。例如,下层社会所占有的文化资本量较小,与学校文化也具有较大的异质性,下层社会的学生在文化方面受到剥夺,被迫经历文化的移入,其主观求学的意愿就明显不如上层社会的学生,由此导致其在学校里并不像上层社会的学生那么如鱼得水,学业成就自然较低。另外下层社会较之上层社会而言,对学校教育的依赖性更大,并且在文化方面更多受制于学校文化的浸染,受制于学校教育的制约和影响。但是,不同社会阶层、不同群体的文化资本很难均衡,其文化资本的质与量具有继承性和遗传性,并不以个人的主观努力为转移。因此通过均衡文化资本而达到教育公平的理念是不可取的,相反有可能因此导致社会的不和谐或激进的社会变革。因此,发挥政府在教育公平上的宏观调控,通过在资源、资金、政策等方面向弱势群体、落后地区、薄弱学校倾斜,以此弥补因文化资本差异导致的教育不公平,缩小教育差距是更为可行和更为合理的决策。

布迪厄的文化资本理论强调家庭的文化资本对不同阶层、不同群体、不同地区的教育公平有着重要的影响作用。无论是其对学业成就与文化资本的关系研究,还是受教育机会与文化资本的研究,无不显现出布迪厄对于教育平等的强烈诉求。

他强调政府应当对处于社会的不利群体所接受教育的机会给予适当的干预,以此促进社会和谐。布迪厄的这一理论更有利于审视我国当前教育公平政策的价值取向,完善学校文化建设的价值诉求。

审视我国当前的教育公平政策可以看出,我国所倡导的教育公平政策与布迪厄所坚持的教育公平理论不谋而合。我国教育政策承认文化资本的累积性特征,政府坚持平等的价值诉求,也正在采取各种措施积极干预因家庭文化资本累积而导致的教育不公平现象,积极推进以平等为主的教育公平政策。根据《国家中长期教育改革和发展规划纲要(2010—2020年)》(以下简称纲要)可以看出,我国始终坚持教育平等的基本原则。纲要提出教育公平的关键是机会平等,基本要求是保障公民依法享有受教育的机会。针对义务教育阶段的教育公平,纲要提出,当前政策的重点在于逐步缩小包括学校差距、城乡差距和区域差距在内的各种教育差距,推动义务教育均衡发展,具体措施包括合理配置教育资源,向农村地区、边远贫困地区和民族地区倾斜,扶持困难群体等。同时教育法也规定公民不分性别、民族、种族、职业、宗教信仰、财产状况等,依法享有平等的受教育机会。从以上政策可以看出,我国的教育政策由我国的社会主义性质和基本国情所决定,体现了平等的价值取向,强调教育的起点公平和受教育机会的公平,这与布迪厄的文化资本理论也完全契合。

(二)教育均衡理论

教育均衡(education equality),即教育均衡发展,这种教育理念是政治、经济领域的平等和自由权利在教育领域的延伸。教育均衡是经济均衡的移植和发展,是由于教育资源的有限和稀缺、现有教育资源配置不合理、不均衡现象而引发的,是人们对现有教育需求与供给不均衡而提出的愿望理想。平等地享有受教育的权利作为基本人权,已成为现代社会的普世价值观。《世界人权宣言》指出"人人都有受教育的权利。教育的目的在于充分发展人的个性并加强对人权和基本自由的尊重。"

教育均衡的本质在于缩小教育差距,实质上是指在教育公平思想和教育平等原则的支配下,教育机构和受教育者在教育活动中有平等待遇的理想和确保其实际操作的教育政策和法律制度。从宏观层面分析是学校教育供给与需求的均衡,从中观层面分析是教育资源配置的均衡,从微观层面分析是学校教育过程、教育结果及教育评价的均衡(翟博,2006)。教育均衡发展的核心是教育的公平化和民主化,包括优质教育资源的分配、受教育者权利和入学机会的保障、教育质量、师资力量、教育经费、教育成就等多方面的均衡发展。其最基本的要求是在教育群体和教育机构之间，平等地分配教育资源，达到教育需求与教育供给的相对均衡，并最终落实在人们对教育资源的分配和使用上。[①]

教育均衡发展，主要是指我国不同地区之间、城乡之间、同一地区不同学校之间、同一学校不同群体之间的教育均衡发展问题。或者说，它主要涉及的是受教育者的受教育权利保障问题，教育的民主与公平问题。义务教育均衡发展，就是在教育公平、教育平等原则的支配下，国家制定的有关义务教育法律、法规和政策，各级政府和教育部门制定的有关义务教育法规、政策，都要体现教育均衡发展的基本思想，不同地区之间、城乡之间、学校之间、群体之间的义务教育资源，必须均衡配置；各级学校和教育机构，在具体教育活动和教学活动中，要为每一个受教育者提供均衡的教育和发展机会。义务教育的均衡发展是指在一定行政区域内，学校与学校之间，在办学条件、师资资源等方面，实现相对均衡，以此保证所有学生的受教育机会与权力的平等。均衡发展的内涵包括办学条件、教育质量、教师资源均衡，外延包括群体之间、城乡之间、区域之间的均衡。也就是说，义务教育的均衡发展是为更多的人提供更多的受教育机会，在普及义务教育以后，义务教育的均衡发展是为所有人提供基本的教育，随着社会的发展，其目标是为尽可能多的人提供尽可能好的基本教育。有学者提出"教育公平是目标，均衡发展是手段，是实现向所有人提供保证质量的教育的重要途径。教育的均衡发展理论是推进教育民主化，促进教育公平的重要途径"（瞿瑛，2006）。

义务教育的均衡发展是实现教育公平发展的基本保障，是很多国家政府所追求的目标。义务教育均衡发展是随着我国义务教育的普及逐渐提出来的概念。

义务教育的均衡发展可以保障社会弱势群体通过接受义务教育改变社会地位和身份，促进其向上层社会流动、促进人的平等发展，是增进社会稳定、平等，维护社会公平正义的手段。因此，教育作为社会变革的积极力量，均衡发展不仅仅是教育问题，也是事关社会和谐、国家民族的稳定与协调发展。在我国构建社会主义和谐社会的进程中，公民对教育公平问题广泛关注，教育的均衡发展将成为实现社会平等的"最伟大工具"和社会稳定的平衡器，它既是一种理想愿望，也是我国现实的阶段性目标。教育均衡发展关系到当前和今后一个时期中国义务教育发展的整体战略问题。纲要明确提出推进义务教育均衡发展，将其作为我国义务教育的战略性任务。教育特别是义务教育，作为国家与政府行为，必须为每位学生提供基础性教育，是一种最低标准的合格教育。各级教育行政部门应把推

[①] 百度百科：教育均衡 http://baike.baidu.com/link?url=RmXRBUH7Ml094ZEZzPh96yXHtNhPsszXJsjKsLs1PzUkDvWfxVSZ8HhURA-WUxV-n.

进义务教育均衡发展作为制定各项教育政策的出发点和落脚点。我国2006年颁布的义务教育法也明确指出"不得将学校分为重点学校和非重点学校,学校不得举办重点班和非重点班"。我国也先后出台了推进义务教育均衡发展的一系列政策措施,如推行免费的城乡义务教育,建立农村义务教育经费保障机制、启动农村义务教育阶段学校教师特岗计划等。

第三节 义务教育均衡发展视域下学校文化建设存在的主要问题分析

一、重城市文化轻农村文化

从教育的均衡发展应学校的内涵发展入手,从开展校园精神文化建设出发,努力提高学校的"软实力"。特别是物质条件相对薄弱的地区,更应通过精神文化的重点建设来弥补其物质匮乏,从而达到相对均衡的状态。然而,当前我国义务教育学校文化建设在城市学校与农村学校之间存在较大差距,义务教育阶段的城市学校和农村学校,在硬件教学设施、教育场所、师资水平、信息化水平等方面都存在较大差距,特别是内地偏远农村学校办学观念滞后、教学理念落后、办学思路不清、师资力量薄弱、教学质量不高,农村义务教育学校的文化建设质量与完善程度明显低于城市义务教育学校。根据城乡教育发展的现状不难看出,二者之间还存在较大差别。首先,以优质教育资源的分布状况而言,城市要优于农村。尽管当前从政策方面以废除"重点"学校制度,义务教育发展政策向农村中小学倾斜,但"重点"学校一旦确立和形成,其自身的教育资源、品牌效应等方面的优势会进一步凝聚社会资源,使之仍处于优势地位,拉大与普通学校的差距,更何况当前中小学处于"没有重点学校的重点学校制度",虽然有政策约束,但是从本质上没有显著的改变。据2010年发布的义务教育均衡发展报告显示,县域内小学高于规定学历教师比例的城乡差距达35.51%,且就城乡办学条件标准而言,城乡实行着不同的标准,城区学校的办学条件明显优于乡镇、农村学校。

这种非均衡发展存在多种原因,政策导向首当其冲,除去区域经济、地理环境、历史原因等客观因素之外,造成差距的主要问题根源于城乡二元结构政策影响下的"城市中心"价值取向。我国教育政策的这种价值取向直接导致了优质的教育政策和优质的教育资源向城市学校倾斜，加之示范学校政策的出台，加剧了城市学校内部的重点学校竞争，更使农村学校边缘化，使教育资源明显失衡，出现差距，导致学校文化建设的先天条件不足。在这种教育资源的差距越来越明显的发展趋势下，不同地区学校之间的办学理念、学校领导与教职员工的教育素养、文化涵养、统筹问题的能力以及他们的工作环境都出现了明显的差异性。

义务教育文化建设在城市学校与农村学校之间存在差异，虽然有政策导向的原因，但也存在其他多方面因素的综合影响。首先由于师资力量分布不均匀，导致在一些硬件条件薄弱、地理位置偏僻、教育理念滞后的学校，少数教师受到环境因素影响，导致教育能力衰退，教育水平无法与时俱进，在学校文化建设过程中无法发挥作用。由于农村学校在办学条件、办学理念、师资力量等方面的差距，导致教学质量低下，最终体现在教育结果的不均衡上，而教育结果的不均衡自然会反过来影响学校本身，加剧城市学校与农村学校之间的差距。

二、重显性文化轻隐性文化

英国学者罗伯·高菲（Rob Goffee）和盖瑞士·琼斯（Gareth Jones）指出："建筑物建立起来之后，你看不到它的柱子、横梁和钢筋，但是少了它们，建筑物将会倒塌。文化对于学校教育质量来说就是这样。"（罗伯，2013）文化建设历来是学校必须承担的一项重要且富有全局性的工作，然而自课程有显性和隐性之别的西方观点被引入国内以来，学校文化建设又常被称为隐性课程建设，并因此纳入课程论的范畴。且不论隐性课程论是否可以与校园文化相等同，根据学校文化的表现形式，亦可以将其分为隐性文化和显性文化。显性文化是外显的、可见的，投资建设的成效显著，而隐性文化承载着学校的历史，沉淀着学校的文化底蕴与精髓，并延续着学校文化的整体环境和文化氛围，其见效慢，建设周期长，不是一蹴而就的，需要靠长期的文化积淀和师生的共同努力经营。学校的校风校纪、制度文化、教师的人格、学生的言行等等都影响着学校隐性文化的整体形象，是义务教育学校文化建设的重点与核心。一个学校的校园文化需要具有这个学校所特有的"魂"，而"魂"不是通过办几场歌咏比赛，挂几幅名人名言就能铸就的。学校的"魂"是这个学校的办学理念、价值取向、学校历史、教学风格等多方面因素的综合体现，其表现形式无法以统一的标准来衡量，即隐性文化。隐性文化并不能给予直接性的影响，但是其影响力却不逊于同等水平的显性文化。但是由于校园文化倾向和考察衡量标准多倾向于显性文化，多数学校领导以及教师将看得见的物质文化放在建设第一位，将"楼、墙、厅、廊、园、区、栏、角"作为校园文化建设的主要阵地，雷同的校训，整齐划一的"学校特色"，使每一个学校的校园文化都如出一辙，这样的校园文化建设既缺少学校特色，又对帮助学生树立正确的人生观、价值观没有显著成效。因此，当前义务教育学校文化建设仅仅局限于校园文化活动的表层，只注重学校外显文化的建设，投入了大量的人力物力财力，导致学校缺少深层次的文化底蕴，缺乏校园文化的勃勃生机。

三、重物质文化、轻制度文化

学者们对学校文化要素的分类有多种认识。作为社会文化的有机组成部分，依据学校文化所处的层次可将其分为物质文化、制度文化、精神文化等。

物质文化是校园文化建设的硬件，是看得见、摸得着，容易被人们体察和接受的文化形式，它是指物化的文化形态和学校文化的外显标志，包括校园所处的外部自然环境、校园内部的规划布局以及校园建筑、雕塑、绿化和文化传播工具等各个方面所形成的文化环境（黎雯，2010）。物质文化承载着学校的教育理念，反映了学校的办学目标和价值取向。20世纪末期，受各地经济发展水平的限制，很多学校都存在着不同程度的问题和困难，比如教育资金投入太少，校舍简陋，教育资源相对紧缺等等。随着我国经济的发展和世界科技水平的不断提高，近十几年来，国家重视教育，加大对教育资金的投入和建设，加之社会各界人士对教育的关注和支持，用于教育发展的资金较之以前越来越多，学校也得到了前所未有的发展。很多学校的硬件资源发展不断得到改建和完善，花园般校园应声而起，校舍气势不凡、宏伟壮观。学校里也建立了学生专用的科学实验室、网络实验室，配备了先进的设备，建立起多功能语音室等。有些学校大力兴建图书馆，大批购买图书，甚至物质文化建设矫枉过正，只是为了迎接上级领导的评估与检查，热衷于创建"形象工程"，忽略了学生的内在需求，做些华而不实的东西。

与物质文化相比，制度文化具有内隐性、导向性、激励性、规范性、强制性、稳定性等特点。管理的规范和行为的约束是制度文化的主要内涵。制度文化包含学校决策制度、教学管理制度、教师管理制度、教师奖惩制度、学生学习与管理制度等，是在正式的和非正式的规章制度基础上形成和体现出来的。制度文化反映了学校的办学理念、办学特色和学校的主体价值导向，潜移默化地引导着人们的价值判断和行为方式。作为校园文化的基石之一，制度文化与物质文化应占据相同的地位。

随着教育发展水平不断提高与完善，学校物质文化已追赶上时代，且具备了与国际接轨的条件，然而学管理制度的建设与执行却相差甚远、停滞不前。在当前中小学校制度文化的建设过程中，出现太多雷同和僵化的现象，且在管理层面上出现敷衍与无效的执行状况。学校管理缺乏自主性、管理制度缺乏时代性、制度建设流于形式，这些问题在物质文化不断发展的今天愈加凸显。①各级各类学校有自身的办学特色和发展逻辑，本应享有充分的办学自主权，在自身的发展中采取不同的改革措施和方法，形成各自的办学特色，但在目前的教育行政管理中，上级对下级的管理统得过死。例如，校园的总体规划设计、创建校园文化的模式和内容上，也是自上而下，经由上级教育行政主管单位统一部署，仍带有浓厚的计划经济色彩。②现今的制度文化僵化庸腐、形同虚设，这主要表现在各种规程制度不仅缺乏内涵和创新，无法赶上时代潮流，没有生命活力且缺乏人文精神和人本关怀，成为规范师生发展的枷锁。这种无法与时俱进的学校制度文化既难以调动教师的工作积极性，还不利于学生的身心健康发展。

制度文化的建设的本质不是求取制度的形式，而是催生内在的制度精神。在校园物质文化已达到一定高度的现状下，制度文化建设只有将死板的制度条文变为灵活的生活哲学，渗透到师生员工的生活方式，才能使学校文化建设充满人文气息，而不是陷入钢筋水泥铸就的牢笼。

四、重考试文化，轻素质文化

透视义务教育现状不难发现，功利思想已成为学校师生员工无法摆脱的顽疾。粗放式、低层次的教育扩张，导致当前义务教育增量加速发展的同时，其内涵质量的发展明显滞后，并已成为制约义务教育可持续发展的关键因素。分数教育的幽魂始终徜徉在校园文化的氛围中，学校文化建设始终受考试文化这个在功利思想下产物的制约和困扰。应试教育的文化底蕴缺失、缺乏理论素养和批判性思维，将教育看作"工具"，将学习当作"模仿"，用狭隘的"标准"来衡量的教育衡量方式，无法渗透到学生的灵魂深处，这也是义务教育学校的学生无法充分张扬个性、愉快学习的本源。

多元化的现状下，利益多元、价值多元、信息多元、文化多元等方面为校园文化建设带来了新的矛盾与冲突。当前学校文化建设的主体思想正受到育人目标和应试教育之间的矛盾、学生的升学压力与素质教育之间的矛盾、新旧教育观念的矛盾等因素所影响。这些矛盾与冲突都深刻影响着我国广大中小学校的价值选择、办学理念、教育和教学方式，最终导致学校教育在行为和观念上产生一些盲从、困惑和摇摆。究其原因，与学校重考试文化、轻素质文化导致学校的精神内涵匮乏、学校文化缺失息息相关。虽然我国教育改革提出了培养学生创新精神和实践能力和社会责任感的素质教育，力图将义务教育排除传统教育理念的困扰，从应试教育的牢笼中解脱出来，转向教育的育人功能，恢复教育的本真。但考试作为检验和评定学生学习效果的一种工具，是以量化或质性的形式对学生的学习情况给予比较、判定和衡量的有效手段。特别是从中国的传统文化来看，考试作为我国古代延揽精英、选拔官员的重要方式，一直受到社会的认可和官方的认同。这种考试文化经久不衰的重要原因就是它满足了人们的普遍价值追求，是当前人们认为最合理、最公平、最开放的评价方式，特别是教育资源匮乏、经济条件贫困的学生实现理想的可能途径。尽管在20世纪90年代中期，我国提出由应试教育向素质教育转变的思路，教育改革在制度文化上也屡经尝试和努力，但在应试教育与素质教育的博弈中，推进困难，举步维艰（郭法奇，2013）。毫不隐讳地讲，现在义务教育学校文化和"应试文化""考试文化"并无本质差异。

校园文化建设十分现实和重要的任务，不是回避或以精神否定财富的方式来形成学生积极的人生态度，而是要从财富与精神、幸福人生关系的意义上，帮助学生形成健康、积极的人生观和生活方式（徐文斌，等，2009）。学校文化的根本价值并不在于传递知识，而在于唤醒学生的生命。教育之根和文化之根的寻求只有通过唤醒人类灵魂的方式才能实现。因此，教育者应尽力改变只强调知识传承、考试成绩的考试文化，把文化建设的重点放在关注学生的个性发展和综合素质提高上，努力营造有利于学生自主学习、有利于学生个性发展的学校文化，为受教育者提供更为广阔的发展空间。

第四节　义务教育均衡发展视域下学校文化建设问题的归因分析

一、对学校文化建设重要性认识不够

"文化建设历来是学校必须承担的一项重要且富有全局性的工作"（叶澜，2006），学校文化作为社会文化的缩影，是学校的精神支柱和灵魂所在，在影响和

促进学生全面发展的过程中，具有其他任何教育手段都无法替代的作用。离开文化的滋养，学校就成了无源之水，无本之木。

学校作为文化继承、繁衍、传播的载体，服务并传播文化；文化作为学校建设的灵魂和精神内涵，为学校提供精神食粮。学校与文化的这种天然链接关系决定了两者互助互长的关系。文化使接受学校教育的人在教育过程中受学校文化的洗礼，通过规范、启迪、熏陶等形式直接或间接地帮助人们形成符合社会的核心价值观和行为方式，并在此基础上构建以某种包含政治、生活、社会等特定时代与社会背景下社会文化为主流评判方式的个人价值体系。

义务教育阶段的学校文化是我国先进文化的重要组成部分，对社会发展具有基础性和先导性。学校文化对学生的成长、教师的发展及学校的整体建设都具有重大意义。但自工业社会以来，文化之于学校，更多地体现在其间接的"传递"功能，即"学校文化功能说"，就是学校以学科方式组织的技能和知识，向学生传递人类已有的历史文化积淀。其本质上是保持文化而非发展文化，忽视了文化传承和文化创新的自主性。当今中国学校的领导者也很少有这种文化自觉，无法真切意识到学校文化建设的重要性，无法体察学校文化精神之于一所学校的重要意义，也自然无法理解学校在当代中国社会文化发展继承和创新的历史使命。

二、重城市轻农村的城市化价值取向

在我国城乡二元结构政策的影响下，我国的教育政策形成了重城市轻农村甚至以城市为中心的价值取向。

学校作为开展教育教学活动的基本组织，其本身并无高低和优劣之分。而在推进义务教育均衡发展的过程中，由于政策方针的影响，导致轻视农村和一般学校建设成为不可逃避的现象与问题。新中国成立之初，由于国家宏观调控财力较为有限，1953年11月，中央人民政府政务院下发了《中央人民政府政务院关于整顿和改进小学教育的指示》，确定了城市优先的发展战略；1982年12月中共中央、国务院颁布的《关于普及小学教育若干问题的决定》中指出，教育发展不能搞"一刀切"。城市小学可率先试行六年制，农村小学暂时不变；1985年5月，《中共中央关于教育体制改革的决定》认为，我国应实行县乡村三级办学、县乡两级管理的新体制，农村教育经费的投入和管理主要由乡镇和村负责，城市教育则主要由国家财政资助和县级以上政府管理。这些文件都确认和沿袭了义务教育分级办学、分级管理、地方为主的管理体制，不仅加剧了农民的教育负担，也加剧了城乡教育差距。

这种非均衡发展存在多种原因,其中政策导向首当其冲,除去区域经济、地理环境、历史原因等客观因素之外,造成差距的主要问题根源于城乡二元结构政策影响下的"城市中心"价值取向。我国教育政策的这种价值取向直接导致了优惠的教育政策和优质的教育资源向城市学校倾斜,加之示范学校政策的出台,加剧了城市学校内部的重点学校竞争,更使农村学校边缘化,使教育资源明显失衡,出现差距,导致学校文化建设的先天条件不足。在这种教育资源的差距越来越明显的发展趋势下,不同地区学校之间的办学理念、学校领导与教职员工的教育素养、文化涵养、统筹问题的能力以及他们的工作环境都出现了明显的差异性。

义务教育文化建设在城市学校与农村学校之间存在差异,虽然有政策导向的原因,但也存在其他多方面因素的综合影响。首先由于师资力量分布不均匀,导致在一些硬件条件薄弱、地理位置偏僻、教育理念滞后的学校,少数教师受到环境因素影响,导致教育能力衰退,教育水平无法与时俱进,在学校文化建设过程中无法发挥作用。由于农村学校在办学条件、办学理念、师资力量等方面的差距,导致教学质量低下,最终体现在教育结果的不均衡上,而教育结果的不均衡自然会反过来影响学校本身,加剧城市学校与农村学校之间的差距。

三、义务教育中功利化价值追求

义务教育的学校教育目标除了进行基础的教育教学活动之外,更重要的是以学校文化的精神力量促使学生世界观、价值观的形成,引导学生如何思考,如何看待社会。教育具有功利性是客观事实,但是随着教育功利在社会文化影响的不断异化,在义务教育阶段中如何合理的面对与处理功利化价值追求迫在眉睫。

义务教育阶段具有三个基本性质:强制性、公益性、统一性。然而,在当前在社会急功近利的竞争诱惑下,义务教育忘却了教育的根本责任和使命,只追求看得见的利益,学校热衷于建校舍、建大楼、盲目扩招、升重点等表面文章,这种做法显然违背了义务教育的统一性。义务教育在分数的驱动下依然扎扎实实地抓应试教育,这种片面、狭隘的功利化价值取向,不可避免地造成浮华和浮躁,导致学校办学理念的滞后和受教育者精神品质的缺失,忽视了学生在未来社会生存中健全人格的培养与塑造。

义务教育功利化的首因是人在现实社会中价值追求的错位,科技的腾飞对社会经济的发展起到了巨大作用,诸多西方社会思潮对社会文化的影响促使了人们产生对理性的绝对依赖，在缺乏人文关怀支撑的前提下，人逐渐成为以具体功利为追求、以眼前利益为目标的"功利人"。在以人为主体的社会文化不断受到"功利人"的影响和侵蚀的过程中，这种价值追求的错位必然导致教育价值的错位。教育不再是为了个人的启蒙和教养，而是满足需求的手段。这种情境下，执行者与参与者都会因此受到影响，而教育本身也会被改造，以"何以为生"的本领训练替代"以何为生"的教育。

四、应试教育对学校文化的侵蚀

学校文化具有潜移默化的导向性和渗透性。尽管当今教育领域不断掀起诸如素质教育、个性化教育等新兴的教育理念和教育浪潮，但限于现存的高考体制和追求升学率的导向，以应试和升学为价值取向的传统应试教育仍根深蒂固地影响并侵蚀着义务教育学校文化。正如《国家中长期教育改革和发展规划纲要（2010—2020年）》序言中所指出的那样"目前教育观念相对落后，内容和方法比较陈旧，中小学课业负担过重，素质教育推进困难"。[①] 长期以来，以应试为取向的校园文化不断熏陶和塑造着教育主体的思想和行为，学校文化中所体现的价值取向和精神追求无不受应试教育的浸染。

"应试教育"作为一个重筛选、重淘汰的体制，是从应试和考试中派生出来的产物，中国人的考试文化已深入骨髓，应试教育也已根深蒂固。应试教育的思想可追溯到隋末科举，甚至有学者将中国社会的长期繁荣稳定归功于科举制度。几千年的中国文化特别是对古代科举考试制度的继承与发展，决定了中国人历来有重视考试和应试的传统。"学而优则仕""万般皆下品唯有读书高"的教育传统深入我国民族文化之中，其作为几千年来支配我国教育文化的主流思想，有其深刻的历史文化内涵。除此以外，如今学生的升学需求是应试教育的原动力，办学者和学校教师对高升学率的追求是应试教育的主动力。在当前的评价体系下，人们更倾向于选择应试教育。这也是"素质教育轰轰烈烈，应试教育扎扎实实"的根本所在。在应试教育价值取向的办学思想中，是无法摆脱其对学校文化建设的侵蚀。

在推行素质教育的校园文化建设进程中，传统的应试教育成为最大的阻力，学校文化以高升学率为主要目标，以学生分数高低、学科竞赛成绩作为评价学生好坏、教师优良的评价准则，导致学校的物质文化建设、精神文化建设、制度文

---

① 新华社北京2010年7月29日电，授权发布：国家中长期教育改革和发展规划纲要（2010—2020年），http://news.xinhuanet.com/edu/2015-11/23/c_12389320.htm，新华社.

化建设都流于形式，学校文化建设的焦点和出发点依然无法摆脱应试教育的侵蚀，造成死记硬背、题海战术、分数至上等行为方式。这不仅让老师长期处于高压的工作环境产生职业倦怠甚至焦虑抑郁等心理疾病，还严重影响了学生的个性健康发展和综合能力的发展。"从主题到范畴，从价值到目的，从风格到理论的演化，从内容到方法，深受它所赖以存在和发展的民族文化传统的制约，深深打上了民族文化的烙印"（石中英，2003）。因此，应试教育之所以能大行其道，在当代教育历史舞台上经久不衰，并对学校文化建设影响深远，并不单单在其考试制度本身，而是有其深重的文化背景。

第五节 以学校文化建设推进教育均衡发展的建议

义务教育在长期应试教育的学校文化价值取向和功利化价值追求的利益驱动下，形成了重城市文化轻农村文化、重显性文化轻隐性文化、重物质文化轻制度文化、重考试文化轻素质文化校园文化建设状况。义务教育的均衡发展是以各个学校的发展为前提的，只有"办好每一所学校，为了每一位学生发展"，才能促进义务教育的均衡发展。因此，以学校文化建设推进教育均衡发展成为解决问题的关键环节，明晰学校文化建设理念、制定学校文化建设标准、加大校园文化建设投入、提升校园文化建设动力、创新校园文化建设机制、加强校园文化建设评估是本研究提出的系列对策建议。

一、明晰学校文化建设理念

（一）以人为本，以校为本

学校文化建设立足学生，为了学生的发展，学校文化要依靠人，充分调动所有人的积极性、主动性、创造性，着眼学生的全面发展、教师专业自主发展、学校持续协调发展。从管理层面上，学校管理要从关注"效率"中走出来，尊重和关怀生命，促进生命的健康成长，让学校管理实现人性化，成为校园人的"成人之道"；学校管理的目标和方法不在于守着"死"的规章和制度来维持现有的秩序，而是要在现有的规矩和规范的基础上充分调动人的主动性和积极性，发挥人的潜能，实现创新，从"维序"到"求变"，"求变"到"优化"。优化管理，努力提高学生素质；优化管理，切实提高教师素质；优化管理，才能切实提高学校的办学水平。另外，班级工作要更加关注学生成长需求；课堂教学也要关注到师生生存状态，从"封闭""单调"走向"开放""多样"；从单向传输到师生互动、从"预设兑现"走向"动态生成"、从关注结果到关注成长过程（黎雯，2010）。

（二）全面和谐，特色发展

学校文化建设要注重全面建设，既要注重历史文化的传承，又要注重现代文明元素的汲取；既要注重有形的物质文化的建设，又要注重无形的精神文化和制度文化的建设；既要注重教师文化建设，还应注重学生文化、课程文化等方面的建设；既要立足于本校的文化传统，还应考虑到本土文化及我国传统文化、国际文化思潮的影响，促进学校内部不同文化样态和学校外部不同文化样态的和谐发展。不同学校有不同的文化传统和不同的发展条件，学校文化建设要重视文化个性发展、强化优势特色发展，尊重多元，崇尚差异，追求个性，凝练特色。

（三）内外结合，自主创新

外部重视专家引领、理论指导，内部注重学习、研究、创新，健全领导、管理机构，完善建设、评价机制，加强经费、精力投入，以问题为切入，以改革为手段，以创新为原则，以研究为动力，以特色为追求，以发展为目的；全面诊断，明晰问题；科学定位，找准方向；共同研究，制订方案；营造条件，发展提高。

二、制定学校文化建设标准

文化建设标准"是从办学长远发展的角度，建构起的一套政策性的战略资源"（王继华，2014）。它体现了前瞻思想的决策力、管理者的政治远见和发展的洞察力，表达管理者用精神理念解决情感、态度、价值观问题的卓见。文化建设标准是一种长远目光形成的可供将来遵循的"标尺"，每一代学校建设的参与者，都会在既定的文化路线图上，依循学校文化精神理念的布局，阐释育人规律的求真之美；依照立德树人的根本任务，展示培养栋梁之才的至善之美。学校文化建设标准包涵"内涵建设标准""特色建设标准""目标建设标准"三个维度的内容。

(一)学校文化内涵建设标准

学校文化内涵标准的着眼点既在人本思想的建设中体现校长文化使者能力操守境界的维度,体现师者先善其德而后浸润化育的属性,体现学生德行优良和心智成长的意义,又在目标建设维度中体现"四育并举"的德育为先笃定品质,智育之重增强智慧,体育之义强化意志,美育之基固化真善。

从人本维度上看,学校文化内涵首先要表现校长文化使者的精神气质,其次要充分发挥教师向师性的榜样作用,以师者的言行形成学生日后的道德规范,学生的人文气度也至关重要。需要学校文化赋予学生德为起始、美为取向的灵动思维,在丰富多彩的动态活动中张扬个性,在静态环境文化的浸润中陶冶情操。从目标维度上看,德育为先笃定品质,为生命力量铸魂。智育之重增强智慧,为生活价值固本。体育之义强化意志,为规则秩序导航。美育之基固化真善,为目标价值起航。家校共育浸泽人性,为提高生命质量。

(二)学校文化特色建设标准

"鼓励学校办出特色"的实质就是激发人们振奋精神,因地制宜,根据地域文化的寄寓,采取适合少年儿童个性发展的措施,促其实事求是的"唯真"和育人取向"唯美"的早日实现。特色标新立异的创造重在培养"情"的奔放性,拳拳性情性格的思想引领;特色脚踏实地的态度重在发挥"趣"的志向性,择善生命历程的理想志向;特色神州少年的飒爽重在打造"精"的完美性,灵动个性气质的独特智慧;特色理想情怀的写意重在运用"气"的自由性,恢弘审美愿望的卓越路向。

(三)学校文化目标(路向)建设标准

学校文化路向标准的讨论,是为内涵特色的发展建立起的一套符合认知规律的方法论。学校文化路向标准的实质,是在运用"道"的方向引领,优化组织结构;运用"术"的方法模式,建设文化兴校的话语权。

(四)学校文化建设标准的要点

建设标准的要点可以从学校文化建设的"内涵""原则""建议"三个层面提出构建的核心要素和价值体系,形成文化兴校的行动纲领。依次为设置依据,有学者对"学校文化建设标准"进行了四大系统28条,每条3个维度,共计128条的建设标准构建（表 8-1）（王继华，等，2014），可以作为当今义务教育学校文化建设标准设置的有效参考。

表 8-1　学校文化建设标准

主要内容	建设要点	具体内涵	建设原则	谏言建议
理念思想系统	学校精神	观念产物，情感本心，心智果实	引领思想，凝聚力量	表达独有话语权，体现发展的意志
	核心理念	校力智慧，目标战略，人文取向	内在逻辑，求真求善	体现抽象概括性，把握发展的取向
	育人目标	崇德渝智，弥新尚美，志趣生命	立德树人，可持续性	体现生活之逻辑，含弘春秋之义理
	办学特色	体现特点，表达审美，展示个性	因地制宜，实事求是	注重独特的风格，展示高贵的魅力
	校风校品	培养德性，造就品性，涵育人性	纯洁道德，强化能力	仰之则弥高尚美，钻之则弥坚清新
	教风教德	择善慎独，钩深致远，维护神圣	育养习性，教人方法	内图个性之发展，外图贡献于其群
	学风学养	追索原理，展示风姿，育养襟怀	笃志理性，涵育知行	自主自立之哲思，累结根气之殷强
	校训校格	精神信念，激励思想，昭示方向	核心取向，特色方向	育人取向的昭示，作圣启蒙的导航
制度行为系统	校长文化	理念使者，思想行者，树人智者	职业境界，职业能力	传播道德之道义，确立精神之战略
	组织文化	结构严整，系统缜密，格局远大	经纬相交，澄明抱负	注重个体之认知，实现长效之愿景
	课程文化	集萃精神，代言时代，探究生成	以人为本，意识研究	深度地挖掘资源，回归生活的世界
	课堂文化	生命意志，人本意识，能力视野	尊重平等，全人观念	打造开放式模式，形成自由之路向
	活动文化	社团组织，兴趣小组，节日庆典	蓬勃精神，张扬个性	培育心智的理想，物化环境的氛围
	教师文化	先善其德，学为人师，行为世范	厚德敏行，化育天下	示范高尚之情操，践行育人之规则
	学生文化	行为尚美，道德道义，襟怀远大	群体气象，价值取向	尊重个性从禀性，育养习性树趣性
	班级文化	充实情感，平衡心态，追求审美	强化氛围，陶冶生命	营造归属感氛围，形成向往的精神
静态环境系统	楼宇文化	楼宇命名，风格谐调，墙壁说话	物化环境，陶冶情操	形成审美艺术的向往
	校门文化	展示个性，升华气质，对话来者	阻隔喧闹，创意审美	形成学校文化的窗口
	校道文化	传播理念，记录风格，曲径通幽	表达意志，体现意境	形成理想思想的长廊
	雕塑文化	理念时空，焕发激情，释放灵性	震撼心灵，绵长志向	形成活现理想的旗帜
	角域文化	延伸活动，导航志向，智慧碰撞	激励情感，丰富志向	形成共鸣共识的圈子
	橱窗文化	承重时代，丰富情感，传播道德	思想先行，涵养规则	形成文化育人的讲坛
	展室文化	记录往事，联想峥嵘，宣誓未来	规划战略，激励情感	形成继承光荣的场域

续表

主要内容	建设要点	具体内涵	建设原则	谏言建议
形象标志系统	校歌校旗	融入理念，彰显精神，启迪志向	激发斗志，展示气质	体现精神理念与特色
	校服校徽	体现审美，表达气质，记录情感	约束行为，展示活力	形成审美气质的风采
	学校网络	能量再造，形象窗口，共享资源	融入世界，渗透生活	形成自由开放的平台
	校刊报报	凝集思想，启迪智慧，喜闻乐见	前瞻趋势，提升素养	形成引航发展的时空
	用品设计	体现风格，传播理想，释意取向	差别印象，营销形象	形成学校形象的符号

三、加大学校文化建设投入

近几年，学校文化建设对提升学校内涵发展的重要性被逐渐认识到，投入到学校文化建设的费用，尤其是硬件方面的建设费用从无到有，逐渐增加。但是，整体来看，义务教育学校文化建设的物质基础还相对薄弱，资金来源渠道单一，尤其是一些贫困偏远的农村义务教育，基本的学校硬件建设还不能满足，严重影响到校园文化建设的进一步发展和完善。面临这种情况，政府要积极做到合理分配财政资金，加大财政资金的投入量，加大义务教育学校文化建设投入；学校要把文化建设纳入学校预算，设立学校文化建设专项经费，在人、财、物等方面加大投入，确保学校文化建设各项工作顺利开展；学校还有积极吸收校外资金投入，广开筹资渠道，多方筹措文化建设经费，不断完善文化建设的政策和措施，切实解决文化建设过程中遇到的实际问题和困难。

四、提升学校文化建设动力

没有思想就没有行动。学校文化建设是一项复杂的系统工程，各方面、各层次阻力巨大，实施并有效推进学校文化建设，需要强大的工作动力。只有统一思想，形成强大的工作驱动力，才能克服学校文化建设中遇到的面对工作的畏难情绪、投入上的经济困难等等方面的巨大阻力。提升学校文化建设的动力主要体现为坚定的领导意志、明确的集体意识和强烈的师生意愿。

（一）坚定的领导意志

领导者意志是领导者自觉地确定目标并支配其行动，以实现预期目标的心理品质。"一个好校长，就是一所好学校"，任何时候学校领导都是学校文化建设的领导者和倡导者。学校文化建设首先必须拥有坚决的领导意志，并形成完整统一的壮美愿景，这是实施和有效推进学校文化建设的前提。形成坚定的领导意志需要领导者对学校文化建设有深切的认识和领悟。形成坚定的领导意志还需要对学校文化建设有准确的理解和把握。实施学校文化建设，仅有宏观感悟和情绪指向是不够的，抽象的东西是难以付诸实践的。学校的领导者要对学校文化建设的理论与实践进行全面、深入的研究和探索。只有学校领导者研究理论，对照实际，多方论证，理解把握了学校文化建设的目标任务、具体内容、方法途径和策略措施，才能为形成科学有效的学校文化建设实施方案和策略措施奠定坚实的理论基础。最后，形成坚定的领导意志，还需要形成科学合理的蓝图和愿景。只有学校领导者明晰科学的蓝图愿景，才能使学校文化建设上心中有目标，工作有动力。

（二）明确的集体意识

只有得到全体领导、干部和学校领导的共同认可和理解，学校文化建设愿景目标才能成为大家极力关注的共同的基本目标和发展方向，进而才能激发动力，团结奋斗。学校管理层面要重视构建愿景，重视传达愿景，以唤起每个人的积极关注、正确定位、共同努力。在文化建设愿景目标形成以后，学校管理层面领导要全方位，多角度，深层次地宣讲学校文化建设理念、内容、思路和方法，使学校文化建设成为一个学校领导班子的共同愿望，从而，形成了人人有目标，人人有责任，团结一致，齐抓共管的良好局面。

（三）强烈的师生意愿

一个学校的全体师生是学校文化建设的践行者、创造者，学校文化建设必须成为全体师生的一致追求。但对学校发展而言，仅有领导意志与集体意识是不够的，还需要学校的管理者以自己的文化自觉唤醒全体师生的文化自觉，通过师生的共同参与和共同创造形成学校文化和学校发展。从这个意义上看，在学校文化建设的三类建设动力主体中，师生意愿尤其要得到重视。从最广泛的教育学意义上看，教师的言行举止不断地传递着一种文化，也不断再生产着一种文化，极为鲜明地体现着学校文化的内涵和特色；同时师生共同实践、共同创造、共同享用学校文化，需要教师的引领、组织和指导。形成了全体师生全员参与的生动局面，有力地促进校园文化建设的发展。

五、创新学校文化建设机制

校园文化建设是学校文化建设的重要组成部分，也是进行学校文化建设的重要抓手，要想建设富有特色的学校文化，就必先建设好校园文化，要建设好校园文化，就要把校园文化建设的要求落到实处，使之真正地为广大师生所接受，进而有效地发挥其引导、规范学生行为的作用，关键在于探索建立健全长效机制，这是校园文化永葆生机与活力的重要保障。

①要加强对校园文化建设的组织领导，努力完善校园文化建设的管理机制。学校要充分认识加强校园文化建设的重大意义，树立抓文化也是抓发展、抓文化就是抓未来的理念，把校园文化建设放在重要战略地位，成立学校主要领导任组长的校园文化建设领导小组，统一规划、指导和组织协调校园文化建设工作。②要加强对校园文化建设的指导，努力构建校园文化的引导机制。苏霍姆林斯基曾经说过："一个好的学校墙壁也会说话。"在今天这样一个纷繁复杂的社会条件下，学生的价值取向和行为选择日趋多元化、多样化，学校必须担负起引导学生思想、陶冶学生情操，提高学生素质的重要作用。义务教育阶段是中小学生世界观、人生观和价值观形成的重要时期，作为"隐性课堂"的校园文化是学校教育中的一个重要组成部分，它通过耳濡目染、潜移默化的作用，使学生从内心深处接受学校提倡的行为方式和价值观念，认同教育目标，并以此作为自己的行为准则和评判标准，体现在行为之中。建立健全义务教育校园文化的引导机制，引导中小学生把学校文化所倡导的思想观念最终外化为实际行动。③加强对校园文化的统筹规划，努力构建校园文化建设的整合机制。校园文化是一个由物质文化、制度文化与精神文化不同要素和不同层次组成的系统。为了确保校园文化的作用得到全面实施，功效得到充分发挥，必须加强对校园文化建设任务的统筹规划，构建整合机制。要对校园文化的目标和任务进行整合，把培养有理想、有道德、有文化、有纪律的社会主义新人，应该成为校园文化建设的中心任务，并以此来整合、凝聚校园文化建设。在此基础之上，对校园文化的内容和载体进行整合。

六、加强学校文化建设评估

评估是一种价值判断，学校文化评估即是对学校文化的价值作出判断，是能够推动学校发展的重大力量。学校文化评估的对象包括存在于学校的多元文化因素，既包括物质文化、制度文化、精神文化，也包括教师文化、学生文化、课程文化、网络文化等不同层面的文化。评估的诊断、改进、激励、导向、调控和服务等功能运用到学校文化发展中，不仅可以促进学校物质文化、精神文化、制度文化等多元文化的建设，激发全校师生形成积极向上的精神面貌；同时，有利于促进学校教学和管理工作，用来衡量学校文化的优劣、获知学校文化建设的进展、效果等问题，进一步提高学校的管理水平，促进学校的内涵发展。

目前，学校文化评估在借鉴大量企业文化评估方法与工具的基础上，形成了一些较为成熟的模型与工具。主要可以分为学校文化类型评估模型和学校文化轮廓评估模型两种。学校文化类型评估模型可分为"开放-控制型"学校文化氛围评估模型、"健康-病态型"学校氛围评估模型、"监管-人本主义型"学校氛围评估等（张东娇，等，2012）。比如"开放-控制型"学校文化氛围评估模型设计了针对校长、教师的行为特征维度，并分别制定了小学版和中学版《组织氛围调查问卷》，可以测量出4种学校文化氛围：开放型学校氛围、控制型学校氛围、松散型学校氛围和封闭型学校氛围。我国学者在学校文化评估项目实践中对学校文化评估模型和工具也有一定的研究。如北京师范大学张东娇带领项目团队根据学校文化驱动模型设计了《学校文化发展状态评估问卷》等系列评估工具。

学校文化评估不只是对状态的描述，而应该是建设学校文化的导向，促进学校内涵发展。学校文化评估不应只是对物质文化或环境文化的单纯诊断，更应该着重对"活生生的人"，及其生成的组织文化、课程文化、师生文化、班级文化等的诊断。学校应借鉴管理过程学派的思想，从学校文化建设过程的控制来保证其实施效果，也就是要通过建立一套包括内容控制和实施过程的质量控制两方面都在内的全面评估体系，为学校文化的建设提出改进的方向和具体步骤，从而真正地、科学地、动态地指导学校文化的实践。

第九章

义务教育课程资源的均衡

第一节 义务教育课程资源的内涵、特征与分类

2001年6月8日,教育部印发了《基础教育课程改革纲要(试行)》的通知,我国开始了义务教育课程改革。义务教育是教育中的基础,是教育的主体,教育的改革涉及义务教育改革的方方面面,而课程资源作为义务教育改革中最为关键的部分,毋庸置疑,它也是义务教育阶段课程目标制订的基础和保障,是课程完美展现的依托和保证,由此可见,加大对义务教育课程资源内涵、特征及分类方面的认识,将有利于课程资源更好的开发和利用。

一、义务教育课程资源内涵、特征与分类

义务教育是根据宪法规定,学龄儿童和青少年都必须接受,国家、社会、家庭必须予以保证的国民教育。其实质是国家依照法律的规定对学龄儿童和青少年实施的一定年限的强迫教育的制度。因其具有强制性、公益性和普及性等特点,所以义务教育又称"强迫教育"和"免费义务教育"。根据我国的基本情况,我国义务教育法规定的义务教育年限为九年(小学六年,初中三年,部分省市为小学

五年，初中四年）。

（一）课程资源

课程资源是教育课程改革中的核心因素，随着近几年对课程资源的研究逐渐深入，不同的专家学者也均从自身研究角度的需要给课程资源的内涵进行了相应的界定，大致的表述有以下几种："课程资源通常指为保证教育正常进行而使用的人力、财力、物力的总和，教育的历史经验或有关教育的信息资料"（顾明远，1991）。"课程资源指广泛蕴藏于学生生活、学校、社会、自然中的所有有利于课程实施，有利于达到课程标准和实现教育目标的教育资源"（李少元，1999）。"课程资源指的是形成课程的因素来源与必要而直接的实施条件"（吴刚平，2001）。"随着科学技术的飞速发展，课程资源应该是指在课程实施过程中对学生进行学校教育的一切素材"具体说，课程资源不仅包括校内外的硬件，还应包括校内外的无形部分——软件"（褚慧玲，2001）。课程资源是课程设计、实施和评价等整个课程编制过程中可资利用的一切人力、物力以及自然资源的总和，"包括教材以及学校、家庭和社会中所有有助于提高学生素质的各种资源。"课程资源既是知识、信息和经验的载体，也是课程实施的媒介（徐继存，等，2002）。"课程资源是指可能进入课程活动，直接成为课程活动内容或支持课程活动进行的物质和非物质的一切"（范兆雄，2002）。"所谓课程资源是指富有教育价值的，能够转化为学校课程或服务于学校课程的各种条件的总称"（范蔚，2002）。"课程资源是教育资源的重要组成部分，是课程系统物质、能量和信息等结构元素的源泉，是课程实施中富含课程潜能的内容系统和活动支持系统，是课程实施得以高效开展的依托和保证。"（黄晓玲，2004）。

（二）义务教育课程资源

在对义务教育和课程资源内涵界定的基础上，本章将义务教育课程资源分为两个维度进行界定：义务教育课程硬件资源和义务教育课程软件资源。课程硬件资源是指在九年义务教育阶段中，课程实施的过程中可资利用的资源系统，它是课程开发与实施所必备的支持和保障系统。如学校基础设置，师资力量、教学质量、科研能力、学校财政投入以及学校的生源问题等都是课程的硬件资源，是课程资源开发和实施的前提条件和基础。义务教育课程软件资源是指政府政策的支持，利用学校周围特色文化环境开发的校本课程、社会的影响力（如信息技术，网络媒体等）及校内氛围（如学校管理、校风、学风、学生基本素质等）等多方面的对原有课程的补充，义务教育软件资源既富有教育价值，又能够转化为学校课程或服务于学校课程,并有助于学生全面发展的各种资源系统。

总之,新一轮的义务教育课程资源比传统课程资源的意义范畴更为广泛,它"不仅包括教材这一重要的为人们所熟悉的课程资源,又包括大量的非教材的却是课程的有机组成要素和实施条件的软硬件资源。"(张晓东,2003)

二、义务教育课程资源的分类

义务教育课程资源种类繁多,它们既是教育教学的重要内容,又是影响教学目标达成的重要因素。对义务教育课程资源进行分类有利于帮助大家进一步认识义务教育课程资源的内涵和特征,也为课程资源的合理开发和有效利用提供了理论指导。下面介绍几种常见的分类方法。"按载体形态分,课程资源大致可以分为以人为载体的资源、以物为载体的资源、以活动为载体的资源三种类型"(黄晓玲,2004)。"根据来源,课程资源可分为校内课程资源和校外课程资源;根据性质,课程资源可分为自然课程资源和社会课程资源;根据物理特性和呈现方式,课程资源可分为文字资源、实物资源、活动资源和信息化资源;根据存在方式,课程资源还可分为显形课程资源和隐形课程资源"(徐继存,2002)。

(一)按课程资源来源的途径具体分类:校内外硬课程资源和校内外软课程资源

校内外硬课程资源指在初中和小学范围内外能作用于义务教育课程的资源,包括师资力量、学校的财政投入、图书馆、实验室、专用教室和信息中心、博物馆、科技馆、展览馆、工厂、农村、商场、企业等校内校外的各种场所和设施。校内外课程软资源是指校内的教室教学氛围、师生关系、学生团体、校风校纪、上级领导的政策支持及校外进行的实验实习、文艺演出、社团活动、典礼仪式等具有社会影响力的各种活动,这些活动本身对师生成长所产生的积极影响,则体现了校内外课程软资源的重要性。

无论是校内外课程硬资源还是软资源,都是师生每天学习生活的最为直接的资源。毋庸置疑,这些资源成为开发和利用的主要对象,是实现课程目标、促进学生发展的最基本、最便捷的资源。二者之间是相辅相成的,校内外硬资源是校内外软资源开发的前提和基础,关注和开发利用校内外软资源,可以弥补校内外硬课程资源的不足,也在一定程度上丰富了课程资源。义务教育课程资源的开发和利用应该着眼于校内外软硬资源同步齐发,两者兼顾,实现义务教育课程资源的均衡开发、利用和发展。

（二）按课程资源性质分类：自然、社会课程硬资源和自然、社会课程软资源

自然、社会课程硬资源是指存在于自然、社会中可以运用于义务教育课程的资源。如自然界中的地形、地貌、地势、水文、气候、季节等属于地理学科的硬课程资源；社会课程硬资源是指包括像图书馆、科技馆、博物馆、展览馆等公共设施，以及科技活动、政治活动、经济活动等人类交往活动。自然、社会课程软资源是指自然界和社会中长期沉淀下来的道德规范、环境氛围、宗教伦理、风俗习惯等影响人类生产生活的价值观念。

自然、社会课程软硬资源具有塑造性，只要合理地开发和塑造，往往能够直接地被加以利用。自然中的资源是"纯天然"的资源，没有或很少经过人为的干预，其价值具有潜在性，在教育教学中，教师不能将目光仅局限在已呈现和创造好的社会课程资源上，应该将一部分目光投放到自然中去探索和开发对课程和教学有益的资源。这样既丰富了课程内容，又培养了教师的教学创造和实施能力。

（三）按课程资源存在方式可以分类：显性课程硬资源和隐性课程软资源

显性课程资源主要是指真实存在的、可以看得见摸得着并且能直接运用于教育教学活动的显性硬课程资源，教材、教学水平、自然和社会资源中的实物、活动等都属于显性资源，其特点是具有直接性和公开性，能够直接成为教育教学的便捷手段或内容，易于开发和利用。从这个角度而言，亦可以称为显性课程硬资源。

隐性课程资源指的是以潜在的方式对教育教学活动施加影响的课程资源，例如，校风、学风、社会风气、师生关系、家庭氛围、价值规范、行为准则及人际关系等都属于隐性资源。隐性课程资源具有间接性和隐蔽性的特点，它们并不是教育教学的直接内容，但是却能潜移默化和深远持久地影响着教育教学活动的质量。因此亦可以称为隐性课程软资源。

显性课程硬资源是实施教学的中坚力量，是实现教学目标的主要途径；隐性课程软资源如校风学风、社会环境氛围等是看不见摸不着的课程资源，是有助于学生健康成长的隐性软资源，应加以重视和利用。

（四）按课程资源的功能特点分类：条件性硬资源和素材性软资源

条件性课程硬资源是指直接决定义务教育课程实施范围和水平的人力、物力、

财力和时间、场地、媒介、设备、设施等因素,"作用于课程却并不是形成课程本身的直接来源,但它在很大程度上决定着课程的实施范围和水平"(吴刚平,2001),是课程资源顺利实施的基础和保障,是师生顺利完成教学任务的硬性条件。

素材性课程软资源是指一些诸如知识、经验、技能、活动方式与方法、情感态度与价值观等方面的因素,"直接作用于课程,而且能够成为课程的素材和来源,是学生学习和收获的对象"(吴刚平,2006)。素材性课程软资源与条件性硬课程资源并没有截然的界限,许多课程资源是软硬资源的结合体,素材性课程软资源是学生学习的对象和内容,条件性课程硬资源能给学生创造更好的条件和环境去学习素材性课程硬资源,两者是相辅相成的关系。

三、课程资源的要素

课程资源是一个复杂的概念,对其定义的不同使得对课程资源的分类也呈现多样化。但是,不管是按照什么样的标准进行是分类,都是研究者根据自身的需要而进行划分的。所以对其分类并没有绝对的划分。因此,基于对课程资源的一般认识及研究的可行性,本研究将义务教育课程资源进行了两个维度的划分:即义务教育课程硬资源和义务教育课程软资源。

(一)义务教育课程硬资源

主要包括:经费、图书、生源、师资,这些是中小学显性的硬资源。

(二)义务教育课程软资源

课程软资源是硬资源的有力补充,软资源在学校课程中,往往被开发成校本课程,是以校本课程的形态呈现,即校本课程是课程软资源的重载体或呈现形式,所以,本章以学校校本课程开发的状况来分析课程软资源的均衡发展现状。

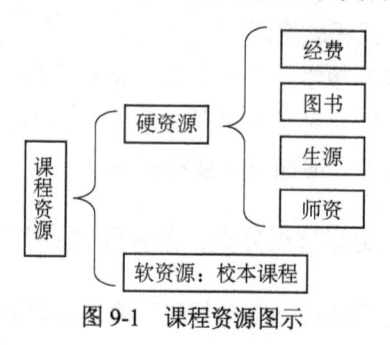

图 9-1 课程资源图示

四、义务教育课程资源的特征

课程资源是新一轮义务教育改革纲要中的一个核心概念，同样也是义务教育阶段最为核心的概念，在国家颁布的各学科课程标准中都涉及了对课程资源的开发及利用的重要性，因此对义务教育课程资源的特征进行分析探讨，将能更好地促进义务教育阶段课程资源的开发和利用，保证课程资源的均衡发展。与传统课程资源单一性、呆板性等特征相比，新一轮的义务教育改革中课程资源的特征显得更具有开放性、多样性、潜在性和生成性。

（一）开放性

在新一轮的义务教育改革中课程的结构和类型发生了重大的改变，课程的设置要符合学生的身心发展特点，提高学生的动手操作能力，中小学生活泼好动，好奇性强等特点决定了义务教育课程资源内容的丰富性，具有开放性的特点。

一方面，这种开放性主要是义务教育课程资源空间上的开放性，传统的课程资源"内容结构单一，大多是围绕着升学考试科目而设置，通过对有限资源的反复训练，实现强化记忆以加强所考内容的深度和难度"（肖国刚，等，2003）。新一轮义务教育的改革使得义务教育阶段的课程资源不再局限于教科书、课堂、教师和学校，"课程资源由课堂延伸到课外，由学校延伸到社区和所在的地区，学生所处的社会环境和自然环境都开始成为学习探究的对象，成为学习的'课堂'"（张廷凯，2002）。尤其是在综合实践活动课中，教师要充分利用校外各种资源中挖掘出适合学生学习的各种材料，从多个方面培养学生的动手实践能力。另一方面，这种开放性是时间上的开放性，义务教育是教育中最基础的部分，其课程资源最具有丰富性和开放性。例如，在中小学的课堂教学中，录像带、视频教学，黑板报、网络媒体等校内外资源相互补充，学习不再局限于课堂教学之中，在任何的时间和地点都可以提取相关的资源供师生学习和探讨。

（二）多样性

①"特色"课程资源的多样性，不同地域，不同时代背景，课程资源的开发和利用呈现独特性和多样性；不同地区、不同人群的价值观念、风俗习惯、宗教信仰等的多样性使得开发的课程也各具特色。②课程资源具有学科教学方式的多样性，学科不同，课程教学方式也不同。"语文课程资源罗列了教科书、教学挂图、报刊、电视、广播、网络、报告会、图书馆、博物馆、各种标牌广告等等"。"地

理学科要求学校建设学校的地理课程资源库,将地理教学所需要的挂图、模型、图书资料、教学实践场所等建立档案管理,注意地理资源的积累和更新,注意电教软件的制作和收集。同时,地理课程要求对学校内外的地理课程资源有机结合,提倡学校之间课程资源的共建与分享"。③是指课程资源主体的多样性,传统课程资源的开发利用的主体仅仅局限于课程专家和各科专业学者,然而在素质教育的今天,课程资源的开发和利用除了专家学者以外,同时也给予教师、学生、家长以及社会关于课程资源的开发和利用的权利。在这样的环境中,任何学生都可以通过主动地活动探究,积极参与活动等方式获得知识和信息,任何教师都可以随着教学经验的积累以及对教学和学生的把握进行新型课程资源合理的开发和利用。

(三)潜在性

在自然界和人类社会中,存在着广泛而丰富的课程资源,然而这些资源大多并不是现实的课程资源,不能直接被拿到课堂上加以利用,需要应用一定的技术和手段才能让其更优化地服务于教育教学。换句话说,"课程资源就是资源被人为赋予某些意义的结果,其形态、结构、功能与价值都具有潜在性"(黄晓玲,2004)。然而需要注意的是,并非所有的资源都能够成为课程资源,只有当它具备一定课程潜能,并且可以被开发利用、具有开发使用的价值和效益时,才能被选作课程资源开发的对象。此时,它就拥有了潜在的功能和价值。在开发和利用时,一般会选用价值潜能相对较大且易于开发的资源。但是课程资源能否发挥出它应有的价值,这与课程开发主体具备的技术和手段密切相关。开发地好,资源能够出色地表现出它的价值,在更高水准的开发者手上甚至能继续挖掘出它更大的价值。

某种课程资源并非专门服务于某一门学科或某种教学事件和任务,同一种课程资源往往能被利用到不同的学科教学之中,对不同的课程具有不同的用途和价值。例如,校园的花草树木既可以用于语文教学中锻炼学生的写作能力,又可以用在生物课中让学生观察植物的生长特征;既可以用在美术课中提高学生观察发现美的能力,又可以用在劳动课中培养学生植树绿化的意识。

课程资源价值的潜在性特点不仅要求教师要善于挖掘利用各种潜在的课程资源,还要善于让课程资源的潜在价值得到最充分的发挥和显现。如今不少教师埋怨课程资源太少,只追求学校硬件的充分配备,其实真正的情况是他们过于被动、并不愿意去发现和开发身边丰富的可利用的课程资源。在某些经济条件相对落后、硬件课程资源相对短缺的地区,教师更应该自觉提升自身的素养,善于开发身边的课程资源，并且充分利用同一课程资源的多种教学价值，力求实现课程资源价值的最大化。

（四）生成性

课堂是一个动态发展的、不断变化的过程，在这其中教师和学生的思想都在不断发展和变化，教师与学生的交流和互动也在随着课堂的进行随时在变化和发展。一位教师在上了一节课后回顾时，往往发现他并没有完全按照其事先所编排好的教学计划进行。著名教育改革家叶澜教授曾说："课堂应是向未知方向挺进的旅程，随时都有可能发现意外的通道和美丽的图景，而不是一切都必须遵循固定线路而没有激情的行程。"（彭一五，2008）在课堂进行的过程中，也许一个学生的疑问、错误回答、一次突发的事件就会影响或扭转课堂进行的轨道。教师完全可以将突发性的情况巧妙地转化为课程资源，应用和服务于自己的教学。课程资源的动态生成性表明资源无处不在、无时不有，同时也对教师的能力提出了更高的要求：教师应具备一双慧眼和敏锐的觉察能力，能善于发现并很好地利用动态生成中的课程资源。这更是对教师的教学素养提出的要求。

第二节　义务教育课程资源不均衡现状

义务教育作为科教兴国的奠基工程，对促进社会主义现代化建设、增强综合国力具有全局性、基础性和先导性的作用，故而保证全省义务教育均衡发展推进是我省当前的工作重点。但是，随着经济社会发展，我国城乡教育呈现二元化差距，在诸多方面存在着不对等的差异化，并且学校之间内部的差距也较明显，下面着重从城市学校和农村学校的比较、优势学校与薄弱学校的比较这两个方面分析义务教育课程资源不均衡的现状。如何缩小农村和城市、优势学校和薄弱学校的义务教育悬殊成为一大难题。

一、城市学校和农村学校的比较

不可否认，在现实情境中，农村教育仍是短板。由于农村与城市经济发展的差距带来教育投入的差距，使得农村义务教育发展相对滞后。无论是财政、硬件设施、师资力量等诸多方面，农村的现有实力是远远不及城市的。正因如此，义务教育课程资源配置愈发呈现不均衡态势，进一步制约了我省乃至我国整体教育水平的提升。故而从以下五个方面进行探讨，试图更加清晰的把握当前现状，从中寻得解决对策与措施。

（一）财政支持

多年来，我国义务教育实行的是"国务院领导，地方政府负责，分级管理，以县为主"的管理体制。这一体制的局限性是显而易见的。"1994年分税制改革以后，中央和省级政府掌握了主要财力，但不负担义务教育的财政责任；县，乡财力薄弱，却要承担举办义务教育的筹资重任。特别是一些贫困县财政收入总和还不够发教师的工资，更不用说教育基本建设和公用经费了。实践证明，没有解决各级政府间财力与义务教育财政的不对称问题，是农村教育落后和城乡课程资源配置失衡的主要制度根源。"（李均，2008）从整体上来说，河南省内基本上都实现了义务教育。广大的义务阶段的孩子们可以接受到义务教育，可是就其程度和效果而言，城市学校的优势远远大于农村学校。从经济发展水平和课程资源丰富程度和对课程资源开发的深度和应用程度来说，农村还需大力扶持，需要健全以城带乡的义务教育课程实施机制，促进城乡和谐均衡发展。

在国家义务教育的财政投入中，城市学校优势更大。国家每年对城市重点中学和小学的财政投入相对较多，比重更大。相对而言，财政政策虽然尽力在保持城乡课程资源的均衡，但是现实却是差距仍然存在。城乡课程资源需要适合的财政政策和强大的财政投入支撑。需要财政投入到更需要的地方去，去利用和开发更多适合自身学校发展的课程资源。"2012年，全省预算安排农村义务教育经费保障机制资金124.6亿元，其中中央补助90.7亿元，地方安排33.9亿元。而全省预算内教育经费拨款1134.8亿元。针对农村义务教育的经费仍然只占有少部分比重，不过国家一直在大力投入改善建设。例如采取了对农村经济生活困难寄宿生的生活补助从原来的小学年生均750元，初中年生均1000元分别提高到1000元和1250元等一系列措施，为农村义务教育阶段学校各项工作的顺利有序开展，提供了强有力的资金支持。"（河南省教育史志年鉴编纂委员会，2013）

（二）馆藏图书量

国家一直致力于学校硬件设施的完善，力求农村与城市达到统一水准，以图书为例，"2012年把《新华字典》纳入国家免费教科书的范畴，提高免费教科书标准，达到每生每年小学 104 元，初中 194 元"（河南省教育史志年鉴编纂委员会，2013）。

在物力资源配置上，城乡学校之间的基础设施建设两极分化明显。城市学校包括经济条件相对好点的县镇，基本上每所学校都设有图书馆或图书报刊阅览室，城市学校所拥有的电子阅览室对于农村学校的学生来说更是遥不可及。例如，"郑州市普通初中图书总量 690.61 万册，生均 24.36 册。普通小学 1264.97 万册，生均 18.8 册"（河南省教育史志年鉴编纂委员会，2013）。

而全省的中小学图书生均图书分别为 21 册和 13 册。由此可看出，郑州市的中小学拥有了大量的优势资源，而把全省生均数量降低的，多为农村学校。近几年，我省逐渐加大了对农村及城乡结合部学校的教育投入力度，但是由于基础薄弱，相当一部分农村学校的办学条件仍达不到规定标准，教辅用房面积远低于城市，部分学校甚至连基本的教学设备都没有，也很少有藏书，即使个别教室设有图书角，但是图书有限，内容陈旧，更新缓慢。很多农村的学校基本上仍处于传统教学时代，"一个黑板一本书，一支粉笔一张嘴"。学生所拥有的图书也只是各个学科的教科书，学校没有可供借阅观看的课外书籍，并且很多农村家长也很少有给孩子买课外书籍的习惯。

（三）教师力量

支撑课程资源实施的有力力量，毫无疑问是教师，教师作为校本课程的开发者和实施者，在课程资源实施过程中发挥着重要的作用。因为城乡的经济社会水平等方面存在一定程度的差异，从而逐渐导致了城乡教师水平两极分化日益明显。例如，2012 年，"郑州市（含中牟、巩义）各类中初等教育学校教职工总数 90 255 人，专任教师 77 426 人。其中普通初中专任教师 20 165 人，小学专任教师有 34 933 人"（河南省教育史志年鉴编纂委员会，2013）。而"中牟县全县在职教师 7789 人，其中公办在职教师 7590 人，县直初中教师 774 人，农村初中教师 1568 人，县直小学教师 675 人，农村小学教师 2600 人"（河南省教育史志年鉴编纂委员会，2013）。

由此可知，中牟县所拥有的师资比重仅占郑州市的很少一部分，其中初中专任教师比重的 12%，小学专任教师为 9.4%。而巩义市的教职工于 2012 年统计，小学为 3338 人，所占总体比例为 9.5%，初中为 2396 人，所占比例为 1.2%。（河南省教育史志年鉴编纂委员会，2013）单从数据可以看出，巩义市同样不具备与郑州市总体的可比性。绝大部分的教师力量集中在大中城市，仅有少部分的教师力量汇集在农村县城等薄弱地区。同样，教师的能力水平也有着不同的差异，具体由表 9-1 所示。

表 9-1 2010 年郑州市与固始县的生师比及教师学历情况

学校所在	生师比		教师学历比例/%	
	初中	小学	初中	小学
郑州市	14.43∶1	19.20∶1	研究生 2.67，本科 68.7	研究生 0.96，本科 37.47
固始县	18.21∶1	21.77∶1	研究生 0.05，本科 51.45	研究生 0，本科 14.46

资料来源：2010 年郑州市与固始县的生师比及教师学历情况调查（王海燕，2012）

从数据中可以看出，县级教师的师资水平相对于城市有着较大差距，农村等薄弱地区的师资情况更是可见一斑。就城市教师和农村教师而言，从教师的师资水平和教学能力来看，城市教师往往学历更高，基本都是师范本科甚至硕士毕业，在教学技能、综合素质及对课程资源的开发和利用水平等方面都更具有优势，相比较而言，农村教师相对学历较低，大多是师专或中专毕业，相对水平不高，教师缺乏利用课程资源的自主意识，对课程资源开发不足。故从整体意义而言，各级师资力量存在着分布严重不均衡的状况。

（四）生源

学生也是课程资源的主要部分，由于在城市会得到更好的教育机会。相对而言，城市学生的学习水平高于农村学生的学习水平，家长为了让自己的孩子得到更好的教育，选择去城市学校就读，造成了生源的不均衡，农村学校的学生由于教育落后，学生流失很大，不能很好地接受教育。生源质量参差不齐，课程资源不能很好地让每个学生都享受到。同时，由于经济建设的需要，大批农民工涌入城市，故而农民工随迁子女和农村留守儿童数量呈递增趋势，生源一定规模的从农村流向城市，发生了较大的转变。

"2012 年，全省义务教育阶段农民工随迁子女在校生 56.58 万人，比上年（2011）增加 7.56 万人，其中小学阶段 39.43 万人，初中阶段 17.15 万人，农民工随迁子女占义务教育阶段在校生总数的 3.69%，义务教育阶段农村留守儿童在校生 330.47 万人，比上年增加 13.36 万人，其中小学阶段 230.65 万人，初中阶段 99.82 万人，农村留守儿童占义务教育阶段在校生总数的 21.56%。"（河南省教育史志年鉴编纂委员会，2013）

上述数据可以看出：大批量的农村学生涌入城市，生源结构发生了转变。这就要求与之相适应的教育资源应该得到及时的更新与发展，从而能够更好地适应当下的要求水平，促进义务教育课程资源配置的均衡化。

（五）校本课程

教育部颁布的《基础教育课程改革纲要（试行）》明确指出，"改变课程管理过于集中的状况，实行国家、地方、学校三级课程管理，增强课程对地方、学校及学生的适应性"。三级课程管理体制的确立，使得国家、地方和学校三级主体将在各自权利与责任范围内对我国义务教育课程进行管理，各有权限、各有侧重。随着三级课程管理机制的落实，我国将建立一个更具有均衡性、综合性和选择性的课程体系，在这个过程中，因校本课程更关注"为不同特色的学校和不同程度、不同层次的学生，开发和提供相适应的课程和教材，促进教学过程中的因材施教"（吕达，等，2000）。"所以，校本课程是国家课程、地方课程无法取代的，校本课程理应在国家义务教育课程体系中占有一定的地位"（胡献忠，2002）。

但是，在"2007年9~10月对洛阳市的部分城市初中与农村初中进行的一次社会调查中，采取发放问卷的形式调查了12所初中的教师和学生。此次调查共发放问卷600份，其中城市学校和农村学校的调查人数各占总调查人数的50%。回收有效问卷542份，回收率为90.3%。回收的有效问卷中教师问卷占54.6%，学生问卷占45.4%。根据回收问卷的统计结果，有84.7%的农村学生认为学校内的现有资源不能够满足学校的需要，而在城市学生中的比例是24.3%"（郭歌，2008）。

又例如，随着体育在国家教育中逐渐占据了重要地位，故而近几年有不少研究是针对体育教学展开的，但是同样又有研究指出，河南省农村仅有部分学校进行了校本体育课程，但是依旧存在着多种问题。有调查显示，"农村中学的场地近40%没有硬化、凹凸不平、下雨之后全是水坑只能上室内课。根据学校条件的不同，配备情况不平衡，足、篮、排三大球完全符合标准的学校只占所调查学校的4.2%，还有1.8%学校无三大球项目，20%的学校有两项或两项以上符合配备的标准，有40%的学校两项或两项以上一般可以维持学校的正常教学，24%的学校只有一项符合要求，20%的学校三项器材都有，但是严重不足"（李真，2012）。

针对河南省义务教育课程资源的以上基本情况，课程资源的丰富性和适切性程度决定了课程目标的实现范围和实现水平，而校本课程又必须依托课程资源来体现学校特色。虽然在近十多年的课程改革实践中，许多中小学也进行了校本课程及资源开发的探索，但从总体上来看，校本课程及资源的开发问题在我省仍处于起步阶段，城市地区有些学校校本课程开发较好，有些学校开展的校本教研活动促进了校本课程的完善，而农村偏远薄弱地区由于师资力量等各方面因素举步维艰，校本课程资源开发实践两极分化严重。

二、优势学校与薄弱学校的比较

义务教育阶段是整个教育体系的基础，为了提高国民的文化素质，从 1986 年起，国家开始通过并实施义务教育法，以法律形式确定"国家实行九年义务教育"。义务教育发展至今，公平理念逐渐深入人心，义务教育课程资源的均衡发展也是社会公平和谐稳定发展的必然选择。

但由于建国初期教育资源的缺乏和社会主义建设对人才的需求，国家为了多快好省的培养人才，集中优势资源重点建设一批学校。基于这种精英教育政策的指导下，"重点校"应运而生。财政和师资严重向重点学校倾斜，有限的课程资源流向条件好的地区和学校，进一步拉大了重点校与普通校的区别，加剧了义务教育内部资源配置的失衡，形成了一批优势学校和不占优势的薄弱学校，这种优势学校和薄弱学校发展的不均衡本文将主要从馆藏图书量、师资队伍、财政投入、生源和校本课程这五个方面来论述。

（一）馆藏图书量

学校课程硬件设施主要包括校舍情况、校图书馆藏量、多媒体资源、教学设施设备等。"一些地方政府在义务教育发展方式上采取对部分区域、部分学校资金支持与政策倾斜的办法，把有限财力过度投入到该区域的"重点学校"，使学校的教育教学设施远远超过大量普通中小学，更不用说偏远地区学校，导致了区域之间教育教学设施的不均衡"（赵鑫，2011）。

市重点校、省实验校等具有政策优势的学校由于具有政策便利等有利条件，往往校园建设面积更大，学校用于校园文化建设的专项资金也更充裕，能够购置更多的图书资料，多媒体设备更加完备，用于教学活动的各种设施也相对齐全。

有限的课程资源集中于部分学校，就势必造成另外一部分学校的资源匮乏，成为不具优势的学校，即弱势学校。例如，校舍的危房问题，90%以上集中于农村的一些弱势学校，校园建设的资金不到位和其他诸如基础建设资金周转困难等因素，导致危房问题长期得不到改善。

区域间的发展不均衡同样造成所在地区的学校发展的优势和薄弱。如郑州市，作为省会城市，相应会有更多的政策倾斜，财政投入也会偏斜。学校的硬件设施的差异也会较大，以郑州市和许昌市的小学阶段的馆藏量，生均图书册数为例进行分析比较（表9-2，表9-3）。

表 9-2　图书馆藏——生均图书册数（小学）

地区	在校人数/人	图书馆藏量/万	生均图书册数/册
许昌市	440 313	523.10	11.88
郑州市	641 669	1 149.61	17.92

表 9-3　图书馆藏——生均图书册数（初中）

地区	在校人数/人	图书馆藏量/万	生均图书册数/册
许昌市	188 302	398.26	21.15
郑州市	273 813	647.89	23.66

资料来源：《2012 河南教育年鉴》

从表 9-2 和表 9-3 可知，郑州市小学阶段的藏书量高于许昌市的，从数据中可以看出，郑州市小学和初中阶段的藏书量均高于许昌市的；郑州市小学阶段每个学生均书册为 17.92，许昌市为 11.88；郑州市初中阶段生均图书册数为 23.66 本，许昌市为 21.15 本，相对于郑州市的学校而言是比较有优势的，许昌市则比较薄弱。

（二）师资队伍

"教师作为学校教学活动的桥梁力量，教师队伍的素质和能力高低直接影响教学活动的效果。所谓师资质量，是指整个师资配置过程中优秀教师所占比例或教师专业化程度的总体水平大体相当、相近"（关松林，2013）。

1）教师资源的不均衡表现为教师资源数量上的分布不均衡。在重点校、实验校等重点学校，一个普通学校教师的收入与同级的重点教师的收入可能相差两到三倍，由于工资水准差异较大，教师争相在省重点、区重点、市重点、县重点等优势学校就职，甚至出现硕士博士激烈竞争一个小学教师的岗位，这也就导致了教师资源在质量上的不均衡。

表 9-4　专任教师学历达标率

地区	初中 专任教师达标率/%	初中 生师比	小学 专任教师达标率/%	小学 生师比
新乡	98.70	13∶1	99.90	25∶1
郑州	99.52	14∶1	100.00	19∶1

资料来源：《2012 河南教育年鉴》

郑州市初中阶段的专任教师学历达标率为 99.52%，而新乡为 98.7%，在小学阶段，郑州市专任教师的学历达标率为 100%，新乡为 99.99%，学生数量和教师数量的比例来看，在小学阶段，新乡的生师比也高于郑州。从数据可以看出，省会城市郑州处于优势,而新乡相对薄弱。

河南省近年来招教情况也显示,市重点区、经济条件较好的县市报考人数偏多,竞争激烈。而发展滞后的县区、偏远农村报考热情不高。一边是学校的高素质的人才出现饱和,一边是连公办教师数量都严重短缺,一些代课教师也大多出现在这些教师数量严重不足的边远弱势学校,教师专业素质良莠不齐,难以保证教学质量。

2)教师资源的不均衡还表现为教师的单向流动,专业素质较高的优秀教师更容易流动到具有各方面优势的学校,以获得更好的发展,优势学校具有更多的晋升机会,培训交流的机会也比较多,相反,本就弱势的学校难以吸引优秀教师,年轻的高校毕业生也不愿去补充,虽然在2006年,教育部、财政部、人事部、中央编办联合启动"特岗计划",公开招聘高校毕业生到"两基"攻坚县中小学任教,在一定程度上缓解了农村地区的教师紧缺和结构性矛盾,但这种软性资源不比硬件设施能在短期内得到改善,农村弱势学校的教师年龄结构偏大,高学历教师所占比例仍较小,加之弱势地区弱势学校发展落后,难以留住优秀人才,优秀教师会趋向于向发展较好的学校流动,这种教师的单向流动更加剧了教师资源在数量上的不均衡。

(三)财政投入

教育财政投入经费的差距是造成课程资源不均衡的重要原因。以河南省郑州市回一小学、逸夫小学、二里岗小学、城管实验小学、货栈街小学(薄弱学校)以及创新街小学(优势学校)为例来分析教育财政经费的投入对学校教育的影响。

表9-5 郑州市管城区几所小学的教育财政投入情况 (单位:万元)

学校	2011年 收入 教育经费拨款	2011年 收入 其他收入(捐赠、利息)	2011年 支出	2010年 收入 教育经费拨款	2010年 收入 其他收入(捐赠、利息)	2010年 支出
回一	211.0	0.2	207.0	124.00	0.05	101.7
逸夫	317.9	0.4	413.3	100.60	68.50	120.2
二里岗	99.3	0.7	326.9	150.60	40.00	142.7
管城实验	150.4	0.6	192.0	83.70	90.40	166.9
货栈街	274.1	8.6	184.5	46.50	0	51.2
创新街	401.7	1.8	542.9	182.02	245.60	258.7

资料来源:张真真(2013)

郑州市管城区创新街小学具有一定的优势地位，办学规模相对较大，具有良好的校风学风，1978年学校被命名为郑州市重点小学，1998年又被列入河南省名校，相比之下的货栈街小学则办学规模较小，校风学风较差，这样的优劣对比，使得教育经费的投入也相差较大，特别是2010年，创新街小学的教育经费是货站街小学的2倍还要多，社会捐赠为零。由此可见，在各个小学生均公用经费和免学杂统一的情况下，越是有名气、有优势的学校得到的教育财政投入和社会捐赠经费越多，反而是薄弱的学校获得的教育财政支持反而越少，财政投入的不均衡也是造成优劣学校发展差异的重要原因，好的越好，差得更差。

在教育资源有限的状况下，受精英教育政策的影响，财政投入往往向重点学校、实验学校等偏斜，集中力量发展少数优势学校，相对而言却忽视了对薄弱学校的支持与挽救。"财力资源是学校的血液，是学校维持日常的教学工作、改进教学设备、添置教学设施和聘请校外专家、科研院所专家教授的资金保障，所以学校必须要拥有一定的经费支持"（吴刚平，等，2014）。

缺少财力的支撑，图书馆藏、教学教具、多媒体信息资源、教师的培训深造等都会受到限制，学校要想获得较好发展就会比较困难。

（四）生源

"从教育公平的角度出发，入学机会的平等体现的是起点意义的平等，没有这种公平，任何其他形式的公平都将无法实现，也就是说，入学机会的公平是实现教育过程公平和教育结果公平的前提"（华东师范大学教育系教育政策研究项目组，2009）。从学校角度来说，生源的不平等也是造成学校间不均衡发展的重要因素。重点学校和普通学校的划分催生出"择校"制度，一方面是学生为考入重点学校去参加择校考试，大多数优势学校都具有办学规模较大、以学生的考试成绩作为进入优势学校的依据；另一方面筛选剩下的学生则进入办学规模较小的普通学校，人为地造成学校间生源的严重不均衡。

从图中可以看出，市直初中、高新区初中办学规模较大，在校人数较多，远高于市区1811.19的平均值，郑东新区办学规模则相对较小，远低于市区的平均值。这说明市值初中、高新区初中的生源较为充足，郑东新区的生源则严重不足。

在县域内，教育部门在毕业生升学走向上人为操纵，严重向重点优势学校倾斜。优势学校有着更好的师资力量、学校场地、运动场地、计算机设备等，也更容易吸引优秀学生前来就读，从而形成更好的学习氛围，升学率也高于普通学校。当下以升学率为学校发展生命力的情形下，本就薄弱的普通学校的发展更加举步维艰。

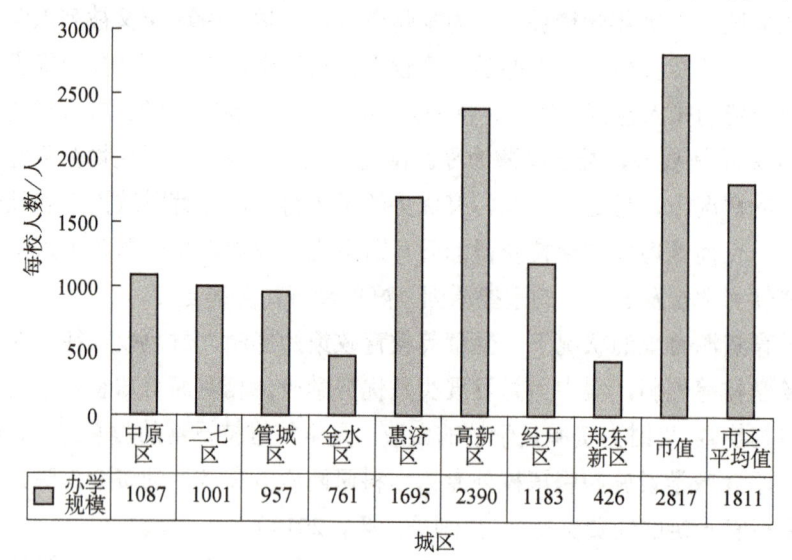

城区	中原区	二七区	管城区	金水区	惠济区	高新区	经开区	郑东新区	市值	市区平均值
办学规模	1087	1001	957	761	1695	2390	1183	426	2817	1811

图 9-2　郑州市各区办学规模情况表（初中）

资料来源：郑州市各区办学规模情况调查（张真真，2013）

（五）校本课程

1999 年元月，教育部颁布《21 世纪教育振兴行动计划》，2000 年春开始正式启动素质教育工程的核心工程"全国基础教育课程改革"项目。新一轮课程改革进一步推动了课程管理体制的改革，确立了国家、地方、学校三级课程管理模式。"学校在课程方面有了部分的决策自主权，校本课程开发于是引起了部分学者、政策制定者及校长和教师的关注"（徐玉珍，2001）。

校本课程包含两层含义：①使国家课程和地方课程校本化、个性化，即学校和教师通过选择、改编、整合、补充、拓展等方式，对国家课程和地方课程进行再加工、再创造，使之更符合学生、学校和社区的特点和需要；②学校设计开发新的课程，即学校在对本校学生的需求进行科学的评估，并充分考虑当地社区和学校课程资源的基础上，以学校和教师为主体，开发旨在发展学生个性特长的、多样的、可供学生选择的课程。

校本课程的编制会耗费较大的人力、物力、财力，所以财力薄弱甚至亏损加上教师力量不足的学校在校本课程编制上依旧处于弱势，在县域、农村的弱势学校，甚至难以把校本课程的开发提上学校发展的规划。此外，本地传统的特色文化也是校本课程的一大资源，在文化氛围浓厚的优势学校与传统文化资源短缺的弱势学校之间，校本课程开发程度的差距异常明显。本章将以"新乡市与登封市小学校本课程实施现状对比"（武占玲，2013；王震，2014）。

表 9-6　新乡市与登封市小学校本课程实施现状对比

地区	教师态度 比较感兴趣（%）	教师态度 无所谓或不愿意（%）	硬件设施 较好（%）	硬件设施 较差（%）	开发情况 已开发（%）	开发情况 未开发（%）
新乡	67.0	33.0	17.5	82.5	62.5	37.5
登封	74.9	25.0	25.0	75.0	100	0

资料来源：新乡市与登封市小学校本课程实施现状对比（武占玲，2013；王震，2014）

登封作为传统武术之乡，在开发武术校本课程方面具有得天独厚的优势，而新乡缺少传统的特色文化资源，在开发校本课程方面稍显劣势。由表中数据可以看出，登封市在教师态度、硬件设施和开发情况方面皆优于新乡市，可见登封市小学的校本课程开发情况领先于新乡市小学。但"校本课程是一个比较笼统的、宽泛的概念，并不局限于本校教师编制的课程，还包括其他学校教师编制的课程或学校之间教师合作编制的课程，甚至包括某些地区学校教师合作编制的课程"（全国十二所重点师范大学联合编写，2005）。因此，整合教育资源也可以作为平衡不均衡发展的一个举措。

第三节　课程资源均衡的重要途径一：资源开发

一、课程资源开发的主体

义务教育课程资源的开发是实现课程资源均衡化的重要途径之一。其中，课程资源对人而言，是外在的、对象性的，开发主体的能动性发挥是否有效是决定课程资源开发顺利与否的一项重要影响因素。"所谓课程资源开发主体是指由谁来承担课程资源开发的责任，这些责任主体之间的分工如何"（鲍淼芳，2007）。随着学习环境的日益开放化，资源开发的主体也随着日益多元化。但是从总体把握，可以看出，引导开发模式正常运行的主要主体包含国家、学校和教师三个方面。

（一）国家

传统的课程资源开发中，我国一直实行的是以国家为主体的课程开发模式。

多以一定数量的课程专家和学科专家为主导的课程资源开发,宏观把握全国范围内的学校教育特征,统筹学校的"共性"。采用研制、开发、推广的方式自上而下的达成教育目的,保证国家对学生的基础性要求。其中,教材为主导的文字性资源是国家主体在课程资源上的重要成果体现。

国家作为资源开发的主体,处于最高的管理层级,能够最大限度地汇集优秀教育学者,占据人才资源的制高点,及时掌握最新的教育动态,可以更好的保证教学质量和学术价值。同时,国家作为现今的主要行政力量,可以为教育实施提供了组织上和制度上的保障,能够营造和谐稳定有序的教育环境,为课程资源的开发甚至是利用奠定相应的物质制度基础。国家有足够的能力引进国外课程资源,弥补本国课程资源的空缺,同时利用法律政策等多种调控手段,调整各个教育行为主体在资源开发中的责任义务,尽可能的缩小国内外、地区以及独立的教育单位之间的差异,从而达成义务教育课程资源的均衡开发。

但因国家注重统一化的开发模式,并不能够真实反映具体教育情境中的差异性。例如,当把义务教育课程资源开发的视角缩小到个体学校范围内,在针对教师和学生的多样性方面,是存在功能性差异的。单独以国家为主体的课程开发,缺乏一定的适应性,无法解决学校面对的所有课程问题,具有很大的局限性,反而适得其反,造成了课程资源的不均衡化。故而国家应在开发课程资源的同时,也要顾及到其他主体作用的发挥,形成合理有效地配置资源。

(二)学校

以学校为主体是指在整个课程开发资源过程中,从确定所需的课程资源,确定所需课程资源的获得途径等等都是由学校发起,由学校统一组织,统一规划的(严水英,2003)。当把学校作为开发主体时,能够切实的根据当地社会的经济发展条件、学校自身的发展愿景与能力水平,以及学生发展过程中所呈现出的独特性相应的制定出符合具体情况的开发模式,以便更好地实现课程目标。

"学校是教师、学生和学校管理者构成的集体,是课程活动的主要场所,也是课程资源最集中的地方,它是课程资源转变为现实课程活动的枢纽"(鲍淼芳,2007)。也就是说,现实情境中课程目标的实现很大程度上是取决于课程资源的状况,更是取决于以学校为主体的课程资源开发的状况。由此可知,学校在义务教育课程资源的开发过程中占据着重要的位置。学校主体式的开发模式,可以有效地克服传统模式中国家主体导向所存在的弊端。"以学校为本""以学校为基础"

为主题精神的校本课程，也在现今教育发展中起着重要作用，无疑凸显了学校在课程资源开发过程中所占据的主体地位。

需要提醒的是，学校并不能因此脱离社会，其主体地位并不是与国家政府对立的。"调整好政府与学校的权利和义务，教育资源的浪费和课程资源配置的不平衡的现象才能有所改变"（苏英，等，2005）。但只有在学校为主体的时候，才能够最大限度的发挥学校的自主权，开发广泛的课程资源。因此，最终是有利于国家义务教育资源均衡化。

（三）教师

教师是学校教育活动的主要参与者，无论是以国家还是学校为主体的课程资源开发模式，其最终都要落实到每一个教师身上，由教师作为直接的主体进行推动实施。"教师是在其他课程资源开发与利用中起关键作用的人力资源要素，是保障其他课程资源价值得以充分发挥的重要条件，是一种重要的条件性课程资源"（吴刚平，等，2014），即教师不仅仅是主体意识的能动者，同时本身就是一种重要的课程资源。

教师是最了解学生的人，是真实参与到课程资源的利用过程中的。作为课程开发的主体，自然也应该成为课程资源开发的主体。教师是带着主动性和创造性对课程以及课程资源进行作为并产生一定的效用，并不单单是教学内容的载体。所以当下也对教师提出了更高层次的要求，即教师必须实现角色转型，不能仅仅实现"传道、授业、解惑"的课程目标，同时应该培养课程的开发者和实施者的双重意识，增强开发和实施的能力。"这就意味着教师要做到：意识到自身是一种重要的课程资源，认识自身有何种课程资源、如何有效的开发和利用自身的课程资源。"也就是说，教师在课程资源开发中的地位不容取代。

同时，教师的活动是有目的有意识的，是受主观因素所制约的。作为微观层面的主体，教师是不允许忽视的。课程资源能否有效利用，多是取决于教师的行为方式的选择。如果想达到课程资源的均衡化，就必须使教师的整体能力上升，使其能够充分参与到课程教育资源的开发中。也只有教师能动性的配合才能够从具体层面保证课程资源开发的均衡性。

二、义务教育课程资源开发的原则

义务教育课程资源的开发需要遵循一定的原则，在这些原则的基础上进行开发的课程资源才是科学的、合理的、可以用于教育教学活动的,这是课程资源理论性和实践性的必然要求。在义务教育课程资源开发的过程中应该遵循的原则如下。

(一)伦理性原则

伦理性原则是指义务教育课程资源开发的基本价值取向,伦理取向和人文使命。课程资源的开发必须以适应和促进社会发展、促进人的全面发展、促进文化进步,以学生为本的理念为基础。

①课程资源的开发受社会发展的制约。课程资源的开发要以促进和适应社会的发展为目的,"教育属于国家上层建筑的组成部分,是受制于整个社会的发展的,而课程资源是教育资源的重要组成部分,是具有教育性的。所以课程资源也是要受社会的道德标准、法律制度和发展趋势的限制而呈现出正反和优劣之分的"(鲍淼芳,2007)。②课程资源的开发要以促进人的全面发展为目的。教育对社会的作用只有通过对人的作用的发挥才能够发挥出来,教育的最终目的是促进个体的发展,所以在进行课程开发的过程中必须时刻关注人的全面发展的各个方面,身心、智力、道德、健康等等方面。③课程资源的开发要以促进文化进步为要旨。教育的一个重要的功能就是文化传递功能,教育具有筛选、整理、传递和保存文化的作用,具有传播和交流文化的作用,同时还具有更新和创造文化的作用。教育对文化有促进作用,课程资源的开发也必须要以促进文化进步为目的。④课程资源的开发要以学生为本,教育是为人服务的,归根结底是为学生服务的,学生的知识经验是课程资源中最为重要的一部分内容,不容忽视,所设计的课程也必须是以学生为落脚点的,这样,课程资源的开发才真正能够发挥它应有的价值。

(二)开放共享的原则

开放性原则指课程资源的开发与利用要以一种开放的心态去对待人类创造的一切文明成果。具体是尽可能地开发与利用有益于教育教学活动的一切可能的课程资源,其开放性体现在类型、空间以及途径等多个方面。资源的开放性和共享性是知识经济社会发展的一个重要趋势,网络的普及,公开课程资源的兴起都预示着开放知识经济时代已经到来。任何一个地方任何一个学校都不可能关起门来搞开发建设,这是有悖社会发展主流的,并且单独的某个或者某些学校所开发的可利用的课程资源毕竟是有限的,因此,开放是必然的趋势。只有开放,才能共享,然后才能知不足和失误,这是一个取长补短、取优补拙的过程。无论是以什么形式什么类型存在的课程资源,无论是农村学校还是城市学校的课程资源,无论是校内的或是校外的课程资源，也无论是显性的或是隐形的课程资源，只要是有利于学校发展的课程资源形式，都可以拿来结合自身实际借鉴使用。

（三）针对性原则

针对性对原则指的是课程资源的开发与利用是为了一定的课程目标而具有能动性的活动，主要是保证目标的有效达成。因此，一般来说，针对不同的课程目标的开发与利用，要与之相应地选择合适的课程资源。

义务教育课程资源的开发要有针对性，一个具体的表现是因地制宜。"我们进行课程资源的有效开发不能强求一律，而应在充分理解新课程标准的前提下，结合当地的具体情况，从实际出发，发挥地域优势，强化当地学校特色，区分学科特性，展示当地教师风格，发展学生个性，扬长避短，扬长补短，因地制宜、因时制宜、因人制宜地开发课程资源"（鲍淼芳，2007）。课程资源的开发是建立在本地区本学校的实际情况之上，否则没有针对性的借鉴必然毫无意义。另外，我国各地区各学校的差异性显著，在资源开放共享的基础上也应当对农村与城市，发达地区与欠发达地区，同城市学校之间的课程特色和种类加以区分。假如某一个地区依据当地的民风民俗设立了当地特设的民俗课，该地区并没有类似的民风民俗，他们固然不可借鉴。

（四）高效性原则

课程资源的开发必须是有高效性的，否则资源的开发就无意义可言。故又可把高效性原则定义为经济性原则，就是在课程资源开发的过程中正确处理投入和产出的关系，假如投入过大，产出过低，这样的课程资源开发就必然不是高效能的。如果能以尽可能小的经济开支和人力、物力、时间的投入，获得最佳的效果，就实现了课程资源开发的高效性。

研究团队主要从以下几个方面达成课程资源开发的高效性：①开发的经济性，努力用最节省的经费开支达到最佳的开发效果，避免经费投入过大，效率低下等情况的出现；②时间的有效性和可取性，指的是尽可能的开发与现阶段教育相关的课程资源，避免过分超前或者滞后现象的发生"尽可能开发和利用那些对当前教育教学有现实意义的课程资源，而不能一味等待更好的条件和时机"（宋振韶，2004）；③空间的适度性，课程资源的开发一定是在一定的地区或学校范围之内，不能为了追求普遍性忽略特殊性要求，不能好高骛远，妄图一劳永逸；④对象的针对性，课程资源的开发针对的对象是学生，所以应当开发一些有利于激发学生学习兴趣或者学生本身就很感兴趣的课程资源上，不能凭空想象，忽略学生的需求。

三、义务教育课程资源开发的途径与形式

义务教育课程资源的开发是新课程改革提出来的一个核心概念，课程资源包含的意义范畴宽广，既包括教材这一重要的为人们所熟悉的课程资源，又包括大量的非教材的课程有机组成要素和实施条件的软硬件资源。无论是国家课程的开发，还是地方课程的建设，尤其是综合实践活动和校本课程的多样化呈现与实施方式，都离不开大量课程资源的支撑。合理开发和利用课程资源是课程改革顺利达到预期目标，促进学生全面发展，有效提高教育教学质量的重要保障，为教师教学方式和学生学习方式的转变提供了广阔的空间。课程资源的开发途径和形式主要有以下几种。

（一）建立课程资源开发保障机制

课程资源开发保障机制是课程资源开发的重要途径，主要从三个方面建立课程资源开发保障机制。

1）国家政策的支持。国家必须将课程资源的开发纳入课程改革的政策中，只有课程资源的开发形成政策建立义务教育课之后，国家给予一定的支持和鼓励，课程资源开发才有保障持续。"课程与课程资源之间存在着密切的关系，任何课程的实施都离不开丰富的课程资源做支持，任何课程改革政策的推行都必须有丰富的课程资源作保障，因此国家必须要以政策的形式规定课程资源开发的各个环节，以政策的形式规定责任主体的义务及其应享有的权利，并以政策形式规定课程资源开发所必须地财政资金来源"（鲍淼芳，2007）。这样，便建立了课程资源开发的第一条有效保障。

2）有效的理论指导。课程资源开发的过程中，无论是课程与教学方面的理论还是教育心理学方面的理论支持都应当提供给课程开发的各个主体，确保主体在科学的理论知识的指导下有效地进行课程资源开发。特别是农村地区的课程开发主体，他们对于教育基本理论知识的欠缺对于课程资源的开发是极为不利的，所以国家提供必要的理论支持和指导是关键。

3）建立有效的评价反馈机制。在义务教育课程资源开发的过程中及时的评价反馈机制是检验课程开发的有效条件，只有在不断地检验评价和反馈中，才能不断地找出缺点和漏洞，所开发的课程资源的质量如何，有效性如何，是否遵循了

课程资源开发的原则,所开发的课程资源是否可以用来推广,是否有利于学生的全面发展等等,都需要评价机制做出衡量,以确保课程资源开发的优质高效。

(二)学校应当起中流砥柱的作用

在义务教育课程资源开发过程中,学校起着中流砥柱的作用。学校作为课程资源开发的主战场,是课程资源开发各主体发挥创造性的地方,所以学校应当发挥这一站场的作用,为课程资源的开发贡献力量。学校应当从以下几个方面发挥自身的主体作用。

1)将学生的兴趣爱好转化成课程资源。学生是课程资源的享用者,他们的兴趣爱好是课程资源开发首要参考的因素之一,只有尊重学生,开发学生潜在的资源,开发学生热爱并感兴趣的课程资源才是有效的,才能有效地促进学生的全面发展,才更具有价值。

2)立足学校实际,开发具有学校特色的课程资源。"学校课程资源可以分为教室内的课程资源和教室外的课程资源,主要包括实验室、图书馆和阅览室及配备资料,学校建筑走廊的环境布置、花草树木、生物角、科技景点等"(寿建杨,2009)。对于学校自然环境和人文环境的优化也是对于学校课程资源的优化立足学校特色,建立彰显学校特点的课程资源。

3)组织和建立课程资源管理中心。义务教育课程资源的开发任务繁重,工作量大,涉及范围广泛,这需要极为有经验的管理者推动此项工作的进行,所以学校建立课程资源管理中心是必要的,课程管理中心的职责应是:"一切为课程与教学的整合与共享;有效实施服务;负责校内外课程资源的协调、维护;能够促进校内外课程资源的;为教师提供学习培训方面的服务"(宋振韶,2004),配合相应的课程资源管理制度,形成有效的管理机制,有效发挥学校的作用。

(三)鼓励教师自主自愿开发

课程资源的开发对于大多数教师来说还是较为陌生的,在原有的被动接受的思维定势框架里,许多教师缺少进行资源开发的信心和勇气,甚至不知道从哪里找到自己需要的课程资源。学校要对教师开发课程资源进行鼓励,并建立相应的奖励和激励机制,尤其是在课程资源开发的初始阶段,第一步往往是最难走的,这种机制应该尽早建立,促使学校和教师能尽快适应新课程,积极进行课程资源的开发,把第一步迈好。课程资源开发激励机制的建设可以是体系化的。出台一个较为完善的课程资源开发奖惩办法,对教师开发课程资源进行全面的评估和调控；也可以先在局部某些方面做点尝试，例如，在一些评审、评奖、评选先进等活动中，甚至在教师的职称晋级时，可以把课程资源的开发作为一项比较重要的成果指标。通过这些激励措施的建立，课程资源的开发一定会受到广大学校和教师的极大重视，肯定会促进课程资源开发网络的建设和课程资源的充分合理开发。这有利于调动教师对于课程资源开发的积极性。

另外，作为课程资源开发的一个重要主体，教师有责任和义务将课程资源开发为己任，自觉地参与到课程资源开发中来。这就需国家配合理论培训和职业精神方面的培训，让每一位参与到课程资源开发过程中来的教师都能够明白自身的重要性和不可替代性，从内心激发对于课程资源开发的强大动力和信心。

课程资源不单单指教科书，也绝不限于学校内的各种资源。它涉及学生学习与生活环境中所有有利于课程实施、有利于达到课程目标和实现教育目的的教育资源，它弥散在学校内外的方方面面。义务教育课程资源的开发与利用是一种极富主动性、创造性的工作，在具体的教学过程中，只要教师从学生的实际需要出发，开发、利用好课内外的课程资源，这将是弥补义务教育课程资源不均衡的一个重要途径。

第四节　义务教育课程资源均衡的途径二：政策调控

教育资源配置的实质是教育资源的各类利益相关者之间的利益博弈，不同的价值取向不仅导引着教育资源配置政策制定，也规约着教育资源配置格局和方式的形成（张国强，2015）。因此，对课程资源的政策调控也要受到相应价值取向的制约，并最终实现这些价值目标。公平与效率是教育政策的两个最基本的价值取向，但在政策实施过程中还要兼顾政策的科学性，也就是合理性。总之，政策调控的价值取向要在公平、效率及科学之间取得相对统一，方能实现义务教育课程资源均衡的最终目标。

一、政策调控的价值取向

（一）公平

公平是人类社会基本的法则，对社会稳定与发展有着不可或缺的作用。教育领域的公平主要是指国家对教育资源进行配置过程中能够依据合理性的规范和原则，这个合理性原则是指既能促进社会整体发展，又能使得社会成员在享受公共教育资源时得到公正和平等的对待（王玲，2008）。相应地，课程资源配置过程中的公平就是使社会成员公平公正的享受课程资源。

课程资源对人才的培养有至关重要的作用，能否公平的分配课程资源对于培养更多、更好的优秀人才有着直接的关系。由于经济社会发展的不均衡，我国义务教育的课程资源分配一直以来都存在不同学校的差异、不同地区的差异及城乡之间的差异。这些差距影响着我国教育的均衡发展及整体教育水平的提高，而这些差异中又包括硬件资源的差异和软件资源的差异。因此，课程资源的调控要考虑到不同学校、地区、城乡之间的不同分配，不同学校、地区、城乡之间的不同待遇。但是公平毕竟不是可以仅仅用数据就可以衡量的，很多时候是种心理感受，因此，绝对的公平是无法做到的，所能做到的就是在现有的条件下努力做到相对公平。

（二）效率

虽然近年来我国经济飞速发展，但是对于13亿人口的大国来说，能分配给教育的资源也还是有限的。如何用有限的资源成就更高的效率是教育一直以来的追求。众所周知，资源用在最需要的地方才最有效率。许多教育官员喜欢将更多的教育资源投向那些教育优势地区和好学校集中力量办优质教育使得大量教育资源不断向优势地区；优质学校汇聚痴迷于诱人的高升学率而忽视了经费、师资、仪器设备等方面的巨量投入和浪费，漠视了学生的健康、自由、个性的抑制甚至扼杀，同时造成弱势地区和学校每况愈下，使得教育均衡问题日益突出（张国强，2015）。因此，课程资源均衡的政策调控最需要做的是两件事：弥补短缺与避免浪费。前者是对资源短缺地区的加倍补偿，使落后地区有逐步赶上先进地区的发展步伐；后者是对资源利用情况的监管，使得资源少闲置与浪费。不同学校、不同地区、城乡之间的课程资源均衡分配，并且都被充分利用，无闲置与浪费，这是课程资源政策调控的效率原则所追求的最佳境界。

（三）科学

公平和效率是教育资源配置所追求的两种最基本的价值取向，在实际实施过程中也要注意政策的合理性与可行性，这就是第三种价值取向——科学。科学的价值取向要体现在制度、程序和技术三个方面，确保调控政策制定各方面的科学性，而且必须对资源配置采取实事求是的科学态度。而政策调控的科学性是建立在信息真实的基础上的，如何确保相应的信息都是准确可靠的，需要对课程资源分配与利用的实际情况进行合理的监督，以确保政策制定、实施的科学性，从而使课程资源均衡政策取得应有的效果。

任何课程政策的制定与实施，都是教育利益在不同利益主体之间的再分配过程，这个过程包括课程资源的分配，它归根结底涉及的是人的受教育权和发展权的再分配（王玲，2008）。课程资源对优势地区或学校优先考虑造成的资源浪费与弱势地区的资源短缺，也一度被认为是课程政策过分追求效率的结果。因此，在效率与公平相冲突的时候应优先考虑公平。故而，义务教育课程资源均衡政策选取的是在科学的前提下公平与效率兼顾，公平优先的价值取向。

二、义务教育课程资源均衡的政策调控内容

众所周知的一个经济学常识是教育作为一种准公共产品，其所需资源主要是政府通过行政手段配置的（张建新，等，2012）。造成课程资源配置不均衡的一个重要原因是政府资源配置的政策。可见，政策调控是造成课程资源不均衡的重要原因。所以对课程资源的政策支持是使其均衡的至关重要的一环，这是毋庸置疑的。

多年来，我国义务教育实行的是"国务院领导、地方政府负责、分级管理、以县为主"的管理体制。在这一体制之下，中央和省政府掌管主要财力，但不负担义务教育的财政责任，县乡财力薄弱，无法承担义务教育的筹资，导致义务教育经费匮乏，有限的经费也投入到城市学校中去，最终形成了如今城乡课程资源不均衡的局面。我国当前的教育体制基本上是单线的委任制，部门主管对直接上级负责，导致对政绩的追求愈演愈烈。如此一来，教育行政部门单独掌管教育评估权力，缺乏第三方的监督保障作用。这种体制容易导致教育行政管理的不均衡化。

课程资源不均衡最为直接的原因是经费投入的不均衡，因此完善课程资源经费投入机制至关重要。

1. 完善课程资源经费投入机制

义务教育是政府公共服务的重要组成部分，而是公共财政的重要职能，因此课程资源又是义务教育中的一个重要构成部分，课程资源的均衡配置是确保义务教育均衡发展的关键所在。有关政府部门和财政应采取制度和政策缩小义务教育

课程资源在区域间、城乡间、学校间、群体间的差别，推进义务教育课程资源的均衡发展。需建立课程资源经费投入机制，由专人负责课程资源的经费投入。国家和政府有关部门定期对软硬件课程资源使用需求进行监测，分门别类的确立统一、明确、公平的分配原则，使课程资源的开发和利用有稳定的经济支持，无后顾之忧，并能实现均衡发展。

2. 完善课程资源政策执行保障机制

教育均衡发展的政策赋予的权力、内容只停留在了宣传层面，并没有在实践中展开，政策执行者成为了旁观者。政府必须建立政策执行的保障机制才能使政策真正发挥作用。法律保障和监督机制是解决这一问题的必然途径。

课程资源经费分配过程没有相关法律的约束，在分配经费时，就很容易出现分配原则、数量都由领导人的意愿主观来决定。如此，课程资源分配不均衡就不足为奇。只有完善教育法制进程、使课程资源分配有法可依，才能保证课程资源均衡政策得以实现；健全监督机制，随时纠正课程资源分配的偏颇之处，才能使政策能真正落到实处。有了法律保障和监督机制，课程资源均衡指日可待。

三、校本课程开发的政策调控

1999年6月，在全国教育工作会议上明确提出"调整和改革课程体系、结构、内容，建立新的义务教育课程体系，试行国家课程、地方课程和学校课程"。这表明我国开始由单一的国家课程开发模式向国家—地方—学校三级分权的教育课程开发模式转变，也标志着校本课程在我国义务教育宏观课程体系中地位的正式确立（姜丽静，2007）。我国校本课程的兴起是教育改革的结果，这决定了校本课程整个过程都不离开教育政策的支持与指导（李娜，2011）。

（一）建立校本课程开发研究机构

我国教育研究对校本课程的关注开始于20世纪90年代中期，直到2001年新课程改革建立国家、地方、学校三级课程管理机制，校本课程开发才渐渐开始成为教育研究的焦点问题之一。因此，校本课程开发在我国仍处在初始阶段，很多教师、学校管理者甚至研究者对校本课程开发的认识还不够深入、全面。校本课程开发的主体、对象、过程等需要更明确、更具体的解读，才能使校本课程开发得到更广泛的推广。因为这种现象在我国大部分地区是普遍存在的，所以政策的引导和推动是必不可少的。通过国家政策来确立校本课程开发研究机构的合法地位是推动校本课程开发的必由之路。

通过政策的强制和约束，各地建立校本课程开发研究机构，组织专业的研究队伍对当地校本课程资源进行实地调查研究，从而使校本课程开发的主体、对象、过程明确化，如此才能使各级各类学校的校本课程开发蓬勃发展，并能突出自己的特色。

（二）建立校本课程开发评价机制

没有激励就没有动力，在校本课程开发过程中也是一样。长期受到考试制度的限制，学校的各种考核评估都是围绕学习成绩和升学而进行。即使存在校本课程，也由于其不是升学的考试科目而不受重视，成为边缘学科。

建立校本课程开发评价机制就是要将校本课程加入到学校的绩效考核中去。绩效考核是指通过一定的方法和客观的标准，对学校办学过程及其行为结果所取得的成绩和效果的综合评价，是教育管理部门对学校实施科学管理的重要内容及基础性工作。有效的绩效考核制度可以约束、激励、指导并充分调动学校主动发展的积极性、创造性，实现办学思想，提高教育质量，保障可持续发展（施正洲，等，2006）。校本课程成为学校绩效考核的一部分，才能引起学校的重视把校本课程开发落到实处，提高校本课程在学校课程中的地位。

（三）建立校本课程开发合作机制

目前，中小学校本课程开发还处于初始阶段，经验不足，理论基础不足，各中小学之间、中小学与大学之间、中小学与科研机构之间的合作互助显得尤为重要。政府要在政策中明确他们之间互助的责任和义务，并制定轮流结对互助的规则和期限。

我国校本课程开发虽起步晚、发展慢，但还是有一部分学校在校本课程开发过程中积累了一些很好的经验。同级学校之间的沟通交流、资源共享能使各校之间取长补短共同进步。中小学校本课程开发需要理论指导，而大学研究者们和科研机构需要实践、调查支持研究。他们之间互助合作，才能使校本课程开发理论和实践并肩前行。

四、生源均衡政策调控策略

在教育均衡的诸多因素中，生源均衡始终是核心和关键，是衡量学校、教育是否均衡发展的风向标。一方面，生源配置的均衡能促进学校发展的均衡；另一方面，学校发展的均衡又反过来促进生源的进一步均衡配置。生源配置公平公正，自然不会再出现择校热。中小学生源失衡主要有两个方面：城乡学校不均、强弱学校不均。由于国家计划生育政策导致生源人数下降，相应的农村学校的数量和质量也在减少，再加上城乡一体化的进城加快，农村生源大量向城市涌入，城市的中小学校教学质量的差异，出现强弱学校之分，导致生源纷纷向强势学校转移。要解决这一问题，除了加大农村课程资源经费投入之外还要从以下三个方面进行。

（一）落实城乡教育一体化

城乡教育的现实差距决定了我国应奋力推进城乡教育一体化，唯有此举才能减缓农村中小学生源流失的速度，才能促进农村教育的发展。《国家中长期教育改革和发展规划纲要（2010—2020年）》明确指出要"加快缩小城乡差距，建立城乡一体化的教育发展机制"。但是，这一政策并没有得到落实，城乡教育仍存在区别对待，差异管理的现象。政府所要做的就是扎实落实这一政策，建立起城乡教育一体化的管理机制，使教育资源得到统一同等分配，以提高农村学校的教育教学质量，从而吸引更多生源，缩小城乡生源差距。

（二）落实废除重点校制度、免试就近入学制度

2005年5月出台的《教育部关于进一步推进义务教育均衡发展的若干意见》中明确了："义务教育阶段公办学校不得举办或变相举办重点学校"；2006年9月修订的《中华人民共和国义务教育法》也明确规定："县级以上人民政府及其教育行政部门应当促进学校均衡发展，缩小学校之间办学条件的差距，不得将学校分为重点学校和非重点学校。学校不得分设重点班和非重点班"；在义务教育阶段，小学划片招生，初中就近免试入学，这是能提高资源利用效率体现教育公平的办法，教育行政部门要坚持这一方向，积极地加以推进（宋农村，2011）。

虽然已有方针政策，但在现实中义务教育重点校、重点班现象仍普遍存在如想彻底落实此政策需要多方面共同努力。一方面，要从升学制度改革着手，使分数不再是评价学生的唯一标准，大力发展素质教育；另一方面，高中招生名额施行城乡各学校平均分配。这两项政策如能得到长期执行，必将引导义务教育生源的流向，逐步遏止义务教育阶段的择校倾向，改善农村和薄弱学校的生源数量和质量。

五、教师资源均衡的政策

（一）快速提高教师的各项待遇，提升教师的社会地位

荀子曰："国将兴，必贵师而重傅；贵师重傅则法度存。国将衰，必贱师轻傅；贱师轻傅则人有快，人有快则法度坏。"由此可知，尊师重教，事关国家的兴衰存亡，正所谓"少年强则国强"。义务教育阶段的学生正值价值观的形成时期，教师对他们各方面的影响与他们对教师所形成的印象必然会对其以后人生产生深远意义。①政府必须提高教师的工资待遇和津贴补助，尤其是农村教师工资本来就比城市低，有时又没有按时发放，这将会直接影响农村教师工作的热情和积极性。由于农村教师的收入普遍较低，尤其近些年来的打工热潮，农村人民心中"读书无用论"的教育观念越来越严重，农村教师在农村的社会地位并不高，没有以前那么受到尊敬，话语权也降低，因此也很难留住年轻优秀教师在农村的生根发芽，造成农村教师队伍的不稳定和普遍的老龄化，知识的老化难以适应日新月异的社会发展。②政府应该提高教师的福利待遇，如教师的医疗保险、住房问题、职业培训和再继续教育等，特别需要说明的是农村教师住房问题的有待解决，好多老师住宿条件简陋，无自己房子，更不要说有冬天取暖、夏季降温的硬件设施了。③政府有关部门应制定法律对提高教师工资、福利待遇等方面予以保证并落实，对于农村教师的工资应该和城市教师的工资相一致甚至高于城市，从而更好的调动农村教师的积极性，进一步缩小城乡差距。

（二）优化城乡教师队伍结构，建立城乡教育共同体

政府部门应该制定相应措施鼓励并引导优秀教师到农村任教、支教，同时建立城乡教育共同体，开展城乡教师的流动互助学习，帮助农村地区的教师提高自己的教学技能和知识水平，更新自己的教育观念，促进城乡教师的交流合作与资源共享。例如，法国政府为鼓励教师到条件艰苦的地区任教，政府还采取颁发奖金、提高工资级别等措施，同时将教师纳入国家公务员序列管理，从根本上保障了教师的权益，使收入在多种行业中居中上游水平，与工程师、会计师等大体相当，充分调动了老师从教的积极性（郑宏波，2009）。我国政府可以制定奖励措施鼓励优秀教师、高学历教师、城市教师到农村地区任教，提高工资标准并给予相应的住房和生活补贴。对于大学毕业考上特岗教师的应届毕业生，政府部门更应该想办法留住这些年轻的师资力量，应提供多种渠道的进修培训，从而提高农村

的教育质量和教育活力。

六、硬件设施均衡的政策

（一）加大财政投入，全面支持农村学校硬件设施建设

义务教育课程资源能否均衡发展的攸关点在广大薄弱的农村地区，相关政府部门应该加强对这些资源短缺地区及其学校的财政投入比重和补偿，例如，可以设立农村义务教育专项基金、优先发展农村学校中更加贫困地区的学校以达到先进带后进，并通过制定《农村义务教育法》来辅助等，重点支持和发展农村薄弱地区的义务教育课程资源硬件设施建设，尽可能缩小城市学校与农村学校的课程资源差距。

（二）优先推动农村地区硬件设施标准化建设

①有关政府部门应该在每年的财政支出预算中，优先考虑到教育，设立用于农村义务教育的专项基金，根据贫困等级制定相应基金标准，优先帮助建设农村学校课程资源的硬件设施。可以根据中小学所在村镇的具体情况和学生人数，为每所学校建立相应规模大小的图书馆、电子阅览室、实验室、美术音乐专用教室、操场和业余活动中心等，满足学生对课外知识的渴求、丰富学生的情感体验并促进其身心健康和谐发展，使他们从小就能养成爱学习、爱读书、爱知识、爱运动的好习惯。②面对日新月异的21世纪，政府要加快农村义务教育课程资源的信息化建设，实现城乡中小学教育资源共享。③政府要逐年加大投入比重，对于农村义务教育阶段的硬件设施建设形成一套标准化的可操作的规模体系，进一步完善发展，逐步缩小城乡中小学课程硬件资源的差距。

参考文献

白洁. 2012. 北京市义务教育教师均衡配置制度现状及优化研究. 北京：首都师范大学硕士学位论文：15.

鲍传友. 2008. "后普九"阶段义务教育公平的主要矛盾与政府责任. 教育发展研究，(3)：6-10.

鲍淼芳. 2007. 基础教育课程改革中课程资源开发研究. 西安：陕西师范大学硕士学位论文：15，16，24，25.

鲍远根. 2013. 中小学教育科研的特点、思路及其发展形态. 教育导刊，(3)：50-52.

布迪厄. 1997a. 文化资本与社会炼金术. 包亚明译. 上海：上海人民出版社：192，193.

布迪厄. 1997b. 再生产：一种教育系统理论的要点. 邢克超译. 上海：上海人民出版社：40.

布迪厄. 2002. 继承人：大学生与文化. 邢克超译. 北京：商务印书馆：64.

蔡健. 2010. 教师流动政策的取向：从"被流动"到"要流动"——基于文献的研究. 教育学术月刊，(10)：47-49.

曹志祥. 1994. 日本义务教育概述. 教育管理研究，(1)：91-93.

苌景州. 1994. 建立有利于义务教育均衡发展的资金保障体系. 贵州社会科学，(1)：47-50.

陈武林. 2010. 公平与优质：英美两国基础教育均衡发展政策评介. 外国中小学教育，(10)：6-11.

陈馨，赵叶珠. 2014. 国外义务教育均衡发展研究述评. 教育科学论坛，(5)：77-79.

褚宏启. 2009. 城乡教育一体化：体系重构与制度创新——中国教育二元结构及其破解. 教育研究，(11)：3-10.

褚宏启. 2011. 教育政策学. 北京：北京师范大学出版社：219.

褚宏启，高莉. 2010. 义务教育均衡发展评估指标与标准的制订. 教育发展研究，(6)：25-29.

褚慧玲. 2001. 重视课程资源的开发和利用. 中小学管理，(12)：10-11.

丁煌. 2002. 政策执行阻滞机制及其防治对策——一项基于行为和制度的分析. 北京：人民出版

社：197.

丁金泉. 2004. 我国义务教育均衡发展问题研究. 上海：华东师范大学博士学位论文：12.

窦才，宗树兴. 2006. 省级教育科研机构建设中的差异性管窥. 江西教育科研，（1）：42-44.

段成荣，杨书章，高书国. 2000. 21世纪上半叶我国各级学校学龄人口数量变动趋势分析. 人口与经济，（4）：38-45.

范蔚. 2002. 实施综合实践活动对课程资源的开发与利用. 教育科学研究，（3）：32-34，47.

范兆雄. 2002. 课程资源系统分析. 西北师大学报（社会科学版），（3）：101-105.

房雨林. 2006. 基础教育信息化资源开发与应用的有效性研究. 电化教育研究，（9）：72-76.

费孝通. 1948. 乡土重建. 上海：上海观察社：70-73.

冯文全，夏茂林. 2006. 当前农村教育资源的使用效率问题及解决的基本思路. 兰州学刊，（1）：204-206.

干咏昕. 2010. 政策学习：理解政策变迁的新视角. 东岳论丛，（9）：153-156.

顾明远. 1991. 教育大辞典. 上海：上海教育出版社：24.

顾明远. 2002. 教育均衡发展是教育平等的问题，是人权问题. 人民教育，（4）：14-15.

顾沁麟，易连云. 2012. 义务教育均衡发展视域下校园精神文化建设探析. 中国德育，（20）：4-7.

关松林. 2013. 区域内义务教育师资均衡配置：问题与破解. 教育研究，（12）：46-56，67.

郭法奇. 2013. 如何从应试教育走向素质教育——基于《教育规划纲要》及教育历史的实证分析. 河北师范大学学报（教育科学版），（11）：5-10.

郭歌. 2008. 初中校本课程资源开发的问题分析与模式构建——以河南省洛阳地区为例. 西安：陕西师范大学学位论文：16.

国家计划生育委员会"中国未来人口发展与生育政策研究"课题组. 2000. 中国未来人口发展与生育政策研究. 人口研究，（3）：18-34.

国家教育发展研究中心. 2008. 中国教育绿皮书：中国教育政策年度分析报告. 北京：教育科学出版社：121.

国家中长期教育改革和发展规划纲要工作小组办公室. 2010. 国家中长期教育改革和发展规划纲要（2010—2020年）. 人民日报. 2010-03-01（05）.

河南省教育史志年鉴编纂委员会. 2013. 河南教育年鉴. 郑州：大象出版社：153，226，227，343，329.

贺晋秀. 2007. 我国基础教育非均衡发展的原因分析. 内蒙古师范大学学报（教育科学版），（12）：10-12.

亨利·法约尔. 2007. 工业管理与一般管理. 迟力耕等译. 北京：机械工业出版社：125.

胡乐明，刘刚. 2009. 新制度经济学. 北京：中国经济出版社：308.

胡献忠. 2002. 校本课程：概念、意义与地位. 淮南师范学院学报，（1）：89-91.

胡小勇，刘琳，胡铁生. 2010. 跨区域优质教育资源协同共建与有效应用的机制与途径. 中国电化教育，（3）：67-71.

胡咏梅，屠彦斌. 2006. 美国择校制度的公平与效率分析. 外国中小学教育，（12）：1-7，11.

华东师范大学教育学系教育政策研究项目组. 2009. 促进教育均衡发展的政策分析与制度创新. 教育政策观察，（00）：3-88.

黄少安. 1995. 产权经济学导论. 济南：山东人民出版社：348.

黄晓玲. 2004. 课程资源：界定　特点　状态　类型. 中国教育学刊，（4）：36-39.

辉进宇. 2006. 中小学语文教师开展教育科研现状的调查与研究——以大理州为例. 昆明：云南师范大学硕士学位论文：8.

姜茂，朱德全. 2015. 区域义务教育均衡发展的国际经验及其对我国民族地区的启示，教师教育论坛，（3）：92-96.

姜丽静. 2007. 地方课程：一个亟待关注的研究领域. 中国教育学刊，（3）：49-52.

孔凡琴，邓涛. 2007. 日、美、法三国基础教育师资配置均衡化的实践与经验. 外国教育研究，（10）：23-27.

赖群阳，苏婷. 2001. 均衡发展：义务教育新境界. 中国教育报. 2001-04-24（01）.

黎雯. 2010 论中小学学校文化建设——从以应试为取向到以学生生命成长为取向. 华中师范大学大学硕士学位论文：16-17.

李葆萍. 2012. 我国义务教育信息化建设均衡性研究——基于2001—2010年中国教育统计年鉴数据分析. 中国电化教育，（3）：37-42.

李冬梅. 2002. 阿拉善盟中小学教育科研管理现状的调查研究. 兰州：西北师范大学硕士学位论文：5.

李帆. 2010. 从"基于供给"走向"基于需求"的均衡发展. 人民教育，（11）：13-14

李锋亮. 2005. 政府有义务对义务教育资源进行均衡化. 教育科学研究，（12）：9-13.

李见新. 2015. 河南统一城乡义务教育公用经费标准. 中国教育报. 2015-04-23（01）.

李均. 2008. 我国城乡教师资源配置失衡问题及其解决思路. 当代教育论坛，（1）：71-73.

李娜. 2011. 农村义务教育段校本课程开发现状的研究——以河南省新蔡县为例. 西安：陕西师范大学硕士学位论文：39.

李楠. 2011. 中美义务教育均衡的政策比较. 河北师范大学学报（教育科学版），13（6）：12-15.

李少元. 1999. 改革农村中小学课程结构，构建面向21世纪的课程体系. 教育研究，（9）：34.

李文英，史景轩. 2010. 日本义务教育均衡发展的实现途径. 比较教育研究，（9）：38-42.

李喜平. 1997. 努力使义务教育区域性均衡发展. 普教研究，（5）：3-4.

李晓菲. 2013. 我国义务教育财政投入体制研究——基于教育均衡化视角. 济南：山东大学硕士学位论文：25.

李艳. 2012. 城乡义务教育资源配置比较研究———以山东省城乡中小学为例. 齐鲁师范学院学报, （3）：53-57.

李宜江, 朱家存. 2013. 均衡发展义务教育的理论内涵及实践意蕴. 教育研究, （6）：59-64.

李翼. 1999. 教育管理辞典. 海口：海南出版社：167.

李永胜. 2004. 人口预测中的模型选择与参数认定. 财经科学, （2）：68-72.

李真. 2012. 阳光体育工程体系下河南省农村中学校本体育课程器材、设施资源开发的研究. 体育科技, （1）：118-120, 125.

李正超. 2012. 中小学班班通实施中存在的问题及对策探究. 电化教育研究, （4）：111-114.

梁树发. 2004. 马克思主义哲学原理. 北京：中国人民大学出版社：202.

梁文艳, 杜育红. 2008. 省际间义务教育不均衡问题的实证研究——基于生均经费的分析指标. 教育科学, （4）：11-16.

林皎. 2006. 公共经济视野下当代我国教育财政问题研究. 长沙：湖南大学博士学位论文：131.

刘成新, 徐宣清. 2008. 基础教育信息化资源配置的城乡差异研究——以山东省"十五"期间教育信息化发展研究为例. 电化教育研究, （3）：18-22.

刘琳. 2013. 城乡义务教育师资队伍非均衡问题探讨——以南昌县为例. 南昌：江西师范大学学位论文：23.

刘圣忠. 2010. 理念与制度变迁：历史制度主义的理念研究. 复旦公共行政评论, （1）：74-85.

刘晓红, 王海波. 2011. "落差最小"的教育体制——芬兰学前教育现状、特征及启示. 外国中小学教育, （9）：32-37.

刘新成, 苏尚锋. 2010. 义务教育均衡发展的三重意蕴及其超越性. 教育研究, （5）：28-33.

刘媛媛. 2006. 芬兰教育成功的原因探析. 现代中小学教育, （12）：45-47.

刘志军, 王振存. 2009. 新课程改革视野下的学校文化建设. 教育科学研究, （2）：31-35.

刘志军, 王振存. 2012. 走向高位均衡——基础教育改革与发展的应然追求. 教育研究, （3）：35-40.

柳斌. 2001. 科教兴国战略要首先落实在义务教育上. 人民教育, （10）：10-11.

柳海民, 周霖. 2007. 义务教育均衡发展的理论与对策研究. 长春：东北师范大学出版社：10.

卢现祥. 2011. 新制度经济学. 武汉：武汉大学出版社：182, 186-190.

罗素. 1986. 社会改造原理. 张师竹译. 上海：上海人民出版社：39.

吕达, 张廷凯. 2000. 试论我国基础教育课程改革的趋势. 课程·教材·教法, （2）：1-5.

吕海鸿. 2006. 城乡义务教育资源配置研究. 长春：东北师范大学硕士学位论文：24.

马敏. 2015. 精准扶贫：教育信息化大有可为. 人民协报. 2015-09-30（010）.

苗莹. 2014. 教育信息化均衡发展的策略. 教育信息技术, （7）：147-149.

欧少亭. 2001. 教育政策法规文件汇编. 延边：延边人民出版社：6.

彭一五. 2008. 论新课程资源：内涵和特征. 遵义师范学院学报，(01)：43-45.

皮拥军. 2007. OECD 国家推进教育公平的典范——韩国和芬兰. 比较教育研究，(2)：6-10.

祁玉娟. 2013. 城乡教育信息化均衡发展策略优化研究. 软件导刊，(8)：8-10.

钱玲，王锐. 2012. 以学校文化引领内涵式义务教育均衡发展. 河北大学学报（哲学社会科学版），(1)：131-134.

全国十二所重点示范大学联合编写. 2005. 教育学基础. 北京：教育科学出版社：12，171.

阮成武. 2013. 我国义务教育均衡发展政策的演进逻辑与未来走向. 教育研究，(7)：37-45.

瞿瑛. 2006. 论义务教育均衡发展与教育公平. 教育探索，(12)：46-48.

瞿瑛. 2009. 义务教育均衡发展政策问题研究：教育公平的视角. 杭州：浙江大学出版社：59.

沙凤林. 2006. "农远工程"教育资源应用问题研究. 中国电化教育，(10)：39-42.

商承义. 1985. 瑞典中小学教育制度的沿革. 外国中小学教育，(1)：17-19，21.

邵泽斌. 2012. 新中国义务教育治理方式的政策考察. 北京：北京师范大学出版社：72，93，105，185，256，280，281.

施正洲，周志群. 2006. 学校绩效考核制度设计的思考与初步探索. 江苏教育研究，(7)：16-18.

石敬涛. 2006. 新《义务教育法》凸显治理疲劳. 教书育人，(31)：43.

石中英. 2003. 教育学的文化性格. 太原：山西教育出版社：301.

石中英. 2009. 学校文化建设：三个基本概念. 中小学校长，(6)：4-7.

史蒂芬·柯维. 2008. 高效能人士的七个习惯. 顾淑馨译. 北京：中国青年出版社：57.

史亚娟. 2014. 中小学教师流动存在的问题及其改进对策——基于教师管理制度的视角. 教育研究，(9)：90-95（A）.

寿建杨. 2009. 农村小学科学课程资源开发的基本途径及策略. 科学课，(7)：6-8.

宋振韶. 2004. 学校课程资源开发与利用的原则与途径. 中小学管理，(12)：9-11.

宋农村. 2011. 区域推进教育均衡发展政策研究. 北京：中国矿业大学出版社：10.

苏济. 2012. 美英日等国家农村义务教育福利措施及其对我国的启示. 教育探索，(10)：157-159.

苏英，邹玉书. 2005. 义务教育阶段课程资源的开发与配置. 大庆社会科学，(3)：44.

孙锦涛. 2002. 教育行政学. 上海：华中师范大学出版社：192.

孙志军，杜育红. 2010. 中国义务教育财政制度改革：进展、问题与建议. 华中师范大学学报（人文社会科学版），(1)：113-119.

谭清美. 2000. 相对效用论与人才流动. 科技管理研究，(1)：41-42.

汤巨霞. 2007. 高等院校数字化教育资源共享机制的研究. 金华：浙江师范大学硕士学位论文：31.

田芬. 2004. 基础教育均衡发展研究. 苏州：苏州大学硕士学位论文：10-15.

汪霞. 2000. 20 世纪末瑞典义务教育课程革新的理念与举措. 比较教育研究，(6)：1-5.

王传金. 2008. 教师职业幸福研究. 上海：上海师范大学学位论文：2.

王定华. 2012. 关于我国农村义务教育学校布局调整的调查与思考. 华中师范大学学报（人文社会科学版），(6)：141-146.

王海燕. 2012. 河南省城乡义务教育失衡的调查与反思. 郑州轻工业学院（社会科学版），(3)：67-71.

王继华. 2014. 学校文化建设标准的三维格局. 教育文化论坛，(1)：1-10.

王继华，徐超. 2014. 学校文化建设标准的哲学思考，贵州大学学报（社会科学版），(1)：19-23.

王婧. 2013. 基础教育中数字化教育资源共享现状调查研究——以株洲地区为例. 南昌：南昌大学硕士学位论文：26.

王俊. 2009. 瑞典基础教育发展战略研究. 外国中小学教育，(10)：1-8.

王玲. 2008. 教育公平视野下的课程政策研究. 辽宁教育研究，(5)：44-46.

王巧云. 2007. 我国义务教育均衡发展问题研究. 青岛：青岛大学学位论文：20.

王善迈. 2000. 中国基础教育发展的不平衡和资源配置. 中小学管理，(3)：38-39.

王星. 2015. 教育信息化促进教育均衡转型发展路径研究. 中国教育信息化，(9)：28-31.

王妍莉，马志强，杨改学. 2009. 农村中小学现代远程教育工程模式三环境下藏语数字资源应用现状分析——以甘南藏族自治州部分藏族中学为例. 中国远程教育，(2)：54-60.

王缘缘，杨义，杨金梅. 2013. 河北省城乡义务教育均衡发展策略研究——以教育信息化为中心. 科技致富向导，(35)：299.

王振存. 2016. 城乡教育公平论——基于文化视阈的研究. 北京：人民教育出版社：343.

王震. 2014. 河南省登封市小学体育课武术教学实施状况调查研究. 延安：延安大学学位论文：13-16.

文喆. 2002. 促进基础教育均衡发展. 教育科学研究，(6)：2.

文正. 2000. 漫谈教育科研机构的管理方式. 教育科学研究，(2)：95-96.

邬志辉，史宁中. 2011. 农村学校布局调整的十年走势与政策议题. 教育研究，(7)：22-30.

吴刚平. 2001. 课程资源的开发与利用. 全球教育展望，(8)：24.

吴刚平. 2006. 解析课程资源. 现代教学，(2)：

吴刚平，茂森，闫艳. 2014. 课程资源论. 北京：北京师范大学出版社：225，156，160.

吴建涛，左晓梅. 2014. 均衡与发展：义务教育发展的双重责任：全国186个区县义务教育发展调查报告. 辽宁教育，(4)：11-13.

武雪莹. 2005. 九商最佳员工的九项修炼. 北京：中国发展出版社：121.

武占玲. 2013. 新乡市区小学体育校本课程开发实施现状调查. 新乡：河南师范大学硕士学位论文：10-14.

奚天玉. 2011. 信息技术在学科教学中应用的现状与对策研究——以鲁西南地区中小学为例. 济

南：山东师范大学硕士学位论文：46.

夏茂林. 2014. 我国义务教育资源配置差距的制度述源及变革研究. 重庆：西南大学博士学位论文：126，128-129.

肖国刚, 胡海燕. 2003. 试论课程资源的特征及相应的开发原则. 内蒙古师范大学学报（教育科学版），(5)：117-119.

谢延龙, 李爱华. 2013. 我国教师流动政策：困境与突破. 当代教育与文化，(5)：88-92.

解月光, 孙艳, 刘向永. 2008. 可持续发展：农村教育信息化的战略选择. 东北师大学报（哲学社会科学版），(1)：40-44.

熊才平, 楼广赤. 2004. 多角度审视基础教育信息化区域性失衡问题. 教育研究，(7)：32-37.

熊才平, 何向阳, 吴瑞华. 2012. 论信息技术对教育发展的革命性影响. 教育研究，(6)：22-29.

熊晓花. 2007. 义务教育资源配置对策研究. 西部财会，(3)：30-32.

徐继存, 段兆兵, 陈琼. 2002. 论课程资源的开发与利用. 学科教育，(2)：1-26.

徐瑞. 2013. 我国教育公平政策的价值取向探析——基于布迪厄文化资本理论的视角. 河北师范大学学报（教育科学版），(1)：24-29.

徐文斌, 张勇. 2009. 我国学校文化建设研究：成就与展望. 当代教育与文化，(2)：21-27.

徐玉珍. 2001. 校本课程开发：背景、进展及现状. 比较教育研究，(8)：24-28.

薛澜, 陈玲. 2005. 中国公共政策过程的研究：西方学者的视角及其启示. 中国行政管理，(7)：99-103.

严水英. 2003. 以学校为主体的课程资源开发研究. 杭州：杭州师范学院硕士学位论文.

颜荆京, 汪基德, 安冉. 2014. 基于资源分类的基础教育数字资源共享机制. 现代远程教育研究，(3)：94-99.

杨改学. 2009a. 解读信息化教育资源. 电化教育研究，(3)：12-14.

杨改学. 2009b. 论信息化教育资源的应用. 西北师大学报（社会科学版），(6)：138-140.

杨明军. 2002. 我国公共政策的执行研究. 郑州：郑州大学学位论文：36.

杨士昌, 何云龙, 杨健试. 2002. 试论提高农村中小学教师的教育科研水平. 教育科学研究，(5)：56-59.

杨雪梅. 2006. 校长研修模式的新尝试：行动研究模型. 重庆：重庆大学出版社：23, 24.

杨雪梅. 2007. 行动研究：校长研修的新模式. 中小学教师培训，(10)：22-24.

杨永贤. 2012. 宁夏南部山区教育信息化资源应用现状调查. 中国教育信息化，(16)：4-6.

姚巧华. 2015. 我国义务教育均衡发展中市场的效用与限度研究. 河南大学学报（社会科学版），(5)：123-128.

姚松, 翟晓磊. 2013. 新时期加快我国义务教育发展方式转变的路径选择. 教育发展研究，(7)：6-10.

叶澜. 2006. 试论当代中国学校文化建设. 教育发展研究,（8A）：1-10.

于建福. 2002. 教育均衡发展：一种有待普遍确立的教育理念. 教育研究,（2）：10-13.

袁丽. 2012. 初中生数字化生存能力现状调查研究. 金华：浙江师范大学硕士学位论文：45-46.

曾水兵, 解月光, 孙艳. 2007. 农村中小学教育信息化有效性：问题、归因与对策. 教育发展研究,（9）：56-59.

翟博. 2006. 教育均衡发展：理论、指标及测算方法. 教育研究,（3）：16-28.

翟博. 2008. 树立科学的教育均衡发展观. 教育研究,（1）：3-9.

张岱年, 程宜山. 1990. 中国文化与文化论争. 北京：中国人民大学出版社：125.

张丹枫. 2011. 从芬兰的义务教育看义务教育的应有之义. 教学与管理,（2）：62-64.

张东娇, 王颖. 2012. 学校文化评估：主体、模型与工具. 教育科学,（4）：15-20.

张国强. 2015. 教育资源配置的价值取向问题研究. 山东高等教育,（3）：21-25.

张海燕, 陈庆来. 2007. 网络环境下信息检索课教学信息化资源的开发与应用. 情报资料工作,（1）：101-105.

张建新, 廖鸿志. 2012. 从政策分析视角探讨基础教育资源的合理配置. 学园,（4）：68-72.

张人崧, 伍新德. 2012. 韩日推进义务教育均衡发展的经验及其启示. 教学与管理,（24）：157-158.

张瑞海. 2010. 芬兰实施义务教育成功经验探析. 江苏教育研究,（7）：56-60.

张素蓉. 2008. 中国基础教育收费政策研究——1996—2006年"乱"收费从治标到治本的变迁路径. 教育科学论坛,（6）：5-9.

张铁凡. 2014. 县域教育信息资源整合与优化研究. 长春：长春工业大学硕士学位论文：9.

张廷凯. 2002. 分科视野中的课程整合——我国新一轮义务教育课程改革的新走向. 课程·教材·教法,（4）：15-20

张晓东. 2003. 关于基础教育课程资源开发的几点思考. 当代教育论坛,（9）：94-96.

张屹, 刘美娟, 周平红, 马静思. 2014. 中小学教师信息技术应用能力的现状评估——基于《中小学教师信息技术应用能力标准（试行）》的分析. 中国电化教育,（8）：2-7.

张真真. 2013. 郑州市管城区义务教育均衡发展状况研究. 郑州：郑州大学学位论文：19.

张忠华, 王伟. 2014. 我国区域内义务教育均衡发展研究综述与反思. 教育科学研究,（11）：56-60.

赵鑫. 2011. 促进我国义务教育均衡发展的财政政策研究. 北京：财政部教育科学研究所硕士学位论文,（6）：43

郑宏波. 2009. 城乡义务教育资源配置研究. 长沙：湖南大学硕士学位论文：40.

中国大百科全书总编委会《教育》编辑委员会. 1985. 中国大百科全书. 北京：中国大百科全书出版社：487.

周立. 2000. 教师参加教育科研的意义及其成功的条件. 宁波教育学院学报,（1）：1-6.

周平红, 张屹, 仰盼盼. 2012. 我国高等教育信息化软硬件资源建设区域差异研究——基于 2003—

2010年中国教育统计年鉴数据分析. 现代教育技术，（11）：48-53.

周永坤. 2006. 教育平等权问题及解决之道. 华东政法学院学报，（2）：112-117.

祝智庭. 2003. 中国基础教育信息化进展报告. 中国电化教育，（9）：6-12.

宗河. 2013. 国家财政性教育经费支出占比达4.28%. 中国教育报. 2013-12-23（01）.

高木浩子. 2004. 義務教育費国庫負担制度の歴史と見直しの動き. レファレンス，6：7-35.

Wilkinson B. 1994. Education：Understanding the Truth About Education Reform. Multnomah Books. 192.

Spence B. 2008. Small School：Why they provide the best education for low-income children. http//www.ruraledu.org/site/c.beJMIZOCIrH/b.1073991/k9BB8/Small Schools.htm.［2008-10-22］.

RonSunseri. 2013. Mattacobson. OutcomeBased. http：//ec.europa.eu/ewsi/UDRW/images/items/docl_21264_999909641.［2013-02-11］.